Wirtschaftswunder ohne Grenzen

Michael Jungblut

Wirtschaftswunder ohne Grenzen

Wohlstand diesseits und jenseits der Elbe

Deutsche Verlags-Anstalt
Stuttgart

CIP-Titelaufnahme der Deutschen Bibliothek

Jungblut, Michael:
Wirtschaftswunder ohne Grenzen : Wohlstand diesseits
und jenseits der Elbe / Michael Jungblut.
Stuttgart : Deutsche Verlags-Anstalt 1990.
ISBN 3-421-06575-6

© 1990 Deutsche Verlags-Anstalt GmbH, Stuttgart
Satz: IBV Satz- und Datentechnik GmbH, Berlin
Druck und Bindearbeit: May + Co, Darmstadt
Printed in Germany

Inhalt

Für Marie-Claude
mit Dank
für ihre Geduld und Hilfe,
Beatrice und Eric

Das Jahrzehnt der Hoffnung

»Der Kapitalismus wird sich ausbreiten wie ein Hausbrand. Wir müssen das Feuer nur schüren.«

Es war kein Prophet, der diesen Satz vor einem runden Vierteljahrhundert bei einer Debatte über die Zukunft der Wirtschaftsordnungen formulierte. Es war der damalige amerikanische Finanzminister Henry Fowler, der inzwischen fast ebenso in Vergessenheit geraten ist wie diese simple, von amerikanischer Unbekümmertheit geprägte Vorhersage. Über viele Jahre hinweg mußte ein solcher Satz ja auch geradezu lächerlich erscheinen. Ebenso lächerlich wie das Fazit, das das renommierte US-Wirtschaftsmagazin »Business Week« Ende der sechziger Jahre aus einer Analyse der damals vorliegenden Prognosen für die letzten drei Jahrzehnte des Jahrtausends zog: »Die Zukunftsforscher versprechen uns ein herrliches Finale für das 20. Jahrhundert.«

Ein herrliches Finale in einer Welt, in der es einen Vietnam-Krieg gegeben hatte, der nicht nur in diesem geschundenen Land und in der Psyche Amerikas tiefe Spuren hinterlassen hatte, sondern die gesamte westliche Welt moralisch belastete? In einer Welt, die über Jahrzehnte unter der permanenten Drohung lebte, in einem atomaren Sturm unterzugehen? Ein herrliches Finale trotz Massenarbeitslosigkeit und einer die Existenz der Menschheit vielleicht bedrohenden Umweltzerstörung? Ein krönender Abschluß des Jahrtausends – solange sich zwei miteinander unversöhnliche Gesellschaftsordnungen waffenstarrend gegenüberstehen? Auf unabsehbare Zeit Jahr für Jahr Milliarden für eine Rüstung mit mehrfachem »Overkill« – während gleichzeitig die Dritte Welt keinen Ausweg aus dem Teufelskreis von Elend, Überschuldung und Verarmung findet? Und wie würde der »Kapitalismus« am Ende des 20. Jahrhunderts dastehen, diese zwar Wohlstand produzierende, aber wenig geliebte Maschinerie?

Die siebziger Jahre waren sicher nicht das Jahrzehnt, das allzu viele Menschen im Westen zu Visionen von einem »herrlichen Finale« hinriß. Und zu Beginn der achtziger Jahre sah es gewiß nicht besser aus. Das »sozialistische Lager« war gewiß auch nicht das versprochene Paradies – noch nicht, wie selbst die Propaganda einräumte. Doch immerhin erschien es in dieser zerrissenen Welt als ein monolithischer Block, als ein für viele Jahrzehnte unüberwindliches Bollwerk gegenüber allen kapitalistischen Anfechtungen und demokratischen Reformen. Zwar klafften zwischen theoretischem Anspruch und dem real existierenden Sozialismus immer größere Lücken. Auch führten das »Gleichgewicht des Schreckens« und ökonomische Schwäche dazu, daß die »Weltrevolution« und der Appell an die Völker: »Auf zum letzten Gefecht!« aus praktischen Gründen etwas hinausgeschoben werden mußten – aber aufgegeben war dieses Ziel deshalb noch lange nicht. Gefährdet erschienen dagegen manchem Beobachter eher die westlichen Staaten. Denn trotz Demokratie und Rechtsstaat, Meinungs- und Reisefreiheit, Massenwohlstand und sozialer Sicherheit wurden sie immer wieder von Wellen des Selbstzweifels geschüttelt, von des »Gedankens Blässe angekränkelt«. Viele Intellektuelle standen und stehen vor allem der Wirtschaft und den Gesetzen, die sie bewegt, bis heute mißtrauisch oder ablehnend gegenüber. Oft schien es, als würde sich die Mehrheit der politisch aktiven Jugend von der freiheitlichen Ordnung in Staat und Wirtschaft abwenden und statt dessen ihre Ideale und Vorbilder fern der eigenen Realität in Kuba, China oder Vietnam suchen. Sozialistische Utopien überstrahlten aus der Ferne die auch dort weit von einer Traumwelt entfernte Wirklichkeit. Dagegen vermochten weder die tief in der europäischen Geschichte verwurzelten Gedanken der Aufklärung genügend Faszination auszuüben noch die große Aufgabe, nach Jahrhunderten oft blutiger Rivalitäten ein geeintes Europa aufzubauen, das an die besten geistigen, politischen und wirtschaftlichen Traditionen seiner vereinten Nationen anknüpft. Vom Europa der Bürokraten, von den Brüsseler Verwaltern der Milchseen und Butterberge ging viele Jahre lang statt Faszination nur noch Frust aus.

Mochte die Realität in den sogenannten sozialistischen Ländern für

8

die unter diesen Systemen leidenden Menschen auch noch so finster aussehen – die vagen Ideen von einem besseren Sozialismus beflügelten manche Geister im Westen weit mehr als das sicherlich mühsamere Geschäft, die demokratische Gesellschaftsordnung innerhalb der jungen europäischen Gemeinschaft im Kampf gegen viele kleine Widerstände und kleinliche Politik schrittweise weiter zu entwickeln. Im Jahre 1971 stimmte Friedrich A. Hayek der unveränderten Neuauflage seines 1946 erstmals erschienenen Buches »Der Weg zur Knechtschaft« zu, weil er erneut die Gefahr sah, daß die so mühsam erkämpfte Freiheit auf dem Altar ebenso verschwommener wie gefährlicher Ideen von einer besseren Welt geopfert werden könnten: »Ein Teil der Jugend glaubt wieder der Freiheit zu dienen, indem sie eine Wirtschaftsordnung befürwortet, die tatsächlich die Freiheit des einzelnen auf das engste beschränken würde. Sie wissen nicht mehr aus eigener Erfahrung, was eine Regierungsform bedeutet, in der die Herrschenden unbeschränkte Macht über alle Mittel ausüben, die der einzelne zur Verfolgung seiner Ziele braucht. Vor fünfundzwanzig Jahren war es gerade die deutsche Jugend gewesen, deren verständnisvolle Aufnahme dieses Buches mir die größte Genugtuung bereitete. Der heutigen Jugend scheinen seine Gedanken vollkommen fremd geworden zu sein.«[*]

Diese Sorge war unberechtigt. Erst kaum wahrnehmbar, dann immer deutlicher begannen sich die Gewichte in den achtziger Jahren zu verschieben. Während im Osten die Widersprüche des Systems immer deutlicher zutage traten, die politische Unruhe wuchs und vor allem in Polen und der Sowjetunion die Versorgungsprobleme oft groteske Züge annahmen, gewann der Westen langsam seinen Optimismus zurück. In Amerika gab Ronald Reagan seinen Landsleuten wieder ihr Selbstbewußtsein. In Europa fanden Portugal und Spanien überraschend schnell den Weg zurück in die demokratische Staatengemeinschaft, nachdem sie – auf sehr unterschiedliche, aber gleichermaßen friedliche Weise – die faschistischen Diktaturen abgeschüttelt hatten. Nach vielen Jahren der Stagnation kam endlich wieder Schwung in den europäischen Einigungsprozeß, und noch lange vor

---

[*] Friedrich A. Hayek: Der Weg zur Knechtschaft, Neuauflage, München 1971, S. 17.

der für die Vollendung des Gemeinsamen Marktes gesetzten Frist löste die magische Chiffre »EG '92« eine unerwartete Dynamik aus, die weit über die Grenzen der Gemeinschaft hinaus ausstrahlte. In Asien verbuchten die Japaner immer neue Erfolge bei ihrem Versuch, die Weltmärkte zu erobern. Länder wie Südkorea schafften den Aufstieg in den Kreis der Industrienationen und lehrten sogar ihr Vorbild Japan auf vielen Gebieten das Fürchten. Der Zwerg Taiwan blamierte den Riesen China und bewies einmal mehr, zu welchen Leistungen (und Fehlern) eine kapitalistische Wirtschaft fähig ist.

Nur im Osten nichts Neues – bis Michail Gorbatschow kam und erst vorsichtig und dann immer kühner Wahrheiten aussprach und Reformen einleitete, die bis dahin undenkbar schienen.

Und dann wurden wir innerhalb weniger Monate Zeugen einer Entwicklung, für die es in der Weltgeschichte bisher noch kein Beispiel gibt: der nahezu bedingungslosen Kapitulation einer weltumspannenden Idee und eines diktatorischen Systems, das große Teile des Globus jahrzehntelang beherrscht hatte. Zum fassungslosen Staunen fast aller »Ost-Wissenschaftler« erwies sich der waffenstarrende Ostblock als ein politisch, wirtschaftlich, ideologisch und moralisch so morsches Gebäude, daß es fast schlagartig zusammenbrach – ohne daß auf der Seite des »Gegners« auch nur ein Schuß fiel. Im Gegenteil: Dies alles fand statt, während auf beiden Seiten Panzer und Raketen vertragsgemäß verschrottet und in Ost und West ein Teil der Truppen, die sich jahrzehntelang feindlich gegenübergestanden hatten, freiwillig reduziert oder ins Hinterland zurückgezogen wurden.

Zu Beginn der neunziger Jahre kündeten die Schlagzeilen der Tageszeitungen, die Nachrichten von Funk und Fernsehen fast jeden Tag davon, daß der Kommunismus eine neue Niederlage erlitten habe. Nachdem einmal der Bann gebrochen war, das gegenseitige Mißtrauen und die Angst vor der nur scheinbar allmächtigen Staatssicherheit abgeschüttelt wurden, befreiten sich die Völker Osteuropas innerhalb weniger Monate und ohne Hilfe von außen von ihren erstarrten Systemen und seinen greisen Repräsentanten. Nach der friedlichen Überwindung des Faschismus auf der Iberischen Halbinsel in der zweiten Hälfte der siebziger Jahre folgte am Ende der achtziger der sanfte Umsturz in Osteuropa. Nur in Rumänien leistete der alte Apparat für einige Tage blutigen Widerstand.

Am krassesten prallten die alte und die neue Wirklichkeit hinter der Mauer aufeinander: Nur wenige Wochen nachdem mit verlogenem sozialistischem Pomp und den hohlen Riten einer Diktatur der 40. Jahrestag der DDR gefeiert worden war, hörte der SED-Staat praktisch auf zu bestehen – gewaltlos, aber machtvoll von den Menschen beiseite geschoben, die so lange stumm unter ihm gelitten hatten. Und Hans Modrow, der Konkursverwalter des stalinistischen Regimes, gestand bei seinem Besuch in Bonn im Februar 1990 vor der versammelten Weltpresse unumwunden »die bittere Niederlage des real existierenden Sozialismus« ein.

Die heute Lebenden genießen zwar den Vorzug, Zeitzeugen dieses historischen Prozesses zu sein, der eigentlich schon 1978 mit der Wahl des polnischen Papstes und dem Erstarken der polnischen Gewerkschaftsbewegung Solidarność begonnen hatte und ohne einen Mann wie Michail Gorbatschow undenkbar gewesen wäre, sich aber dann in den letzten Monaten des Jahres 1989 in geradezu atemberaubendem Tempo beschleunigte. Aber erst spätere Generationen werden mit dem dann vorhandenen zeitlichen Abstand die Tiefe des geschichtlichen Einschnitts und die ganze historische Bedeutung dessen erfassen können, was sich zu Beginn der neunziger Jahre im Herzen Europas vollzog und noch lange nicht beendet ist. Immer wieder wird später wohl die Frage gestellt werden, was Menschen empfunden haben mögen, die am 9. November 1989 persönlich oder live am Bildschirm miterlebten, wie nach 28 bitteren Jahren die Mauer in Berlin buchstäblich über Nacht ihren Schrecken verlor. Dieses Bauwerk, das eine Stadt zerschnitten, Familien getrennt und für viele den Tod bedeutet hatte, wurde zum Mittelpunkt des größten Volksfestes, das Deutschland je erlebt hat. Diejenigen, die in der Nacht vom 9. November zum Teil im Nachthemd die Grenze passierten, gingen zugleich in eine für uns alle neue Welt.

Aber es war nur der erste Schritt. Wohin werden uns die nun folgenden in diesem Jahrzehnt führen? Auch darüber werden künftige Generationen urteilen. Sie werden – bedauernd oder bewundernd – feststellen, ob wir die großen Chancen genutzt haben, die für alle Völker Europas in dieser Entwicklung liegen, oder ob wir kläglich versagt haben. Versagt, weil nach der ersten Euphorie kleinlicher Krämergeist, Sozialneid und Schielen auf Wählerstimmen den weiteren Gang der Geschichte bestimmten. Oder weil wir es zuließen, daß sich in den Staaten, die sich eben erst von ihren Ausbeutern befreit hatten, früh-kapitalistische Freibeuter als selbsternannte Botschafter der Markt-wirtschaft breitmachten. Denn nicht der Kapitalismus, sondern die Idee von Freiheit und Demokratie, von Rechtsstaat und Marktwirtschaft haben gesiegt. Insofern hat Henry Fowler doch geirrt. Hätte der Westen nur den Kapitalismus zu bieten – er wäre längst ebenso von der Geschichte überholt worden, wie Sozialismus, Kommunismus oder gar die widerwärtigste Form der »Ismen«, der Faschismus.

Auch wenn es viele immer noch nicht begriffen haben: Die westlichen Industriestaaten – und vor allem die westeuropäischen Demokratien – bewegen sich längst auf einem »Dritten Weg« zwischen Kapitalismus und Sozialismus in die Zukunft. Ihre Erfolge verdanken sie nicht irgendeiner extremen Ideologie, sondern einer auf humanen Grundwerten ruhenden, in der Praxis erprobten, aber auch flexiblen Wirtschafts- und Gesellschaftsordnung, die sich immer wieder neuen Erkenntnissen, Entwicklungen und Wertvorstellungen anpaßt. Zu ihren wesentlichen Bestandteilen gehören eine auf Gewaltenteilung beruhende Organisation des Staates, Rechtsstaatlichkeit, Meinungs- und Pressefreiheit, eine soziale Marktwirtschaft mit freien Unternehmern und unabhängigen Gewerkschaften sowie ein Bildungssystem, das zumindest versucht, jedem Jugendlichen die Chance zu geben, einen seiner Begabung und seinen Neigungen entsprechenden Platz in dieser Gesellschaft zu finden. Die politische Faszination, der ökonomische Erfolg und das zunehmende ökologische Verantwortungsbe-wußtsein, die von einem so organisierten Gemeinwesen ausgehen, waren es, die den Völkern in Osteuropa die Hoffnung, den Mut und schließlich auch die Kraft gegeben haben, sich von ihren Fesseln zu befreien.

Aber auch eine andere westeuropäische Errungenschaft – und hier ist dieser Begriff wirklich angemessen – darf dabei nicht übersehen werden: Nach Jahrhunderten blutiger Auseinandersetzungen, der Verklärung militärischer Tugenden und »Erbfeindschaften« ist für die Mitglieder der Europäischen Gemeinschaft Krieg oder auch nur die Androhung von Waffengewalt als Mittel der Politik undenkbar geworden. Das war noch in der ersten Hälfte unseres Jahrhunderts allenfalls eine Utopie; für viele Menschen schien es nicht einmal denkbar; für andere, die noch von »Heldentaten« träumten, war es gar nicht wünschenswert und der Ruf der Bertha von Suttner »Die Waffen nieder!« nur eine Form von Feigheit. Nach all dem Haß und Mißtrauen, die die Völker Europas in der ersten Hälfte unseres Jahrhunderts erlebten, nach zwei verheerenden Kriegen muß dieser Erfolg der europäischen Politik deshalb noch weit vor den wirtschaftlichen und sozialen Leistungen der Europäischen Gemeinschaft eingeordnet werden.

Aber es reicht natürlich nicht aus, dies alles einfach nur festzustellen oder gar in Selbstzufriedenheit zu verfallen. Nachdem die Menschen in Osteuropa sich aus eigener Kraft von ihren unmenschlichen Systemen befreit haben, ist nun der Westen gefordert, seinen Beitrag zur friedlichen Umgestaltung zu leisten. Denn es kann ja wohl nicht sein, daß wir unsere östlichen Nachbarn und Landsleute nur so lange unseres Mitgefühls und unserer Solidarität versichert haben, wie dies wohlfeil war, weil keine praktischen Konsequenzen drohten, jetzt aber angesichts der neuen Realitäten ängstlich zurückschrecken.

Das bedeutet: Wir müssen die Staaten Osteuropas und die »anderen« Deutschen, die so lange um Freiheit und Wohlstand betrogen wurden, unterstützen bei ihrem Kampf gegen die verheerenden Folgen einer jahrzehntelangen Unterdrückung und Mißwirtschaft. Wir müssen ihnen helfen, so rasch wie möglich eine Lebensqualität zu erreichen, die es ihnen wieder lohnend erscheinen läßt, in ihrer Heimat zu bleiben. Wir müssen mit unseren Erfahrungen dazu beitragen, die geschundene Umwelt vor weiterer Vergiftung und Zerstörung zu bewahren. Wir müssen mithelfen, soviel wie möglich von unserem gemeinsamen kulturellen Erbe zu retten. Ruinen schaffen ohne Waffen: Vierzig Jahre SED-Mißwirtschaft und Banausentum haben mehr an historischen Bauten verkommen lassen, als in den Bombennächten zerstört wurde.

Das erfordert große Anstrengungen, aber keine Almosen oder Opfer. Es geht um Investitionen – auch in die eigene Zukunft. Gefragt sind Mut, Ideen und Tatkraft und kein kleinliches Aufrechnen. Alle sind hier gefordert: die Jungen, die nun nicht länger klagen können, daß diese Welt schon von den Vätern geschaffen worden sei und kaum noch lohnende Aufgaben und faszinierende Perspektiven biete; die

Älteren, weil sie noch einmal in diesem Jahrhundert zupacken müssen. Die einen können Idealismus und Tatkraft, die anderen ihre Erfahrungen einbringen.

Wenn die neunziger Jahre nicht nur mit großen Erwartungen beginnen, sondern wirklich zu einem Jahrzehnt der Hoffnung werden sollen, wenn wir am Ende dieses Jahrtausends ohne Scham zurück- und voller Zuversicht nach vorne blicken wollen, dann müssen vier große Ziele zugleich anvisiert werden:

● Die Europäische Gemeinschaft muß so weiter entwickelt werden, daß dieser Bund freier Völker seinen politischen, wirtschaftlichen und kulturellen Rang in der Welt behaupten kann. Sie muß weiterhin aller Welt das überzeugende Beispiel dafür bieten, daß Völker mit so unterschiedlichen geschichtlichen Erfahrungen, kulturellen Identitäten und wirtschaftlichen Interessen ihre Konflikte ausschließlich am Verhandlungstisch lösen und eine gemeinsame Zukunft haben können. Sie muß vor allem der Jugend die Perspektive einer multikulturellen Gemeinschaft bieten, die trotz bunter Vielfalt jedem Land und seinen kulturellen Landschaften die Möglichkeit bietet, die Individualität zu erhalten.

● Demokratie und Marktwirtschaft müssen in Osteuropa – und wenn irgend möglich auch in der Sowjetunion – so fest verankert werden und so erfolgreich sein, daß diese Entwicklung unumkehrbar ist. Dabei trägt die Bundesrepublik Deutschland eine besondere Verantwortung: Zum einen aufgrund ihrer Geschichte und geographischen Lage, ihrer politischen Stabilität und ökonomischen Leistungskraft sowie ihrer besonderen Beziehungen zu den Menschen, die vier Jahrzehnte unter dem SED-Regime leiden mußten. Zum anderen, weil sie – mit mehr oder weniger Recht – zu einem Modell für viele Menschen in den ehemals sozialistischen Staaten geworden ist. So wie es im Westen Deutschlands nach Krieg und Faschismus gelungen ist, eine demokratische Gesellschaft und eine erfolgreiche soziale Marktwirtschaft aufzubauen, so erträumen sich auch Millionen Menschen im Osten ihre Zukunft.

● Die deutsche Vereinigung muß so vollzogen werden, daß sie weder zu einer Enttäuschung für den östlichen noch zu einer politisch und wirtschaftlich unerträglichen Belastung des westlichen Teils der Republik wird oder gar die europäische Einigung behindert.

• Die politische, wirtschaftliche und soziale Entwicklung in der Bundesrepublik darf nicht stagnieren. Der »Standort Deutschland« muß seine Position innerhalb der EG und im Rahmen der weltwirtschaftlichen Arbeitsteilung behaupten. Das bedeutet: Reformen im Bildungswesen und Steuerrecht, im Gesundheitswesen oder am Arbeitsmarkt sowie technischer Fortschritt dürfen ebensowenig vernachlässigt werden wie Anpassungen an neue Entwicklungen in der Weltwirtschaft.

Die sozialen und wirtschaftlichen Folgen des technischen Fortschritts werden nicht so lange auf sich warten lassen, bis die Deutschen die vielen Probleme bewältigt haben, die mit ihrer Vereinigung nach so langer Trennung verbunden sind. Der Streit um die Gestaltung der Arbeitszeit wird ebensowenig vertagt werden wie der Ruf der Frauen nach Chancengleichheit. Mitsprache der Arbeitnehmer im Betrieb, ihre Beteiligung am Gewinn und Kapital, Aus- und Weiterbildung oder Umschulung – noch nie waren sie so wichtig wie heute. Arbeitslosigkeit können wir uns angesichts der Fülle der Aufgaben weniger denn je leisten. Das soziale Netz muß in Zukunft für noch mehr Menschen gespannt werden – aber es wird nur halten, wenn sein Mißbrauch energischer als bisher bekämpft wird.

Viele Probleme, zahllose Aufgaben. Aber es gibt keinen Grund zur Resignation. Wenn sie angepackt und gelöst werden, winkt auch eine entsprechend große Belohnung: ein Wirtschaftswunder ohne Grenzen – ohne Grenzen in Deutschland und ohne Grenzen in Europa. Und für die Deutschen vielleicht wirklich das »glücklichste Jahrzehnt in ihrer Geschichte«. Noch haben wir es in der Hand, aus dieser Vision Helmut Kohls Wirklichkeit werden zu lassen. Denn noch stehen wir am Beginn dieses Jahrzehnts und halten alle Karten in der Hand.

Die ehemalige DDR

Proletarier aller Länder – verzeiht mir.
Karl Marx, wenn er das alles noch erlebt hätte.

1
Die Pleite des Jahrhunderts

Den Sozialismus auf deutschem Boden wollten sie verwirklichen, den »ersten deutschen Arbeiter- und Bauernstaat« als humane Alternative zum häßlichen Kapitalismus aufbauen. Der sozialistische Staat sollte den radikalen Bruch mit Faschismus, Militarismus und Ausbeutung bringen und die »allseitige Entwicklung des Menschen« ermöglichen. Am Ende des Weges sollte die ideale Gesellschaft stehen. »Alles zum Wohle des Volkes«, lautete die Parole, mit der die Kommunisten angetreten sind und an der sie – blind für die Wirklichkeit – bis zum Schluß festhielten. »Vorwärts immer, rückwärts nimmer«, hielt Erich Honecker in Reimform allen entgegen, die Kritik am Kurs der Sozialistischen Einheitspartei übten.

Nach dem Zweiten Weltkrieg ist Deutschland zu einem gesellschaftspolitischen Großlabor geworden, in dem – in fast hermetisch voneinander abgeriegelten Räumen – zwei so unterschiedliche Gesellschaftssysteme wie die Soziale Marktwirtschaft und die sozialistische Planwirtschaft erprobt wurden. Was sonst nur in den Theorien von Gesellschaftswissenschaftlern möglich ist, hier wurde es Wirklichkeit: Eine Bevölkerung mit gleicher Geschichte und Sprache, gleicher Mentalität und Ausbildung, ähnlicher religiöser und politischer Einstellung und Erfahrung, gleichermaßen geübt im Umgang mit Technik und der Verwaltung eines Staates, weltweit bewundert und auch gefürchtet wegen ihrer Ordnungsliebe und Disziplin, Tatkraft und Erfindungsgabe – dieses Volk wurde geteilt und lebte länger als vier Jahrzehnte unter den Bedingungen und Regeln höchst unterschiedlicher Gesellschaftsordnungen. Ein Großversuch mit und an lebenden Menschen.

Doch dabei gab es schon von Anbeginn einen gravierenden Unterschied: Die einen spielten gern und freiwillig mit; die anderen konnten nur durch Zwang dazu bewegt werden und mußten schon bald in einen großen Käfig gesperrt werden, damit sie sich diesem Experiment nicht länger durch Massenflucht entziehen konnten. Der wahrscheinliche Ausgang des Großversuchs mit zwei verschiedenen Gesellschaftsordnungen zeichnete sich bald ab. Lohn und Lebensstandard lagen in der DDR schon nach den ersten Jahren der separaten Entwicklung unter dem Niveau im Westen. Daß in der Deutschen Demokratischen Republik von Demokratie schon bald keine Rede mehr sein konnte, war offenkundig. Wer trotz aller Beschränkungen im Reiseverkehr die schwerbewachte Grenze überschreiten durfte, konnte weder das magere Güterangebot noch den fortschreitenden Verfall der Städte übersehen, mußte erleben, daß in diesem Staat – auch im engeren Sinne des Wortes – das Atmen schwerfiel. Doch es waren immer nur wenige Bundesbürger, die diese Erfahrungen machen konnten. Ein Blick hinter die Kulissen war auch ihnen nur selten möglich.

Trotz West-Fernsehen fehlte den meisten DDR-Bürgern bis zur Öffnung der Mauer erst recht die eigene Anschauung und Erfahrung, um die angeblichen Errungenschaften des Sozialismus an dem zu messen, was westliche Länder erreicht hatten. Typisch die Aussage einer Lehrerin:»Als Staatsangestellte durfte ich nicht reisen. Wenn dann mein alter Vater oder Bekannte, die als Rentner nach drüben durften, aus der Bundesrepublik zurückkamen, haben wir uns über deren Westschwärmerei immer etwas amüsiert. Wieso sollte die Luft hinter der Grenze plötzlich viel sauberer sein, die Züge schneller und leiser fahren oder alte Häuser ganz anders aussehen? Und die Masse an Konsumgütern – davon hatten nach unserer Vorstellung doch nur die ganz wenigen Reichen etwas.«

Solange Mauer und Zaun fast undurchlässig waren, nahmen es viele Bewohner der DDR als normal hin, daß von alten Häusern erst der Putz herunterfällt, dann das Dach undicht wird und irgendwann einstürzt und folglich erst die oberen Etagen und irgendwann das ganze Gebäude unbewohnbar wird. An Straßen voller Schlaglöcher hatten sie sich ebenso gewöhnt wie an den scheinbar unvermeidbaren beißenden Qualm aus den Schornsteinen, die Rußwolken aus den Auspuffrohren von Lastwagen und Bussen oder den Gestank der

Trabis. Wenn man sich jahrzehntelang vor fast jedem Laden oder Restaurant in eine Schlange einreihen muß, dann wird das ebenso zur Selbstverständlichkeit wie die ständigen Produktionspausen wegen Materialmangels.

Wenn man nie etwas anderes kennengelernt hat, nimmt man auch nicht Anstoß an der schlichten bis schäbigen Ausstattung der meisten Gaststätten und einem Speiseangebot, das in Umfang und Qualität von dem immer propagierten Weltniveau ebenso weit entfernt ist wie der überwiegende Teil der industriellen Erzeugnisse. Man nimmt es sogar hin, wenn im eigenen Land die besseren Restaurants, Bars, Hotels und die diskret getarnten Läden mit Luxusgütern allein denen offenstehen, die mit D-Mark, Dollar oder Franken zahlen. So versessen waren die Bonzen auf Valuta, daß sie selbst vor einer solchen Beleidigung der eigenen Bevölkerung nicht zurückschreckten. »Sie können hier sofort durchgehen. Wir müssen warten, ob uns der Ober reinläßt. Wir sind ja nur Hiesige«, war noch im November 1989 die – typische – Auskunft eines Bürgers im ehemaligen Karl-Marx-Stadt auf die Frage, warum so viele Menschen bei Nieselregen geduldig vor einer Hotelbar warteten.

Eine über den bloßen Augenschein hinausgehende Bestandsaufnahme der von der SED hinterlassenen Konkursmasse macht erst das ganze Ausmaß des Desasters nach vierzig Jahren sozialistischen Experimentierens deutlich. Selbst für die Fachleute im Westen ist die Schlußbilanz erschreckend. Denn wie schlimm es tatsächlich um das Land stand, blieb wegen der beschränkten Informationsmöglichkeiten auch aufmerksamen Beobachtern bis zum Umsturz verborgen. Durch strikte Geheimhaltung unliebsamer Daten, die zum Teil raffinierte Fälschung von Statistiken und andere Täuschungsmaßnahmen war es den Verantwortlichen in der DDR bis zum Schluß gelungen, das wahre Ausmaß des Niedergangs, gravierende Schäden und Fehlentwicklungen zu verschleiern. Besucher historischer Orte sahen neben einsturzbedrohten Häusern und bröckelnden Fassaden zu ihrer Freude auch ganze Straßenzüge, die liebevoll restauriert worden waren, ohne zu ahnen, daß sich hinter den mit Gardinen geschmückten Fenstern oft morsche Fußböden, eingestürzte Decken und feuchte Wände verbargen. Die Werktätigen, mit denen sich Gewerkschaftsdelegationen aus dem Westen in den Betrieben unterhalten durften, waren vorher von der Stasi überprüft und instruiert. Oft hatten sie Antworten auf die gängigsten Fragen sogar auswendig lernen müssen. Aber dies fiel nur auf, wenn in der Aufregung Sätze heruntergehaspelt wurden, die so gar nicht zur Frage passen wollten. So mancher, der von einer solchen Reise zurückkam, zeigte sich daher beeindruckt von den sozialen Errungenschaften, wußte von der politischen Stabilität des SED-Staates und dem wachsenden Stolz der Menschen auf ihren eigenen Weg zu berichten.

Erst nach der Öffnung der Grenzen und Geheimarchive, erst nachdem etwa die Kombinate in Bitterfeld und Eisleben, die Kraftwerke und Chemiebetriebe in Halle und Leuna ihre Tore geöffnet haben und ein Blick hinter die Kulissen von Altersheimen und Krankenhäusern möglich wurde, kann das ganze Ausmaß der sozialistischen Pleite abgeschätzt werden. Davor auch jetzt noch die Augen zu verschließen, hilft niemandem, sondern erschwert nur die Aufräumungsarbeiten. Deshalb zunächst ein Überblick über die wichtigsten Bereiche.

Einkommen und Lebensstandard

Obwohl die Menschen in der DDR eine längere Arbeitswoche und weniger Urlaub hatten, lagen Lohn und Leistung schon bald weit unter dem westdeutschen Niveau. Im letzten Jahr des SED-Regimes war die Wochenarbeitszeit in der DDR für die große Mehrzahl der Beschäftigten auf 43 3/4 Stunden festgelegt. In der Bundesrepublik waren es durchschnittlich knapp 39 Stunden; weitere Arbeitszeitverkürzungen waren bereits tariflich vereinbart. In der DDR bestand im Rahmen des Grundurlaubs nur ein Anspruch auf 18 freie Tage im Jahr, die je nach den sozialen Voraussetzungen auf 24 Tage steigen konnten. In der Bundesrepublik ließen sich aus 30 bezahlten Urlaubstagen und der größeren Zahl gesetzlicher Feiertage mehr als sechs Ferienwochen herausholen.

Trotz dieser längeren Jahresarbeitszeit erreichten die durchschnittlichen Einkommen in der DDR nicht einmal die Hälfte vergleichbarer Löhne und Gehälter im Westen, in der Industrie sogar nur gut ein Drittel. Noch schlechter waren die Rentner dran. Die meisten mußten mit weniger als vierhundert Mark im Monat auskommen. Während die Sozialrentner im Westen dank der dynamischen Rente mit etwa siebzig Prozent des Nettoeinkommens der Aktiven rechnen können, mußten sich die Ruheständler in der DDR mit etwa 36 Prozent bescheiden. Trotz subventionierter Mieten und Grundnahrungsmittel lagen die Alterseinkommen vielfach unter dem physischen Existenzminimum, so daß sich viele Rentner zur Weiterarbeit gezwungen sahen. Bedrückend und beschämend auch die jämmerlichen Bedingungen, unter denen alte Menschen im sozialistischen Staat ihre letzten Tage in oft völlig heruntergekommenen Heimen zubringen mußten, in denen selbst die einfachsten sanitären Einrichtungen fehlten oder in nahezu unbrauchbarem Zustand waren.

Lebensqualität, ein Begriff, der im Westen schon längst die früher übliche Fixierung auf das wirtschaftliche Wachstum verdrängt hat, mußte für die Deutschen im Osten ein Fremdwort bleiben. Das galt für die Situation am Arbeitsplatz ebenso wie für die Freizeit. Die Qualität der Arbeitsbedingungen ist im Hinblick auf Atmosphäre, Sauberkeit, Unfallsicherheit und arbeitserleichternde Technik fast überall mehr als bescheiden. Kantinen, Urlaubsheime und andere soziale Einrichtungen der Betriebe wirken meist schäbig. Die Rechte des einzelnen Werktätigen – und erst recht die Möglichkeit, sie auch durchzusetzen – waren gering, da es weder Betriebsräte noch unabhängige Gewerkschaften gab.

Im privaten Bereich machte es der SED-Staat den Menschen ebenfalls schwer, ihr Leben halbwegs zu genießen. Davon, daß die Spitzensportler der DDR zu Weltruhm gelangten, hatte der Durchschnittsbürger wenig. Während der Hochleistungssport mit einem enormen Aufwand gefördert wurde, blieb der Breitensport ein Stiefkind der Funktionäre. Und die ließen auch jeden erbarmungslos fallen, der die Erwartungen nicht erfüllte oder Zweifel an seiner Linientreue aufkommen ließ. Wer erfolgreich war, wurde mit Orden und Privilegien überschüttet, wer sich zum Krüppel trainierte, konnte selber sehen, wo er blieb.

Konsumgüter außerhalb des Grundbedarfs waren fast immer knapp und von schlechter Qualität. Das Angebot an Restaurants, Kinos und anderen Freizeiteinrichtungen blieb selbst in den großen Städten unzureichend. Wer Hochzeiten und andere Familienfeste in einer Gaststätte feiern wollte, mußte sich Wochen und oft Monate im voraus um einen Tisch bemühen. Restaurants, die mehr boten als das übliche Einerlei, waren stets für Monate ausgebucht. An den Bestelltagen bildeten sich deshalb lange Schlangen geduldig wartender Menschen.

Während im Westen deutsche, französische, italienische, griechische oder fernöstliche Köche miteinander wetteifern, gemütliche Pinten und elegante Cafés zum Verweilen einladen, herrschte im ehemaligen sozialistischen Lager meist graue Eintönigkeit: riesige Wohnsilos, in deren Umgebung man vergeblich eine Kneipe sucht, Großstädte, die schon am frühen Abend fast ausgestorben sind, Dörfer, in denen weder der Einheimische noch der Reisende ein Gasthaus oder gar ein Hotel findet.

Auch in der »schönsten Zeit des Jahres«, in den Ferien, mußte der DDR-Bürger seinen permanenten Kampf gegen den Mangel führen. Während es für viele Millionen Arbeitnehmer im Westen seit Jahrzehnten üblich ist, den Urlaub nach eigener Wahl entweder im eigenen Land oder in Frankreich, Spanien und anderen sonnigen Ländern zu verbringen, konnten die DDR-Bürger immer nur darauf hoffen, daß ihnen von den »gesellschaftlichen Organisationen« einer der begehrten Urlaubsplätze an der Ostseeküste oder im Erzgebirge zugeteilt wurde. Die nichtsozialistischen Länder blieben ihnen grundsätzlich versperrt. Während Bundesbürger die ganze Welt entdeckten, durften DDR-Bürger ihr Fernweh allenfalls in sozialistischen Ländern stillen, und selbst diese »Bruderländer« waren nur beschränkt zugänglich. Dort mußten sie dann meist feststellen, daß sie in Hotels und Gaststätten nicht komfortabler unterkamen als zu Hause, daß die Menschen meist noch ärmer waren. Verbittert mußten sie erleben, daß Touristen aus den »kapitalistischen Staaten« auch dort stets privilegiert waren. Bezeichnend der böse Witz, der nach dem Besuch des ehemaligen Staatsratsvorsitzenden in der Bundesrepublik im Arbeiter- und Bauernstaat kursierte. Auf die Frage, wie es denn drüben gewesen sei, antwortete Erich Honecker: »Eigentlich genau wie bei uns. Gegen West gibt's alles.« Und wo im Osten ein wenig Luxus herrschte, war er entweder dafür gedacht, Besuchern aus dem Westen die begehrten Devisen zu entlocken, oder er diente dem geheimen Wohlleben einer spießigen Funktionärsclique.

»Alles zum Wohl des Volkes«, lautete die Parole. Aber der Begriff

Lebensqualität war den Planern fremd – und wo wären Lebensqualität und ein wenig Fröhlichkeit schon jemals erfolgreich in Amtsstuben geplant worden? Neben vielem anderem hat der Sozialismus dem Volk auch das Lächeln geraubt.

Industrie

Große Teile des Produktionsapparates sind hoffnungslos veraltet. In vielen Betrieben stehen noch Maschinen aus der Vorkriegszeit, manche haben sogar schon zu Kaisers Zeiten ihren Dienst getan. Selbst da, wo verhältnismäßig neue Maschinen aus östlicher Produktion stehen, sind sie technisch oft auf dem Stand der fünfziger Jahre – also wirtschaftlich gesehen vierzig Jahre alt. Sie verbrauchen zuviel Energie, machen einen kaum erträglichen Lärm, erfüllen nicht die in der Bundesrepublik geltenden Arbeitsschutzbestimmungen. Sie bringen weder qualitativ noch mengenmäßig die Leistung, die heute erforderlich ist, um im internationalen Wettbewerb mitzuhalten. Ein großer Teil des Maschinenparks ist nicht nur sehr störanfällig und reparaturbedürftig; er konnte in der Vergangenheit oft nur zum Teil genutzt werden, weil es fast immer an den notwendigen Ersatzteilen fehlte.

Typisch ist die folgende Situation in einer der größten und noch am besten geführten landwirtschaftlichen Produktionsgenossenschaften (LPG): In einer düsteren, schmuddeligen Halle sitzen Soldaten, die Berge von Kartoffeln schälen; Personalüberlassung ist die Bedingung für regelmäßige Belieferung der Kaserne. Qualifizierte Mitarbeiter der LPG arbeiten gleichzeitig in verschiedenen Industriebetrieben als Leiharbeiter; das ist die Bedingung dafür, daß die Produktionsgenossenschaft mit Ersatzteilen für ihren umfangreichen Maschinenpark beliefert wird. Da aber auch das nicht ausreicht, ist ein Teil der LPG-Mitglieder ständig dafür abgestellt, in den eigenen Werkstätten alle jene Ersatzteile von Hand zu fertigen, bei denen dies technisch möglich ist. Welche Bedeutung diese »Heimarbeit« hat, macht eine Bemerkung des LPG-Chefs deutlich: »Wir haben noch nie einen Lastwagen bekommen, der nicht schon auf dem Weg vom Werk zu uns mit einer Panne liegen geblieben wäre.« Dazu muß man wissen: Das Herstellerwerk ist ganze 30 Kilometer entfernt. Bei Traktoren, Mähdreschern und anderem Acker- und Erntegerät die gleichen Probleme. Zu den permanenten Betriebsunterbrechungen wegen Maschinenschäden und fehlender Ersatzteile kamen in allen Produktionsbetrieben der DDR die häufigen Stillstandszeiten wegen Materialmangels. Diese von der Not erzwungenen Pausen sind von den Beschäftigten in den Betrieben schließlich als eine Art sozialer Besitzstand betrachtet worden. Sie boten die willkommene Gelegenheit, sich tagsüber in den Geschäften auf die Jagd nach knappen Gütern zu machen. Mochte die Produktion in der Zwischenzeit auch für Stunden ruhen – es störte niemanden, denn kein Werktätiger verlor deshalb Einkommen oder Arbeitsplatz. Planrückstände ließen sich meist auch vermeiden. Denn entweder hatte man die Leistung von vornherein niedriger angesetzt – oder die Zahlen wurden nachträglich frisiert.

Managementwissen und Kenntnisse der rationellen Betriebsführung hinkten bis zur Wende weit hinter westlichem Standard her. Bilanzierung, Finanzierung, Kostenrechnung, Kalkulation, Absatzwirtschaft, Marketing – alles Fremdwörter für die meisten Betriebsleiter. Während im Westen die Unternehmen seit Jahren intensiv daran arbeiten, sowohl bei Rohstoffen und Zulieferteilen als auch bei den Fertigwaren die Lagerhaltung so weit wie möglich zu rationalisieren und zu minimieren, um sich nicht mit »totem Kapital« zu belasten, häuften sich in den Lagern der DDR-Betriebe die gehorteten Bestände. Hamstermentalität in einer stets von Versorgungsengpässen bedrohten Wirtschaft, die nach Öffnung der Mauer und Einführung der D-Mark 1990 plötzlich vor die Frage gestellt wurde, wie sie unter diesen Bedingungen den Wettbewerb nicht nur mit bundesdeutschen Unternehmen, sondern auch mit Japanern und Amerikanern, Briten und Franzosen aufnehmen soll, die seit Jahren darin geschult sind, Kosten zu senken und jede Chance der Rationalisierung zu nutzen. Die ersten westdeutschen Banken, die in der DDR Büros eröffneten, glichen deshalb oft mehr einer Leihbücherei als einem Geldinstitut. Anstelle von Krediten legten sie Fachliteratur aus: Lehrbücher der Betriebswirtschaft, die in der Bundesrepublik seit Jahrzehnten als Standardlektüre für Studenten in den ersten Semestern gelten, wurden von Führungskräften und Jungunternehmern in der DDR wie Offenbarungsschriften betrachtet und wie Krimis verschlungen. Die

Banken konnten gar nicht genug davon beschaffen. Interessenten durften sie deshalb immer nur für wenige Tage ausleihen.

In den Jahren der Trennung sind als Folge einer aberwitzigen Abschottung der eigenen Bevölkerung gegen alles westliche Gedankengut nicht nur große Wissenslücken in Technik, Wissenschaft und Management entstanden. Es haben sich auch industrielle Strukturen entwickelt, die ihre Entstehung keiner ökonomischen Logik, sondern allein der Willkür eines Günter Mittag und der ihm blind ergebenen »wissenschaftlichen« Zuarbeiter verdanken. Unter dem Dach vieler Kombinate hat sich im Lauf der Jahre ein Sammelsurium von Betrieben gebildet, die oft wenig oder gar nichts miteinander zu tun haben. Zuvor selbständige Zulieferer wurden den Kombinaten zugeschlagen, die sich damit die systembedingten Lieferschwierigkeiten und Unzuverlässigkeiten ins eigene Haus holten. Ein Ausweichen auf andere Lieferanten war meist nicht möglich, da Wettbewerb nicht erwünscht war und die Schreibtischtäter in der Zentrale ohnehin bestimmten, wer was an wen liefern mußte. Mittelständische Betriebe wurden aus ideologischen Gründen dem bisherigen Eigentümer weggenommen und einem volkseigenen Betrieb (VEB) zugeschlagen, obwohl sie zu dessen Produktionspalette paßten wie die Faust aufs Auge.

Um die von ihnen selbst verursachten Versorgungsmängel wenigstens zu mildern, leisteten sich die Planbürokraten einen weiteren Schildbürgerstreich, der es den Kombinaten nach der Wende ebenfalls schwermacht, zu einer wettbewerbsfähigen Unternehmensstruktur zurückzufinden: Sie zwangen alle größeren Betriebe und Produktionsgenossenschaften, ihr angestammtes Produktionsprogramm um irgendwelche Konsumartikel zu erweitern. Das führte nicht nur zu völlig unrationellen Herstellungsverfahren, sondern meist auch zu skurrilen Ergebnissen. Da wurden von einem großen Textilmaschinenhersteller in einer Ecke der Werkhalle simple Tischwaschmaschinen hergestellt. Ein Sägewerk produzierte im Primitivverfahren Kinderstühle. In einem Werk für elektronische Bauelemente wurden nebenher ein paar Toaster gebastelt. Viele Betriebe wählten für diese meist dilettantisch organisierten Nebenproduktionen Kollegen aus, die an anderer Stelle eher störten als produzierten. Die Herstellungskosten für diese Schlichtprodukte waren den Betrieben wegen eines willkürlich von der Planbürokratie festgesetzten und deshalb wirtschaftlich völlig widersinnigen Preissystems ebensowenig bekannt wie die echten Kosten ihrer Hauptprodukte.

Da die SED-Bürokraten eine weitgehende Autarkie ihres Landes anstrebten, hat sich die DDR selber von der internationalen Arbeitsteilung ausgeschlossen. Die Folge der viel zu weit getriebenen Selbstversorgung sind eine ungenügende Spezialisierung und ein aufgesplittertes Produktionsprogramm mit zu geringen Stückzahlen in meist mäßiger Qualität.

Doch da in einer Mangelwirtschaft fast alles abgenommen wurde, was die Industrie anbot, haben die meisten Produkte neben ihrem technischen Rückstand auch noch ein tristes Design. Marketing ist in der DDR bis zum Beginn der neunziger Jahre ein Fremdwort gewesen. Verkaufen haben die Leiter der Kombinate nie gelernt, Kundendienst nie nötig gehabt. Konsumgüter des gehobenen Bedarfs wurden (soweit sie nicht billig im Westen verkauft wurden) der eigenen Bevölkerung zu weit überhöhten Preisen geliefert. Ausbeutung von Staats wegen.

Weil die tatsächlichen Produktionskosten keine Rolle spielten und die Bürokraten in Berlin für ihre Versuche, die Wirtschaft nach einem vorgegebenen Plan zu steuern und zu kontrollieren, ständig mehr Zahlen und Berichte verlangten, bildete sich in den Kombinaten ein gewaltiger bürokratischer Wasserkopf. Er fällt ebenso unter das Kapitel versteckte Arbeitslosigkeit wie die vielen Männer und Frauen, die aus Mangel an echten Aufgaben oder wegen der ständigen Betriebsunterbrechungen nur äußerst mäßige Beiträge zur Produktion leisten konnten.»Faultierfarmen« wurden die Kombinate deshalb auch im Volksmund genannt. Die Schuld an den Zuständen lag allerdings nicht bei den Beschäftigten.

Im Westen hat man lange angenommen, daß die Produktivität der DDR-Industrie etwa um ein Drittel unter dem Niveau in der Bundesrepublik liege. Als die Zustände in den Betrieben endlich wirklich offengelegt wurden, stritten sich die Experten nur noch darum, wie weit man unter die Fünfzig-Prozent-Marke gehen müsse, um den Abstand zwischen dem Leistungsniveau der beiden deutschen Volkswirtschaften richtig zu erfassen, die vier Jahrzehnte lang ein Experimentierfeld für zwei so unterschiedliche Wirtschafts- und Gesellschaftsordnungen gewesen sind. Um die Industrie der DDR auf den Stand der führenden westeuropäischen Staaten zu bringen, müssen einige hundert Milliarden D-Mark in moderne Ausrüstung und in die Aus- und Weiterbildung der Beschäftigten investiert werden.

Die Kommunisten, die vier Jahrzehnte lang keine andere Partei, sondern nur Marionetten neben sich duldeten und deshalb allein die Verantwortung für das Ergebnis sozialistischen Wirtschaftens tragen, haben das Volk um den Wohlstand gebracht, den moderne Industriegesellschaften heute produzieren und genießen können, wenn sie sinnvoll organisiert sind.

Handwerk und Mittelstand

Konnte sich die Industrie immerhin noch des grundsätzlichen Wohlwollens der Planer und Ideologen erfreuen, weil schließlich die Diktatur des Proletariats, zumindest in der Theorie, in erster Linie vom Industriearbeiter ausging, so war der selbständige Mittelstand für den SED-Staat in jeder seiner Formen ein verdächtiges Überbleibsel der Bourgeoisie. Wo immer es ging, wurden kleine Unternehmer deshalb zur Aufgabe gezwungen oder in Produktionsgenossenschaften hineingedrängt. Denjenigen, die übrigblieben, wurde das Leben und Überleben als eigenständiger Handwerker, Händler, Gastwirt oder industrieller Kleinbetrieb so schwer wie möglich gemacht. Zeigte der Druck durch Funktionäre, die sie zum Aufgeben zu überreden versuchten, nicht die erhoffte Wirkung, wurde die Steuerschraube angesetzt. Die kleinen Funktionäre in den zuständigen Behörden, deren Denken auch nach dem 9. November 1989 noch lange hinter der allgemeinen Entwicklung herhinkte, agierten als Feinde und Behinderer statt als Freunde und Helfer. Anträge auf Gewerberäume oder Telefonanschluß blieben liegen oder wurden abgelehnt. Bei der Versorgung mit Material, Maschinen und Ersatzteilen sahen sich die privat geführten Betriebe nicht nur den allgemeinen Nachschubproblemen gegenüber, sondern sie wurden auch ganz offiziell und planmäßig mit allen ihren Wünschen und Anträgen grundsätzlich an das Ende der Warteschlange gestellt.

Schikane wurde so zum regulären Instrument der staatlichen Wirtschaftspolitik, die damit auch ausnahmsweise die selbstgesteckten Ziele einmal erreichte. Denn Zehntausende von Selbständigen gaben im Laufe der Jahre auf – früher oder später. Die einen, weil sie die Aussichtslosigkeit des ungleichen Kampfes erkannten oder weil sie die besseren Chancen im Westen sahen und deshalb nicht nur dem Betrieb, sondern auch der Heimat den Rücken kehrten; die anderen, weil sie irgendwann körperlich und seelisch zermürbt oder wirtschaftlich am Ende waren.

Trotzdem hat ein Teil des selbständigen Handwerks physisch und ökonomisch überlebt. Aber wie? Die Maschinen sind in den meisten Fällen drei oder vier Jahrzehnte alt; mancher alte Meister behilft sich noch mit Gerät aus der Vorkriegszeit. Wer neue Maschinen zu bestellen versuchte, mußte sich nicht nur auf horrende Preise gefaßt machen, sondern im Arbeiter- und Bauernstaat auch mit Lieferfristen abfinden, die bis zu zehn Jahren betragen konnten. Die notwendigen Werkzeuge für diese Maschinen waren meist ebensowenig zu bekommen wie Ersatzteile. Wieviel und welches Material – Nägel, Schrauben, Holz, Metall, Rohre – der Betrieb von Einkaufsgenossenschaften beziehen durfte, entschied der Rat der Stadt. Wie dringend die Bevölkerung auch immer auf Klempner, Tischler, Maurer oder Schlosser warten mochte, ob Dächer undicht, Rohre gebrochen oder Treppen lebensgefährlich morsch waren – die Handlanger der SED interessierte es wenig. Hier ging es ums Prinzip, und das lautete, daß jede Form privaten Unternehmertums ein zu beseitigendes Überbleibsel der Ausbeutergesellschaft sei. Der angemeldete Bedarf wurde deshalb so gut wie immer gekürzt. Ob die Liefergenossenschaften dann überhaupt ihrem Namen Ehre machen oder auf leere Lager verweisen würden, war dann noch eine weitere Frage. Wenn geliefert wurde, dann so gut wie nie kontinuierlich. Ein Kfz-Reparaturbetrieb bekam beispielsweise monatelang keine Bremstrommeln. Dann plötzlich wurde ein ganzer Jahresbedarf geliefert. Da die Bezahlung umgehend erfolgen mußte, aber selbst eine handwerkliche Produktionsgenossenschaft (PGH) von der Staatsbank keinen Kredit zu erwarten hatte, baute die Werkstatt jedem Trabi, dessen sie habhaft werden konnte, neue Bremsen ein – auch wenn er wegen einer defekten Lenkung angemeldet worden war. Während in anderen Orten der Republik monatelang keine Bremsen repariert werden konnten, wurden sie hier vergeudet – dem System gehorchend und um das eigene Überleben zu sichern.

Wenn es unter solchen Umständen dennoch gelang, den Betrieb in Gang zu halten und für die Kunden zu arbeiten, dann sollten diejenigen, die in diesen Betrieben ausharrten, wenigstens nichts daran verdienen. Im Tischlerhandwerk durfte zum Beispiel nur ein Lohn berechnet werden, der für den Meister ebenso wie für den Tischlerfacharbeiter (Geselle) einschließlich aller Zuschläge für Betriebskosten unter fünf Mark in der Stunde lag. Der reine Arbeitslohn war mit 1,46 Mark dabei noch unter dem Existenzminimum eingefroren. Damit Fleiß sich nicht eventuell doch noch in einem höheren Einkommen niederschlagen konnte, war für das Monatseinkommen eine Obergrenze staatlich festgelegt. Überschritt es 900 Mark, wurde eine steuerliche Strafe fällig, die so rigoros zugriff, daß vom Mehrverdienst oder Gewinn so gut wie nichts übrigblieb. Bis zu 98 Prozent des Gewinns mußten an den Staat abgeliefert werden. Da war ein wenig Schwarzarbeit (wenn möglich gegen Westgeld) oft die einzige Möglichkeit, sich über Wasser zu halten und auf bessere Zeiten zu hoffen.

Da es bei einigen der alten Meister trotz allem nicht gelingen wollte, sie völlig zu entmutigen und das private Handwerk ganz auszurotten, setzte die SED auf den Faktor Zeit und eine biologische Lösung. Die Zahl der Beschäftigten pro Betrieb wurde auf zehn begrenzt und vor allem der Nachwuchs von diesen Überresten des Kapitalismus ferngehalten. Auszubildende wurden fast ausschließlich in die Kombinate geschickt. Selbst dann, wenn junge Leute ausdrücklich eine Lehre in einem kleinen Handwerksbetrieb anstrebten, wußte die Bürokratie dies meist zu hintertreiben. Arbeitskräfte waren deshalb im Handwerk noch knapper als Maschinen und Material. Zwar gab es beim Zusammenbruch des SED-Staates offiziell noch 82 000 private Handwerksbetriebe, aber den meisten fehlte der Nachwuchs: Nur 4,3 Prozent aller Lehrlinge waren im Handwerk beschäftigt.

Die Wirtschaftsideologen haben deshalb ihr Ziel, das selbständige Handwerk zu vernichten, nur knapp verfehlt. Zu ihrer makabren Erfolgsbilanz in diesem Sektor gehört nicht nur die unzureichende Versorgung der Bevölkerung mit handwerklichen Leistungen. Das Handwerk in der DDR wurde auch von den technischen und betriebswirtschaftlichen Fortschritten im Westen nahezu völlig abgeschnitten. Zu Beginn der neunziger Jahre hatte es deshalb bestenfalls das Niveau, das die westlichen Kollegen in den sechziger Jahren bereits erreicht hatten.

Was für das Handwerk gilt, trifft in ähnlicher Form auf fast alle anderen Bereiche zu, in denen kleine und mittlere Betriebe tätig sind. Waren 1951 noch gut 51,5 Prozent aller Arbeitnehmer in Privatunternehmen beschäftigt und 48,5 Prozent in sozialistischen Betrieben, so war 1989 die Zahl der Arbeitsplätze im privaten Sektor auf eine kleine Restgröße geschrumpft. Nur noch 3,6 Prozent aller Berufstätigen verdienten dort ihren Lebensunterhalt. Von den 23 400 mittelständischen Industriebetrieben, die 1950 noch in der DDR registriert waren, haben nicht mehr als 3400 das planwirtschaftliche Experiment überlebt – und sind dabei meist zu Kümmerexistenzen geschrumpft: veraltete Maschinen, vom technischen Fortschritt und der Weiterentwicklung des Managementwissens ausgeschlossen, in engen und oft baufälligen Gebäuden.

Daß diese Überbleibsel eines vor allem in Sachsen und Thüringen einst blühenden Mittelstandes nur noch eine Restgröße sind und der Vernichtungsfeldzug der Kommunisten fast ein voller Erfolg war, wird nicht nur mit Blick auf die Ausgangssituation in der DDR deutlich. Es zeigt sich noch krasser im Vergleich zu der Unternehmensstruktur, die sich seither in der Bundesrepublik entwickelt hat. Von den insgesamt rund 1,93 Millionen Unternehmen im Westen gehören nur knapp viertausend zu den Großunternehmen mit mehr als hundert Millionen Mark Jahresumsatz. 1,63 Millionen Firmen dagegen zählen zu den Kleinunternehmen mit Umsätzen bis zu einer Million Mark. Rund 300 000 Unternehmen bringen es auf Umsätze zwischen einer und hundert Millionen. Die mittelständischen Betriebe in der Bundesrepublik erwirtschaften dennoch zwei Drittel des Sozialprodukts, beschäftigen rund zwei Drittel aller Erwerbstätigen und haben in den vergangenen Jahren ebenso wie die kleinen und mittleren Unternehmen in den USA fast ausschließlich die neuen Arbeitsplätze geschaffen. Ende der achtziger Jahre beschäftigten sie gut 1,5 Millionen mehr Mitarbeiter als 1970.

Um die strukturellen Schäden zu reparieren, die die Planbürokraten angerichtet haben, und wieder eine Unternehmenslandschaft zu kultivieren, in der die kleinen und mittleren Betriebe ebenso wie in der Bundesrepublik zu einer flexiblen, differenzierten und kundennahen Versorgung beitragen, eine ausreichende Zahl von Ausbildungsplätzen bereitstellen, die Innovation und das Wirtschaftswachstum anregen, müßten auf dem von der SED hinterlassenen Unternehmensfriedhof in den nächsten Jahren etwa 400000 mittelständische Unternehmen und selbständige Existenzen neu gegründet oder durch Ausgliederung aus den 221 monopolistisch organisierten Kombinaten wieder vitalisiert werden. Das könnte dann zwar rund zwei Millionen neue Arbeitsplätze bringen, erfordert aber auch einen Kapitaleinsatz von etwa 300 Milliarden D-Mark.

Diese Summe gibt zumindest eine grobe Vorstellung davon, welchen Schaden die Herren der Monopolpartei angerichtet haben, indem sie eine gewachsene Struktur zerstörten und an ihre Stelle monopolistisch organisierte Kombinate setzten. Sie haben ihr Land damit um eine der Säulen seiner früheren Wirtschaftskraft gebracht.

Dienstleistungen

In der DDR war bis zur Wende nicht einmal dieses Wort geläufig. Unter Dienstleistungsbetrieben verstanden viele Menschen die dort in der Vergangenheit ebenso notwendigen wie verbreiteten Betriebe, die Kleidung flickten, stopften und umarbeiteten oder Reparaturen aller Art an technischen Geräten ausführten – falls die notwendigen Ersatzteile zu bekommen waren. Die Tätigkeiten und Aktivitäten dagegen, die in hochentwickelten Ländern zum Dienstleistungssektor gezählt werden und sich in den achtziger Jahren zum dynamischsten Sektor westlicher Volkswirtschaften entwickelten, waren entweder verpönt oder wurden – mit wenigen Ausnahmen – vernachlässigt. Auch hier lähmte die Ideologie den Verstand der Verantwortlichen.

Obwohl der Dienstleistungssektor mittlerweile dafür ausschlaggebend ist, welchen Rang eine Nation in Zukunft im weltweiten Wettbewerb belegen kann, haben die sozialistischen Wirtschaftslenker dies nicht begriffen. Sie haben sich deshalb auch nur auf wenigen Teilgebieten darum bemüht, Anschluß an das so oft beschworene Weltniveau zu finden. Wurde es mit einem für die schwachbrüstige Volkswirtschaft kaum vertretbaren Aufwand versucht – wie im Bereich der Elektronik –, waren die Ergebnisse meist bescheiden. Systembedingt totale Fehlanzeige bei den Finanzdienstleistungen, im Bank- und Versicherungswesen. Hier hatte die DDR nach der sozialistischen Götterdämmerung allenfalls das Niveau eines Entwicklungslandes. Software-Entwicklung, Computerdienstleistungen, Marketing, Werbung, Design, Außen- oder Einzelhandel, Verkehrswesen – fast überall weiße Flecken oder allenfalls bescheidene Ansätze.

Kaum besser sieht es bei den humanen Dienstleistungen aus. Das Gesundheitswesen ist selber kränklich. Die Freizeitindustrie und der Tourismus in seinen vielfältigen Formen – in der DDR sind sie entweder vor dem Umbruch fast unbekannt gewesen oder jämmerlich unterentwickelt. Am augenfälligsten ist das im Hotel- und Gaststättenwesen. Aber auch bei so gut wie allen anderen Dienstleistungen, die in den hochentwickelten westlichen Staaten den Menschen das bieten, was das Leben angenehmer und leichter oder ganz einfach »Spaß macht«, hat die DDR so gut wie nichts vorzuweisen.

Wohnungs- und Städtebau

Nirgendwo wird das totale Versagen des SED-Regimes so augenfällig wie beim Anblick der Städte und Wohnungen. Wo sonst in einem modernen Industrieland gibt es so viele Häuser, bei denen der Putz von den Wänden fällt, Fenster seit Jahrzehnten nicht mehr gestrichen wurden, Haustüren verfaulen? Wo sonst findet man Treppenhäuser, deren Benutzung mit Gefahr für Leib und Leben verbunden ist, wo so viele Dächer, die undicht oder gar eingestürzt sind? Wo sonst sieht man trotz permanenter Wohnungsnot ganze Straßenzüge in einst guter Wohnlage, die nur noch aus fensterlosen Ruinen bestehen? Welches Land hat so viele unersetzliche historische Baudenkmäler dem Verfall preisgegeben? Warum reichten die Tatkraft und das Organisationsvermögen nicht einmal aus, um wenigstens Bäume und Sträucher aus dem Mauerwerk weltberühmter Schlösser zu reißen und die Risse mit Dachpappe abzudecken, ehe Regen und Frost schließlich Schäden anrichteten, die irreparabel sind oder deren Beseitigung einen Millionenaufwand erfordern?

34

Es war billigste Propaganda, die niedrigen Mieten als »soziale Errungenschaft« anzupreisen. In keiner Wirtschaftsordnung, die Menschen ersinnen könnten, bauen oder reparieren sich Häuser auf wundersame Weise selber. Man braucht dazu Arbeit und Material – und das muß finanziert werden: entweder durch diejenigen, die in diesen Häusern wohnen, oder vom Staat (und der muß sich das Geld dazu von den gleichen Leuten holen). Was sie an Miete sparen, müssen sie deshalb an Steuern mehr bezahlen oder durch geringere Löhne und Renten einbüßen. Man kann das alles natürlich auch für eine gewisse Zeit einfach ignorieren. Dann sind die Mieten und Steuern niedrig – aber die Häuser stürzen irgendwann ein, und neue werden erst gar nicht gebaut. Das nennt man dann Wohnungsnot und wundert sich, wo die wohl herkommt.

Nüchterne Bilanz der sozialen Mietenpolitik à la SED: Von den insgesamt sieben Millionen Wohnungen wurden nur 35 Prozent nach dem Krieg gebaut (in der Bundesrepublik 70 Prozent). 1,5 Millionen Wohnungen haben weder Bad noch Dusche und eine Million keine Innentoilette. Zwanzig Prozent des gesamten Wohnungsbestandes in der DDR müssen nach westlichen Maßstäben als nicht mehr bewohnbar gelten; bei den Altbauten aus der Vorkriegszeit ist sogar jede zweite Wohnung als Slum-Behausung einzustufen. Sofern sie nicht schon wegen akuter Lebensgefahr geräumt werden mußten, haben sich in den verwahrlosten Gebäuden neben den Mietern auch Hausschwamm und Ungeziefer eingenistet, sind Wände feucht und Dächer undicht, die Fenster morsch, spotten Waschgelegenheiten und Toiletten jeder Beschreibung. Wäre diese Form der sozialen Mietpolitik noch einige Zeit fortgesetzt worden, dann wären viele Wohnhäuser einfach eingestürzt – so wie es bereits in vielen Orten geschehen ist. Der Unterschied wäre nur, daß es gleich ganze Straßenzüge gewesen wären. Vielleicht läßt sich dies in vielen Fällen auch gar nicht mehr verhindern, da die Bausubstanz so schwer geschädigt ist, daß jeder Sanierungsversuch zu spät kommt.

Wer angesichts dieser Zustände die Wohnraumbewirtschaftung der DDR in die Liste der Errungenschaften aufnehmen möchte, die es zu erhalten oder auf ganz Deutschland zu übertragen gilt, muß mit völliger Blindheit geschlagen sein. Neben den qualitativen Mängeln hat die Wohnungszwangswirtschaft auch das quantitative Problem nicht lösen können: Zu Beginn der neunziger Jahre suchten 750 000 Familien oder Alleinstehende vergeblich eine Wohnung.

Das Bild ändert sich auch nicht wesentlich, wenn die 1,2 Millionen Neubauten mit einbezogen werden, die nach offizieller Statistik in den letzten zehn Jahren errichtet wurden. Neben wenigen Ausnahmen, wo – wie in der Innenstadt von Rostock – auf das historische Stadtbild Rücksicht genommen wurde, sind es trostlose, aus Großplatten eilig zusammengehauene Einheitssiedlungen. Abgesehen davon, daß die architektonische Gestaltung dieser beziehungslos in die Gegend gesetzten Unterkünfte den Ansprüchen einer Kulturnation eigentlich nicht genügen kann, muß man nicht erst einen Bauexperten herbeirufen, um den künftigen Sanierungsbedarf zu erkennen. Allerdings wird ein großer Teil der Mieter schon vorher ausziehen wollen, denn auch diese neuen Wohnungen genügen keinesfalls westlichen Qualitätsstandards. Sie sind mit durchschnittlich 65 Quadratmetern deutlich kleiner als in der Bundesrepublik (85 Quadratmeter). Die Ausstattung von Küchen, Bädern und Toiletten liegt ebenfalls weit unter dem im Westen üblichen Niveau. Ein großer Teil der Neubauten ist unzureichend gegen Lärm und Kälte isoliert und mit technisch veralteten Heizkörpern ausgestattet, die sich schlecht oder gar nicht regulieren lassen. Wegen der künstlich niedrig gehaltenen Preise stört das aber niemand sonderlich: Der DDR-Bürger hatte es sich angewöhnt, die Raumtemperatur seinen Bedürfnissen durch mehr oder weniger weites Öffnen der Fenster anzupassen. Energieverschwendung en gros in einem energiearmen Land.

Der katastrophale Zustand der Städte und vieler historischer Bauten ist zu einem in Stein gehauenen Mahnmal für das Versagen der Planwirtschaft geworden. Ihr Scheitern läßt sich aber nicht nur am Zustand der Gebäude ablesen, sondern auch daran, daß in der DDR seit Jahren ein ebenso hoher Anteil aller Erwerbstätigen in der Bauwirtschaft tätig ist wie in der Bundesrepublik, nämlich jeweils 6,8 Prozent. Der immer wieder betonte Mangel an Arbeitskräften kann also nicht der Grund für das Ergebnis einer Baupolitik sein, deren Ergebnis im Volksmund mit dem Satz umschrieben wurde: »Ruinen schaffen ohne Waffen«.

Böse sieht es auch im Untergrund aus. Gas- und Wasserleitungen sind zu einem großen Teil verrottet. Die Kanalisation ist in einem erbärmlichen Zustand. Kläranlagen sind entweder nicht vorhanden oder so veraltet, daß sie nur einen Teil der Schmutz- und Giftfracht auffangen können.

Um den Wohnstandard in Ost und West einigermaßen anzugleichen und denen zu einer Behausung zu verhelfen, die sich bisher vergeblich bei den Behörden und Betrieben um Zuteilung beworben haben, müssen schätzungsweise 230 Millionen Quadratmeter Wohnraum gebaut werden. Gleichzeitig sind Sanierungsmaßnahmen notwendig, um wertvolle Bausubstanz und das historisch gewachsene Gesicht von Städten zu retten, die zum gemeinsamen kulturellen Erbe der ganzen Nation gehören. Experten veranschlagen dafür Summen zwischen 200 und 300 Milliarden Mark.

Abgesehen von wenigen Orten, die – wie Berlin anläßlich des Stadtjubiläums oder Eisenach und Wittenberg wegen des Luther-Jahres, Weimar zu Ehren von Goethe und Schiller – unter Aufbietung aller Kräfte wenigstens teilsaniert wurden, zwingt das trostlose Erscheinungsbild der meisten Orte in der DDR zu der Erkenntnis, daß die Farbe des Sozialismus nicht Rot, sondern Grau ist. Die Spießer, die sich anmaßten, stellvertretend für das Proletariat die Diktatur auszuüben, haben dem Volk sogar die Farbe gestohlen.

Verkehr und Kommunikation

Ebenso wie beim Hausbau konnte das Versagen der Planwirtschaft auch im Verkehrswesen und der Telekommunikation selbst durch noch soviel Propaganda nicht völlig verschleiert werden – jedenfalls nicht vor Beobachtern, die die Möglichkeit hatten, Straßen und Autobahnen, Nahverkehr und Fernzüge oder die Leistungen der Post im Brief- und Telefonverkehr mit den Standards im westlichen Ausland zu vergleichen. Zu kraß waren schon immer die Unterschiede. Doch der Schaden, der durch eine Politik des Wirtschaftens auf Kosten der Substanz im Laufe der Jahre angerichtet worden ist, konnte auch in diesem Bereich erst nach der Wende in seinem ganzen Umfang ermittelt werden.

Ein großer Teil der Autobahnen und Landstraßen, aber auch der Verkehrswege für Autofahrer oder Fußgänger innerhalb der Ortschaften ist in einem geradezu abenteuerlich schlechten Zustand. Das trifft auch für viele Brücken zu, die nur mit eingeschränkter Geschwindigkeit befahren werden dürfen. Der für Frostaufbrüche anfällige Straßenbelag wurde oft jahrelang nicht ausgebessert. Tiefe Schlaglöcher sind deshalb keine Seltenheit, und oft fehlen sogar Warnschilder. Das gleiche gilt bei plötzlichen Straßenverengungen oder bei Straßenbahnschienen, neben denen mitten in der Stadt unversehens tiefe Löcher im Pflaster klaffen. Leitplanken und Standspuren, verkehrsgerechter Ausbau von Ein- und Ausfahrten an Autobahnen oder von innerstädtischen Kreuzungen haben in dem von der SED hinterlassenen Land Seltenheitswert. Tankstellen sind spärlich über das Land verteilt und in einem technisch und baulich erbärmlichen Zustand. Den in Papier- und Zahlenbergen wühlenden Planern ist offenbar nie zu Bewußtsein gekommen, welche gesamtwirtschaftlichen Verluste dem Land allein dadurch entstanden, daß die Autofahrer meist große Umwege und oft stundenlange Wartezeiten auf sich nehmen mußten, um ihr Gefährt aufzutanken.

Seit Kriegsende wurden in der DDR nur wenige neue Autobahnen oder Landstraßen gebaut. Bezogen auf jeweils tausend Quadratkilometer Staatsgebiet beträgt die Länge des Straßennetzes nur 1150 Kilometer; in der Bundesrepublik sind es 2000 Kilometer. Zwar war die durchschnittliche Fahrzeugdichte zu Beginn der neunziger Jahre in der DDR nicht einmal halb so groß wie im Westen. Aber das wird sich rasch ändern.

Ein Grund für die Vernachlässigung des Straßennetzes war die absolute Priorität, die in der DDR dem Schienenverkehr gegeben wurde. Doch gemessen daran sind auch hier die Ergebnisse dieser an sich durchaus sinnvollen Politik bescheiden. Das Schienennetz ist mit 129 Kilometer je tausend Quadratkilometer zwar dichter als in der Bundesrepublik. Doch statt der Hälfte ist nur ein Drittel der Strecken zwei- oder mehrgleisig ausgebaut, statt 40 Prozent nur ein Viertel der Schienenwege elektrifiziert. Weil beim Bau oder der Erneuerung der Gleise Betonschwellen mit einer falschen Mischung verwendet wurden und die schadstoffgeschwängerte Luft hier ebenso wie an den Häusern das Material zerfrißt, muß an etwa tausend Stellen im Gesamtnetz die Geschwindigkeit reduziert werden und gelten für ein Drittel aller Strecken Beschränkungen der zulässigen Achslast. Zwei

Drittel aller Stellwerke stammen aus der Vorkriegszeit, fast die Hälfte der Brücken wurde um die Jahrhundertwende gebaut, und ein großer Teil ist deshalb nur noch beschränkt befahrbar.

Die Folgen können niemanden verwundern: ständige Störungen und Verspätungen im Eisenbahnverkehr. Güterzüge erreichen selten mehr als eine Geschwindigkeit von 60 Stundenkilometern, Personenzüge bleiben unter Tempo 100. Nachdem der Schleier der Geheimhaltung weggezogen wurde, berichteten Fachleute der DDR-Reichsbahn, daß es allein 1987 über neuntausend Schienenbrüche, fast zehntausend Signal- und Blockstörungen sowie etwa neunhundert Defekte an den Fahrleitungen gegeben habe.

Das Telefonnetz und das technische Niveau der gesamten Telekommunikation, das die Wirtschaftslenker der SED hinterlassen haben, ist mindestens ebenso verrottet wie das Netz für den Personen- und Güterverkehr. Als sie abtreten mußten, waren – mit Ausnahme der Fernmeldeeinrichtungen, die der Stasi zur Verfügung standen – 98 Prozent aller Telefonleitungen verschlissen. Auf tausend Einwohner kamen gerade 106 Hauptanschlüsse (Bundesrepublik 462). Die Wartezeit für einen neuen Anschluß erreichte im ländlichen Raum bis zu zwanzig Jahren. Moderne Telekommunikationsdienste wie Funktelefone, Btx, Teletex und selbst Telefax waren entweder kaum vorhanden oder gänzlich unbekannt. Selbst beim guten alten Briefdienst hinkte die Post der DDR hoffnungslos hinterher. Abgesehen von langen Zustellzeiten, die auch auf die Schnüffelarbeit der Stasi zurückzuführen waren, leistete sie auch mengenmäßig weniger. Wurden in der Bundesrepublik pro Jahr und Einwohner 225 Briefe und Päckchen zugestellt, so waren es in der DDR nur 77. Bei Telegrammen lag die DDR allerdings eindeutig vorn: Mit 864 je Einwohner übertraf sie den entsprechenden Postdienst der Bundesrepublik um das Zehnfache. Doch was wie eine Leistung erscheint, ist in Wirklichkeit nur die Folge eines völlig unzureichenden Telefonnetzes: Weil sie sich anders nicht benachrichtigen konnten, bombardierten sich die Bürger der DDR mit Telegrammen.

Für ein Land, das in den Welthandel integriert werden soll und den Anschluß an die internationale Entwicklung finden muß, gehört der Rückstand im Bereich der Telekommunikation zu den schwersten Handicaps. Betriebe, die nicht mit ihren Kunden, Lieferanten und

Kooperationspartnern kommunizieren können, sind im Wettbewerb benachteiligt. Um die Versäumnisse nachzuholen und in allen Bereichen des Verkehrs das Niveau eines modernen Industrielandes zu erreichen, sind deshalb auch in diesem Sektor hohe Investitionen erforderlich. Nach vorsichtigen Berechnungen westlicher Fachleute müssen mindestens 12 Milliarden D-Mark in die Modernisierung des Telefonnetzes und weitere 35 bis 40 Milliarden in den Ausbau der Verkehrswege gesteckt werden.

Der SED-Staat hat nicht nur versucht, seine Bürger am Reisen zu hindern. Er hat auch die Kommunikation mit der westlichen Welt soweit wie irgend möglich verhindert. Er hat die Menschen körperlich, wirtschaftlich und geistig isoliert.

Soziale Leistungen

Es war schon immer schwer zu erkennen, worin die vielgepriesenen »sozialen Errungenschaften« der DDR im Vergleich zu den Leistungen in der Bundesrepublik und anderen hochentwickelten westlichen Ländern eigentlich bestehen sollten. Aufgrund ihrer ökonomischen Leistungskraft konnten die marktwirtschaftlich organisierten Staaten ein viel dichteres und komfortableres soziales Netz schaffen als jedes sozialistische Land. Ob es sich um Löhne, Urlaub und Arbeitszeit, die Versorgung der Kranken, die Alterseinkommen von Rentnern und Pensionären, die Fürsorge für Behinderte oder die Unfallverhütung handelt – in jedem Fall schneidet das »kapitalistische« System deutlich besser ab als das sozialistische. Bei den Mieten strich die SED-Propaganda zwar gern heraus, daß im Arbeiter- und Bauernstaat im Durchschnitt nicht mehr als drei Prozent des verfügbaren Einkommens für das Wohnen aufgewendet werden müßten, während das Dach überm Kopf in der Bundesrepublik im Durchschnitt zwanzig Prozent des Haushaltseinkommens beansprucht – aber das niederschmetternde Ergebnis dieses Wirtschaftens auf Kosten der Substanz wurde bereits geschildert. Auch das in der DDR-Verfassung verankerte Grundrecht auf Wohnung kann die triste Wirklichkeit nicht aufhellen! Ein hehres Postulat kann die eigenen vier Wände eben nicht ersetzen, und ein wohlklingender Verfassungsgrundsatz ist kein

Trost, wenn Bad und Toilette fehlen. Aber soviel ist immerhin richtig: Für diesen geringeren Wohnstandard mußte der durchschnittliche Industriearbeiter in der DDR weniger lang arbeiten als in der Bundesrepublik, nämlich nur 11 statt 22 Stunden.

Kaum besser steht es um das Recht auf Arbeit. Genügend Arbeitsplätze, die den Beschäftigten ein zufriedenstellendes Einkommen, Selbstverwirklichung und berufliche Erfüllung bieten, können vom Staat nicht verordnet oder garantiert, sondern nur durch eine sinnvolle Wirtschaftspolitik angestrebt werden. Die beste Garantie für »Lebensqualität am Arbeitsplatz« ist der Wettbewerb der Unternehmen um Mitarbeiter. Für die große Mehrzahl der Arbeitnehmer ist ein solcher Verfassungsgrundsatz zudem eine arge Belastung. Wenn Arbeitskräfte auch dann von den Betrieben mit durchgeschleppt werden müssen, wenn es an sich keine sinnvolle Beschäftigung mehr für sie gibt oder die Betreffenden sich immer hart an der Grenze zur Arbeitsverweigerung bewegen, wird die Flexibilität des Unternehmens stark eingeschränkt und der nahezu permanent notwendige Strukturwandel der Wirtschaft erschwert. Wo es nicht möglich ist, daß die Betriebsmannschaft sich von ungeeigneten oder unwilligen Kollegen trennt, beutet eine Minderheit die Mehrheit aus.

Es entsteht versteckte Arbeitslosigkeit statt offener Ungleichgewichte auf dem Arbeitsmarkt. Da sich versteckte Übel stets schwerer bekämpfen lassen als für jedermann erkennbare Probleme, bewirkt das »Recht auf Arbeit« in Wirklichkeit genau das Gegenteil dessen, was seine wohlmeinenden Befürworter anstreben. Zudem gehört zum Grundrecht auf Arbeit immer auch die Pflicht zur Arbeit. Das bedeutete im Fall der DDR, daß jeder, der – aus welchen Gründen auch immer – sich nicht in den Arbeitsprozeß einfügen wollte, damit rechnen mußte, wegen »Schmarotzertum« in ein Lager gesteckt zu werden. Das konnte auch dann geschehen, wenn ein Andersdenkender dem SED-Staat den Rücken kehren wollte und einen Ausreiseantrag gestellt hatte. Da er dann in der Regel (trotz des angeblichen Rechts auf Arbeit) seine Beschäftigung verlor und als politischer Paria kaum eine Chance hatte, irgendwo anders eine Beschäftigung zu finden, drohte ihm die Einweisung ins Arbeitslager. So verlockend ein Grundrecht auf Arbeit auf den ersten Blick erscheinen mag – auch vor dieser »sozialen Errungenschaft« kann nur gewarnt werden.

In einem Punkt ist die staatliche und betriebliche Fürsorge allerdings den in der Bundesrepublik gebotenen Leistungen seit langem deutlich überlegen: Mit Kinderkrippen und Kindergärten war die DDR nahezu flächendeckend versorgt. Jede arbeitende Mutter fand einen Verwahrplatz für den Sprößling. Motiv für den Staat war aber nicht in erster Linie die Fürsorge für die arbeitende Mutter und ihr Kind oder die Einsicht, daß Frauen nicht nur vor der Alternative »Kind oder Beruf« stehen dürfen. Angesichts der geringen Produktivität der Wirtschaft ging es vor allem darum, möglichst jede Frau an die Arbeitsfront zu schicken und gleichzeitig dem stets vom Ausbluten bedrohten Staat den Nachwuchs zu sichern. Zudem bot sich in Kindergärten und Krippen die willkommene Möglichkeit, die Jugend schon vom Kindesalter an zu indoktrinieren und die Erziehung nicht allein den Eltern zu überlassen. Dennoch: Auch wenn die politischen Ziele nicht akzeptiert werden können, das flächendeckende Angebot an Kindergärten kann für die Bundesrepublik ein Vorbild sein.

Für das Gesundheitswesen gilt dies dagegen kaum. Die scheinbar kostenlose Versorgung mit medizinischen Leistungen und Hilfsmitteln verführt in der DDR ebenso wie in der Bundesrepublik zum sorglosen und verschwenderischen Umgang und damit zu einer für die Allgemeinheit immer drückenderen Last: Bei einem Gesamtaufwand von rund 5 Milliarden Mark für Arzneimittel verschwanden nach den Schätzungen von Fachleuten Medikamente im Wert von 1,5 bis 2 Milliarden auf dem Müll. Was nichts kostet, ist nichts wert. Für Ärzte und Patienten gab es nicht den geringsten Anreiz, ökonomisch zu denken oder gar zu handeln. Gleichzeitig war die Versorgung mit vielen Arzneimitteln so schlecht und unregelmäßig, daß Patienten oft viele Tage und manchmal Wochen auf dringend benötigte Mittel warten mußten. So konnten Patienten oft wochenlang einen im Westen als Standard-Medikament geltenden Säureblocker zur Behandlung von Magengeschwüren nicht erhalten. Andere Präparate waren nur zu bekommen, wenn der Kranke Verwandte oder Bekannte in der Bundesrepublik hatte.

Obwohl das Gesundheitswesen in der DDR gemessen an den Fehlleistungen in fast allen anderen Bereichen immer noch einigermaßen funktionierte, beschränkte die unzureichende Versorgung mit Medikamenten die therapeutischen Möglichkeiten der Ärzte. Hinzu kamen der schlechte bauliche Zustand vieler Krankenhäuser und Pflegeheime sowie die veraltete oder mangelhafte Ausstattung mit den für eine optimale Versorgung der Patienten erforderlichen technischen Geräten. Fast dreitausend Nierenkranke starben – so die Ergebnisse einer Untersuchung – pro Jahr in der DDR, weil es nicht genügend Dialyse-Geräte gab. Die Liste der Hilfsgüter, die nach Öffnung der Grenze allein von Wiesbaden in die Partnerstadt Görlitz geliefert wurden, um dort die ärgsten Engpässe zu beseitigen, macht deutlich, in welchem Zustand sich das Gesundheitswesen in der DDR befand: Medikamente, Spritzen, Kanülen, Rollstühle, Liegen und allerlei Kleingerät sowie Pulsoxymeter, Sonographiegeräte und Geh-Hilfen. Nur in der Vorzeige-Klinik Charité und dem ehemaligen Funktionärskrankenhaus der SED in Berlin war alles vorhanden, was auch im Westen gut und teuer ist.

Zwar gab die DDR Ende der achtziger Jahre zwölfmal mehr Geld für das Gesundheitswesen aus als vor vierzig Jahren (Bundesrepublik allein im Rahmen der gesetzlichen Krankenversicherung rund fünfzigmal soviel wie 1950). Der Anteil der Beschäftigten in diesem Bereich stieg in der gleichen Zeit von 2 auf 7 Prozent aller Arbeitskräfte. Aber dennoch war die Versorgung auch abgesehen von den materiellen Mängeln oft miserabel, weil in diesem Sektor die im System liegende allgemeine Ineffizienz ebenso herrschte wie in der Industrie oder im Hotel- und Gaststättenbereich. Das meist schlechte Betriebsklima und das in einem anonymen Apparat fehlende persönliche Interesse führten dazu, daß ein Drittel der theoretisch verfügbaren Arbeitsstunden wegen Fehlzeiten und schlechter Organisation für die Patienten nicht zur Verfügung standen. Das vielgepriesene sozialistische Eigentümerbewußtsein gab es auch im Gesundheitswesen nicht. Die zentralen Direktiven, Planvorgaben und Richtwerte sorgten dafür, daß es auch bei gutem Willen kaum eine Chance für Eigeninitiative gab. Da alles jedem und niemandem etwas gehörte, wurde das Gesundheitswesen zu einem schlecht funktionierenden »Superselbstbedienungsladen«. Erfahrung eines Übersiedlers: »Nachdem man zum erstenmal in der Bundesrepublik in der Praxis eines Zahnarztes oder Röntgenologen war, verliert man rasch die Illusion, wenigstens das Gesundheitswesen sei eine soziale Errungenschaft, auf die die DDR zu Recht stolz sein könne.« Der Zustand der Zähne, ein Blick auf Zahnfüllungen und Brücken wird noch für einige Jahre verraten, ob jemand aus der Bundesrepublik oder der DDR stammt.

Aber immerhin: Wer im Krankenhaus liegt, kann hoffen, der lieblosen Maschinerie nach einer gewissen Zeit zu entkommen. Diesen Trost hatten die Alten in den sogenannten Feierabendheimen nicht mehr. Zu sechs und mehr Personen hausten sie meist in einem Zimmer. Bad und Toilette mußten sich oft zwanzig und mehr Senioren teilen. In einigen Heimen waren die sanitären Einrichtungen in einem so schlechten Zustand, daß viele davon wegen Baufälligkeit gesperrt werden mußten. Wegen der drangvollen Enge konnten die Alten nur sehr wenige persönliche Gegenstände mitnehmen. Ähnlich lieblos wurden behinderte Kinder in den dafür vorgesehenen Heimen behandelt. Auch dort keine Spur des Ethos, das in der Theorie dem Sozialismus so dick anhaftet.

Die Behandlung Alter und Kranker sprach dem Schlagwort von einer »sozialen Errungenschaft« auch in diesem Bereich hohn – nur da nicht, wo die Versorgung der Funktionäre vorgesehen war. Die Partei, die angeblich den Sozialismus auf deutschem Boden verwirklichen wollte, bot der Bevölkerung auch im sozialen Bereich nur einen Bruchteil der Leistungen, die in marktwirtschaftlich organisierten Volkswirtschaften üblich sind.

Natur- und Umweltschutz

Umweltschäden, in der Bundesrepublik für den Laien oder mit bloßem Auge oft nicht zu erkennen, sondern nur durch wissenschaftliche Meßmethoden aufzudecken – in der DDR sind sie auch für jeden Besucher zu sehen und bei jedem Atemzug zu spüren. Erst bei einer Reise in die DDR mag so manchem Bundesbürger zum erstenmal bewußt geworden sein, daß die Milliarden, die in den vergangenen Jahrzehnten im westlichen Teil Deutschlands in den Schutz der Umwelt investiert wurden, im wahrsten Sinne des Wortes lebensnotwendig waren.

In keinem anderen Bereich wird die abgrundtiefe Verlogenheit der Parole »Alles zum Wohl des Volkes«, die vor allem dem sonst nicht gerade eloquenten Erich Honecker immer so flott über die Lippen ging, so deutlich wie bei dem geradezu kriminellen Umgang mit der Natur und der Rücksichtslosigkeit, mit der die Gesundheit der Bevölkerung zum Wohle der Planerfüllung aufs Spiel gesetzt wurde. Die Giftfracht von Elbe und Werra, der Anblick der Wälder und Äcker oder der Dreck, der bei Ostwind herüberwehte, gaben Fachleuten in der Bundesrepublik zwar auch früher schon Anhaltspunkte für die Umweltschäden in der DDR, aber auch hier ist das ganze Ausmaß der Katastrophe erst zu erkennen, seit Informationen und Meßwerte über die Belastung von Luft, Wasser und Boden nicht mehr als Staatsgeheimnisse gehütet werden. Bis dahin hatte die »Anordnung zur Sicherung des Geheimschutzes auf dem Gebiet der Umweltdaten« vom November 1982 verhindert, daß die Bevölkerung erkennen konnte, mit welcher Rücksichtslosigkeit die Lebensgrundlagen ihres Landes den Zielen der staatlichen Wirtschaftspolitik geopfert wurden.

Daß in der DDR nur 0,4 Prozent des Bruttosozialprodukts für Investitionen zum Schutz der Umwelt ausgegeben wurden (Bundesrepublik 1,1 Prozent), beleuchtet nur die eine Seite des Problems. Viel schwerwiegender ist, was alles erlaubt oder sogar als bewußter Verstoß gegen bestehende Gesetze geduldet wurde. So wurden nur 67 Prozent der Industrieabwässer und 80 Prozent der städtischen Schmutzbrühe überhaupt über Kläranlagen geleitet. Doch selbst da, wo dies geschah, war in den veralteten Anlagen lediglich eine mechanische Reinigung möglich. Industriebetriebe und Kraftwerke durften ihre Abgase weitgehend unbehandelt in die Luft blasen. Insgesamt 2,2 Millionen Tonnen Staub rieselten deshalb pro Jahr auf die Köpfe der Menschen, auf Bäume, Sträucher und Felder. Allein auf die Bezirke Cottbus und Halle ging 1988 eine Million Tonnen Staub nieder – doppelt soviel wie auf die gesamte Bundesrepublik. Obwohl sich die DDR im Vertrag von Helsinki ebenso wie alle anderen teilnehmenden Staaten verpflichtet hatte, den Ausstoß an Schwefeldioxid deutlich zu reduzieren, geschah so gut wie nichts. 1988 pusteten die Schornsteine rund 5,2 Millionen Tonnen Schwefeldioxid in den Himmel.

Aber da blieb der Dreck natürlich nicht: Mit etwa 3,3 Millionen Tonnen ging davon wiederum allein auf Halle und Cottbus zwei- bis dreimal soviel nieder wie auf die gesamte Bundesrepublik. Neben vielen anderen Gründen zählte deshalb »Umweltflucht« zu den wichtigsten Motiven für Übersiedler. Viele Eltern wollten nicht länger mitansehen, wie ihre bereits unter einer chronischen Bronchitis leidenden Kinder den Dreck schluckten und das Gift einatmeten, die aus den Kaminen der mit minderwertiger Braunkohle beheizten Häuser ebenso quellen wie aus den Auspuffrohren von Trabis, Bussen und Lkws, den Schornsteinen von Industriebetrieben und Kraftwerken. Auch wenn es bis zum Umsturz als Staatsgeheimnis gehütet wurde, daß die Lebenserwartung im Bezirk Halle um sechs Jahre unter dem Durchschnitt der DDR liegt – gespürt haben es die Bewohner schon lange, daß der Staat mit ihrer Gesundheit Schindluder trieb.

1861 schrieb der Schriftsteller Max Eyth nach einem Besuch im frühindustriellen Manchester: »Nirgends habe ich bisher eine so kranke, bleiche, von Elend und Unglück angefressene Bevölkerung gesehen, wie sie hier aus den niedrigen, rauchigen Häusern herausgrinst oder auf den engen staubigen Gassen der ärmeren Viertel herumliegt ... Nicht die Industrie hat das Häßliche geschaffen, das ihr anhaftet. Es ist eine Zukunft denkbar, in der sie sich aus diesem Schmutz herausarbeiten wird.« Wäre Max Eyth um die Jahreswende 1989/90 nach Bitterfeld oder Zeitz gekommen, er hätte seine Eindrücke in ähnliche Worte fassen können.

Die Menschen in Bitterfeld hätten ihm sicherlich nicht widersprochen. Vor der ersten freien Wahl in der DDR am 18. März 1990 gab es kaum einen anderen Ort in der Republik, der so politisiert war. Im Zentrum des Ortes standen Gruppen von Männern und Frauen zusammen und diskutierten. Fast alle Parteien hatten Informationsstände und verteilten Aufkleber und Plakate. Nur von der PDS, der Nachfolgeorganisation der SED, war nichts zu sehen. Überall hingen an den Häuserfronten die Farben Schwarz-Rot-Gold oder die alten sächsischen Landesfarben. Über jeder Produktionsanlage wehte die deutsche Flagge – doch keine davon trug noch das SED-Staatssymbol mit Hammer und Zirkel. Wer danach suchte, mußte sich schon zu einer Müllkippe bemühen: Am Rande einer der riesigen Tagebaugruben für die Braunkohle lagen die abgetrennten Embleme dutzendweise auf einem Abfallhaufen. Besser hätten die Bewohner von Bitterfeld gar nicht ausdrücken können, welche Gefühle sie gegenüber einem Staat und der ihn symbolisierenden Partei hegten, die so brutal mit der Natur und ihrer Gesundheit umgegangen waren.

Der Rücksichtslosigkeit, mit der Gift und Staub in die Luft geblasen wurden, entspricht die Sorglosigkeit bei der Abfallbeseitigung. Fast die Hälfte des Hausmülls landet einfach in der Natur. Daß es nicht noch mehr ist, verdankt die DDR der Tatsache, daß der permanente Rohstoffmangel dazu zwang, einen großen Teil der Abfälle auf Wiederverwertbares zu durchwühlen.

Bei dem Versuch, das Letzte aus ihrer maroden Wirtschaft herauszuholen, ließen es die offenbar von Gewissensregungen wenig geplagten Wirtschaftsbürokraten der SED zu, daß giftige Klärschlämme auf die Äcker kamen und hochbelastete Abfälle auf Deponien, die in keiner Weise gegen eine Verseuchung des Grundwassers gesichert waren, obwohl oft in nächster Nähe die Trinkwasserbrunnen der umliegenden Gemeinden lagen. Da auch in diesem Fall die Devise galt, daß der Zweck die Mittel heiligt oder gegen Devisen alles erlaubt ist, durften Firmen aus der Bundesrepublik sogar noch Tausende von Tonnen gefährlichen Sondermülls dazuschütten, den sie im eigenen Land nicht loswurden. 170 Millionen Valuta-Mark, wie die Währung der Bundesrepublik diskret genannt wurde, kassierten die Devisenbeschaffer in Berlin allein 1989 für den Müllimport.

Die Folge der rücksichtslosen Einleitung von Abwässern, der ungesicherten Deponien und des übermäßigen Einsatzes von Düngemitteln und sogenannten Pflanzenschutzmitteln: Als die alte Garde der SED verjagt wurde und Gewässergütekarten nicht mehr länger als Staatsgeheimnis behandelt wurden, offenbaren diese die katastrophalen Folgen des Raubbaus: 50 Prozent aller Gewässer sind stark belastet; 20 Prozent sind selbst für industrielle Zwecke unbrauchbar; nur 2,4 Prozent des Wasserangebots in der DDR hat noch Trinkwasserqualität. Wer die Vergiftung der eigenen Bevölkerung riskiert, den interessiert natürlich noch weniger, was jenseits der Grenzen geschieht. 95 Prozent der Belastung der Elbe mit Quecksilber, Zink, Cadmium und Blei stammten in den letzten Jahren aus der DDR. Allein die chemischen Werke Buna bei Halle durften mit ihren Abwässern pro Tag ungehindert zehnmal soviel Quecksilber in die Elbe fließen lassen, wie der Chemieriese BASF im ganzen Jahr in den Rhein laufen läßt.

Doch mit der schleichenden Vergiftung ist es nicht genug. In ihrer frühkapitalistischen Mentalität setzten die Wirtschaftsfunktionäre die

Beschäftigten an vielen Stellen auch sehr akuten Gefahren aus. Vor allem in den veralteten Chemiebetrieben stellten verrostete Kessel, undichte Leitungen und überalterte Anlagen für die dort arbeitenden Menschen und die Bevölkerung in den umliegenden Orten eine ständige Gefahr dar. In vielen dieser Werke bewegte sich der Betriebsablauf jahrelang am Rande einer Katastrophe. Ironie der Geschichte: Ausgerechnet nachdem die Übergangsregierung Modrow beschlossen hatte, die Karbidöfen der Buna-Werke ebenso wie die Kupferhütte in Ilsenburg, die Viskoseproduktion in Wolfen oder die Blöcke II und III des Kernkraftwerks bei Greifswald aus Sicherheitsgründen so schnell wie möglich stillzulegen, kam es am 9. Februar 1990 in Buna zu einer Verpuffung, bei der drei Arbeiter starben und 25 zum Teil schwer verletzt wurden.

In einem Papier des DDR-Umweltministeriums, in dem nach der Wende ein erster Versuch gemacht wurde, Ursachen und Folgen des kriminellen Umgangs mit der Umwelt darzustellen, hieß es: »Entscheidungen, besonders zur Fortführung veralteter Produktionsprozesse, zur uneffektiven Steigerung des Braunkohleeinsatzes sowie zur unzureichenden Entwicklung und Produktion von Umwelttechnik, verschärften die Umweltbelastungen besonders in den Bezirken Halle, im oberen Elbtal sowie im Raum Zittau–Görlitz und sind Ursache für die krisenhafte Entwicklung der Umweltbedingungen in diesen Gebieten.«

Ähnlich fahrlässig und rücksichtslos ging das Regime mit den natürlichen Ressourcen im Bereich der Landwirtschaft um. Die Folge: überdüngte Böden und verseuchtes Trinkwasser. Jahrelang wurden die Güllefluten aus den riesigen Zuchtbetrieben für Rinder, Schweine und Hühner einfach auf die Felder gekippt oder in Wäldern verrieselt. Bedenkenlosigkeit auch beim Umgang mit Schlachtabfällen: Die unappetitlichen Reste aus Restaurants und Kantinen, aus Schlachthöfen und Metzgereien wurden zu einem großen Teil einfach auf irgendeiner Deponie abgekippt.

Die gleiche Fahrlässigkeit und Rücksichtslosigkeit, mit der die Produktion veralteter Anlagen trotz ihrer Gefährlichkeit aufrechterhalten wurde, zeichnete auch die Energiepolitik der DDR aus. Auf den ersten Blick erscheint es kaum glaublich: Trotz des geringen Leistungsniveaus der Industrie und obwohl es kaum Klimaanlagen und andere große Energiefresser gibt, die Zahl der Pkws und Lastwagen im internationalen Vergleich bescheiden ist und die Haushalte mit elektrischen Geräten recht sparsam ausgestattet sind, haben die Planwirtschaftler es fertig gebracht, ihr Land wenigstens in einem Punkt an die Weltspitze zu manövrieren – beim Energiekonsum. Was den Verbrauch pro Kopf angeht, hat die DDR nur noch die Amerikaner vor sich, denn er liegt um 20 Prozent über dem der Bundesrepublik.

Das ist kein Ruhmesblatt für sozialistisches Wirtschaften, nur ein weiteres Kapitel unter der Überschrift »Marx und Murks«. Die Misere beginnt damit, daß in der DDR in den vergangenen Jahren unter Mißachtung jeder Form von Natur- und Landschaftsschutz immer minderwertigere Braunkohle gefördert wurde. Vor allem ihr hoher Schwefelanteil ist schuld dran, daß der Ausstoß von Schwefeldioxid in der DDR dreimal höher ist als in der Bundesrepublik (obwohl im Westen dreimal mehr Energie verbraucht wird). Die Braunkohle hat zudem einen Wassergehalt von über 50 Prozent. Das bedeutet, daß ein Fünftel der in der Kohle enthaltenen Energie allein dafür verwendet werden muß, dieses Wasser zu verdampfen. Weitere Energie geht dadurch verloren, daß große Mengen Abraum beseitigt werden müssen, ehe man überhaupt an die verhältnismäßig dünne Schicht Kohle gelangt. Hinzu kommt, daß ständig große Mengen Wasser aus den Tagebaugruben gepumpt werden müssen und der Kohletransport ein Drittel der Kapazität der Reichsbahn beansprucht. Doch damit nicht genug: Die Kraftwerke, die 83 Prozent der gesamten elektrischen Energie auf Braunkohlebasis erzeugen, sind ebenso veraltet wie die Schwelereien und Kokereien, die Braunkohle zu Treibstoffen und Chemiegrundstoffen verarbeiten. Das bedeutet, daß die Energieausbeute noch weiter reduziert wird. Moderne Kraftwerke können knapp 40 Prozent der eingesetzten Kohle in elektrische Energie umwandeln, DDR-Kraftwerke schaffen gerade 26 Prozent.

Um so eindrucksvoller ist allerdings ihre Leistung in puncto Umweltbelastung. Da sie im Gegensatz zu den bundesdeutschen Energieerzeugern nur im Ausnahmefall Entstaubungsanlagen einsetzen und die Planbürokraten die Investitionen für eine funktionierende Entschwefelung und Entstickung scheuten, sind die Braunkohlekraftwerke wahre Dreckschleudern. Leider stehen sie mit dem geringen Wirkungsgrad und der hohen Umweltbelastung auch noch im Wettstreit mit der Wohnraumbeheizung. In 60 Prozent der DDR-Wohnungen stehen noch Öfen. Aber auch da, wo Zentralheizungen installiert wurden, wird wegen technisch veralteter Kessel und primitiver oder kaputter Ventile an den Heizkörpern mehr Energie vergeudet als genutzt. Zudem sind in der gesamten DDR öffentliche und private Gebäude permanent überheizt. Um die Preise optisch niedrig halten und sich so einer weiteren sozialen Errungenschaft rühmen zu können, hatten die Ökonomie-Strategen der SED den Energieverbrauch trotz der großen Versorgungs- und Umweltprobleme hoch subventioniert. Die Bevölkerung wurde zu einer bedenkenlosen Vergeudung von Wärme und elektrischer Energie geradezu animiert.

Ein beträchtlicher Teil der Umweltzerstörungen in der DDR geht auf das Konto dieser völlig widersinnigen Energiepolitik. Um den Umweltschutz und die Energiewirtschaft der DDR auf ein mit der Bundesrepublik vergleichbares Niveau zu heben, sind aufgrund grober Experten-Schätzungen Investitionen zwischen 150 und 300 Milliarden D-Mark erforderlich.

Der alten Führungsclique um Erich Honecker, Günter Mittag, Egon Krenz und den Stasi-Chef Erich Mielke sind nach ihrem unrühmlichen Abgang viele Verstöße, Vergehen und Verbrechen vorgeworfen worden – bis hin zum Hochverrat. Die schlimmste Sünde wider das von ihnen gegängelte und betrogene Volk aber wurde merkwürdigerweise in den langen Sündenregistern, die seither aufgestellt wurden, kaum erwähnt: die kriminellen Verstöße gegen die primitivsten Regeln des Umwelt- und Gesundheitsschutzes. Die herrschenden Sozialisten haben Gesundheit und Leben der Menschen in der DDR bewußt aufs Spiel gesetzt und es bedenkenlos in Kauf genommen, die Lebensgrundlagen künftiger Generationen zu zerstören. Hätte man sie noch einige Jahre gewähren lassen, dann wäre es ihnen unwiderruflich gelungen.

Viele Intellektuelle in der DDR – aber auch in der Bundesrepublik
– treibt die Sorge um, in der angestrebten marktwirtschaftlichen Ordnung müsse die Kultur und insbesondere einige spezielle Spielarten,
die sich hinter der Mauer entwickelt haben, notwendigerweise Schaden nehmen. Im »Kapitalismus« werde bekanntlich alles vermarktet.
Was sich nicht vermarkten lasse, müsse folglich verkümmern.

Aber auch hier gilt zunächst einmal die gleiche Weisheit wie im sozialen Bereich: Eine Wirtschaft, die mehr Wohlstand produziert und
weniger Energie und Rohstoffe vergeudet, kann sich auch einen größeren Aufwand für das Luxusgut Kultur leisten. Dafür sprechen zunächst einmal die Zahlen, nämlich der finanzielle Aufwand, den die
öffentlichen Hände hüben wie drüben für die Förderung von Bildung,
Kunst und Wissenschaft treiben. In der Bundesrepublik wird die
staatliche Kulturförderung zudem noch ergänzt durch Mäzenatentum
und Sponsoring der Wirtschaft. Dafür, daß die Marktwirtschaft auch
in diesem Punkt eindeutig überlegen ist, zeugt wiederum schon der
bloße Augenschein: der Zustand von Museen und Theatern, Schlössern und Burgen, historischen Gebäuden und alten Ortskernen.

Was das Schaffen zeitgenössischer Künstler anbelangt, so hat die
DDR im Bereich von Musik und Tanz, Theater und Konzert, Malerei
und Schriftstellerei ohne Zweifel Beachtliches vorzuweisen. Doch
überall da, wo auch nur ein Hauch von Politik in das kulturelle Leben
hineinweht, sind die künstlerischen und schriftstellerischen Leistungen von Rang fast ausschließlich im Kampf gegen die Funktionäre der
SED erbracht worden. Bühnen durften ihre Spielpläne erst dann auf-
stellen, wenn der Kulturbonze die Vorschläge auf ideologische Fall-
gruben untersucht hatte. Renommierte Schriftsteller konnten ihre
Romane vielfach nur im Ausland veröffentlichen; viele Poeten be-
mühten sich jahrelang vergeblich darum, einen Verlag für ihre lyri-
schen Texte zu finden. Wenn der zuständige Lektor annahm oder zu
spüren glaubte, der Dichter und sein Werk könnten höheren Ortes
mißliebig sein, antichambrierte der Autor oft jahrelang vergeblich.
Von einigen rühmlichen Ausnahmen abgesehen, fehlte den Verlagen
entweder die Zivilcourage oder schlicht das Papier.

Wer immer noch ein idyllisches Bild vom Kulturleben in der DDR oder anderen ehemals sozialistischen Ländern hat, der sollte sich an Provinzbühnen umhören, mit Schauspielern, Regisseuren oder Sängern reden, die sich nicht der Kulturbürokratie unterordnen wollten. Das berüchtigte »Berufsverbot« – hier wurde es praktiziert. Wer nicht auf Freunde in den westlichen Künstlerverbänden vertrauen durfte, die sich für ihn einsetzten, der konnte unbemerkt Jahre im Gefängnis verbringen. Schriftsteller, deren Namen im Westen niemand kannte, konnten sich nicht wie Stefan Heym aufführen, der seine relative Freiheit dem Schutz verdankte, den ihm eine aufmerksame Öffentlichkeit im Westen verlieh. Selbst ein Altkommunist und Freund Grotewohls wie der viele Jahre gefeierte Regisseur und Schauspieler Martin Hellberg wurde fallengelassen, als er seine künstlerische Auffassung nicht mehr der veränderten politischen Linie anpassen wollte. Der Künstler, der zuvor mit Orden, Ehren und Geld überhäuft worden war, mußte später jahrelang um eine bescheidene Rente kämpfen. Gewiß, auch in einer Diktatur kann Kultur bunte Blüten treiben – aber meist nur in kleinen Nischen und Nebenräumen. Manchmal werden die Wurzeln dann allerdings so stark, daß sie sogar das Mauerwerk der geistigen Gefängnisse sprengen – so geschehen auch in der DDR. Aber wirklich gedeihen können Kunst und Kultur nur in Freiheit. Zumindest das haben sie mit der Wirtschaft gemeinsam.

Die Parteibürokraten der SED haben das von ihnen regierte Volk in geistiger und kultureller Isolation zu halten versucht. Sie haben es deshalb nicht nur um materielle, sondern auch um ideelle Reichtümer gebracht.

Mentalität

Weil die Menschen in der DDR jahrzehntelang von der übrigen Welt weitgehend isoliert waren, hat sich in vieler Hinsicht provinzielles Denken verbreitet. Daß das schlimme Gerede von der Erbfeindschaft zwischen Frankreich und Deutschland längst der Vergangenheit angehört und die Franzosen bei Umfragen seit Jahren die Bundesrepublik als den besten Freund Frankreichs bezeichnen – an der Bevölkerung in der DDR ist diese Entwicklung vorbeigegangen. Das ewige Propagandageschwätz über die sozialistischen Brudervölker hat dagegen eher Aversionen als gegenseitige Achtung und Freundschaft erzeugt. Lebens-, Eß- und Denkgewohnheiten westlicher Völker sind DDR-Bürgern bis zur Wende fremd geblieben. Es fehlte ihnen oft an Selbstbewußtsein und ebenso an Toleranz gegenüber Menschen anderer Nationalität, Rasse oder Religion. Ghanaer, Vietnamesen und andere Gastarbeiter wurden schon zu Zeiten des SED-Regimes als Menschen zweiter Klasse behandelt. Kontakte zu den in der DDR stationierten Soldaten des »großen Bruders« gab es kaum und wurden mehr unterbunden als gefördert. Mit Erschrecken und Betroffenheit registrierten die Medien nach dem Umbruch den offen zur Schau gestellten Fremdenhaß und alte nationalistische Vorurteile auch bei Jugendlichen. »Ist das das Ergebnis von vierzig Jahren antifaschistischer Erziehung?« fragte ein Kommentator erschrocken. Die Mentalität der Spießer, die für eine Parteikarriere in der SED offenbar besonders gute Voraussetzungen bot, hat nicht nur in der Wirtschaft, sondern auch in der Psyche vieler Menschen Spuren hinterlassen. Auch in dieser Hinsicht müssen die Folgen der Isolation erst noch überwunden werden.

Vor dem Hintergrund der niederschmetternden Schlußbilanz des SED-Staates erscheinen die Propaganda-Sprüche, mit denen die Kommunisten einst für ihr soziales Experiment warben, heute geradezu obszön. In einem 1961 erschienenen Buch mit dem vielversprechenden Titel »Unsere Welt von morgen«, zu dem kein Geringerer als Walter Ulbricht das Vorwort geschrieben hat, hieß es: »Unser Tisch soll mit dem Besten gedeckt werden, was die Natur zu bieten hat: Hochwertige Fleisch- und Milchprodukte, Edelgemüse und beste Obstsorten, früheste Erdbeeren und Tomaten zu einer Zeit, da sie auf unseren Feldern noch nicht reifen, Weintrauben im Winter, nicht nur zur Zeit der großen Schwemme...« Walter Ulbricht versicherte dazu: »Als Sozialisten sind wir uns darüber klar, daß im sozialistischen Lager bis 1965 ein Überfluß an Lebensmitteln erreicht werden soll.« Statt dessen herrschte selbst Ende der achtziger Jahre in weiten Bereichen dieses Lagers – ein Begriff, der eine ebenso makabre wie reale Bedeutung bekam – die nackte Not. Sowohl in der Sowjetunion als auch in Rumänien litten Millionen Menschen Hunger, gab es weder genügend Wohnungen noch Kleidung. In der DDR konnten zwar diese Grundbedürfnisse erfüllt werden, aber auf niedrigstem Niveau.

Weiter hieß es in dem anläßlich der Jugendweihe 1961 verteilten Buch: »Neben dem reichhaltigen Angebot der Einkaufszentren in den Städten und den überall vorhandenen Geschäften des täglichen Bedarfs wird es Versandhäuser geben. Mit Hilfe von Katalogen können dann die Einwohner entlegener Gebiete jeden Artikel bestellen und binnen weniger Tage auch erhalten. Mit dem Warenhaus der kapitalistischen Vergangenheit werden diese Einkaufszentren nicht viel Gemeinsames haben. In denen gab es viel Plunder... In unserem Kaufhaus wird die Auswahl bei einer solchen Warenfülle zu einem schwierigen Problem... Für die Bezahlung genügt, daß der Kunde Kontonummer und Unterschrift gibt, für die Lieferung, daß er seine Adresse angibt. Unbeschwert, wie er das Warenhaus betreten hat, verläßt er es wieder, völlig sicher, daß seine Neuerwerbung ihn zu Hause erwartet. An bestimmten, leicht erreichbaren Stellen wird der Wanderer Versorgungsstützpunkte vorfinden, deren Automaten ihm alles Nötige liefern, von Benzin bis zum Ersatzreifen, vom Erfrischungsgetränk bis zum Schnellimbiß, von der neuesten Zeitung bis zum Ersatzfilm... Die sozialistische Gesellschaft wird in einigen Jahrzehnten nicht nur wohlhabend, sondern reich sein und ein Leben garantieren, in dem kein vernünftiger Wunsch unerfüllt bleibt. In zwanzig Jahren, also gegen 1985, wird das monatliche Durchschnittseinkommen 3000 bis 5000 Mark sein.«

Alle diese Versprechungen sind in Erfüllung gegangen – allerdings nur im Westen, beim »Klassenfeind«.

Fazit

Das sozialistische Experiment auf deutschem Boden ist total gescheitert. Die wenigen Bereiche, in denen die DDR Erfolge vorzuweisen hatte, können das Versagen der Planwirtschaft in keiner Weise aufwiegen. Zwar haben die Reparations- und Lieferverpflichtungen an die Sowjetunion die Wirtschaft der DDR belastet, aber das ist keine Erklärung für die »bittere Niederlage des real existierenden Sozialismus«. Diese Niederlage war systembedingt. In anderen Ländern, in denen es keine derartigen Entschuldigungen gibt, hat die Planwirtschaft ebenfalls kläglich versagt. Die Frage ist jetzt nur noch, ob und wie rasch die Schäden beseitigt werden. Können die vom Kommunismus heimgesuchten Völker wieder den Anschluß an die Entwicklung im Westen finden – und zu welchem Preis? Im Falle der DDR ist das eine Frage, die alle Deutschen angeht und manchen Bürger der Bundesrepublik angesichts der gewaltigen Summen, die der Aufbau des ruinierten Landes erfordert, um seinen eigenen Wohlstand fürchten läßt.

2
Einigkeit und Mark und Pfennig

Wer zahlt die Zeche für die deutsche Einheit? Emotionen sind schlechte Ratgeber und meist so dauerhaft wie ein Strohfeuer. Die Probleme, die sich beim Zusammenwachsen der beiden deutschen Staaten auftürmen, lassen sich weder durch lautes Hurra-Geschrei noch durch düstere Warnungen vor Inflation und Steuererhöhungen oder einer unerträglichen Belastung des sozialen Netzes der Bundesrepublik einerseits und vor einem totalen Zusammenbruch der DDR-Wirtschaft andererseits lösen.

Niemand, der dabei war, wird die bewegenden Szenen nach Öffnung der Mauer je vergessen. Es waren Tage und Stunden, in denen Menschen vor Glück weinten, vollkommen Fremde sich umarmten, in denen das größte spontane Volksfest gefeiert wurde, das je auf deutschem Boden stattfand. Bundesbürger winkten jedem Trabifahrer zu, luden ihnen bis dahin unbekannte DDR-Bürger zu einer Tasse Kaffee oder zum Essen ein, boten ihnen an, kostenlos im eigenen Heim zu übernachten.

Als dann wenige Wochen später die innerdeutsche Grenze auch für Bundesdeutsche ohne Visum passierbar wurde und die ehemals finsteren und wortkargen Grenzer die Autokolonnen nur noch fröhlich durchwinkten, wiederholten sich ähnliche Bilder auf dem Boden der DDR. Mit ihren bescheideneren Mitteln, aber gleicher Herzlichkeit versuchten die Menschen dort den Deutschen von der anderen Seite einen ähnlichen Empfang zu bereiten, wie sie ihn selber zu ihrer oft großen Überraschung auf dem Boden der Bundesrepublik erlebt hatten. Schwarz-Rot-Gold ohne Hammer und Zirkel und die alten Landesfahnen wehten, »Wir grüßen die Bundis« verkündeten Transparente an den Autobahnbrücken. Auf vielen mitteldeutschen Marktplätzen gab es Tee und Bratwurst, Blumen und Musik. Man sprach sich auf der Straße an, lud die deutsche Familie aus dem Westen zum Essen nach Hause ein und verabredete einen Gegenbesuch.

Doch schon bald nachdem die Freudentränen getrocknet und der unbehinderte Weg über die Grenze ebenso zur Selbstverständlichkeit geworden war wie schon seit vielen Jahren eine Fahrt nach Frankreich oder Belgien, kamen hüben wie drüben die ersten bangen Fragen: Droht nun der Ausverkauf der DDR? Werden unsere Betriebe zur verlängerten Werkbank westlicher Konzerne und müssen die Arbeitnehmer in der DDR zu Niedriglöhnen für Auftraggeber aus der Bundesrepublik schuften? Werden Mieten und Grundstückspreise explodieren, Krippen und Kindergärten abgeschafft? Was wird aus der (scheinbar) kostenlosen Gesundheitsfürsorge? Wird es bald mehr Arbeitslose als Berufstätige in der DDR geben, weil die maroden Betriebe im Wettbewerb mit den hochmodernen westlichen Konkurrenten allenfalls einige Monate standhalten werden? Werden wir bei der Währungsumstellung übers Ohr gehauen? Das waren Fragen und Ängste vieler Menschen in der DDR, die auch rasch begriffen, daß Reisefreiheit wenig hilft, solange man nicht das richtige Geld in der Brieftasche hat.

Und manchen Bundesbürger trieb schon bald die Sorge um: Lassen wir uns bei der Vereinigung mit der DDR auf ein unkalkulierbares Risiko ein? Woher – wenn nicht aus meiner Tasche – sollen die Mittel kommen, um die Straßen und das Bahnnetz zu flicken oder das völlig veraltete Telefonsystem modernen Erfordernissen anzupassen? Bundesbürger, die zum erstenmal das Ergebnis von vierzig Jahren sozialistischer Planwirtschaft mit eigenen Augen sahen, stellten mit Entsetzen fest, daß ganze Stadtteile bis zur Unbewohnbarkeit verkommen waren. Selbst Wochenendtouristen konnte nicht verborgen bleiben, daß ein großer Teil der Produktionsanlagen und Straßen, Bahn und Telefon hoffnungslos veraltet waren. Experten überboten sich mit immer neuen Hochrechnungen des Finanzierungsbedarfs.

Das blieb auch bei Lothar de Maizière, dem ersten frei gewählten Ministerpräsidenten der DDR, nicht ohne Wirkung. In seiner Regierungserklärung nach der Wahl rief er den Bundesbürgern am 19. April 1990 zu, die Teilung könne »tatsächlich nur durch Teilen aufgehoben werden.« Große Begeisterung löste er damit westlich der Elbe allerdings nicht aus. Denn schon bei einer zwei Monate zuvor abgeschlossenen Umfrage des Instituts für Demoskopie Allensbach war deutlich geworden, daß die Bundesbürger bereits so kurz nach Öffnung der Mauer ihre anfängliche Rührung wieder vergessen hatten. Von einem nationalen Rausch und entsprechender Bereitschaft zum Verzicht konnte schon damals keine Rede sein. Auf die Frage: »Würden Sie von sich selbst sagen, daß Ihre Opferbereitschaft groß oder nicht so groß ist«, gaben 51 Prozent aller Befragten zu, daß sie nicht besonders groß sei. Ein Viertel wußte darauf überhaupt keine Antwort. Nur 24 Prozent glaubten sich zu großen Opfern bereit. Ausgerechnet die Anhänger der sich betont national gebärdenden Republikaner zeigten sich am zugeknöpftesten. Von ihnen hielten 70 Prozent nichts vom Teilen. Die Wähler der Grünen waren zu 66 Prozent dagegen, die der SPD lehnten Verzichte zu 58 Prozent ab. Die wenigsten Opfer-Gegner fanden sich unter den Parteigängern von CDU/CSU und FDP mit 42 beziehungsweise 38 Prozent.

Das entspricht dem Bild, das sich im Zeitverlauf bei ähnlichen Umfragen ergab. Der seit 1959 mehrfach gestellten Allensbach-Frage, ob die Bundesbürger zur Finanzierung einer Wiedervereinigung auf einen Teil des monatlichen Einkommens verzichten sollten, stimmten 1959 noch 37 Prozent spontan oder zögernd zu. 1969 waren es 29 und im Februar 1990 nur noch 20 Prozent (davon bejahten dies spontan statt ursprünglich 17 nur noch 5 Prozent). Umgekehrt stieg der Anteil der Gegner von 59 auf 77 Prozent. Auf die Frage, was politisch besonders wichtig sei, wurde Anfang 1990 zunächst der Umweltschutz, dann die Bekämpfung der Arbeitslosigkeit, der Wohnungsbau, die Sicherung der Renten und erst an fünfter Stelle die Wiedervereinigung genannt. Nur zwölf Prozent der Befragten meinten, nach einer Wiedervereinigung könne »man wieder stolz sein, Deutscher zu sein«. Diese Reaktion mag manchen betrüben, aber sie ist für unsere Nachbarn in Europa sicher sympathischer und weniger beängstigend, als unreflektierter Hurra-Patriotismus.

»Einheit? Ja, aber bitte billig!« überschrieb die *ZEIT* ihre Analyse der Umfrageergebnisse.

Was wird das Zusammenleben in den nächsten Jahren kosten? Nur Scharlatane können behaupten, sie wüßten es ganz genau. Durch Vergleich zu den Investitionen in der Bundesrepublik lassen sich zwar grobe Schätzungen anstellen, wieviel Geld in den öffentlichen und privaten Sektor fließen muß, um den kleineren Teil Deutschlands hinsichtlich Wirtschaftskraft, sozialer Leistungen und Umweltschutz auf ein ähnliches Niveau zu heben, wie den größeren Teil. Doch was heißt es schon, ob dafür 600 oder 800 Milliarden D-Mark angesetzt oder gar noch größere Summen genannt werden? Entscheidend ist:

- ob es um schmerzliche Opfer für die deutsche Einheit oder um Investitionen in eine gemeinsame Zukunft geht;
- in welchem Zeitraum die notwendigen Summen aufgebracht werden müssen;
- wer die Mittel aufbringt;
- wieviel die DDR davon überhaupt absorbieren kann, ohne daß nur die Inflation angeheizt wird;
- für welche Zwecke das Geld verwendet wird und
- wer darüber entscheidet.

Fertige Antworten auf diese Fragen hatte niemand, als sich am 9. November 1989 plötzlich die Mauer öffnete und schon wenige Wochen später erkennbar wurde, daß die Geschichte den Deutschen völlig unerwartet die Chance bot, die lange Teilung zu überwinden. Politik, Wirtschaft und Wissenschaft standen der neu gestellten deutschen Frage völlig unvorbereitet gegenüber. Jetzt rächte sich, daß in der Bundesrepublik viele Jahre lang nach dem Motto gehandelt worden ist: »Immer davon reden, nie daran denken.« Die Bekenntnisse, die in den vergangenen Jahrzehnten zur deutschen Einheit abgelegt wurden, lassen sich kaum noch zählen. Aber wie sie dann praktisch bewerkstelligt werden könnte und wer dafür zahlen soll – danach sucht man in all diesen Reden vergeblich.

Nur wenige hatten im Ernst daran geglaubt, daß eine Überwindung der deutschen Teilung noch in diesem Jahrhundert in greifbare Nähe rücken könnte. Deshalb hatte sich auch niemand die Mühe gemacht, ernsthaft über den komplizierten Prozeß einer Vereinigung der so unterschiedlichen politischen, wirtschaftlichen und rechtlichen Ordnungen nachzudenken, die sich seit Ende des Krieges in den beiden deutschen Staaten entwickelt hatten. Trotz des ständigen Mangels an geeigneten Promotionsthemen sind in den achtziger Jahren nicht einmal mehr Doktorarbeiten über das Problem geschrieben worden, wie eine Plan- und eine Marktwirtschaft wieder zueinanderfinden könnten. Zu utopisch schien diese Fragestellung zu sein.

Dementsprechend unüberlegt und hektisch waren viele Reaktionen. Kaum war die erste Freude darüber verflogen, daß die Menschen im anderen Teil Deutschlands ihr Gefängnis endlich verlassen durften, da ergriff einige Leute im Westen schon Panik bei dem Gedanken, das könne sie etwas kosten. Und im Osten war so mancher, der zwar gerne die harte Mark, die Reisefreiheit und den hohen Lebensstandard so rasch wie möglich frei Haus geliefert haben wollte, von höheren Mieten, Umstellungen am Arbeitsplatz oder dem Verzicht auf subventionierte Grundnahrungsmittel oder künstlich billige Energie aber nichts wissen wollte.

Andere dagegen meinten, daß der Bedeutung der Stunde nur durch entsprechend hehres Denken und Handeln entsprochen werden könne. Die Bundesbürger sollten ein Zeichen ihrer Solidarität setzen, zu einer nationalen Tat schreiten. Die Zeiten der Opferlämmer und rituellen Schlachtungen sind zwar vorbei; aber ein paar Milliarden auf dem Altar der Nation tun's schließlich auch. Selbst so besonnene Männer wie der CDU-Querdenker Kurt Biedenkopf und der ehemalige Gewerkschaftsführer und Verteidigungsminister Georg Leber konnten sich solchen Aufwallungen nicht entziehen. Sie präsentierten der Öffentlichkeit flugs den Vorschlag, am 17. Juni wieder zu arbeiten und den Erlös als Spende für den Wiederaufbau in der DDR zur Verfügung zu stellen. Sie hatten dabei nicht nur übersehen, daß 1990 der Feiertag zur Erinnerung an den Volksaufstand in Berlin ausgerechnet auf einen Sonntag fiel. Sie hatten auch nicht bedacht, daß eine solche Aktion fatal in die Nähe der »freiwilligen Selbstverpflichtungen« unseligen Andenkens geraten könnte: Im Dienste der Planerfüllung ist den Beschäftigten in der DDR bei jeder sich bietenden Gelegenheit unbezahlte Mehrarbeit aufgenötigt worden. Vor allem übersahen die Initiatoren solcher und ähnlicher Pläne, wie rasch in der Bundesrepublik die Freude über die politische Entwicklung in Deutschland in Verdruß umkippen würde, wenn ihnen nicht nur ein inzwischen sehr beliebter Feiertag genommen, sondern auch noch unbezahlte Arbeit zugemutet würde. Hatte doch allein der Verdacht, Übersiedler könnten ein paar finanzielle Vorteile genießen, die Bundesbürgern versagt seien, bereits zu Sozialneid geführt, den clevere Politiker sofort als Wasser auf ihre Mühlen zu leiten versuchten.

Deshalb war es wenig hilfreich, wenn immer wieder von Steuererhöhungen und anderen Maßnahmen zu Lasten des kleinen Mannes gesprochen wurde, um die Kosten der Wiedervereinigung zu finanzieren. Selbst der frühere Bundeskanzler Helmut Schmidt, der damit rechnet, daß es von 1992 an in der DDR wirtschaftlich bergauf geht und ab 1993 »sogar ganz gewaltig«, mußte die Bundesbürger via *Bild-Zeitung* mit der Ankündigung von Steuererhöhungen erschrecken. Er hielt es für angebracht, daß sein Nachfolger im Kanzleramt ebenso wie der Ministerpräsident in Berlin in dieser Frage an die Solidarität der Landsleute appellieren. Angesichts der bei Umfragen zutage geförderten Einstellung der Bundesbürger zu diesem Thema allerdings ein wenig erfolgversprechender Vorschlag.

Einer trage des anderen Last?

Noch weniger durchdacht sind emotional bestimmte Opfer-Appelle, die sich gedanklich am Lastenausgleich orientieren – in der Annahme, solche nach einem verlorenen Krieg und in der Stunde allgemeiner Not durchgesetzten Maßnahmen ließen sich in einer politisch und wirtschaftlich völlig veränderten Welt einfach kopieren. Typisch für diese Denkweise ist die Idee des Hamburger Verlegers Gerd Bucerius, zehn Prozent aller Vermögen in der Bundesrepublik, die siebzigtausend Mark überschreiten, zu beschlagnahmen, um aus diesem Fonds die Erneuerung der DDR zu alimentieren.

Da sich viele Menschen Hilfe für die vom SED-Regime befreiten Deutschen offenbar nur in Form von großen Opfern und eigenen Verzichten vorstellen können, werden derartige Pläne – ob in Form von Vermögenskonfiskation oder steuerlich verbrämten »Notopfern« – immer wieder und in den unterschiedlichsten Varianten in die Debatte gebracht. Dabei ist offenkundig, daß dadurch weit mehr Schaden als Nutzen angerichtet würde.

● Denn Begriffe wie Beschlagnahme oder Notopfer sind außerordentlich schädlich. Sie erinnern an Krisenzeiten, Willkür und Zwangswirtschaft. Jeder Schritt in diese Richtung würde schwere ökonomische und psychologische Schäden anrichten. Die große Bereitschaft, sich für die DDR zu engagieren, wäre bei vielen rasch dahin, wenn der Prozeß des politischen, ökonomischen und sozialen Zusammenwachsens mit solchen Zwangsabgaben finanziert würde. Wer gerade mühsam sein Eigenheim abgezahlt oder sich aus bereits einmal versteuertem Einkommen ein finanzielles Polster für seinen Lebensabend geschaffen hat, wäre wohl kaum begeistert, wenn er mit seinem Zehnten für die Mißwirtschaft der SED geradestehen soll. Eine Reihe von Unternehmen käme in arge Bedrängnis, wenn neben der ohnehin hohen Steuerlast auch noch eine zusätzliche Vermögensabgabe fällig würde. Im Wettbewerb mit der internationalen Konkurrenz wäre dies ein weiterer Klotz am Bein. Es ließe sich beim großen Einsammeln zudem kaum vermeiden, daß auch Vermögenswerte von Ausländern in der Bundesrepublik betroffen wären. Oder sollten etwa VW und Daimler zahlen, während Ford und Opel ungeschoren davonkämen und dadurch einen erheblichen Wettbewerbsvorteil hätten? Andererseits: Was geht amerikanische oder französische Aktionäre die Finanzierung der deutschen Einheit an? Und wie würde im Ausland investiertes deutsches Kapital behandelt?

Ein Vertrauensverlust im In- und Ausland, Kapitalflucht, ein Kurssturz der D-Mark und ein Börsencrash wären die unvermeidlichen Folgen, wenn solche Absichten auch nur ernsthaft diskutiert würden. Damit wäre ein großer Teil des Vermögens, das beschlagnahmt werden soll, bereits vernichtet, ehe der Fiskus seine Hand darauf gelegt hat. Wer sich an die massive Kapitalflucht erinnert, die durch die kurzzeitige Erhebung der Quellensteuer – und schon bei ihrer bloßen Ankündigung – ausgelöst wurde, der kann nur mit Schaudern daran denken, zu welchen nationalen und internationalen Reaktionen ein neuer Lastenausgleich führen würde. Dabei hätte die Quellensteuer nicht einmal eine zusätzliche Steuerpflicht bedeutet, sondern sollte nur zu etwas mehr Steuerehrlichkeit beitragen.

● Alle Vorschläge, die darauf hinauslaufen, Vermögen zu konfiszieren oder Einkommen durch massive Steuererhöhungen abzuschöpfen, um dann damit zu helfen, entspringen einem simplen Umverteilungsdenken: Den Reichen nehmen und den Armen geben – ein Null-summenspiel, bei dem keine neuen Werte geschaffen werden. Was könnte mit den zwangsweise abgeschöpften Mitteln geschehen? Hüben wie drüben würden staatliche Stellen über die Verwendung des beschlagnahmten Vermögens befinden. Ob es Bürokraten aus Ost oder West sind – die Erfahrung zeigt zur Genüge, daß Gelder, die von öffentlichen Händen verteilt werden, zu einem guten Teil unproduktiv eingesetzt oder vergeudet werden. Die Gefahr wäre östlich der Elbe besonders groß, da aus vielen Amtsstuben das alte Denken noch immer nicht ganz verschwunden ist. Wozu es in der Vergangenheit geführt hat, ist hinlänglich bekannt.

● Anders als 1948, als Millionen Menschen in Deutschland hungerten, ungezählte Familien in Nissenhütten hausten, Vertriebene nur mit einem Pappkoffer in der Hand in zerbombten Bahnhöfen ankamen, Mütter ihre Babys in Zeitungspapier wickeln mußten, leben wir in keiner Zeit nationalen Notstands. Im Gegenteil: die Bundesrepublik ist reicher als je zuvor, und in der DDR ging es zwar ärmlich zu, aber es herrschte keine nackte Not, wie in großen Teilen Polens oder in der UdSSR. Für Deutschland insgesamt bietet sich die Chance eines neuen Wirtschaftswunders. Man muß nur danach greifen. Das ist kaum das passende Szenario für Notstandsgesetze.

● Die Deutschen, die in der DDR so lange bevormundet worden sind und nach eigenem Bekunden so »rasch wie möglich den aufrechten Gang« lernen wollen, dürfen jetzt nicht zu Almosenempfängern degradiert werden. Es kann auch nicht das Ziel sein, bei einem Viertel aller Deutschen durch eine großangelegte Politik der Umverteilung eine ähnliche Subventionsmentalität zu züchten, wie es in der Bundesrepublik bei einem Berufsstand wie den Bauern geschehen ist.

● In der DDR geht es nicht darum, Almosen zu verteilen. Es geht darum, die Wirtschaft anzukurbeln. Den Klingelbeutel herumzureichen, ist bei einer Kirchenkollekte angebracht. Spenden sind angebracht für Alte und Kranke, die sich nicht mehr alleine helfen können. Milde Gaben sind gefragt, wenn nach einer Naturkatastrophe Kleidung und Nahrung für hungernde und frierende Kinder beschafft werden soll. Spenden haben auch ihren Sinn, wenn Geld für den Wiederaufbau der Frauenkirche in Dresden gesucht wird oder das kaputte Dach von Schloß Sanssouci repariert werden soll.

Dagegen ist es geradezu absurd, in den Kategorien von Opfer und Almosen zu denken, wenn es um die Einführung marktwirtschaftlicher Regeln, den Aufbau einer modernen Wirtschaftsstruktur und Arbeitsbedingungen geht, die es den Beschäftigten erlauben, endlich die Früchte ihres Fleißes zu ernten.

Bei Almosen rechnet kein Geldgeber mit einer Rückzahlung oder gar einem Gewinn. Riefe dagegen eine Firma zu Spenden auf, um damit den Kauf von Maschinen und Rohstoffen zu finanzieren, würde das überall in der Welt mit Gelächter quittiert. Produktionsbetriebe, Handel und Dienstleistungen brauchen Eigenkapital und Kredite, über deren sinnvolle Verwendung sie Rechenschaft ablegen müssen. Es käme auch niemand auf die Idee, von Opfern zu reden, wenn Daimler in Bremen oder Siemens in Berlin eine Produktionsstätte bauen oder modernisieren, wenn die Veba in den USA oder Hoechst in Japan moderne Produktionsstätten errichten. Ein Unternehmen, das eine solche Geldanlage riskiert, spendet nicht, sondern investiert – nachdem vorher ganz genau kalkuliert wurde, ob ein angemessener Ertrag zu erwarten ist. Warum soll das bei öffentlichen oder privaten Investitionen östlich der Elbe alles ganz anders sein?

Bei den Mitteln, die im Sanierungsfall DDR erforderlich sind, um die Folgen von vierzig Jahren sozialistischer Mißwirtschaft zu überwinden und das Zusammenwachsen der beiden Teile Deutschlands zu finanzieren, handelt es sich eindeutig um Investitionen in eine gemeinsame Zukunft. Insofern ist auch der Vergleich mit einer Ehe durchaus angemessen. Denn: Wenn künftige Ehemänner erst einmal nach den »Opfern« fragen würden, die sie ihr Ja-Wort kosten wird, könnten bald alle Standesämter geschlossen werden. Selbst eine bescheidene Frau schlägt nämlich im Laufe von vierzig Jahren allein bei den laufenden Unterhaltskosten leicht mit 336000 Mark zu Buche. Kommen noch Hausrat, Kinder, längere Krankheiten und Urlaubsreisen dazu, wird's noch teurer. Würde das Geld statt dessen regelmäßig auf ein Sparkonto eingezahlt und Zinsen bringen, könnte der knickrige Junggeselle als Millionär sterben.

Spätestens auf dem Sterbebett müßte er sich dann aber die Frage stellen: Was habe ich eigentlich vom Leben gehabt – und habe ich überhaupt richtig gerechnet? Der risikoscheue Junggeselle hat nicht nur auf die vielen schönen Stunden verzichtet, die das Zusammenle-

ben beschert. Er hat auch vergessen, wieviel eine Frau zum gemeinsamen Haushalt beiträgt – insbesondere dann, wenn sie ein eigenes Einkommen hat.

»Beschämend«, nannte es der Chef der Dresdner Bank, Wolfgang
Röller, »wie sehr das Gezänk um die Verteilung der Lasten auf die
Bundesbürger die politische Diskussion prägt.«

Rechnung mit vielen Unbekannten

Kaum weniger fragwürdig rechnen viele, die sich abmühen, den Preis
der Einheit zu kalkulieren. Sie übersehen nämlich, daß jede vernünftige Investition mehr einbringt, als sie kostet. In einer Marktwirtschaft sind die Produktion von Gütern und Dienstleistungen und der
Handel damit ein dynamischer Prozeß, der sich bald selber nährt.
Diejenigen, die so emsig die Milliarden addieren, haben auch nichts
aus der eigenen Geschichte gelernt. Pessimistische Rechnungen, daß
die westdeutsche Wirtschaft vor einer unlösbaren Aufgabe steht, hat
es auch nach dem Ende des Krieges gegeben: »Nach dem gegenwärtigen Produktionsstand der Westzonen kann – nach Abzug der Bergar-
beiter- und sonstigen Prioritäten – jeder Einwohner erhalten: jedes
Jahr 343 Gramm Textilien, alle zwei Jahre ein Wasserglas, alle vier
Jahre ein Paar Lederstraßenschuhe und ein Einmachglas, alle sieben
Jahre ein Stück Porzellan, alle fünfzehn Jahre einen Kochlöffel, alle
150 Jahre ein Waschbecken und in alle Ewigkeit keine Zahnbürste
und keinen Rasierpinsel.« Und ein Mitglied des Darmstädter Stadtra-
tes rechnete aus, daß es sechshundert Jahre dauern würde, um mit
den damaligen Zuteilungen an Zement und anderen Baustoffen die
Stadt wieder aufzubauen.*
Noch größer wäre das Erschrecken oder Kopfschütteln gewesen,
wenn Anfang der fünfziger Jahre eine Kalkulation vorgelegt worden
wäre, wie viele Milliarden Mark es kosten würde, das zerbombte
Land mit seiner hungernden, frierenden und zu einem großen Teil ob-
dachlosen Bevölkerung auf den inzwischen erreichten Stand zu bringen. Im Gegensatz zu heute dachte damals natürlich kein Mensch

* Zitiert nach: Hans Roeper: Geschichte der D-Mark, Frankfurt 1968, S. 11.

daran, solche Rechnungen aufzumachen. Es gab auch niemanden, der genug Phantasie gehabt hätte, um sich vorzustellen, daß aus dem damaligen Trümmerhaufen ein wirtschaftlicher Riese entstehen könnte. Aber im Rückblick läßt sich um so genauer sagen, welcher Investitionsaufwand dafür erforderlich war: Rund achttausend Milliarden wurden öffentlich und privat investiert. In Geld von heutiger Kaufkraft eine Summe von zehn- bis zwölftausend Milliarden Mark.

Es gehört wenig Vorstellungsgabe dazu, sich auszumalen, wie wohl die öffentliche Reaktion auf eine solche Rechnung ausgefallen wäre. Die Widersacher Ludwig Erhards, allen voran der SPD-Abgeordnete und Wirtschaftsexperte Professor Erich Nölling, brandmarkten seine marktwirtschaftlichen Ideen ohnehin als »nationale Gefahr« und seine Wirtschaftspolitik als »verworren, widerspruchsvoll und chaotisch«. Das Argument, daß eine solche Wahnsinnssumme von zehn oder zwölf Billionen Mark von einer weitgehend zerstörten Wirtschaft, der es an allen Ecken und Enden an den notwendigsten Rohstoffen, Werkzeugen und Maschinen mangelte, nie und nimmer aufzubringen sei, hätte in der damaligen Situation sicherlich sehr vielen Menschen eingeleuchtet. Im Falle der DDR ist es heute kaum anders.

Diese in der Tat gewaltige Summe ist der Bundesrepublik von niemandem geschenkt worden. Die Mittel wurden entweder aus eigener Kraft erwirtschaftet oder in Form privaten ausländischen Investitionskapitals ins Land geholt, sobald der von Erhard unbeirrbar eingeschlagene Kurs die marktwirtschaftlichen Energien freisetzte und erste Erfolge zeigte. Daß zwischen 1948 und 1953 im Rahmen des Marshall-Plans aus den USA Maschinen und Rohstoffe im Wert von 1,41 Milliarden Dollar geliefert wurden, verpuffte deswegen auch nicht wie der berühmte Tropfen auf dem heißen Stein, sondern wirkte als Initialzündung. Aber gemessen an den öffentlich und privat insgesamt investierten Summen waren diese Hilfsgüter, zu denen noch eine Nahrungsmittelhilfe im Wert von zwei Milliarden Dollar kam, nur ein bescheidener Beitrag zum Wiederaufbau.

Die seither in Fabrikanlagen, Autobahnen, Wohnungen, Krankenhäuser, Universitäten und Schulen, moderne Kommunikationsnetze, Freizeiteinrichtungen und Forschungsinstitute investierten zehn Billionen Mark haben die Bundesrepublik zu einem der leistungsfähigsten und wohlhabendsten Industrieländer der Welt werden lassen. Neben den Beträgen, die Jahr für Jahr in die Erhaltung und Erweiterung des inländischen Volksvermögens investiert werden (rund vierhundert Milliarden Mark), erwirtschaftet die westdeutsche Wirtschaft noch die Mittel für Milliarden-Investitionen in den anderen EG-Ländern, den USA oder Japan und für die Entwicklungshilfe. Die Bundesrepublik leistet hohe Beiträge zur Finanzierung internationaler Institutionen und überweist jährlich mehr als zwanzig Milliarden Mark an die Europäische Gemeinschaft. Sie kann es sich überdies leisten, daß ihre Bürger im Jahr weit über dreißig Milliarden Mark für Reisen ins Ausland ausgeben.

Gemessen am Investitionsaufwand im Westen hätte in der DDR im Verhältnis zur Bevölkerung rund ein Viertel der Summe aufgewendet werden müssen, um hinsichtlich der Ausstattung mit privaten und öffentlichen Einrichtungen, der Qualität des Produktionsapparates und Verkehrswesens, der Versorgung mit Wohnungen oder beim Umweltschutz ein vergleichbares Niveau zu erreichen. Das war unter den Bedingungen der Planwirtschaft zwar nicht möglich und hätte selbst dann in diesem System auch nicht annähernd zur gleichen Effizienz geführt. Die Summe gibt aber einen ersten Anhaltspunkt dafür, um welche Größenordnungen es geht: rund 2500 Milliarden Mark.

Keine Stunde Null

Doch von dieser das Vorstellungsvermögen arg strapazierenden Summe darf man sich nicht erschlagen lassen. Zur Situation nach dem Krieg gibt es nämlich bedeutsame Unterschiede. Trotz aller Fehlsteuerungen und Versäumnisse ist auch in der DDR in den vergangenen Jahrzehnten ein großer Teil der Kriegsschäden beseitigt worden. Anders als in der Bundesrepublik müssen nicht Millionen von Flüchtlingen innerhalb kürzester Zeit integriert, mit Wohnungen, Arbeitsplätzen und sozialen Einrichtungen versorgt werden. Der Lebensstandard ist zu Beginn der neunziger Jahre zwar niedrig im Vergleich zum Westen, aber dennoch viel höher als 1948. Niemand hungert und friert. Die vier oder fünf Generationen von Maschinen, die sich seit den fünfziger Jahren in den Produktionsstätten der Bundesrepublik abgelöst haben, können übersprungen werden. Hunderte von Milliarden Mark für Anlagen, die – so wie in der Bundesrepublik – inzwischen längst als veraltet wieder ausgemustert worden wären, müssen nicht mehr nachträglich investiert werden. Für Handwerk und Industrie stehen die modernsten Maschinen, Anlagen und Werkzeuge zur Verfügung, die heute am Markt zu haben sind. Auch die neu errichteten Betriebe, Niederlassungen und Zweigstellen westdeutscher Firmen werden dem neuesten Stand der Technik entsprechen und deshalb oft besser ausgerüstet und strukturiert sein als manches ältere Werk in der Bundesrepublik. Erfahrungen im Handel und Verkehr, in Management und Ausbildung, für die oft viel Lehrgeld gezahlt werden mußte, können übernommen werden. Was bereits entwickelt und erforscht wurde, muß nicht noch einmal mit hohem Aufwand entdeckt werden. Das gleiche gilt für das Know-how, das Franzosen, Schweden, Japaner oder Amerikaner mit ihren Investitionen ins Land bringen werden. Östlich der Elbe muß das Rad nicht neu erfunden werden. Es kann ganz einfach benutzt werden.

Die Menschen in der DDR haben in den vergangenen Jahren viel verpaßt – aber nun können sie auch viele Entwicklungsstufen in kurzer Zeit überspringen.

Unter Berücksichtigung dieser Punkte und unter Anrechnung dessen, was bereits vorhanden ist, dürfte sich der noch erforderliche Investitionsaufwand auf rund eine Billion (oder tausend Milliarden) Mark belaufen. Dies ist nicht mehr als eine grobe Schätzung und kann nur als Anhaltspunkt für weitere Überlegungen dienen. Doch diese Größenordnung ergibt sich auch, wenn das Problem von einer anderen Seite aus betrachtet wird. Es wäre nämlich auch der Betrag gewesen, der in den vergangenen zehn Jahren insgesamt notwendig gewesen wäre, wenn diesseits und jenseits der Elbe die gleichen Bedingungen geherrscht hätten – ein Viertel der Summe, die in diesem Zeitraum in der Bundesrepublik investiert wurde. Zu einem ähnlichen Ergebnis kommt man zudem, wenn die Beträge addiert werden, die nach den – notwendigerweise ebenfalls groben – Schätzungen zahlreicher Fachleute und Institute in den einzelnen Sektoren der Wirtschaft jeweils erforderlich sind, um im Osten Deutschlands Industrie und Landwirtschaft, Verkehr und Telekommunikation, Wohnungsbau und Sozialstandard auf westeuropäisches Niveau zu hieven.

Tausend Milliarden – das hört sich immer noch nach viel Geld an. Es ist auch eine gewaltige Summe. Aber sie wird nicht an einem Tag gebraucht. Über zehn Jahre gerechnet, ergibt sich ein Finanzierungsbedarf von durchschnittlich hundert Milliarden Mark pro Jahr. Das ist ein Viertel der Summe, die in der gleichen Zeit im Westen Deutschlands investiert werden wird. Zumindest in den ersten Jahren wird sich aber auch dieser Betrag nicht sinnvoll unterbringen lassen. Wirtschaftsforscher schätzen, daß im Gebiet der DDR zunächst nicht mehr als siebzig bis achtzig Milliarden Mark im Jahr absorbiert werden können. Selbst das wird erst dann möglich sein, wenn in Staat und Wirtschaft die entsprechenden Strukturen entstehen, der Verwaltungsapparat und die Genehmigungsverfahren flotter laufen, wenn die notwendigen Transportkapazitäten bereitgestellt werden und die Bauwirtschaft ihre Leistung steigert.

Aber auch dann, wenn diese Voraussetzungen geschaffen worden sind, wird nur der kleinste Teil dieser Mittel aus den öffentlichen Kassen der Bundesrepublik kommen müssen, also vom Steuerzahler. Den größten Teil der Gelder, die von außen kommen, werden private Geldgeber beisteuern – freiwillig und gerne. Denn da, wo lohnende Investitionen winken, sind auch rasch Finanziers da, die sich diese Chance nicht entgehen lassen. Das bedeutet, daß auch Franzosen, Japaner, Amerikaner und viele andere in der DDR investieren werden – so wie sie dies nach dem Krieg auch im Westen Deutschlands getan haben. Ihr Schaden war es nicht. Und unserer erst recht nicht.

Wenn der Motor anspringt

Natürlich wird man auch im sozialen Bereich zunächst investieren müssen. Am Anfang werden sowohl für die Alters- und Arbeitslosenversicherung als auch für Umschulungen Zuschüsse aus bundesdeutschen Kassen notwendig sein. Aber da die Beschäftigten in der DDR ihre Löhne seit dem ersten Juli 1990 in D-Mark ausgezahlt bekommen, zahlen auch sie ihre Beiträge in DM in die sozialen Kassen ein. Das bedeutet, daß sie schon bald ebenso für die eigenen sozialen Leistungen aufkommen, wie dies die Beschäftigten in der Bundesrepublik seit Jahr und Tag tun.

Noch wichtiger aber ist, daß im Gebiet der DDR schon nach kurzer Zeit die Selbstfinanzierung der notwendigen Investitionen beginnen wird. Wenn nicht grobe wirtschaftspolitische Fehler gemacht werden, wird dieser Prozeß nicht anders verlaufen als in der Bundesrepublik nach der Währungsreform. Denn da zeigte sich bald: Gutes Geld wird gespart. Lagen 1950 erst 4,1 Milliarden Mark auf den Sparkonten, so waren es 1958 bereits 36 Milliarden. Hinzu kamen rasch wachsende Beträge in Form von Anleihen und Aktien oder Grundvermögen sowie die Selbstfinanzierung der Unternehmen.

Das wird in den neunziger Jahren östlich der Elbe nicht anders sein. Wenn erst einmal das Wirtschaftswachstum in Gang kommt – Bundeswirtschaftsminister Helmut Haussmann hält von 1992/93 an zweistellige Zuwachsraten für möglich – werden die notwendigen Mittel für Investitionen zu einem rasch wachsenden Teil aus eigener Kraft erwirtschaftet werden können. Nicht nur die Unternehmen, sondern auch der Staat werden dadurch neben einer Kreditaufnahme die Möglichkeit zur Selbstfinanzierung haben. Eine Modellrechnung des Instituts der Deutschen Wirtschaft (IW) ergab, daß bei einem – im ersten Jahrzehnt durchaus erreichbaren – realen Wirtschaftswachstum von durchschnittlich 7,5 Prozent im Gebiet der DDR so hohe Steuereinnahmen erwirtschaftet werden können, daß den öffentlichen Kassen allein daraus rund 450 Milliarden Mark für Infrastrukturmaßnahmen zur Verfügung stehen. Bei Übernahme der bundesdeutschen Steuergesetze und sparsamer Haushaltsführung und einem Verzicht auf eine rasche Erhöhung der konsumptiven Ausgaben könnten es 1991 zunächst fünf Milliarden Mark sein, die sich schon im folgenden Jahr verdoppeln und bis zum Jahr 2000 auf hundert Milliarden Mark steigen. Selbst wenn das Wirtschaftswachstum nur 4,5 Prozent betragen sollte – was unter den gegebenen Startbedingungen ein mehr als bescheidenes Ergebnis wäre – bliebe nach Berechnung des IW in den neunziger Jahren immer noch ein Finanzierungsspielraum für staatliche Investitionen von rund 175 Milliarden Mark. Hinzu kommen in jedem Fall die Milliardensummen, die durch Privatisierung des ehemaligen »Volkseigentums« mobilisiert werden können (siehe Kapitel 7) und dann ebenfalls für öffentliche Investitionsvorhaben zur Verfügung stehen.

Das bedeutet: Wenn im Gebiet der DDR die Voraussetzungen für ein Wirtschaften unter marktwirtschaftlichen Bedingungen ebenso entschlossen und mutig geschaffen – und bei zeitweiligen Umstellungsschwierigkeiten durchgehalten – werden wie vier Jahrzehnte zuvor im Westen, werden auch östlich der Elbe die notwendigen Mittel zur Modernisierung des Landes zu einem großen Teil aus eigener Kraft erwirtschaftet werden können.

Diese optimistische Vorhersage ist selbstverständlich ebenso mit Ungewißheiten behaftet, wie jede andere Prognose. Aber sie berücksichtigt im Gegensatz zu den statischen »Opfer-Theorien« die Dynamik marktwirtschaftlicher Wachstumsprozesse. Ob die Steuerquellen so reichlich fließen – oder gar noch viel kräftiger sprudeln –, bleibt abzuwarten. Die verbreitete Annahme, die Modernisierung und der Ausbau der maroden Infrastruktur in der DDR müsse allein oder überwiegend mit Steuermitteln finanziert werden, die den Deutschen westlich der Elbe abgeknöpft werden, ist aber in jedem Fall falsch. Sie würde nur dann zutreffen, wenn der wirtschaftliche und soziale Neubeginn im ehemaligen SED-Staat völlig mißlingen und bis zum Jahr 2000 nur Elend und Tristesse herrschen würden. Das glauben aber selbst die schlimmsten Pessimisten nicht.

Deshalb war es sinnvoll und völlig ausreichend, daß Bund und Länder im Westen zur Überbrückung der zunächst unvermeidlichen Defizite im Haushalt der DDR statt der entweder geforderten oder gefürchteten Steuererhöhungen im Mai 1990 beschlossen haben, zunächst einen 115-Milliarden-Fonds zu bilden. Zwanzig Milliarden Mark sollen durch Einsparungen des Bundes finanziert werden (zum Beispiel bei der bisherigen Zonenrand- und Berlinförderung) und 95 Milliarden sollen Bund und Länder am Kapitalmarkt als Kredit aufnehmen – eine Summe, die nach dem Urteil der Banken ohne Probleme zu beschaffen ist. Dies dürfte ausreichen, um die Zeit zu überbrücken, bis auch im Osten der einsetzende Wirtschaftsaufschwung die Staatskassen füllt. Nach dem Urteil des Chefs der Dresdner Bank, Wolfgang Röller, muß diese Form der Finanzierung weder zu mehr Inflation noch zu steigenden Zinsen führen.

Es spricht sogar manches dafür, daß selbst diese Kreditaufnahme vermieden werden könnte. Denn im Mai 1990 errechnete der »Arbeitskreis Steuerschätzungen«, in dem so seriöse Institutionen wie die Bundesbank, die wirtschaftswissenschaftlichen Forschungsinstitute und das Statistische Bundesamt vertreten sind, daß Bund, Länder und Gemeinden bis 1993 rund 115 Milliarden Mark mehr an Steuern einnehmen werden, als zuvor in der Haushalts- und Finanzplanung angenommen worden war. Bis 1994 könnten daraus sogar 140 Milliarden werden. Das bedeutet, daß trotz der Anschubfinanzierung für die DDR selbst dann nirgendwo im Westen Deutschlands Abstriche am Wohnungs- oder Straßenbauprogramm, an den Ausgaben für Bildung und Soziales gemacht werden müßten, wenn der Deutschland-Fonds voll aus Steuermitteln finanziert würde. Ingrid Matthäus-Maier, die Finanzexpertin der SPD-Bundestagsfraktion hatte sogar schon vor Veröffentlichung dieser Prognose die Ansicht vertreten, die deutsche Einheit lasse sich »auch ohne Steuererhöhungen« und Kredite mit Einsparungen und Umschichtungen finanzieren«. Der gleiche dynamische Prozeß, der in der DDR durch Einführung der Marktwirtschaft, öffentliche Investitionen in Wohnungen, Straßen, Telefonnetz oder Umweltschutz und private Dienstleistungsunternehmen, Handel und Handwerk in diesem Jahrzehnt ausgelöst werden soll, war also zu Beginn der neunziger Jahre im Westen bereits in vollem Gang.

Wegen der Zuschüsse, die zu Beginn aus den öffentlichen Haushalten der Bundesrepublik als »Anschubfinanzierung« geleistet werden müssen, sollte sich deshalb niemand graue Haare wachsen lassen. Es ist weder nötig, die Steuerreform zurückzunehmen, noch die mit Blick auf die internationale Wettbewerbsfähigkeit der deutschen Wirtschaft notwendige Unternehmenssteuerreform auf den Sankt-Nimmerleins-Tag zu verschieben. Denn trotz – oder gerade wegen – der Einkommensteuersenkung sind die Einnahmen von Bund, Ländern und Gemeinden schon 1989 dank des unerwartet kräftigen Wachstums der Wirtschaft nicht gesunken, sondern gestiegen. Das könnte sich auch in den neunziger Jahren fortsetzen, denn die Entwicklung im Osten kann die gleiche Wirkung haben wie ein Konjunkturprogramm.

Der ohnehin ungewöhnlich langandauernde Boom, den sich die Europäer durch ihre Aktivitäten und Vorbereitungen mit Blick auf EG '92 selber beschert haben, könnte durch den Aufbruch der ehemals sozialistischen Länder in eine bessere Zukunft verlängert und verstärkt werden. Denn womit werden diese Staaten modernisiert?

Mit Technik und Anlagen, die vor allem aus der Europäischen Gemeinschaft kommen.

Für die Bundesrepublik könnte sich dies besonders vorteilhaft auswirken. Denn kein anderes Land ist von der Entwicklung im Osten so stark betroffen – und begünstigt. Vor allem der enorme Bedarf der DDR wird viele Jahre lang dafür sorgen, daß bei uns die Wirtschaft auf vollen Touren läuft. Das bedeutet: Arbeitsplätze, Wachstum und zusätzliche Steuereinnahmen. Jedes Prozent Wirtschaftswachstum, das so entsteht, bringt eine um mehr als 20 Milliarden Mark höhere Leistung, höhere Steuereinnahmen und weniger Aufwand für Arbeitslose. Damit finanziert sich die Hilfe für die DDR schon bald zu einem guten Teil selbst. Und jede Hilfe, die aus der Bundesrepublik geleistet wird, um das Desaster zu beseitigen, das die SED im Bereich der Umwelt zurückgelassen hat, kommt auch den Bundesbürgern zugute. Denn weder der Dreck in der Luft noch der im Wasser halten sich an Grenzen. Jahrelang wurde die Schmutz- und Giftfracht beklagt, die die Elbe in den Hamburger Hafen und die Nordsee schwemmt. Jetzt endlich bietet sich die Gelegenheit, wirklich etwas dagegen zu tun. Und wenn es jetzt getan wird, kommt das Geld nicht wie früher dem SED-Staat zugute, sondern ganz Deutschland.

Als »Zugewinn-Gemeinschaft« bezeichnet deshalb das Institut der Deutschen Wirtschaft in Köln die deutsch-deutsche Wirtschafts-, Währungs- und Sozialunion. Das IW geht davon aus, daß das reale Sozialprodukt der beiden Teile Deutschlands bis zum Jahr 2000 um etwa 1100 auf 3860 Milliarden Mark steigen wird. Den größten Zuwachs werde zwar der östliche Teil wegen seiner niedrigeren Ausgangsbasis haben, aber auch der westliche werde von der Vereinigung mit 300 Milliarden Mark Zugewinn profitieren. Doch nicht nur die Deutschen werden Nutznießer dieses Prozesses sein, die westlichen Partnerländer können dank des kräftigeren deutschen Wirtschaftswachstums ihre Exporte stärker steigern, als bisher angenommen wurde. Italien dürfte seine Ausfuhren in den gesamtdeutschen Markt um 2,4 Prozentpunkte erhöhen, Frankreich und Großbritannien um jeweils 2 Prozentpunkte. Das bedeutet jeweils eine Steigerung der Exporte dieser Länder um ein Viertel oder Fünftel. Erstaunlich ist das nicht, denn der Hunger nach den hochwertigen Investitionsgütern und vor allem Konsumartikeln dieser EG-Länder – vom Käse oder

Parfum bis zu Mode und Wein, Autos und Schuhen – wird angesichts des großen Nachholbedarfs in der ehemaligen DDR besonders hoch sein. Deshalb könnten die Käufe in den EG-Ländern prozentual noch höher sein, als dem Anteil an der Gesamtbevölkerung Deutschlands entspricht. Das gilt auch für die Ausgaben der Touristen. Wegen des großen und lange Zeit ungestillten Fernwehs einerseits und der zunächst niedrigeren Einkommen andererseits werden sich die Urlauber aus Thüringen und Sachsen, nachdem sie Köln und München, die bayerischen Alpen und Schleswig-Holstein genügend erforscht haben, in den neunziger Jahren vor allem auf die westlichen Nachbarländer konzentrieren. Erst später werden sie den »Bundis« in fernere Länder folgen. Deshalb werden erst einmal die EG-Länder von den Reiseausgaben der Besucher aus Dresden oder Cottbus profitieren.

Die hohen deutschen Ausfuhrüberschüsse – seit vielen Jahren für die Partner ein Ärgernis – werden sich nach Ansicht der meisten Wirtschaftsforschungsinstitute in den kommenden Jahren deutlich verringern. Nach Berechnungen des Hamburger HWWA-Instituts muß mehr als ein Drittel der zusätzlichen Nachfrage aus der DDR durch Importe gedeckt werden. Das bedeutet, daß die deutsche Gesamteinfuhr bereits 1990 um rund zehn Prozent höher sein wird als zuvor. Schon bis Mitte 1991 wird sich der Handelsbilanzüberschuß um 20 bis 25 Milliarden Mark vermindern. Mit zunehmender Kaufkraft in der DDR wird sich dieser Trend weiter verstärken. Auch für die EG insgesamt wird die Integration des zweiten deutschen Staates deshalb zu einer Zugewinngemeinschaft führen, von der alle profitieren.

Angst vor einem Ausverkauf

Plagt manchen Bundesbürger die bei einer vernünftigen Politik gänzlich unbegründete Angst, er würde im Namen der deutschen Einheit zur Kasse gebeten, so treibt viele Menschen östlich der Elbe die Sorge um, ein Ausverkauf des Landes an wohlhabende Bundesbürger und andere Kapitalisten sei nun ihr Schicksal. Das ist nicht weiter verwunderlich, da selbst in westlichen Staaten gelegentlich das Gespenst der »Überfremdung« an die Wand gemalt wird. Diese Reste eines überholten nationalstaatlichen Denkens werden sogar in den USA von

Zeit zu Zeit virulent. Nachdem amerikanische Unternehmen wie IBM, Coca-Cola, Ford oder McDonalds fast überall in der Welt ihre Aktivitäten entfaltet haben, wirkt es zwar eher komisch, wenn in den Vereinigten Staaten vor den Investitionen deutscher, japanischer oder niederländischer Unternehmen gewarnt wird. Es ist auch nicht sonderlich logisch, wenn die gleichen Firmen, die zuvor von der örtlichen Wirtschaftsförderung mit allerlei Ködern angelockt und wegen der Schaffung moderner Arbeitsplätze gepriesen wurden, nun plötzlich als Gefahr für die nationale Identität und Unabhängigkeit dargestellt werden. Aber da solche Reaktionen sogar in Ländern zu beobachten sind, in denen die Vorteile einer gegenseitigen wirtschaftlichen Verflechtung seit langem offenkundig sind, ist es alles andere als überraschend, wenn in der so lange isolierten DDR derartige Ängste entstehen – und von interessierter Seite natürlich mit Eifer geschürt werden.

Die DDR wurde fast ein halbes Jahrhundert lang soweit wie möglich abgeschottet. Es fehlen deshalb die Erfahrungen, die die Deutschen im Westen mit ihren Nachbarn gemacht haben. Der freie Austausch von Gütern, Kapital und Menschen ist für diejenigen, die östlich der Elbe aufgewachsen sind, ein völlig neues Erlebnis. Sie müssen erst noch die Erfahrungen machen, daß es für die Beschäftigten nicht in erster Linie darauf ankommt, wem das Unternehmen gehört, sondern daß es viel wichtiger ist, welche Löhne und Arbeitsplätze es bietet, ob es eine gute Ausbildung garantiert und für regelmäßige Weiterbildung sorgt, Männern wie Frauen Aufstiegschancen eröffnet.

Viele Bundesbürger verdanken ihren Arbeitsplatz dem Engagement von Großunternehmen, die ihren Stammsitz in Turin oder Den Haag, Paris oder New York haben. Umgekehrt arbeiten Zehntausende von Franzosen oder Spaniern, Briten, Japanern und Amerikanern in Betrieben, deren Muttergesellschaft in Leverkusen, München oder Stuttgart zu Hause ist. Die Bundesrepublik hätte nach dem Krieg niemals so schnell den Anschluß an die technische und wirtschaftliche Entwicklung im Westen gefunden, wenn nicht durch ausländische Investitionen wertvolles Know-how ins Land gekommen wäre. Zwar grassierte auch westlich der Elbe in den sechziger Jahren zeitweise die Angst vor einem »Ausverkauf in Germany«. Aber die

Mehrzahl der Bundesbürger hat längst die Unsinnigkeit solcher Ängste und die Vorteile der Zusammenarbeit erkannt. Wer bei IBM oder Hewlett Packard arbeitet, ist genauso stolz auf Erfolge seines Unternehmens wie die Beschäftigten von Bosch oder Daimler. Französische Manager von Siemens oder Henkel haben die gleiche Verbundenheit zu ihrem Unternehmen wie die Angestellten von Shell und BP in Deutschland, Belgien oder den USA.

Nachdem bis 1979 die Investitionen ausländischer Unternehmen in der Bundesrepublik stets höher waren als das Engagement deutscher Firmen jenseits der Grenzen, hat sich das Verhältnis seit Beginn der achtziger Jahre umgedreht. Den rund 72 Milliarden Mark, die von Ausländern direkt in westdeutsche Betriebe investiert worden waren, standen 1980 gut 74 Milliarden gegenüber, die bundesdeutsche Unternehmen jenseits der Grenzen riskiert hatten. Bis 1986 nahm das ausländische Engagement auf deutschem Boden dann zwar weiter auf über 95 Milliarden Mark zu, aber in umgekehrter Richtung wuchs der Kapitalexport noch schneller: 1986 standen die Direktinvestitionen deutscher Unternehmen im Ausland mit 135 Milliarden Mark zu Buch. Seither hat sich dieser Prozeß noch weiter beschleunigt.

Neue Köpfe braucht das Land

Es ist sowohl unvermeidlich als auch notwendig, daß in den ersten Jahren nach Öffnung der innerdeutschen Grenze sehr viel mehr Kapital und Know-how von West nach Ost fließen wird als umgekehrt. Es wird sehr viele bundesdeutsche Unternehmen geben, die östlich der Elbe Betriebe aufkaufen oder neu gründen, und zunächst wenige, die den umgekehrten Weg gehen. Etwas Besseres kann ja auch gar nicht geschehen, denn mit jeder dieser Investitionen ist ein wertvoller Transfer von technischem und betriebswirtschaftlichem Wissen verbunden. Mit der Maschine aus dem Westen kommen auch die Kenntnisse, wie sich die damit erzeugten Produkte verkaufen lassen. Der aus Frankfurt oder Bottrop anreisende Manager bringt außer seinen Koffern auch seine Erfahrung im Umgang mit Banken und Behörden, mit Betriebsräten und Gewerkschaften, mit Lieferanten und Kunden aus anderen EG-Staaten mit ins Land.

Schließlich: Welchen Unterschied macht es, ob der Manager oder Unternehmer ein Herr Anton Müller aus Gera oder Herr Peter Müller aus Dortmund ist? Möglicherweise stammen sogar beide aus Gera – nur mit dem einen Unterschied, daß Peter Müller nach seiner Flucht fünfzehn Jahre lang marktwirtschaftliche Erfahrungen sammeln konnte. So mancher Übersiedler, der sich im Westen selbständig gemacht hat, sieht nun die Chance, in seiner alten Heimat einen Zweigbetrieb zu gründen oder den VEB – von ihm immer nur als »Vaters ehemaliger Betrieb« verstanden – mit Kapital und Know-how aus dem Westen wieder flottzumachen.

Auch die Dresdner Bank ist dafür ebenso wie die Magdeburger oder Leipziger Versicherung ein Beispiel: Vor über hundert Jahren im Gebiet der späteren DDR gegründet, hatte sie dort bis zum Krieg den Schwerpunkt ihrer Tätigkeit. Jetzt kehrt sie – inzwischen im Westen zur Großbank geworden – in die alte Heimat zurück: Mit Know-how, Kapital und engagierten Mitarbeitern.

Wenn sich die Mitarbeiter eines Kölner Betriebes darüber beschweren würden, daß ihr neuer Direktor nicht aus der Domstadt stammt, sondern in einem Dorf in Bayern geboren wurde, würde dies nur allgemeines Kopfschütteln hervorrufen. In den Führungsetagen aller großen Unternehmen, in den Zeitungs- und Fernsehredaktionen, bei Gewerkschaften und Unternehmerverbänden der Bundesrepublik sitzen stets Männer und Frauen zusammen, die aus allen Teilen Deutschlands und in vielen Fällen bereits aus anderen europäischen Ländern, aus den USA oder Japan stammen. Für die großen Theater und Opernhäuser oder als Direktoren der Kunstgalerien holt man sich ohne Ansehen der Nationalität die besten Köpfe. Bonner Politiker werden Länderminister, und Ministerpräsidenten von Bundesländern wechseln ins Bundeskabinett. Wolfgang Mischnick, der Fraktionsvorsitzende der FDP in Bonn, stammt aus Dresden. Der langjährige Parteivorsitzende Hans-Dietrich Genscher wurde in Halle geboren – und ist stolz darauf. Das war auch kein Hindernis für ihn, Außenminister der Bundesrepublik zu werden.

Der erste Fehler

Von Ausverkauf und Überfremdung zu reden, wenn jetzt Unternehmer, Manager oder auch Politiker aus der Bundesrepublik in der DDR aktiv werden, ist vor diesem Hintergrund nicht nur provinziell, es ist auch kurzsichtig. Die erste frei gewählte Regierung der DDR leistete sich sofort eine personelle Fehlentscheidung, als sie den Plan fallenließ, Elmar Pieroth zum Wirtschaftsminister zu berufen. Um nicht gleich einen »Mann des Kapitals« zu präsentieren, wie es der Generalsekretär der Ost-CDU ausdrückte, verzichtete sie auf die Verpflichtung eines erfahrenen Unternehmers, Mittelstandspolitikers und ehemaligen Wirtschaftssenators von Berlin. Statt eines erprobten Marktwirtschaftlers mit seinen Kenntnissen der wirtschaftlichen, rechtlichen und sozialen Verhältnisse im Westen, der Regeln der EG und mit seinen internationalen Beziehungen, wurde ein Mann gewählt, der seine Lebens- und Berufserfahrungen nur unter den Bedingungen der sozialistischen Murks-Wirtschaft sammeln konnte. Wie schwer das Umdenken manchmal fällt, hat Christa Luft, die sympathische, aber ziemlich hilflose Wirtschaftsministerin der Übergangsregierung Modrow, eigentlich zur Genüge bewiesen. Ihr Nachfolger Pohl agierte zunächst kaum besser. Aber immerhin: Pieroth konnte dennoch Wirtschaftspolitischer Berater des Ministerpräsidenten und Wirtschaftssenator im Osten Berlins werden.

Es ist auch schwer zu erkennen, was daran so sehr viel anders, tragisch oder gefährlich sein soll, wenn statt eines Herrn Schmidt aus Leipzig oder Eisenach ein Herr Schmidt aus Wiesbaden irgendwo in der DDR ein Haus oder Grundstück kauft – solange dabei alles mit rechten Dingen zugeht. Sobald beide mit D-Mark zahlen und der Verkäufer lieber Bares als ein renovierungsbedürftiges Haus hat, ist das ein ebenso normaler Vorgang wie ein Grundstückskauf in Mainz. Mag sein, daß der Wert des Hauses bald steigt und der Käufer dann einen hübschen Gewinn macht. Es kann aber auch umgekehrt kommen, wenn er sich bei den Instandsetzungskosten verschätzt hat. Aber das ist eben sein Risiko. Wenn der Staat vermeiden will, daß dies auf Kosten von Mietern geschieht, dann läßt sich das durch Gesetze und Gerichte verhindern. Wenn er aber will, daß aus den zahllosen Ruinen bald wieder menschenwürdige Behausungen werden und

Dresden, Leipzig und andere wegen ihrer Schönheit einst weltberühmten Städte ihren Glanz zurückerhalten, dann muß der Gesetzgeber für einen vernünftigen Interessenausgleich zwischen Mietern und Hausbesitzern sorgen. Ob der Eigentümer aus West oder Ost stammt, ist dann nur noch interessant, wenn der eine das notwendige Geld für die Instandsetzung vielleicht schneller beschaffen kann als der andere.

Ausverkauf ist deshalb nur eine von vielen Parolen, mit denen diejenigen für Unruhe zu sorgen versuchen, die ein Interesse daran haben, daß die früheren Verhältnisse so lange wie möglich erhalten bleiben. Unter den Bedingungen des SED-Staates konnten die Deutschen östlich der Elbe nicht die gleiche Weltoffenheit entwickeln wie die Bundesbürger. Aber sie müssen im eigenen Interesse so bald wie möglich den ihnen aufgezwungenen Provinzialismus abstreifen und lernen, daß neben dem Austausch von Gütern und Kapital auch der Austausch von Managern, Technikern, Bankern, Künstlern und anderen Fachleuten innerhalb von Deutschland und Europa zu den Grundlagen westlichen Wohlstands gehört. Je mehr Männer und Frauen aus dem Westen sich in der bisherigen DDR engagieren, um so rascher wird der notwendige Transfer von Know-how in allen Bereichen stattfinden. Um so schneller wird der Abstand zwischen den beiden Teilen Deutschlands zusammenschrumpfen. Mit dem Gerede vom Ausverkauf, einer verlängerten Werkbank oder einer Überfremdung und anderen als Denkbremse wirkenden Parolen wird nur der Import von Köpfen, Ideen und Tatkraft verhindert –, und die sind genau das, was östlich der Elbe viel dringender gebraucht wird als Bananen oder neue Autos. Die folgen nämlich dann schon von selber.

Fazit

Die Sanierung der von Honecker & Co. zugrunde gerichteten DDR unterscheidet sich in vieler Hinsicht nicht vom Wiederaufbau der Bundesrepublik nach dem Krieg. Hätte man damals gefragt, woher die gigantische Summe kommen soll, die seither investiert wurde, würde wohl so mancher entmutigt die Hände in den Schoß gelegt haben. Und wo wären wir dann heute? Wenn es gelingt, die gewiß nicht einfachen Aufgaben in der DDR in einem ähnlichen Geist und ebenso unbeirrbar durch zeitweilige Probleme und Rückschläge anzupacken, wie es Ludwig Erhard vor mehr als vier Jahrzehnten getan hat, dann muß die Frage nicht lauten: Wer zahlt die Zeche? Dann geht es nur noch darum, wer am meisten vom Boom profitiert. Das wird so sein wie bei einer guten Ehe, die als Zugewinn-Gemeinschaft geführt wird – am Ende gibt es nur Gewinner. Es gibt allerdings eine Bedingung, ohne deren Erfüllung alle Mühen und alle Milliarden vergeblich sind: die Marktwirtschaft.

3
DDR – die Zukunft hat schon begonnen

Lenins berühmte Frage »Was tun?« hätte am 9. November 1989 mit großen Lettern an die Mauer vor dem Brandenburger Tor geschrieben werden können. Seither sind umfangreiche Gutachten geschrieben und zahlreiche mehr oder weniger nützliche Ideen entwickelt worden. Die meisten waren schon nach wenigen Wochen wieder Makulatur, weil die politische Realität schneller war, als die Experten denken konnten. Hans Modrows Konzept einer »Vertragsgemeinschaft« landete ebenso rasch in den Archiven wie der die ganze Welt überraschende und zunächst geradezu tollkühn erscheinende Plan Helmut Kohls, über konföderative Strukturen zur Föderation und Vereinigung zu kommen. Nicht besser erging es dem fix im Januar 1990 vorgelegten Sondergutachten des Sachverständigenrates und vielen anderen ebenso dicken wie klugen Papieren. Der einfachste und zugleich mutigste Vorschlag kam von Karl Schiller: »Wichtig ist, daß in der DDR ein Wachstumsprozeß zustande kommt. Von da an erledigt sich das meiste von selbst.«

Zumindest eines war von jenem denkwürdigen Novembertag an klar: es gab kein Zurück mehr. Die offene Grenze setzte beide deutsche Staaten unter Zugzwang. Eines der bemerkenswerten Spruchbänder der Leipziger Montags-Demos brachte das Problem auf den Punkt: »Kommt die Mark, bleiben wir. Kommt sie nicht, gehn wir zu ihr.« Unter dem Druck der Ereignisse und angesichts der Erwartungen der Bevölkerung in der DDR machte das Bonner Kabinett deshalb zum Entsetzen vieler Fachleute noch vor der ersten freien Wahl das Angebot, die D-Mark innerhalb kürzester Zeit auch in der DDR einzuführen. Es war ein Signal, das Hoffnung auf bessere Zeiten wecken und so dazu beitragen sollte, den Exodus zu stoppen.

Aber es war ein Angebot, das auch für die Bundesrepublik ein großes Risiko bedeutete – und mit ihr für die gesamte Europäische Gemeinschaft. Da die Deutsche Mark schon lange heimlich zur Leitwäh-
rung innerhalb des Europäischen Währungssystems geworden ist,
muß jeder Schwächeanfall der D-Mark auch die übrigen Staaten in
Mitleidenschaft ziehen. Tatsächlich wurde die Bundesrepublik in den
Wochen danach immer wieder zum Epizentrum kleiner Beben am
Kapitalmarkt und an den Börsen, die die Finanzwelt bis hin nach To-
kio erschütterten. Die Gefahr, daß die harte Deutsche Mark bei einer
Eingemeindung der DDR in das Währungsgebiet der D-Mark einer
gefährlichen Belastung unterzogen würde, war schließlich nicht zu
übersehen. Aber wenn es auch ökonomisch ein Fehler oder zumindest ein Prozeß mit höchst ungewissem Ausgang war – politisch war
dieser Schritt unvermeidlich.

Keine Sanierung mit dem Zauberstab

Die Schwäche der Wirtschaft östlich der Elbe bedeutet für lange Zeit
eine latente Ansteckungsgefahr für die D-Mark. Denn ein ruiniertes
Land läßt sich nicht per Dekret sanieren; Geld kann nicht per Regie-
rungsbeschluß zu einer stabilen Währung erklärt werden. Der internationale Rang dieses auf Papier gedruckten Tauschmittels hängt
allein von der Stärke und Stabilität der dahinterstehenden Volkswirtschaft ab – und wie es damit östlich der Elbe zum Zeitpunkt der Kon-
kursanmeldung der SED bestellt war, wurde bereits geschildert.
Andererseits zeigten die Kurssprünge der Aktien von Gesellschaften,
denen die internationalen Geldanleger besondere Chancen im Ostgeschäft zutrauten, welches enorme Wachstumspotential viele Wirtschaftsexperten im Ausland hinter der Entwicklung in der DDR und
ganz Osteuropa witterten. Allerdings sahen sie auch die Probleme,
die gelöst werden müssen, ehe es ausgeschöpft werden kann. Bei der
Beurteilung der Perspektiven, die sich daraus ergeben, werden sich
Optimisten und Pessimisten in den kommenden Jahren sicher noch
oft ablösen.
  Die alte Regel, daß eine Währungsoperation nur dann erfolgreich
sein kann, wenn erst Wirtschaftsreformen verwirklicht werden und

die harte Währung zunächst durch ebenso harte Arbeit verdient wird, schien durch den überraschenden Beschluß der Bonner Regierung in gefährlicher Weise auf den Kopf gestellt worden zu sein. Doch das sah nur so aus. Denn da die D-Mark nicht einfach wie im Märchen von den Sterntalern östlich der Elbe herunterrieseln konnte, ohne daß zuvor die ärgsten Fehler der alten Ordnung beseitigt würden, bedeutete dieses Angebot an Ost-Berlin nichts anderes als: Wirtschaftsreformen im Eilzugtempo. Was sich sonst nach aller Erfahrung Jahre hinziehen würde und dann vielleicht nie geschieht, muß unter diesen Umständen wie im Zeitraffer ablaufen. Das ist auch gut so. Denn eine der goldenen Regeln für jede große Reform lautet, daß die »Grausamkeiten immer ganz am Anfang begangen werden müssen«. Wäre Ludwig Erhard dem Rat vieler seiner Kritiker gefolgt und hätte zaghaft versucht, den Übergang zur Marktwirtschaft in kleinen Schritten zu vollziehen, um nur ja niemand dabei weh zu tun, er wäre gescheitert. Karl Schiller dazu im Jahre 1990: »1948 und in den Jahren vorher wurden unzählige Gutachten über die Währungsreform geschrieben. Manche Experten haben gemeint, man müsse erst die Wirtschaft in Ordnung bringen und könne dann für eine harte Währung sorgen. Diese Auffassung war total falsch. Zum Glück haben die Alliierten die Währungsreform für uns gemacht.«*

Demokratisch – aber mühsam

Anfang 1990 war es dann die Bundesrepublik, die die schwierige Aufgabe der Währungsumstellung für die Landsleute in der DDR übernahm und die Konditionen vorschlug. Der Unterschied war allerdings, daß diesmal die Experten nicht wie 1948 an einem geheimen Ort in Klausur tagten und ein fertiges Konzept vorlegten, das dann von einer Militärregierung durchgezogen wurde. Im Jahr 1990 wurde dies alles auf dem Marktplatz ausgetragen. Das machte den Prozeß zwar demokratischer, aber nicht unbedingt effizienter. Da es unter diesen Umständen auch nicht ohne Kompromisse und soziale Zuge-

---

* Karl Schiller in »Wirtschaftswoche« Nr. 10 vom 2. März 1990 und in einer ZDF-Sendung vom 27. März 1990.

ständnisse abgehen konnte, die allerdings oft nur scheinbar den schwierigen Prozeß für die Betroffenen erträglicher machen, kommt es in der ersten Hälfte der neunziger Jahre um so mehr darauf an, diesen riskanten Kraftakt auch zu einem Erfolg werden zu lassen.

Deshalb sollten wir Karl Schillers weisen Rat befolgen und dafür sorgen, daß in der DDR ein Wachstumsprozeß zustande kommt. Dann erledigt sich das meiste in der Tat von selbst.

Der große alte Mann der deutschen Wirtschaftspolitik fügt hinzu: »Die Bundesrepublik, die zu den reichsten Staaten der Welt gehört, ist doch in der Lage, die Wirtschaft der DDR wieder auf die Beine zu bringen. Sie hat derzeit einen Nettokapitalexport von über hundert Milliarden Mark im Jahr. Wenn nur ein Drittel davon in die DDR fließt, dann ist das privatwirtschaftliche Investitionsproblem doch schon auf dem Weg der Lösung. Gegen eine Steuererhöhung würde ich mich erst einmal sträuben und sie nur im äußersten Notfall akzeptieren.« Warum er so optimistisch ist und vor allem seine Parteifreunde in der SPD warnt, die gleichen Denkfehler zu machen wie bereits einmal Anfang der fünfziger Jahre bei ihrer Kritik an Erhards marktwirtschaftlichem Kurs, begründet er so: »Die Linken haben zwei Prinzipien der Ökonomie nie richtig verstanden: Das eine ist die Bedeutung der Arbeitsteilung als Produzent von Mehrwert und Wachstum. Und das zweite ist die Dynamik des marktwirtschaftlichen Entwicklungsprozesses, die natürlich auch mit schöpferischer Zerstörung verbunden ist.« Manchem Jüngeren würde es gut anstehen, wenn er der Zukunft statt mit allerlei Ängsten ebenso optimistisch entgegensehen würde wie Karl Schiller: »Wir haben da eine einmalige Chance, eine ›neue Grenze‹ im Sinne von Kennedy. Ich bin fest davon überzeugt, daß wir ein zweites Wirtschaftswunder erleben werden. 16 Millionen Landsleute in der DDR wollen doch anpakken!« Sein Schlüsselsatz darf dabei allerdings auch nicht übersehen werden: Wenn der Wachstumsprozeß in Gang kommt...

Wenn es – wie im vorigen Kapitel dargelegt – bei den Hilfen aus dem Westen nicht um Opfer und einen verlorenen Baukostenzuschuß in Milliardenhöhe gehen soll, dann müssen konsequent und rasch die notwendigen Voraussetzungen für einen sich selbst nährenden Wachstumsprozeß geschaffen werden – so wie 1948. Das wird zwar nicht wieder über Nacht und in einem großen Wurf geschehen können. Dazu ist die Welt seit den Tagen Ludwig Erhards zu kompliziert geworden. Wir haben heute auch andere Vorstellungen vom Ablauf demokratischer Prozesse. Ein solcher Sprung in eine völlig andere Welt würde zudem die Fähigkeit vieler Menschen zum Umdenken und die Flexibilität und Belastbarkeit der wirtschaftlichen und sozialen Strukturen des Landes ebenso überfordern wie die Fähigkeit der Politiker, dies in Gesetze und Verordnungen umzusetzen. Aber der Umbau darf sich auch nicht über Jahre hinschleppen. Alles deutet darauf hin, daß die Reformen in der Sowjetunion an der Halbherzigkeit und dem ideologisch begründeten Festhalten an Elementen der Planwirtschaft einerseits und dem Festhalten der alten Machtelite an ihren Pfründen andererseits scheitern werden. Das darf in der DDR nicht passieren. Nirgendwo sind die Voraussetzungen für einen Erfolg so günstig. Wenn dennoch im Osten Deutschlands nicht der überzeugende Beweis erbracht werden kann, daß sich eine Kommandowirtschaft rasch und erfolgreich reformieren läßt, werden die Menschen in den anderen ehemals sozialistischen Ländern bald die Hoffnung verlieren. Der schwierige Prozeß der Demokratisierung müßte schwere Rückschläge erleiden, die auch den Prozeß der Entspannung und Abrüstung gefährden könnten.

Zunächst kommt es deshalb auf einige große Schritte in die richtige Richtung an. Erste Erfolge sind dann auch recht einfach zu erzielen – und für die Stimmung im Lande und als Signal für die übrigen Reformstaaten sehr wichtig.

Das geringste Problem: die Beseitigung der Engpässe in der Versorgung mit Rohstoffen, Halbwaren und vor allem Ersatzteilen. So etwas erledigt sich in der Tat von selber, sobald die Unternehmen nicht mehr gegängelt werden, die Grenzen offen sind und vor allem das richtige Geld da ist. Wer in D-Mark zahlen kann, für den gibt es die berüchtigten »Defizite« nicht mehr. Wenn angesichts einer auf vollen Touren laufenden Wirtschaft die Kapazitäten in der Bundesrepublik nicht ausreichen, um alles zu liefern, was gebraucht wird, damit die Maschinen laufen, springen andere gern ein. In einer Marktwirtschaft ist zusätzliche Nachfrage immer willkommen und wird nicht als Zumutung oder Bedrohung für die eigene Versorgung empfunden. Auch das wird für manchen in der DDR eine ganz neue Erfahrung sein. Mit der D-Mark in der Hand steht den Einkäufern nicht nur die gesamte Europäische Gemeinschaft, sondern der Weltmarkt offen. Insofern besteht für sie ein gewaltiger Vorteil gegenüber den jungen Unternehmern und neuen Managern in den osteuropäischen Ländern, denen keine konvertierbare Währung frei Haus geliefert wurde. Für den Zloty, die tschechische Krone oder den ungarischen Forint muß die Anerkennung als international gültiges Zahlungsmittel aus eigener Kraft erkämpft werden.

Blitzstart in eine bessere Zukunft?

Mit Hilfe der D-Mark aber können die Mangelkrankheiten, unter der alle sozialistischen Wirtschaften leiden, sehr rasch kuriert werden. Die reibungslose Versorgung mit allen notwendigen Zulieferungen ermöglicht deshalb eine zunächst sehr deutliche Steigerung der Produktion. Für eine dauerhafte Überwindung der Engpässe muß dann die notwendige Infrastruktur geschaffen werden: moderne Lastwagen und zweckmäßig organisierte Warenlager und vor allem Kommunikationsmittel. Solange der Einkäufer immer erst bis zum nächsten funktionierenden Telefon ins Bundesgebiet fahren muß, kein Telex oder Fax absenden kann, nimmt er noch auf Krücken am Wettbewerb teil.

Das anrollende Material ermöglicht denen, die dann endlich ranklotzen können, schon nach kurzer Zeit deutliche Produktivitätssteigerungen. Das erlaubt erste Einkommenserhöhungen und vor allem eine bessere Versorgung der Bevölkerung. Der nächste Schritt ist die Erneuerung des Maschinenparks, damit die Beschäftigten im Wettbewerb die gleichen Waffen einsetzen können, über die die Kollegen im Westen schon lange verfügen.

Doch das sind alles nur Anfangserfolge, solange die Beschäftigten in Halle und Magdeburg nicht auch lernen, mit dem modernen Gerät so effizient umzugehen wie die Kollegen im Westen, die das schon seit langem trainieren. Aber auch dort wurden die ersten großen Erfolge erzielt, ohne daß bei der Führung der Betriebe gleich ausgefeilte betriebswirtschaftliche Methoden angewendet wurden. Die hohe Kunst des Managements haben manche der Pioniere des Wiederaufbaus nie gelernt. Das rächte sich später, als die Wirtschaftswelt komplizierter und die Verbraucher anspruchsvoller wurden. Nach dem Boom der frühen Jahre haben viele der hemdsärmelig zupackenden Wunderkinder erst den Überblick und dann ihre Unternehmen verloren. Viele Männer und Frauen der ersten Stunde mußten nach einem kometenhaften Aufstieg später einen nicht minder spektakulären Absturz erleben. Aber da hatten sie ihre gesellschaftspolitische Aufgabe bereits erfüllt. Denn diese Naturburschen der Ökonomie haben nach Kräften dazu beigetragen, erst einmal die Wirtschaft in Schwung zu bringen. Wird es solche Kometen und Wunderkinder in den nächsten Jahren wieder geben?

Die neuen Spielregeln

Das wird nur der Fall sein, wenn die dafür notwendigen Vorbedingungen geschaffen und vor allem selbst dann durchgehalten werden, wenn es unbequem wird. Zu den wichtigsten wirtschaftlichen und sozialen Spielregeln, die in ganz Deutschland gelten müssen, wenn die gemeinsame Mannschaft schon in der zweiten Hälfte der neunziger Jahre in der Oberliga der Industrienationen erfolgreich mitspielen soll, gehören:

● Bei Industrie und Handel freie Preisbildung entsprechend Angebot und Nachfrage und keine Preisfestsetzung nach dem Gutdünken von Beamten oder Politikern.

● Gewerbe- und Niederlassungsfreiheit für Industrieunternehmen, Handel, Banken und andere Dienstleistungsbetriebe.

● Garantie des in der DDR bis zur Wende fehlenden Rechts, im Rahmen der geltenden Gesetze zu exportieren und zu importieren. Undenkbar ist, daß Firmen eines Landes, das indirekt oder sogar offiziell Partner der Europäischen Gemeinschaft ist, nicht unbehindert mit Franzosen oder Portugiesen Geschäfte machen könnten.

● Garantie des Rechts auf Privateigentum.

● Keine zentrale Lenkung von Investitionen und keine punktuellen Eingriffe in unternehmerische Entscheidungen.

● Eine Wettbewerbspolitik, die zur Auflösung der von den SED-Wirtschaftslenkern geschaffenen Monopole führt und verhindert, daß große Konzerne aus der Bundesrepublik in diese Strukturen hineinschlüpfen und dem Mittelstand keine Chance lassen.

- Übernahme der wichtigsten Wirtschaftsgesetze aus der Bundesrepublik. Da, wo eine sofortige Rechtsangleichung zu unzumutbaren Anpassungsproblemen führt, können Übergangsfristen vereinbart werden.

- Anreize für Sparer und die Schaffung eines Kapitalmarktes, damit die Mittel für die notwendigen Investitionen möglichst bald und zu einem wachsenden Teil aus eigener Kraft gebildet werden und an die Stellen fließen, wo sie den größten Ertrag bringen. Nicht mehr Bürokraten, sondern der Markt muß entscheiden, wo die Mittel am besten verwendet werden.

- Weitgehende Abschaffung von Subventionen, die zur Verschwendung von Energie, Wohnraum oder Nahrungsmitteln führen, und statt dessen Erhöhung von Renten und Löhnen.

- Reorganisation der Kombinate und Privatisierung in Verbindung mit einer Wirtschaftspolitik, die die Gründung mittelständischer Unternehmen fördert.

- Die Möglichkeit für jeden Deutschen oder EG-Bürger, überall in Deutschland Grundvermögen zu erwerben.

- Angleichung der Steuergesetzgebung und Übernahme der wichtigsten Regelungen, um Wettbewerbsgleichheit zu schaffen und vor allem kriminelle Ausnutzung von Unterschieden im Steuer- und Subventionsrecht zu verhindern.

- Übernahme beziehungsweise Angleichung der Sozialgesetzgebung.

- Einführung der in der Bundesrepublik geltenden Tarifhoheit für Gewerkschaften und Arbeitgeberverbände sowie des Betriebsverfassungsgesetzes.

- Klare Regelungen für die Schuldenlasten, die den Betrieben vom alten Regime aufgenötigt wurden, sowie für die Altlasten in Form verseuchter Böden, Deponien oder Gewässer. Auch hier muß der Staat die Verantwortung für obrigkeitlich angeordnete Verstöße übernehmen. Andernfalls ist eine Beteiligung an vielen der ehemaligen Kombinate oder Produktionsgenossenschaften ein unkalkulierbares Risiko.

- Regelung der Eigentumsverhältnisse an aufgegebenem, enteignetem oder verstaatlichtem Besitz, damit es nicht zu einem Rattenschwanz von Prozessen kommt. Das würde andernfalls zu großer

Unsicherheit und Verbitterung bei den Betroffenen führen und zugleich wegen der unklaren Rechtslage viele Projekte auf unabsehbare Zeit verzögern. Der Verzicht auf alte Ansprüche, den einige Großunternehmen in der Bundesrepublik ausgesprochen haben, ist beispielhaft. Doch für kleine Haus- und Grundstücksbesitzer und verjagte Inhaber mittelständischer Betriebe müssen differenzierte Lösungen gefunden werden.

Angebot oder Anmaßung?

Auf den ersten Blick könnte ein solcher Katalog als Zumutung erscheinen. Verlangt hier der reiche Bruder die Unterwerfung des Schwächeren unter die von ihm aufgestellten Spielregeln? Gebietet es nicht die Selbstachtung, sich einem solchen Ansinnen zu verweigern? Wer so fragt, übersieht zweierlei:

Erstens: Es handelt sich nicht allein um bundesdeutsche Erfindungen, sondern um erprobte Regeln, die in mehr oder weniger ähnlicher Form in allen hochentwickelten Staaten anerkannt werden. Daß sie auf deutschem Boden etwas konsequenter angewendet werden und einige – wie die Mitbestimmung – hier exklusiv gelten, erklärt zu einem guten Teil, wie die Bundesrepublik es schaffen konnte, aus einem Trümmerhaufen zu einer der wohlhabendsten Industrieländer und einer führenden Exportnation der Welt zu werden. Insofern liegt es nur im wohlverstandenen Interesse der Betroffenen, wenn sie sich diesen Code économique ebenfalls zu eigen machen.

Zweitens: Es wird auch einiges dafür geboten. Die Übernahme der westdeutschen Sozialordnung ist ein Angebot an Rentner, Arbeitslose, Kranke oder Behinderte in der DDR. Sie haben dadurch die Chance, noch schneller als die Berufstätigen den bisherigen Abstand zum Leistungsniveau der Bundesrepublik aufzuholen. Auch die Währungseinheit muß trotz einiger Übergangsprobleme als ein großzügiges Hochzeitsgeschenk betrachtet werden. Denn nicht nur der einzelne Bürger bekommt dadurch sofort Geld in die Tasche, das überall in der Welt mit Freuden als Zahlungsmittel akzeptiert wird und es ihm erstmals erlaubt, wirklich frei zu reisen, auch die Wirtschaft profitiert davon in einer Form, von der andere Reformstaaten wie die Tsche-

choslowakei oder Ungarn nur träumen können. Seit die Währungs-
grenze zur Bundesrepublik weggefallen ist, gibt es für den ehemaligen
Bereich der Ost-Mark im Gegensatz zu anderen ehemals sozialistischen Staaten keine Zahlungsbilanzprobleme mehr. Für die Unternehmen bildet sich ohne langes Stochern im Nebel ein international
orientiertes Preissystem. Sie können damit erstmals vernünftig kalkulieren und feststellen, ob sie bei ihren Produkten Gewinne oder Verluste machen. Die Betriebe können Maschinen und Rohstoffe in der
ganzen Welt kaufen oder verkaufen, ohne sich noch Sorgen darum
machen zu müssen, wo und wie sie die dazu erforderlichen Devisen
beschaffen sollen. Mit der D-Mark halten sie bereits ein international
gültiges Zahlungsmittel in der Hand. Für die Probleme, die entstehen
können, sind allein Bonn und die Frankfurter Notenbank verantwortlich. Die DDR wird überdies von der Bundesrepublik im Huckepack
mit in die Europäische Währungsunion genommen – auch diese Mit-
gliedschaft liegt für andere Weichwährungsländer noch in weiter
Ferne.

Um möglichst rasch voranzukommen, darf sich das ordnungspoliti-
sche Umfeld im Gebiet der DDR nicht wesentlich von dem der Bundesrepublik unterscheiden. Warum auch? Neben der politischen
Verfassung ist auch die soziale und marktwirtschaftliche Ordnung,
die im Westen Deutschlands nach dem Krieg entwickelt wurde, zu einem in der ganzen Welt anerkannten Modell geworden. Sollten es
dann ausgerechnet die Deutschen im Osten ablehnen – zumal sie in
Zukunft an der stets notwendigen Weiterentwicklung gleichberechtigt teilnehmen werden?

Der Katalog der notwendigsten Reformen ist also alles andere als
eine Zumutung. Er stellt nichts anderes dar als die – zudem noch ver-
billigte – Eintrittskarte in den höchst erfolgreichen Club der marktwirtschaftlich organisierten westlichen Demokratien.

Viele Pluspunkte

Wenn die Voraussetzungen geschaffen werden und sich in Thüringen,
Sachsen oder Mecklenburg keine irrationale Fremdenfeindlichkeit
entwickelt, weil viele Bürger durch das Tempo der Entwicklung emo-

90

tional überfordert sind, wird in den neunziger Jahren ein breiter Strom von Investitionskapital in die so lange vom wirtschaftlichen und sozialen Fortschritt abgeschnittenen Gebiete fließen. Denn die Aktiva, die man dort zu bieten hat und die sehr bald zum Vorschein kommen werden, wenn erst einmal die ganzen Verkrustungen von vierzig Jahren abgekratzt worden sind, können sich durchaus sehen lassen:

• Es sind Gebiete mit alter industrieller Tradition. Was in jungen Industrieländern erst mühsam aufgebaut werden muß, hier hat es seit langem eine Heimat: handwerkliches Geschick und Qualitätsbewußtsein, technisches Interesse und Verständnis, Fleiß und Ordnungsliebe, Disziplin und Kreativität. Daß hier Traditionen sind, auf die man bauen kann, hat das VW-Management sehr früh erkannt. Noch ehe die notwendigen gesetzlichen Grundlagen geschaffen worden waren, wurde Ende 1989 zunächst in der Bundesrepublik zusammen mit dem Partner IFA ein Gemeinschaftsunternehmen gegründet und bereits Anfang 1990 während der Leipziger Messe ein Investitionsprogramm im Volumen von fünf Milliarden Mark veröffentlicht.

• Die Menschen verfügen über eine gute Schulbildung und eine berufliche Ausbildung, die zwar in vielen Bereichen nicht auf dem jüngsten Stand ist, aber eine brauchbare Basis bietet. Vor allem in den technischen Berufen und den Ingenieurwissenschaften, in Medizin oder Naturwissenschaft können die durch die Isolation entstandenen Lücken in kurzer Zeit geschlossen werden. Wenn erst Chancengleichheit herrscht, werden sich die schwäbischen Tüftler bald wieder wie früher mit dem sächsischen Erfindergeist und Geschäftssinn messen können. Der Maschinenbau, der dort und in Thüringen immer noch viel von seiner ehemaligen Leistungsfähigkeit bewahrt hat, wird wieder seinen Teil dazu beitragen können, daß die deutschen Maschinenbauer ihren Spitzenplatz auf dem Weltmarkt behaupten können.

• Bei dem deutsch-deutschen Lernprozeß gibt es keine hemmenden Sprachbarrieren oder kulturelle und religiöse Schranken.

• Auf dem Gebiet der DDR leben zwar nur zwanzig Prozent aller Deutschen, aber sie wohnen auf dreißig Prozent der gesamten Fläche beider deutscher Staaten. Wegen der viel geringeren Bevölkerungsdichte gibt es mehr freie Flächen für die Ansiedlung neuer Betriebe als im Westen. Für einige Zeit werden auch die Grundstückspreise deutlich niedriger sein.

- Angesichts des hohen ungesättigten Bedarfs in fast allen Lebensbereichen liegt ein interessanter Absatzmarkt direkt vor den Toren neu angesiedelter oder wieder aktivierter alter Unternehmen.

- Ein weiterer großer Absatzmarkt tut sich in Osteuropa und der Sowjetunion auf, der um so interessanter werden wird, je erfolgreicher auch dort die Reformer sind. Fachleute aus der DDR mit ihren Sprach-, Markt- und Personenkenntnissen sind dann ein ausgesprochener Pluspunkt für alle Unternehmen, die im Ostgeschäft engagiert sind.

- Wenn erst einmal die Luft von den Abgasen befreit ist, die Städte und Dörfer renoviert sind und moderne Freizeiteinrichtungen entstehen, ist mit einer rasch wachsenden Lebensqualität zu rechnen. Da bei Standortentscheidungen auch der Imagewert einer Region sowie die Nähe zu Universitäten und kulturellen Zentren eine immer wichtigere Rolle spielen, haben Städte wie Dresden besonders gute Karten.

Das wird neben Investitionskapital auch das noch wertvollere »Human Capital« anlocken. Das bietet beiden Seiten Vorteile. In den durch Isolation und Abwanderung von Fachkräften geschwächten Regionen besteht einerseits großer Bedarf an Köpfen. Andererseits bieten sich jungen Unternehmern und Selbständigen angesichts der vielen unbefriedigten Bedürfnisse zahlreiche Chancen und Möglichkeiten, die in der gut versorgten Bundesrepublik und deren westlichen Nachbarländern nur noch schwer aufzuspüren sind. Nicht nur Betriebswirte, Steuerfachleute, Bankkaufleute, Unternehmensberater und Software-Spezialisten werden gebraucht. So gut wie alle freien Berufe müssen neu aufgebaut werden, da die Plan-Bürokraten sich bemüht hatten, diese soziale Gruppe ebenso abzuwürgen wie Handwerk und gewerblichen Mittelstand. Pizzabäcker, junge Handwerker und Einzelhändler aller Sparten finden auf Anhieb interessante Standorte. In der Bundesrepublik ist es inzwischen eine Kunst, Marktlücken zu entdecken. In Sachsen, Mecklenburg oder Brandenburg sind sie so groß wie Scheunentore.

Ein sehr weites Feld tut sich auch für Juristen auf. Nach der Pervertierung des Rechts durch Nazis und SED zu einem Herrschaftsinstrument des Staates und der ihn beherrschenden Gruppen muß der ganze Berufsstand neu aufgebaut werden. Der sozialistische Staat hatte neben der Polizei und den Grenztruppen zwar noch Bedarf für 85000 hauptamtliche Mitarbeiter der Staatssicherheit; er benötigte rund tausend Staatsanwälte, um seine Bürger vor Gericht zu zerren, wenn sie es gewagt hatten, öffentlich eine abweichende Meinung zu vertreten oder das Land verlassen zu wollen. Aber um ihre Rechte zu wahren oder sie gegen die Anschuldigungen der Lauscher und Schnüffler zu verteidigen, hielt man ganze sechshundert Anwälte (in der Bundesrepublik gibt es 55000) für ausreichend. Überdies haben sich nicht nur Richter und Staatsanwälte in den Zeiten der Zwangsherrschaft und Rechtlosigkeit von 1933 bis 1989 zu willigen Dienern des Staates degradieren lassen. Auch der größte Teil der Anwälte in der DDR hatte mehr die eigene Karriere und persönliche Sicherheit im Sinn als die Rechte und den Schutz des Angeklagten. Nur wenige kämpften wirklich für die Interessen eines Klägers, der sich gegen die Willkür der Verwaltung zu wehren versuchte und auf Gesetze berufen wollte, die nicht mehr wert waren als das Papier, auf dem sie gedruckt waren.

Da weder die Grundrechte der Bürger geschützt waren noch das Bürgerliche Gesetz etwas galt, das Handels- und Gesellschaftsrecht vernachlässigt wurde und eine Verwaltungsgerichtsbarkeit zur Kontrolle der Bürokratie erst gar nicht existierte, sind auch die entsprechenden juristischen Kenntnisse verkümmert. Wenn jetzt wieder rechtsstaatliche Verhältnisse einkehren sollen und internationales Recht ebenso beachtet werden muß wie das Recht der Europäischen Gemeinschaft, dann kann das in der notwendigen Eile nur durch entsprechenden Wissensimport geschehen. Mehr als sechzig Jahre Unrechtsstaat lassen sich nicht über Nacht ungeschehen machen. Und die meisten der früher tätigen Juristen eignen sich abgesehen von ihren Wissenslücken auch sonst nicht besonders gut als Hüter der wiedergewonnenen Bürger- und Menschenrechte.

Nicht nur westliches Material, sondern auch Fachwissen ist bei der Rettung historischer Bauwerke, Bibliotheken und Kunstsammlungen gefragt. Hilfe bei der Aufholjagd ist auch an den Universitäten und Hochschulen zu leisten. Hier muß in Maschinenbau und Elektrotechnik manches nachgeholt werden. Vor allem in den Sozial- und Geisteswissenschaften klaffen riesige Lücken zur Entwicklung in Westeuropa. Auch wenn viele der Professoren, die so viele Jahre lang dialektischen Materialismus gelehrt und die Werke von Marx und Lenin getreu an der Parteilinie entlang interpretiert haben, sich nun auf andere Inhalte umstellen – es wird wohl noch etwas dauern, bis sie das geschafft haben. Auch Christa Luft, die Wirtschaftsministerin der Übergangsregierung Modrow, hatte als gelernte und lehrende Planwirtschaftlerin sichtbare Mühe mit dem neuen Denken. Und die Ökonomen, die ihr Leben lang nur darüber doziert haben, warum der wissenschaftlich fundierte Sozialismus der chaotischen und widersprüchlichen Marktwirtschaft haushoch überlegen sei, können auch nicht unbedingt die erste Wahl sein, wenn es nun darum geht, junge Volks- und Betriebswirte zu künftigen Führungskräften auszubilden. Sie sollen sich schließlich später in Unternehmen bewähren, die sich unter marktwirtschaftlichen Bedingungen behaupten müssen. Da fehlt es bei den altgedienten Marxismus-Professoren nicht nur an dem notwendigen theoretischen und praktischen Wissen, sondern doch wohl auch an der Glaubwürdigkeit.

Kurt Biedenkopf hat mit der Annahme einer Professur in Leipzig als erster ein Beispiel gegeben. Viele andere sollten ihm auf diesem Weg folgen. Da bietet sich so manchem jungen Dozenten und Assistenten eine Chance, die er im Westen angesichts des Gedrängels auf der Karriereleiter nie bekommen hätte.

Wie rasch der Aufschwung von der Ostsee bis zur bayerischen Grenze gelingt, wird jedoch vor allem davon abhängen, ob es gelingt, dort eine Spezies wieder anzusiedeln, die schon vom Aussterben bedroht war: die mittelständischen Unternehmer, die selbständigen Handwerker und Händler, die Freiberufler in ihrer Artenvielfalt. Die Aussichten dafür sind nicht schlecht. Denn nach vierzig Jahren Unterdrückung gibt es offenbar immer noch genügend Männer und Frauen in der DDR, die wirtschaftlich auf eigenen Beinen stehen wollen, die Ideen haben und Risikobereitschaft besitzen. Kaum war das Loch in der Mauer breit genug, da kamen auch schon die ersten Interessenten in den Westen, um sich bei bundesdeutschen Firmen umzusehen, sich bei den Kammern beraten zu lassen oder nach Kreditprogrammen zu forschen.

Auf einen kurzen Hinweis des Mittelstandspolitikers Elmar Pieroth im Rahmen einer Fernsehdebatte, daß er in den ersten Januartagen 1990 eine Beratung für künftige Unternehmer plane, meldete sich eine so große Zahl von Interessenten telefonisch und schriftlich, daß es ratsam schien, statt des geplanten kleinen Konferenzraumes den Ballsaal eines Berliner Hotels zu mieten. Am Veranstaltungstag erschienen schließlich so viele, daß auch dieser Raum nicht reichte und der größte Saal des Kongreßzentrums hinzugenommen werden mußte. Denn statt der zunächst erwarteten hundert Teilnehmer aus der DDR wollten über zweitausend wissen, was sie tun könnten, um Unternehmer zu werden. Ähnliche Erfahrungen machte der Deutsche Industrie- und Handelstag (DIHT) mit seinen Veranstaltungen, Beratungsangeboten und der von ihm betreuten Vermittlung von Kooperationspartnern. Überrollt von einer Interessentenwelle wurden auch die Wirtschaftsjunioren mit ihrer Praktikantenbörse und alle die vielen Unternehmens-, Handwerker- und Einzelhandelsverbände, die ihre Hilfe anboten. Info-Material mußte ständig nachgedruckt, Kongresse wegen der großen Zahl von Anmeldungen an anderen Orten wiederholt werden.

Mittelstand – nicht totzukriegen

Wer in den ersten Monaten nach Öffnung der Grenze durch die DDR fuhr, konnte bereits die ersten zarten Pflänzchen eines neuen Unternehmertums entdecken. Ohne Rücksicht auf die zu einem guten Teil immer noch geltenden strengen Gesetze des unrühmlich untergegangenen SED-Staates wurden Südfrüchte im Westen eingekauft und gegen West-Mark (oder den zwei- bis dreifachen Betrag in Ostgeld) verkauft. Stände mit Büchern und Zeitschriften aus der Bundesrepublik tauchten auf. In den Zeitungen boten sich spaltenlang neue Dienstleistungsunternehmen an, wurde per Inserat nach Kooperationspartnern und Geldgebern gesucht. Kneipen wurden eröffnet – meist ohne lange bei den Behörden nachzufragen. Wer das tat, der konnte bei den Verwaltungen ohnehin nur selten auf Hilfe, oft aber mit bürokratischen Hemmnissen nach altem Muster rechnen. In vielen Amtsstuben wurde das »neue Denken« nur langsam und nur widerwillig hereingelassen.

Warum die Wiederbelebung eines gesunden Mittelstandes eine der wichtigsten Voraussetzungen für eine rasche Wiederherstellung der durch die sozialistischen Ideologen zerstörten Wirtschaftsstruktur ist, macht am besten ein Blick auf die Rolle dieser Unternehmensgruppe in der Bundesrepublik und anderen westlichen Industriestaaten deutlich. »Hilf dir selbst – dann hilft dir Gott«, dies könnte der offizielle Wahlspruch des wirtschaftlichen Mittelstandes sein. Denn diese Gruppe wurde in der Bundesrepublik zwar immer verbal von den Politikern verwöhnt, doch hat sich das einzelne Unternehmen im Gegensatz zu manchem Großbetrieb noch nie darauf verlassen können, daß der Staat zur Hilfe eilt, wenn der Strukturwandel oder Wirtschaftskrisen, große Konzerne oder unfaire ausländische Konkurrenz das wirtschaftliche Überleben schwermachten. Vielleicht ist das sogar gut so, denn der Mittelstand in der Bundesrepublik wäre heute kein so wichtiger und stabiler Faktor im Wirtschaftsleben, wenn es dieses ständige Überlebenstraining nicht gäbe. Die zu Subventionsabhängigen degradierten Bauern – theoretisch auch selbständige Unternehmer – und die zu einem guten Teil mittelständisch strukturierte Textilindustrie, die sich aus eigener Kraft durch eine schwere Strukturkrise gekämpft hat, sind gute Beispiele dafür, wie sehr staatliche Fürsorge einen Wirtschaftszweig schwächen und umgekehrt ein selbständig geführter Überlebenskampf ihn stärken kann.

Allerdings hat es die staatliche Wirtschaftspolitik mit den Mittelständlern auch nicht leicht. Denn die kleinen und mittleren Unternehmer sind ein bunter Haufen, groß an Zahl und vielgestaltig hinsichtlich ihrer Probleme und Wünsche. Deshalb fällt es sowohl der Politik und den Medien als auch den Betroffenen selber oft schwer, genau zu definieren, wer jeweils gemeint ist, wenn vom »Mittelstand« gesprochen wird. Diese Vielfalt führt auch immer wieder dazu, daß großen Erfolgen in einzelnen Bereichen gleichzeitig gravierende Sorgen und Probleme in anderen Sektoren gegenüberstehen können. Deshalb wird eine Mittelstandspolitik »aus einem Guß« wohl nie gelingen.

Aber in dieser Schwäche des Mittelstandes liegt auch zugleich eine seiner größten Stärken: Weil er in fast allen Bereichen der Wirtschaft angesiedelt, wandlungsfähig und innovativ ist und immer wieder ideenreichen jungen Unternehmern eine Chance bietet, hat er bisher alle Veränderungen der sozialen, wirtschaftlichen und politischen Strukturen überdauert und sogar Kriege und Weltwirtschaftskrisen überlebt – und zwar immer aus eigener Kraft. Der Mittelstand in der DDR könnte in den kommenden Jahren zu einem neuen und eindrucksvollen Beispiel dafür werden, daß dieser Unternehmenstyp einfach nicht totzukriegen ist.

Der Mittelstand lebt zwar in der ständigen – und in vielen Einzelfällen berechtigten – Sorge, von Großunternehmen erdrückt oder geschluckt und von der Politik nur mit Worten unterstützt, in der Praxis aber vernachlässigt zu werden. Die Wirklichkeit sieht dann glücklicherweise doch ganz anders aus. Die achtziger Jahre haben in vielen Ländern geradezu eine Renaissance der kleinen und mittleren Unternehmen gebracht. In den USA sind sie es fast ausschließlich gewesen, die das »Beschäftigungswunder« vollbracht haben. Sie waren und sind es auch, die durch beständige Innovationen, durch die Entdeckung ganz neuer Märkte dafür gesorgt haben, daß die schweren Schlappen, die die amerikanischen Superkonzerne im Wettbewerb mit der ausländischen Konkurrenz aus Europa und vor allem aus Japan hinnehmen mußten, in anderen Bereichen wettgemacht werden konnten – und unter dem Strich sogar noch Millionen neue Arbeitsplätze entstanden.

Die Stunde der Kleinen

Aber auch in unseren europäischen Nachbarländern und sogar in Japan wurde der Mittelstand in den achtziger Jahren neu entdeckt. Denn immer wieder müssen Politiker zu ihrem Erstaunen feststellen, daß die von ihnen oft unter beträchtlichem Einsatz von Steuermitteln geförderten Fusionen von Großunternehmen nicht die erwarteten Erfolge bringen, sondern die Dynamik der Kleinen das Tempo des Wirtschaftswachstums bestimmt. Diese Erfahrungen haben die Franzosen machen müssen, wo die »Planification« ebenso ein Fehlschlag war wie die Verstaatlichung der großen Banken und Industriekonzerne. Aber auch den Italienern haben diese Experimente mit staatlich dominierten Superunternehmen mehr Schaden als Nutzen gebracht. Während diese riesigen Konglomerate meist am Tropf des Staatshaushaltes hängen müssen, um nicht zu kollabieren, verdankt Italien seinen inzwischen erreichten Rang als Industrieland vor allem den findigen und flexiblen Klein- und Mittelbetrieben. Ohne sie, die sich von den Gewerkschaften nicht packen ließen, wäre die Wirtschaft des Landes in den siebziger Jahren unter dem Ansturm der von extrem linken Funktionären geführten Gewerkschaften zusammengebrochen und hätte sich von den schweren sozialen Krisen bis heute nicht erholt.

In der Bundesrepublik hat der Mittelstand schon immer eine wichtige Rolle gespielt. Aber auch hier ist der Erfolg nicht erblich. Er muß fast täglich neu erkämpft werden. Chancen dazu gibt es jedoch genug. Da sind die neuen Techniken und vor allem die vielfältigen und technisch kniffligen Aufgaben im Umweltschutz, die nur durch Ideenreichtum und maßgeschneiderte Lösungen bewältigt werden können. Hinzu kommt die dynamische Entwicklung im Dienstleistungssektor, die ebenfalls flexible kleine und mittlere Unternehmen begünstigt. Und da bietet vor allem die Vollendung des Gemeinsamen Marktes neben manchen Risiken auch ganz neue Möglichkeiten. Konnten in der ersten Entwicklungsstufe der EG, als noch viele nationale Besonderheiten im Steuerrecht und Gesundheitsschutz, im Gesellschaftsrecht oder bei den technischen Normen den Handel oder Investitionen erschwerten, vor allem Großunternehmen mit ihrem Stab von Spezialisten die Öffnung der Grenzen nutzen, so schlägt nach der Angleichung zahlreicher Gesetze und Vorschriften nach 1993 die Stunde der Kleineren. In vielen unserer Nachbar- und Partnerländer wurde die Marktwirtschaft neu entdeckt und staatlich geförderte Konzentration und Verstaatlichungen als Irrweg erkannt.

Nutzen kann der Mittelstand in Ost und West diese Chancen, wenn er die Tugenden weiter pflegt, die »made in Germany« weltweit zu einem Begriff gemacht haben: Kundennähe, Qualität, Lieferpünktlichkeit, Service und Flexibilität. Das allein reicht aber nicht mehr aus, da es dafür keinen »Patentschutz« gibt. Vor allem in Fernost orientiert man sich schon lange an diesem Erfolgsrezept. Hinzu kommen muß vor allem eine innovative innere Führung. Das bedeutet: neue Wege in der Aus- und Fortbildung sowie Information und Motivation der

Mitarbeiter, Beteiligung der Arbeitnehmer am Erfolg und den Entscheidungsprozessen sowie Nutzung des noch weitgehend unerschlossenen Begabungspotentials der Frauen und nicht zuletzt eine ideenreiche Arbeitszeitpolitik (siehe dazu Kapitel 8). Qualität, Service und andere im Wettbewerb unerläßliche Leistungsmerkmale lassen sich nur dann dauerhaft sichern, wenn die innere Struktur eines Unternehmens stimmt, die »Seele« des Betriebs in Ordnung ist. Nur dann kann von gesicherten Zukunftsperspektiven gesprochen werden – die allerdings ständig neu erkämpft werden müssen.

Ähnlich wie bei einer Fußballmannschaft kann auch die Produktionsgemeinschaft eines Unternehmens sich nur dann in der Oberliga halten, wenn sie nicht nur hervorragend trainiert, sondern auch motiviert ist. Das ist an sich keine grundlegend neue Erkenntnis. Es muß aber immer wieder nach neuen, zeitgemäßen Wegen gesucht werden, um dieses Ziel zu erreichen. Motivation war in der Vergangenheit sicherlich eines der größten Defizite, unter denen die Kombinate, VEB, Produktionsgenossenschaften und andere Fehlkonstruktionen der sozialistischen Betriebsarchitektur gelitten haben.

Doch wie kommen die neuen Mittelständler in Thüringen oder Sachsen an die betriebswirtschaftlichen Kenntnisse, an die notwendigen Informationen über die Märkte in Europa, über neue technische Entwicklungen und rechtliche Bestimmungen, ohne die sie im Wettbewerb nicht überleben können? So mancher, der hoffnungsfroh beginnt und dank der vielen ungesättigten Bedürfnisse, des Nachholbedarfs im öffentlichen und privaten Bereich, zunächst sehr erfolgreich startet, wird nicht überleben können, wenn er die vielen Lektionen nicht nachholt, die er zwangsweise in den letzten Jahrzehnten versäumen mußte. Und viele werden auch auf Scharlatane und Geschäftemacher hereinfallen, die bedenkenlos die Unerfahrenheit der jungen Unternehmer auszunutzen versuchen.

Deshalb ist es wichtig, daß so viele Kooperationen, Joint Ventures und Patenschaften wie möglich eingegangen werden, um im Westen vorhandene Kenntnisse und Erfahrungen zu transplantieren. Industrie- und Handelskammern, die Organisationen des Handels, Handwerkskammern und andere Verbände müssen Berater zur Verfügung stellen. Große und kleine Unternehmen sollten Schulungen anbieten, Praktikanten aufnehmen und eigene Experten zeitweise nach Pommern oder Brandenburg schicken. Eine ganz wichtige Rolle können und müssen auch Banken und Sparkassen übernehmen, indem sie junge Unternehmer oder alte Handwerksmeister beraten, die ihren Betrieb wieder aufmöbeln wollen.

Hilfreicher als alle guten Worte ist auch ein Informationspaket, wie es die Deutsche Bank innerhalb weniger Wochen entwickelte und bereits im Frühjahr 1990 vorstellen konnte. Sie bietet eine elektronische Datenbank an, in der Tausende von Betrieben und Kombinaten in der DDR mit ihren wichtigsten Kennziffern und ihrem Angebot gespeichert sind. Durch diesen Bezugsquellenhinweis »Lieferanten in der DDR« können interessierte Unternehmen aus dem In- und Ausland auf schnellstem Weg einen umfassenden Überblick über Hersteller und Händler bekommen, aber auch Hinweise auf mögliche Kooperationspartner erhalten. Das kann manchem Betrieb in Mecklenburg oder Sachsen, der bisher keinen direkten Draht zu Kunden und Lieferanten im Ausland haben durfte, zu unerwarteten Aufträgen verhelfen und so dazu beitragen, Arbeitsplätze zu erhalten.

Neue Aufgabe für alte Herren

Wenn irgendwo der Ausdruck »Opfer« angebracht ist, dann hier – als Opfer von Zeit und Engagement. Aber letztlich geht es auch hier um eine Investition – nämlich um Vorleistungen für eine gemeinsame Zukunft. Je schneller die Nachzügler des Wirtschaftswunders ihre Startschwierigkeiten überwinden und selber die Mittel zur Gestaltung ihrer Umwelt erwirtschaften, um so geringer werden die Last und die Probleme für die Bundesrepublik sein.

Eine besonders wichtige und positive Rolle können dabei auch »Senior Experten« spielen, technische und kaufmännische Experten oder andere Fachleute im Ruhestand, die aber noch nicht zum alten Eisen gehören wollen. Im Rahmen des »Senior Expert Service« haben sie schon seit Jahren eine wichtige und sinnvolle Arbeit in der Dritten Welt geleistet und dort beim Aufbau von Industrien und Dienstleistungsunternehmen ihre Erfahrungen eingebracht. Ähnliche Ziele im Inland hat sich die Initiative »Rentner helfen jungen Unternehmern« gesetzt. Jetzt stellt sich ihnen eine neue große Aufgabe.

Mancher altgediente Unternehmer, der seinem Nachfolger nicht im Wege stehen will und deshalb nur noch selten im Betrieb hereinschaut, könnte mit seinen Erfahrungen in Cottbus oder Wismar wertvolle Hilfestellung geben. Ingenieure, Marketingexperten, Personalchefs, Controler, Niederlassungsleiter, Verkaufsmanager oder Finanzchefs, die bei Erreichung der Altersgrenze zu ihrem Leidwesen aus dem Unternehmen und dem Berufsleben aussteigen mußten, könnten in Görlitz oder Erfurt als Berater einsteigen. Sie selber hätten noch eine Aufgabe, bei der sie ihren reichen Erfahrungsschatz einbringen können, die junge Unternehmerin oder der ältere Betriebsleiter, der sich nach vielen frustrierenden Jahren sozialistischer Mißwirtschaft noch einmal auf die eigenen Füße stellen will, wären dankbar für fachkundige Unterstützung, die sie sich sonst nicht leisten könnten. Denn professionelle Unternehmensberater können nur im Ausnahmefall eine Beratung zum Discountpreis anbieten. Auf die sind viele der jungen oder in der Vergangenheit heruntergewirtschafteten Firmen aber vorläufig noch angewiesen. Ein Beraterhonorar nach den in der Bundesrepublik üblichen Sätzen können sie sich nicht leisten. Aber sie können es sich auch nicht leisten, es dem Zufall zu überlassen, ob sie die richtigen Maschinen zum günstigsten Preis einkaufen, die besten Lieferanten für das benötigte Material finden. Noch weniger können sie es sich leisten, auf clevere Geschäftemacher hereinzufallen, die ihnen zu nur scheinbar günstigen Konditionen Kredite, Versicherungen oder Leasing-Verträge aufschwatzen.

Für viele Senioren, die sich oder der Familie keinen Einsatz in fernen Ländern mehr zumuten mochten, fallen bei der Beratung eines Chemnitzer Handwerkers, eines noch unerfahrenen Gastwirts in Jena oder einer Maschinenfabrik in Halle viele der mit einem Einsatz in fernen Ländern verbundenen Probleme fort: Es sind weder weite Reisen noch lange Abwesenheiten vom Heimatort nötig. Oft reicht hin und wieder eine kurze gegenseitige Visite; manchmal tut es zwischendurch auch ein Telefongespräch. Klimaprobleme gibt es ebensowenig wie Sprachschwierigkeiten. Man braucht sich nicht gegen gefährliche Infektionskrankheiten impfen zu lassen oder monatelang Tabletten zur Malaria-Prophylaxe zu schlucken. Dem empfindlicher gewordenen Magen werden keine exotischen Speisen zugemutet, dem Kreislauf keine Klimaschocks. Die Gefahr, sich durch eine Gelbsucht den

Lebensabend zu verderben, besteht ebensowenig wie die, in einem fernen Land in einen Bürgerkrieg hineinzugeraten. Dafür lockt die Aussicht, wieder gebraucht zu werden, bei der Bewältigung einer historischen Aufgabe mithelfen zu können, neue Freundschaften zu schließen.

Dabei sind solche Einsätze keineswegs allein auf Manager oder Techniker beschränkt. Ältere Ärzte könnten jüngeren Kollegen beim Aufbau einer Praxis helfen; altgediente Kommunal- und Landespolitiker die in Vergessenheit geratene Kunst der kommunalen Selbstverwaltung in Erinnerung rufen. Steuerberater sollten ihre Erfahrungen an junge Kollegen weitergeben; ergraute Bäckermeister mit Rat und Tat zur Verfügung stehen, wenn eine der vielen verlassenen Backstuben in einem kleineren Ort mit modernem Gerät den Betrieb wiederaufnehmen soll. Da wird nicht nur der junge Handwerker dankbar sein. Es freuen sich auch die Kunden, die ihr Brot nur noch in der nächsten Stadt kaufen konnten, seit der frühere Bäcker aufgehört oder »rüber gemacht« hatte, entnervt von den Schikanen der örtlichen Funktionäre. Sehr gefragt sind aber auch erfahrene Bauleiter, die wissen, wie man mit modernem Gerät umgeht, und vor allem eine Baustelle so organisieren können, daß je nach Baufortschritt Steine, Zement, Rohre oder Dachziegel immer dann da sind, wenn sie gebraucht werden.

Dienstleistungen – ein Markt für morgen

Für die künftige Leistungsfähigkeit der Wirtschaft zwischen Elbe und Oder ist neben der allgemeinen Wiederbelebung eines leistungsfähigen Mittelstandes auch wichtig, daß der Anschluß an die Entwicklung zur Dienstleistungsgesellschaft nicht verpaßt wird. Die Bedeutung dieses jungen Sektors der Wirtschaft ist selbst in der Bundesrepublik vielen noch nicht so recht bewußt. Die traditionellen Industriegewerkschaften wollen davon auch nicht viel wissen, da ihre Macht von der starken Stellung herrührt, die der Industriearbeiter einst hatte. Doch die Industrie steht schon seit Jahren nicht mehr im Zentrum des wirtschaftlichen Wachstums. Hatte sie in der Bundesrepublik 1970 noch einen Anteil von 48 Prozent an der Bruttowertschöpfung, so lag er zu Beginn der neunziger Jahre nur noch bei rund vierzig Prozent, und bei den Beschäftigten sank er im gleichen Ausmaß. Waren 1970 dagegen erst 11,3 Millionen Menschen im Dienstleistungssektor tätig, so ernährte er zwanzig Jahre später gut 14 Millionen Männer und Frauen. Das Bild wird noch deutlicher, wenn berücksichtigt wird, daß auch in der Industrie immer mehr Tätigkeiten Dienstleistungscharakter haben: Forschung und Entwicklung, Verwaltung oder Verkauf. Nach Art der überwiegenden Tätigkeit arbeiten nur noch 27 Prozent aller Beschäftigten in der Produktion. 1970 waren es 33 Prozent. Vom Produktionswert her ist der Trend noch eindeutiger.

In der DDR dagegen waren Ende 1989 immer noch 61 Prozent aller Beschäftigten in der Landwirtschaft und der Industrie tätig. Wie wenig diese Struktur den Anforderungen einer modernen Wirtschaft entspricht, zeigt ein Blick auf die Wachstumsraten, die in den einzelnen Sektoren seit den siebziger Jahren erreicht wurden. In der Industrie nahm die reale Leistung in dieser Zeit um das Zweifache zu, beim Staat um das Dreifache, und bei den privaten Dienstleistungen stieg der Beitrag zum Bruttosozialprodukt bis zum Beginn der neunziger Jahre um das Vierfache. In den USA ist diese Entwicklung noch ausgeprägter. Dort arbeiten nur noch knapp ein Viertel aller Beschäftigten in der Güterproduktion, aber rund drei Viertel im Dienstleistungssektor. Von den rund zehn Millionen neuen Arbeitsplätzen, die allein während der Amtszeit Ronald Reagans geschaffen wurden, entstanden 8,2 Millionen Jobs im Dienstleistungsbereich.

Um auch in der DDR wieder zu einer gesunden Wirtschaftsstruktur und zu einer befriedigenden Versorgung der Industrie und der Privatpersonen mit der Vielzahl von Gütern und Dienstleistungen zu kommen, die eine moderne, leistungsfähige Gesellschaft braucht, müssen etwa vierhunderttausend mittelständische Unternehmen geschaffen oder die wenigen noch vorhandenen Betriebe wieder so geführt werden, daß sie im Wettbewerb mithalten können. Um auch bei den freien Berufen (wie Ärzte, Rechtsanwälte, Notare, Wirtschaftsberater) zu einer Struktur zu kommen wie der im westlichen Teil Deutschlands, muß die Zahl der selbständigen Existenzen auf über eine Million steigen. Das ist keine leichte Aufgabe. Denn während heute in der Bundesrepublik jeder achte Berufstätige einer selbständigen Tätigkeit nachgeht, war es im Osten Deutschlands zum Zeitpunkt der Wende nur jeder fünfzigste. Erfolge in diesem Bereich führen deshalb nicht nur zu einer gesünderen Wirtschafts- und Gesellschaftsstruktur. Sie würden auch ganz wesentlich dazu beitragen, Arbeitsplätze für die wachsende Zahl von Erwerbstätigen zu schaffen, die in der Industrie nicht mehr eingesetzt werden können.

Am raschesten wird sich der Aufbau moderner Dienstleistungen wohl im Bankenbereich vollziehen. Denn früher und zügiger als andere große Unternehmen haben sich die führenden Geldhäuser in der DDR engagiert. Als erste zeigte die Dresdner Bank Flagge – natürlich an ihrem Geburtsort an der Elbe. Daß dies nicht nur eine geschäftspolitische Entscheidung war, machte Vorstandschef Wolfgang Röller dadurch deutlich, daß er zugleich mit der Eröffnung des ersten Büros auch die Gründung einer Stiftung bekanntgab, die dazu beitragen soll, das große kulturelle Erbe von »Elbflorenz« zu bewahren. Bei seiner Rede zur Eröffnung der Hauptversammlung der Dresdner Bank im Mai 1990 erklärte Röller, daß sein Haus mit den ihm zur Verfügung stehenden Mitteln dazu beitragen wolle, den Prozeß der wirtschaftlichen und politischen Vereinigung zu einem Erfolg zu machen. »Durch ein offenes Brandenburger Tor in die neunziger Jahre zu gehen, ist die historische Chance für beide deutsche Staaten, gerade jetzt, da Europa völlig neue Konturen gewinnt.« Und nicht ohne Stolz konnte er berichten: »Am 2. Januar 1990 waren wir als erste Bank in der DDR präsent, natürlich in Dresden. Mit drei Mitarbeitern haben wir angefangen, heute sind wir hundert. Unser Ziel ist es, auch in der DDR über ein flächendeckendes Filialnetz zu verfügen... Unser starkes unternehmerisches Engagement in der DDR ist Ausdruck unseres Vertrauens in die Zukunft eines vereinten Deutschlands. Es ist zugleich auch Referenz an die Geschichte unseres Hauses. Denn die Dresdner Bank, 1872 in Dresden gegründet, hatte den Schwerpunkt ihrer Geschäftstätigkeit im Gebiet der jetzigen DDR.« Daher stehe der Geschäftsbericht 1989 auch unter dem Leitmotiv »Zurück in die Zukunft«.

An die Zukunft östlich der Elbe glauben aber auch die beiden anderen Großbanken. Die Commerzbank bemühte sich ebenfalls bereits Anfang 1990 um den Aufbau eines alle Regionen umfassenden Filialnetzes und begann mit der Schulung eigener und in der DDR neu angeworbener Mitarbeiter. Die Deutsche Bank schloß sich mit der in der DDR bereits existierenden Deutschen Kreditbank zusammen und kam dadurch sofort in den Besitz eines breiten Filialnetzes, während die Konkurrenten ihre alten und neuen Mitarbeiter zuerst einmal in Containern unterbringen mußten. Die Sparkassen gaben den gleichnamigen, aber bis dahin keineswegs gleichartigen Instituten im anderen Teil Deutschlands Nachhilfe in modernem Geldmanagement. Da der Deutsche Sparkassen- und Giroverband mit der Gründung von einer Million mittelständischer Unternehmen rechnet, will er bei möglichst vielen davon Geburtshelfer spielen. Die Bausparkassen erwarteten, daß auch die DDR-Bürger in Zukunft nach den eigenen vier Wänden streben und dabei ihre Hilfe brauchen. Die Berliner Bank suchte und fand im Osten der Stadt einen Partner in der aus einem Ableger der ehemaligen Staatsbank entstandenen Berliner Stadtbank AG und lieferte noch vor der Währungsumstellung ein Beispiel für effiziente und faire Partnerschaft.

Schranken für die Riesen

Flankiert werden muß die Mittelstandspolitik durch eine Wettbewerbspolitik, die dafür sorgt, daß Konzerne aus der Bundesrepublik wie die Allianz Versicherung, die großen Warenhauskonzerne oder Lebensmittelketten nicht ganze Wirtschaftsbereiche in der DDR an sich reißen und mit ihrer Kapitalkraft kleinere Wettbewerber an die Wand drücken oder erst gar nicht entstehen lassen. Das wirtschaftliche Übergewicht dieser Kolosse ist selbst in der Bundesrepublik in manchen Bereichen mit den Regeln eines funktionierenden Wettbewerbs und einer Marktwirtschaft kaum noch zu vereinbaren. Die noch sehr schwachbrüstigen Unternehmen im Gebiet der DDR wären diesem Druck auf keinen Fall gewachsen. Das gilt erst recht, wenn diese Großen durch Übernahmen oder Beteiligungen die Positionen besetzten, die die monopolistisch konstruierten Kombinate innehatten, und sich dabei lediglich von den dazu gehörenden Betrieben trennten, die nur noch Schrottwert haben. Die Auflösung der Kombinate muß daher mit besonderer Vorsicht betrieben werden, damit sie nicht alle den großen Konzernen zur Beute werden. Selbst der FDP-Vorsitzende Otto Graf Lambsdorff, gewiß der Wirtschaft nicht gerade feindlich gesonnen, warnte schon im März 1990 vor einem »Einmarsch der Konzerne in der DDR«. Mittelstand und Handwerk dürften von ihnen nicht an die Wand gedrängt oder »mit den restlichen Brocken abgespeist werden, die von der Herren Tisch fallen«.

Das heißt allerdings auf keinen Fall, daß diese staats- oder volkseigenen Betriebe nicht privatisiert werden sollen. Das ist aus mehreren Gründen wichtig. Eine Privatisierung bietet vor allem die Möglichkeit, die Arbeitnehmer am Kapital und Wertzuwachs der Industrie zu beteiligen. Sie können dann wenigstens zum Teil dafür entschädigt werden, daß sie so viele Jahre vom Staat ausgebeutet worden sind. Um sie für den Umbau und Aufbau der Wirtschaft zu interessieren und zur engagierten Mitarbeit im Unternehmen zu motivieren, wäre diese Form einer echten Volksvermögensbildung ebenfalls geeignet.

Die wirtschafts- und gesellschaftspolitische Bedeutung der Privatisierung geht aber weit über dieses eine Motiv hinaus. Wie wenig eine verstaatlichte Industrie geeignet ist, Wohlstand und Dynamik zu sichern, zeigen nämlich nicht nur die negativen Erfahrungen in der DDR, sondern auch in den westeuropäischen Staaten, die sich unter dem Einfluß sozialistischer Ideen daran versucht haben. Vor allem Großbritannien, Italien, Österreich und zuletzt Frankreich hatten sich dieser Politik in der Annahme verschrieben, der Staat wisse besser, was volkwirtschaftlich sinnvoll und notwendig wäre, als irgendwelche Unternehmer und Manager, die nur ihre eigenen Interessen im Kopf hätten. Zum Teil ging es allerdings in Wirklichkeit auch nur darum, den Parteien den Einfluß auf die Vergabe von Machtstellungen und Pfründen zu sichern. In keinem der genannten Länder waren die Ergebnisse besonders ermutigend.

In England sind die verstaatlichten Werften, der Bergbau, die Automobilindustrie und die Stahlwerke im Laufe der Jahre in eine immer kritischere Lage geraten und haben den Staatshaushalt nicht mitfinanziert, sondern statt dessen mit milliardenschweren Subventionspflichten belastet. Doch erst die konservative Regierung unter Margaret Thatcher zog die Konsequenzen daraus und trennte sich von diesem Ballast. In Italien sind weite Teile des Bankensektors, der Chemie und der Stahlindustrie trotz aller Querelen bis heute unter Staatseinfluß. Mißwirtschaft, politisch statt ökonomisch motivierte Investitionspolitik, Milliardenverluste, wirtschaftliche und politische

Skandale und übermächtiger Gewerkschaftseinfluß sind die hervorstechenden Ergebnisse dieser Politik. Auch in Österreich, wo ebenfalls weite Teile der Industrie unter direktem Staatseinfluß stehen, blieb Ärger nicht aus. Politische Interventionen in die Investitions- und Personalpolitik haben in den letzten Jahren zu einem wachsenden Problemstau geführt. Die Krise der Voest-Alpine hat konsequenterweise nicht nur die Wirtschaft des Landes, sondern auch den Staat schwer erschüttert. In Frankreich hat die sozialistische Regierung ihr Wahlversprechen zwar erfüllt und weite Bereiche der Industrie und des Bankwesens verstaatlicht. Die Belastung der Staatskasse durch den alten und neuen Unternehmensbesitz und die negativen Folgen des staatlichen Dirigismus wurden aber so rasch deutlich, daß die gleiche Regierung schon nach kurzer Zeit einen Kurswechsel vollzog. Zum Teil offen, zum Teil versteckt wurde der Staatseinfluß (und die Staatsverantwortung) wieder drastisch verringert.

Das Gebot der Stunde heißt Privatisierung

Aber nicht nur die ökonomischen Fehlschläge sprechen gegen eine allzu starke Vermischung staatlicher und wirtschaftlicher Aufgaben. Zu den wesentlichen Elementen einer funktionierenden Demokratie gehört bekanntlich das Prinzip der Gewaltenteilung. Dieses Prinzip muß nicht nur innerhalb der staatlichen Organisation durch Aufgabenteilung und gegenseitige Kontrolle von Regierung, Parlament und Rechtsprechung verwirklicht werden, sondern auch dadurch, daß staatliche und wirtschaftliche Aufgaben und Machtpositionen nicht miteinander vermischt werden. Wird dieses Prinzip verletzt, kommt es immer wieder zu Wettbewerbsverzerrungen und Korruption:

● Es besteht die zumindest latente Gefahr, daß der Staat (oder diejenigen, die sich seiner Möglichkeiten zu bedienen wissen) versucht, den ihm gehörenden Unternehmen auf Kosten des Steuerzahlers und zum Schaden der Wettbewerber Vorteile zu verschaffen, die sie aus eigener Leistung nicht erreichen. Privatisierung ist somit ein Gebot der Fairneß gegenüber den Wettbewerbern.

● Die Erfahrung lehrt, daß die regierenden Parteien staatlichen Unternehmensbesitz dazu nutzen, mehr oder weniger verdiente, aber als

Manager ungeeignete Politiker mit Pfründen zu versorgen. Das ist nicht nur ein Verstoß gegen das Leistungsprinzip, sondern kann für das Unternehmen, seine Mitarbeiter und den Steuerzahler sehr schwerwiegende Folgen haben – wie in- und ausländische Beispiele beweisen. Privatisierung beugt deshalb der Gefahr vor, daß Führungspositionen in der Wirtschaft unter politischen Gesichtspunkten besetzt werden.

● Weil Unternehmen im Staatsbesitz oft unter monopolähnlichen Verhältnissen arbeiten, können sich ihre Beschäftigten vielfach Sonderkonditionen verschaffen (höhere Löhne, längeren Urlaub, bessere Alterssicherung, mehr Mitbestimmung, häufigere Kuren), die nicht durch eine entsprechend höhere Leistung gerechtfertigt sind. Bei Unternehmen im Staatsbesitz werden aus dem gleichen Grund notwendige Strukturanpassungen – vor allem wenn sie mit einem Abbau von Arbeitsplätzen verbunden sein müßten – oft viel zu lange hinausgeschoben. Gebühren- oder Steuerzahler müssen die Rechnung dafür begleichen. Privatisierung staatlicher und kommunaler Betriebe sorgt dafür, daß eine Ausbeutung der Allgemeinheit in dieser Form nicht möglich ist. Privatisierung kann verhindern, daß so wichtige Entscheidungen vornehmlich unter (wahl)politischen Gesichtspunkten fallen.

● Bei Unternehmen, deren Aktienkapital zwar ganz oder teilweise im Staatsbesitz ist, die aber dennoch nach privatwirtschaftlichen Prinzipien geführt werden und sich dem Wettbewerb stellen (wie die Lufthansa oder VW) bestehen derartige Probleme zwar nicht. Es gibt aber auch keine überzeugenden Argumente dafür, warum sie im Gegensatz zu ihren Mitbewerbern staatlichem Einfluß unterliegen sollen – es sei denn, die Kombination staatlicher und wirtschaftlicher Macht werde als grundsätzlich erstrebenswert angesehen. Zudem bleibt auch in diesen Fällen die Möglichkeit, Politikern einflußreiche Positionen im Vorstand oder Aufsichtsrat zu verschaffen. Privatisierung verhindert daher Besetzung von Führungspositionen unter sachfremden Gesichtspunkten.

● Solange der Staat an seinem Besitz festhält, ist die Möglichkeit blockiert, dieses Kapital für die angestrebte breitere Streuung des Vermögens zu nutzen, die Mitarbeiter an ihrem Unternehmen zu beteiligen und damit die Motivation zu erhöhen. Privatisierung dagegen dient der Vermögensbildung in Arbeitnehmerhand und bringt damit politisch seit langem angestrebte gesellschaftspolitische Fortschritte.

• Breitere Vermögensbildung ist unter anderem auch deshalb sinnvoll, weil die Entwicklung der Bevölkerungsstruktur den Aufbau einer dritten Säule der Alterssicherung (neben staatlicher Rente und betrieblicher Vorsorge) notwendig macht. Zur privaten Vorsorge sollte neben Sparbüchern und festverzinslichen Werten auch eine verstärkte Beteiligung am Produktivkapital gehören. Privatisierung bringt einen Teil der dazu erforderlichen Vermögenstitel an den Markt.

• Der Staat hat sich in den siebziger Jahren in einem zum Teil erschreckenden Tempo verschuldet. Die Zins- und Tilgungslasten engen den politischen Spielraum bei der Haushaltsgestaltung von Bund und Ländern in vielen Fällen immer mehr ein. Das gilt in noch viel stärkerem Maße für den durch Mißwirtschaft schwer belasteten staatlichen Sektor der DDR. Privatisierung kann dem Staat Mittel verschaffen, um seinen Schuldenberg zu verringern.

Eine Privatisierung von Staatsbesitz oder sogenanntem Volkseigentum paßt deshalb hervorragend zur Neugestaltung der politischen und wirtschaftlichen Landschaft in Deutschland. Somit spricht alles dafür, nicht nur die letzten Bastionen der sozialistischen Wirtschaft in Form von Kombinaten und VEB so rasch wie möglich zu schleifen, sondern auch in der Bundesrepublik die Entstaatlichung der Wirtschaft weiter zu betreiben. Das dafür erlöste Geld könnte dann zu sinnvollen und notwendigen Investitionen in die gemeinsame Infrastruktur verwendet werden.

Mit Siebenmeilenstiefeln in den Wohlstand

Gegenüber dem, was in den nächsten Jahren geleistet werden muß, um aus den so unterschiedlichen Teilen Deutschlands einen Bundesstaat zu machen, der die Forderung des Grundgesetzes erfüllen kann, allen seinen Bürgern gleichartige Lebensverhältnisse zu bieten, war das Ausmisten des Augiasstalls ein Kinderspiel. Aber der Lohn für diese Mühen ist entsprechend hoch.

Verlockend ist natürlich zunächst der Gedanke an die wirtschaftlichen Wachstumsraten, die in den Anfängen der Bundesrepublik erreicht wurden: In der sogenannten Bi-Zone stieg die industrielle Produktion im ersten Halbjahr nach der Währungsreform um 55 Prozent. Aufs Jahr gerechnet ist im Westen Deutschlands die gesamtwirtschaftliche Leistung nach Einführung der Marktwirtschaft anfänglich um bis zu zwölf Prozent gestiegen. Im Durchschnitt der fünfziger Jahre nahm das reale Bruttosozialprodukt (also die gesamtwirtschaftliche Leistung nach Abzug von Preissteigerungen) um acht Prozent zu. Das bedeutet: Bei einer ähnlichen Entwicklung östlich der Elbe kann sich die Leistung der Wirtschaft bis zum Jahr 2000 verdoppeln und bis zum Jahr 2005 sogar verdreifachen. Wie gezeigt wurde, kann allein eine bessere Versorgung mit Material und Ersatzteilen zu einem mächtigen Sprung nach vorn führen.

Es gibt allerdings keine Garantie dafür, daß sich die deutsche Erfolgsstory östlich des ehemaligen Todesstreifens nach vierzig Jahren schlicht und einfach wiederholt. Das ist sogar recht unwahrscheinlich – selbst wenn vom Gesetzgeber rasch und ohne große Abstriche die notwendigen marktwirtschaftlichen Spielregeln geschaffen werden, die die produktiven Kräfte in ähnlicher Form entfesseln wie im Jahr 1948. Geschichte kann auch in diesem Fall nicht einfach wiederholt werden. Je nachdem, wie die Sache angepackt wird, kann dieses historisch einmalige Experiment, eine Kommandowirtschaft praktisch über Nacht in eine Marktwirtschaft zu überführen, zu höchst unterschiedlichen Ergebnissen führen – und auch gründlich schiefgehen. Im Vordergrund muß aber in jedem Fall zunächst die Erkenntnis stehen, daß sich die Welt seit dem ersten deutschen »Wirtschaftswunder« gründlich verändert hat. Ein Wachstum wie »Anno dazumal« wird es deshalb auf keinen Fall sein:

● Die Bundesrepublik war ein besiegtes Land, das sich Vertrauen, Freundschaft und Kooperation mit den westlichen Staaten schrittweise erkämpfen mußte. Die wirtschaftliche Lage der europäischen Nachbarländer war ebenfalls nicht rosig, und der Austausch von Gütern und Leistungen kam nur langsam in Gang. Das durch den Krieg zerrissene Netz der internationalen Handelsbeziehungen mußte neu geknüpft und der Abbau zahlreicher Zoll- und anderer Handelsschranken im Kampf gegen protektionistische Tendenzen durchgesetzt werden. Kapital für Investitionen war weltweit knapp. Die

Montanunion und später die Europäische Wirtschaftsgemeinschaft mußten in einem langwierigen und mit vielen Rückschlägen belasteten Prozeß aufgebaut werden. Der Ost-West-Konflikt zwang zu hohen Rüstungsausgaben, und der Korea-Krieg heizte die Inflation an. Gemessen daran findet der Wiedereintritt der sozialistischen Staaten in die Gemeinschaft freier Völker vor einem gänzlich anderen und unvergleichlich besseren Hintergrund statt. Zumal der DDR wird dies alles als Geschenk präsentiert.

● Die Qualität des Wachstums in der DDR ist von vornherein viel höher als nach dem Krieg in der Bundesrepublik. Denn es werden natürlich nicht mehr die heute zum Teil komisch anmutenden Produkte hergestellt, die damals die wenig verwöhnten Verbraucher begeisterten. Es rollen nicht mehr erst Goggo-Mobile und VW-Käfer von den Bändern, sondern sofort Autos vom Typ Golf oder Polo – bequemer, zuverlässiger, pflegeleichter, praktischer und vor allem auch sicherer. In den Läden taucht nicht der von Max Grundig gebastelte »Heinzelmann« auf, sondern gleich Radios, Fernseher und Videorecorder in der heute gewohnten Qualität. Das gleiche gilt für Textilien, Schuhe und Lebensmittel, Medikamente oder Möbel. Hier wie in vielen anderen Bereichen können vier Jahrzehnte Entwicklung übersprungen werden. Die vielen Hilfsgeräte für die Hausfrau und den Heimwerker, die die Arbeit erleichtern und verkürzen, sind längst selbstverständlich. Waschmaschinen, Geschirrspüler oder Bügelautomaten – die es 1948 überhaupt nicht gab – sind leistungsfähiger und sparsamer im Verbrauch als bei ihrer Markteinführung. Moderne Heizkessel in Häusern und Wohnungen, die Motoren von Pkws, Bussen und Lastwagen nutzen die Energie besser und verpesten die Luft weniger. Gemessen an Einkommen und Leistung werden diese Produkte auch viel preiswerter sein als damals zu Beginn der großen Rationalisierungsprozesse. In der Bundesrepublik mußte ein durchschnittlich verdienender Arbeiter Ende der fünfziger Jahre noch 212 Stunden für den Preis eines Kühlschranks arbeiten, zu Beginn der neunziger Jahre reichten 30 Stunden; für ein Pfund Kaffee reduzierte sich die Zahl der notwendigen Lohnminuten von 100 auf 17, bei Benzin von 30 auf 3 bis 4. Ähnliche Relationen von Lohn und Leistungen können die Beschäftigten in Sachsen oder Thüringen in sehr viel kürzerer Zeit erreichen – weil sie nämlich schneller an die modernen Maschinen kommen, die das möglich machen. Denn ihre ausgedienten Anlagen werden gleich gegen die Technik der neunziger Jahre ausgetauscht.

● Wo modernisiert wird, können von vornherein die neuesten Erkenntnisse und Möglichkeiten zum Schutz der Umwelt berücksichtigt werden. Heute lacht niemand mehr über die Forderung nach sauberer Luft in den Industriezentren, wie das noch in den sechziger Jahren geschah, als Willy Brandt mit dem Ruf nach einem »blauen Himmel über der Ruhr« in den Wahlkampf zog.

● Beim Bau neuer Fabriken können alle Erfahrungen genutzt werden, die in der Vergangenheit weltweit gesammelt wurden: beim zweckmäßigen Design von Produktions- und Transportsystemen, bei der Gestaltung von Kundiendienstzentren oder der Organisation von Entwicklungsabteilungen. Wer würde heute eine Autofabrik noch so bauen wie 1950? Das Hochregallager muß ebensowenig neu erfunden werden wie die computergestützten logistischen Systeme. Das marode Telefonnetz der DDR wird sich kaum noch sinnvoll flicken lassen. Deshalb wird das neue Netz sofort dem letzten Stand der Technik entsprechen und damit zunächst sogar leistungsfähiger als das bundesdeutsche Kommunikationssystem sein.

● Auch die Arbeitsumgebung wird sich vielfach nicht nur in kleinen, sondern gleich in großen Schritten ändern können. Die modernen Maschinen sind zugleich leiser und leistungsfähiger, bequemer zu handhaben und besser gegen Arbeitsunfälle gesichert als damals. Neue Bürostühle, Bildschirme, Werkzeuge und anderes Arbeitsgerät sind bereits ergonomisch richtig gestaltet. Das verhindert Haltungsschäden und ist weniger ermüdend. Roboter und Automaten übernehmen gefährliche oder monotone Tätigkeiten. Für den Umgang mit gesundheitsgefährdenden Stoffen in der Chemie gibt es auf langjähriger Erfahrung beruhende Richtlinien und ausgefeilte Schutz- und Sicherheitsvorrichtungen. Moderne Baumaschinen helfen nicht nur, die Leistung sprunghaft zu steigern, sondern reduzieren auch die körperliche Belastung, Staub und Lärm.

● Neben den technischen Bedingungen können sich auch die inneren Beziehungen im Betrieb rasch verbessern, wenn die an Rhein und Ruhr mühsam etablierten, aber inzwischen erprobten und bewährten Regeln des Betriebsverfassungsgesetzes angewendet werden.

● Auch im sozialen Bereich können Regelwerke und Lösungen übernommen werden, die im Westen entwickelt wurden und sich bewährt haben. Das gilt für die Dynamische Rente ebenso wie für die anderen Formen der Vorsorge für das Alter, Betriebsrente und private Vermögensbildung. Auch die Versorgung von Kranken und Behinderten kann sich nur verbessern, wenn die in der Bundesrepublik geltenden Regelungen übernommen werden.

Die Übernahme der Normen des Betriebsverfassungsgesetzes allein wird natürlich genausowenig genügen wie die Aufstellung moderner Anlagen, um die Verhältnisse über Nacht zu ändern. Der Umgang damit will erst noch geübt sein. Das wird manchem Funktionär, der zuvor seinen Betrieb wie ein Feldwebel kommandierte, nicht leichtfallen. Sofern die alten Generaldirektoren und andere von der SED eingesetzten Führungskräfte überhaupt noch auf ihren Sesseln sitzen, müssen sie ihr Verhalten gegenüber den Mitarbeitern überdenken. Nachdem manche sich jahrelang an Linientreue von niemand übertreffen ließen, kehrten sie nach dem Umbruch plötzlich den Frühkapitalisten heraus. Da wurde ständig von Entlassungen geredet. Entgegen den in der Bundesrepublik ebenso wie in der DDR geltenden Schutzgesetzen für Schwangere bekamen junge Mütter den Rausschmiß per Brief am Wochenbett mitgeteilt. Mütter und Väter gerieten geradezu in Panik, als Andeutungen über eine baldige Schließung der Krippen und Kindergärten in die Welt gesetzt wurden. Da in der DDR fast alle Frauen im entsprechenden Alter berufstätig sind – und sein mußten, damit das Familieneinkommen reichte – und zudem auch zur Schichtarbeit herangezogen wurden, sind Kinderverwahrstätten für sie noch viel wichtiger als im Westen Deutschlands.

In der Bundesrepublik haben Management und Betriebsrat vieler Unternehmen zwar auch oft lange gebraucht, bis sie auf der Grundlage der Betriebsverfassung zu einer fairen und für beide Seiten fruchtbaren Zusammenarbeit kamen – und manche haben es bis heute nicht gelernt. Aber die meisten haben schließlich doch begriffen, daß bei einem Unternehmen, das sich im Wettbewerb bewähren muß, Kooperation weiter führt als Konfrontation.

Die Deutschen zwischen Elbe und Oder haben aus vielen Gründen deshalb nicht nur die begründete Aussicht, in quantitativer Hinsicht mit großen Schritten vorwärtszukommen und ein vergleichbares Wirtschaftswachstum zu erreichen wie in den westlichen Wunderjahren; ihnen bietet sich dabei zugleich die Chance, bei der Lebensqualität in der ersten Hälfte der neunziger Jahre sogar mit Siebenmeilenstiefeln voranzukommen. Die vierzig Jahre, die für manche Entwicklung in der Bundesrepublik nötig waren, könnten im anderen Teil Deutschlands in vielen Bereichen mit einem großen Satz übersprungen werden. Manches, was bei den Vettern im Westen bisher nur unzureichend realisiert wurde, könnte unter den gegebenen Umständen zwischen Rostock und Eisenach sogar besser vorankommen und damit für ganz Deutschland zum Modell werden – wie beispielsweise die Beteiligung der Arbeitnehmer am betrieblichen Vermögen ihres Unternehmens. Ehemaliges »Volkseigentum« könnte dann zu echtem Volkskapital werden. Die dafür gefundenen Lösungen könnten dann vielleicht auch in der Bundesrepublik die Diskussion über die Beteiligung breiter Schichten am Gewinn und Kapital der Wirtschaft wieder in Schwung bringen.

Vergleiche mit den Erfolgen und Erfahrungen der Bundesdeutschen sind aber auch aus anderen Gründen nur begrenzt möglich. Erst im Laufe der nächsten Jahre wird sich nämlich herausstellen, ob die so lange von der SED an der kurzen Leine gehaltenen Brandenburger, Sachsen oder Thüringer bereit sind, nun auch noch geduldig zu warten, bis sich die ersten Erfolge auf dem neuen Weg zeigen. Werden sie willig sein, auch die Schwierigkeiten und Unannehmlichkeiten zu akzeptieren, die mit dem von Karl Schiller erwähnten Prozeß der »schöpferischen Zerstörung« notwendigerweise verbunden sind? Eine andere Frage kann ebenfalls nur die Erfahrung beantworten: Werden die Menschen bereit sein, sich an die neuen Spielregeln zu gewöhnen – und wie schnell? Vielen, die so lange von der Wiege bis zur Bahre gegängelt, aber auch betreut wurden, wird es verständlicherweise schwerfallen, sich den manchmal rauhen Wind der Veränderung um die Nase wehen zu lassen.

Wenn sich in der ersten Hälfte der neunziger Jahre zeigen sollte, daß große Teile der Bevölkerung den Wandel mit allen seinen Konsequenzen schließlich doch nicht mittragen wollen, wird es kaum möglich sein, im wirtschaftlichen und sozialen Bereich die Früchte der 89er Revolution zu ernten. Und umgekehrt könnte sich über kurz oder lang bei den Bundesbürgern die Sorge verbreiten, ihnen würden nun doch für sehr lange Zeit echte Opfer in Form nicht rückzahlbarer Alimente aufgebürdet. In ein Faß ohne Boden werden sie aber nicht lange ihren Obolus werfen wollen. Es wird dann immer mehr Bundis geben, die sich darauf besinnen, daß es ihnen auch ohne die »Brüder und Schwestern« schon lange sehr gut gegangen ist.

Ganz wichtig für die Zukunft der Region ist auch: Wenn Deutsche aus der Bundesrepublik sich zwischen Stralsund und Zwickau mehr engagieren sollen als in irgendeiner anderen Region der Welt, dann kann und wird das auf die Dauer nicht nur aufgrund emotionaler Bindungen geschehen. Nicht nur die Steuerzahler, sondern auch die vielen großen und kleinen Unternehmer, die Handwerker und Händler, die sofort in den Startlöchern standen, als sich die Wende hinter der Mauer abzeichnete, wollen nach einer gewissen Zeit Resultate sehen. Wenn sie in den nächsten Jahren immer wieder Enttäuschungen erleben, weil die notwendigen Reformen ausbleiben oder sich im ehemaligen Arbeiter- und Bauernstaat eine Versorgungsmentalität ausbreitet, werden sie irgendwann ihren Enthusiasmus verlieren.

Andere Märkte in Osteuropa werden dann vielleicht interessanter, der Kampf der Ungarn oder Polen um Demokratie und Marktwirtschaft faszinierender sein als Wehleidigkeiten am Elbufer. In jedem Fall lockt auch noch das Ziel EG '92. Mit der Vollendung des Gemeinsamen Marktes winken im Westen ohnehin zahlreiche Chancen und Herausforderungen. Da kann ein vor allem von Selbstmitleid geprägter und vermeintlichen »sozialen Errungenschaften« nachtrauernder Osten rasch an Charme verlieren. Doch soweit darf es nicht kommen. »Die DDR hat von allen bisher sozialistischen Ländern die besten Chancen, zügig und erfolgreich den Weg zur Sozialen Marktwirtschaft zu beschreiten«, urteilt Tyll Necker, der Präsident des Bundesverbandes der Deutschen Industrie (BDI), der sich wie kaum ein anderer Spitzenvertreter der bundesdeutschen Wirtschaft für die DDR engagierte, für Verständnis und Investitionen warb und sich in jeder Hinsicht darum bemühte, den Menschen hüben wie drüben die schwierigen Anpassungsprozesse zu erklären. »Die DDR kann auf die Hilfe der Bundesrepublik zählen und die Einbeziehung in die EG erwarten.« Durch die Währungsunion habe sie zudem vom ersten Tag an alle Vorteile der international vertrauenswürdigen und voll konvertiblen D-Mark. »Wenn es die DDR nicht schafft, welches andere ehemals sozialistische Land soll es dann schaffen?«

Die Zukunft in der eigenen Hand

Wenn sich die Menschen in Dresden, Leipzig oder Chemnitz nicht selber Steine in den Weg legen wollen, der sie zu einem politisch, wirtschaftlich und sozial wirklich geeinten Deutschland führt, müssen sie in den kommenden Monaten und Jahren auch konsequent daran mitarbeiten, um die Voraussetzungen dafür zu schaffen, daß diese Chancen tatsächlich genutzt werden können. Die Suche nach einem eigenen »Dritten Weg« hieße nur wieder neue rote Traumschlösser bauen und ein weiteres Mal mit dem Schicksal von Millionen Menschen spielen. Da, wo im Westen längst erprobte Lösungen vorliegen, sollten sie von der DDR soweit und so rasch wie möglich übernommen werden. Später kann dann gemeinsam an ihrer Weiterentwicklung, ihrer Anpassung an veränderte Bedingungen in Wirtschaft und Gesellschaft gearbeitet werden (siehe Kapitel 10). Statt dessen in den nächsten Jahren trotzig an neuen Modellen zu basteln, hätte nur bedeutet, daß wertvolle Zeit vertan und unnötige Risiken eingegangen worden wären.

Werden diese Fehler und Gefahren vermieden, bietet sich eine Konstellation, wie sie sonst nirgendwo auf der Welt anzutreffen ist, wo sich Menschen darum bemühen, Anschluß an die Entwicklung in den führenden Industrienationen zu finden. Dann kann die einmalige Chance genutzt werden, daß die westdeutschen Lieferanten von Ideen, Kapital und Erfahrungen nicht nur auf Partner treffen, mit denen sie sich in besonderer Weise verbunden fühlen, sondern daß sie auch in anderer Hinsicht außergewöhnliche Bedingungen für ein Engagement vorfinden. Sie sprechen die gleiche Sprache und haben eine ähnliche Einstellung zur Arbeit. Es gibt nicht nur eine gemeinsame Währung, sondern bald auch gleiche rechtliche und steuerliche Voraussetzungen. In den Betrieben können Berater und Investoren mit den gleichen Regeln für Arbeitsschutz, Mitbestimmung oder soziale Absicherung rechnen, die sie von ihrer Arbeit in Essen oder Frankfurt am Main gewohnt sind. Unter dem Vorzeichen einer Vereinigung der beiden deutschen Staaten lassen sich diese Voraussetzungen für eine erfolgreiche Kooperation innerhalb weniger Jahre schaffen. In der Europäischen Gemeinschaft hat dieser Prozeß der Angleichung ein Vierteljahrhundert beansprucht und ist immer noch nicht abgeschlossen.

Wolfgang Röller jedenfalls hat keinen Zweifel, daß die Menschen in der DDR ihre Chancen nutzen: »Allen Zauderern und Pessimisten wünsche ich, daß sie einmal an unseren Seminaren mit den Menschen teilnehmen, die in Zukunft bei uns arbeiten werden. Die Motivation, der Einsatz und die Zielstrebigkeit, die wir dort erleben, würde viele eines Besseren belehren. Natürlich – und das ist auch ganz verständlich – gibt es in der DDR Verunsicherung. Es ist aber nicht zu übersehen, daß es in der Breite auch eine Aufbruchstimmung gibt.« Die war in der Tat schon vor der Währungsumstellung überall dort zu spüren, wo junge Unternehmer starteten oder die Kooperation mit westlichen Partnern schon begonnen hatte – Etwa bei der Berliner Stadtbank AG oder dem Sachsenring Werk in Zwickau, wo der VW-Polo zunächst noch zwischen Trabis über das Band lief.

Fazit

Entgegen vielen pessimistischen Urteilen kann die ehemals sozialistische DDR sehr schnell den Anschluß an den Westen finden und bald auch von allen Möglichkeiten profitieren, die die Europäische Gemeinschaft zu bieten hat. Für einen Blitzstart in den Wohlstand bieten sich Voraussetzungen, von denen die Reform-Staaten Osteuropas nur träumen können. Das Wachstum der Wirtschaft wird von vornherein eine viel höhere Qualität haben können als nach Kriegsende in der Bundesrepublik. Wenn der Wachstumsprozeß erst einmal in Gang kommt, werden sich viele der Probleme, vor deren Dimension mancher heute noch erschrocken zurückweicht, tatsächlich von selber lösen. Bedingung ist nur, daß beherzt nach dem einzigen Schlüssel zum Erfolg gegriffen wird: der Marktwirtschaft.

4
Und ewig lockt der Markt

Eines ist für alle Wirtschaftsreformer in den ehemals sozialistischen Staaten klar: Sie wollen die Marktwirtschaft. Die Faszination dieser Wirtschaftsordnung, die auf scheinbar wundersame Weise Wohlstand produziert und die Menschen dem alten Traum vom Schlaraffenland näherbringt, ist für die Völker Osteuropas und der Sowjetunion sowie die Bewohner des nach vier Jahrzehnten SED-Herrschaft nahezu ruinierten zweiten deutschen Staats weit größer als für manchen im Westen. Selbst Honeckers Erben in der PDS stimmen in diesen Chor ein – auch wenn das, was sie unter sozialistischer Marktwirtschaft verstehen, allenfalls eine neue Variante sozialistischer Mißwirtschaft darstellen würde, ein neues Kapitel in dem schon viel zu umfangreichen Sammelband »Marx und Murks«.

Zum Abschluß der Bonner KSZE-Konferenz im April 1990, in der die 35 Teilnehmerstaaten aus Ost und West ein weiteres Mal über Sicherheit und Zusammenarbeit in Europa berieten, legten alle – die Sowjetunion inklusive – im Schlußdokument nicht nur ein Bekenntnis zu politischem Pluralismus, Rechtsstaatlichkeit und zum Recht auf Eigentum ab, sondern auch zu wirtschaftlicher Freiheit. Alle sprachen sich für ein umweltverträgliches Wachstum aus und bekräftigten, daß sie marktwirtschaftliche Regeln in ihren jeweiligen Ländern beachten und verbessern oder – soweit noch nicht vorhanden – durchsetzen wollten. Wenige Wochen später bezeichnete Staatspräsident Gorbatschow die von ihm geplante marktwirtschaftliche Reform gar als das wichtigste Ereignis in der UdSSR seit der Oktoberrevolution. Wenige Jahre zuvor wäre man für solche Reden in Moskau noch vor Gericht gestellt worden.

Aber wissen alle die neuen Anhänger dieser Wirtschaftsordnung im

Osten eigentlich, wovon sie reden? Und tun sie es nicht mit ein wenig schlechtem Gewissen – so wie der Mönch, der den Versuchungen des Fleisches nicht ganz widerstehen kann? Denn schließlich haben die Sozialisten und Kommunisten lange Jahre verkündet, sie wollten Schluß machen mit der Ausbeutung des arbeitenden Menschen, mit Imperialismus und Kapitalismus. Allzeit bereit wollten sie sein, wenn sich der Versucher naht, und stets sozialistische Wachsamkeit üben, um die Lockvogelangebote des Klassenfeindes rechtzeitig entlarven zu können. Und wenn es einmal wirklich nicht zu verheimlichen war, daß es nicht so recht klappen wollte mit dem Aufbau einer besseren Welt, dann ermunterte Erich Honecker sich und die Seinen mit seinem Lieblingsspruch: »Den Sozialismus in seinem Lauf hält weder Ochs noch Esel auf.«

Nun hat sich zwar diese Prophezeiung wie so manche andere Vorhersage der sozialistischen Heilslehre nicht erfüllt. Aber viele derjenigen, die so lange daran geglaubt haben, quält sichtlich der Gedanke, ob ihr neues Treiben trotz der damit verbundenen Hoffnungen nicht letztlich moralisch verwerflich sei. Das ist sicherlich auch einer der Gründe dafür, warum sich die Führung in Moskau so schwertut, von der Planwirtschaft endgültig Abschied zu nehmen, und statt dessen wieder einmal den schon so oft gescheiterten Versuch unternimmt, mit ein bißchen Marktwirtschaft die ärgsten Nöte zu beseitigen. Dieses innere Unbehagen und mancher Widerstand können nur überwunden werden, wenn man sich auch mit der ethischen Seite dieser Wirtschaftsordnung beschäftigt. Denn an Moral steht eine soziale Marktwirtschaft, die diesen Namen wirklich verdient, dem Anspruch des Sozialismus keineswegs nach – und zwar in der Praxis. Die sozialistische Moral dagegen gab es bisher immer nur in der Theorie.

Gelegentlich sind aber auch gewisse Zweifel angebracht, ob alle diejenigen im Westen, die heute so tun, als gehörten sie zu den Erfindern dieses Erfolgsmodells, das nun allenthalben nachgebaut werden soll, die Grundlagen der Marktwirtschaft so ganz verstanden haben. Hätten sie es wirklich, dann gäbe es bei uns nicht immer noch weite Bereiche, in denen die Mechanismen des Marktes durch Gesetze und Verordnungen, Subventionen und Eingriffe in die Preisbildung außer Kraft gesetzt werden, weil – frei nach Christian Morgenstern – auch bei uns oft nicht sein kann, was nicht sein darf. Oft geht es aber auch nur darum, bestimmte Gruppen – die Bauern, Mieter oder andere umworbene Wählergruppen – zu privilegieren.

Es kann getrost unterstellt werden, daß in Ost und West die Unkenntnis über die Funktion einer Marktwirtschaft immer noch weit verbreitet ist. Vor allem das Verständnis für das eigentliche Geheimnis ihres Erfolgs, die Triebfeder wirtschaftlichen Tuns, ist oft gleichermaßen gering. Viele Politiker sind trotz aller Bekenntnisse zu einer freien Wirtschaft im konkreten Fall oft nicht bereit, auf Eingriffe zu verzichten – sei es, weil sie die Ergebnisse des freien Spiels der Kräfte nicht akzeptieren wollen; sei es, weil sie so vermessen sind zu glauben, sie könnten die ökonomischen Prozesse mit ihren Eingriffen besser steuern, die Ergebnisse des komplizierten Wirtschaftsprozesses optimieren. Deshalb hat beispielsweise Frankreich sehr lange gebraucht, um sich von seiner merkantilistischen Vergangenheit zu lösen. Selbst ein so weitblickender Staatsmann wie der frühere französische Staatspräsident Charles de Gaulle hat den »anonymen Kräften des Marktes« zutiefst mißtraut und immer das Primat der Politik gefordert. Ausgerechnet die Sozialistische Partei unter François Mitterrand hat aber schließlich nach einer kurzen Irrfahrt ins Traumland der Verstaatlichung das Ruder energisch herumgeworfen und orientiert sich seither am deutschen Beispiel. Selbst im Lande eines Adam Smith, der 1776 in seinem bahnbrechenden Buch vom »Wohlstand der Nationen« als erster die Quellen des Reichtums beschrieben hat, wurden die Regeln einer funktionierenden Marktwirtschaft so lange mißachtet, bis die einst führende britische Industrienation zum Armenhaus Europas zu werden drohte.

Aber auch in vielen anderen Staaten der Europäischen Gemeinschaft erliegen Politiker immer wieder der Versuchung, die Regeln des Marktes außer Kraft zu setzen, sobald sie einmal zu – aus ihrer Sicht – unerwünschten Resultaten führen. Auch die Bürokraten in der Brüsseler EG-Zentrale möchten am liebsten immer weitere Bereiche der Wirtschaft unter ihre Kontrolle bringen.

Den Kirchen fällt es ebenfalls immer noch schwer, sich mit einer liberalen Wirtschaftsordnung anzufreunden. Kirchliche Vorschriften haben die ökonomische Entwicklung über Jahrhunderte in oft gravierender Weise behindert. Daß Spanien erst so spät den Anschluß an die moderne Welt gefunden hat, liegt auch daran, daß kirchliche Ein-

120

flüsse dort lange die freie Entfaltung auch im Wirtschaftsleben behinderten. Auch viele Gewerkschafter im Westen haben bis heute nicht ihren Träumen von einer »anderen«, einer sozialistischen Gesellschaft ganz abschwören mögen. Obwohl die Marktwirtschaft den Arbeitnehmern mehr an Wohlstand, Lebensqualität, Freiheit und Menschenwürde beschert hat, als noch unsere Großväter je zu träumen wagten, stehen diverse linke Gewerkschafter ihr nach wie vor mißtrauisch gegenüber. Sie sagen es meist nur nicht so deutlich, weil sie dafür bei der großen Mehrzahl der Arbeitnehmer herzlich wenig Verständnis finden würden. Diese Gewerkschafter sehen deshalb in den Arbeitgebervertretern auch nicht in erster Linie die für einen vernünftigen Interessenausgleich notwendigen Repräsentanten ebenfalls berechtigter betrieblicher Belange, sondern immer noch ihre Gegner.

Eine Tarifpartnerschaft, wie sie in der chemischen Industrie der Bundesrepublik kultiviert wird, ist deshalb – auch im Hinblick auf die Entwicklung im Osten – immer noch ebenso ungewöhnlich wie beispielhaft. Im April 1990 ließ die IG Chemie wissen, daß sie mit den Arbeitgebern ihrer Branche eine »vertrauensvolle Zusammenarbeit« bei allen Initiativen und Aktivitäten in Richtung DDR vereinbart habe. Gemeinsam wollen sie beim Aufbau einer funktionierenden Tarifautonomie und Tarifpartnerschaft in der DDR Hilfestellung leisten. Sie empfehlen die von ihnen entwickelte Form der Kooperation »auf der Basis der sozialen Marktwirtschaft und frei gewählter Betriebsräte« als ein Modell, das auch für die DDR geeignet sei. Die IG Metall betrachtet es dagegen immer noch als ihre Aufgabe, gegen das »Kapital« zu kämpfen und die Arbeitnehmer vor allzuviel Markt zu bewahren. IG Metall-Chef Franz Steinkühler versprach den Menschen in der DDR zu Beginn des Jahres 1990 zwar ebenfalls, ihnen durch Information und Aufklärung zu helfen, doch für ihn bestand die Aufgabe nicht darin, sie über erprobte Formen der Tarifpartnerschaft und friedlichen Konfliktlösung zu unterrichten. Er sah vielmehr die Notwendigkeit, die Beschäftigten in der dortigen Metallindustrie in die Lage zu versetzen, dem »anstürmenden Kapital eine soziale Gegenmacht« entgegenzustellen.

Größer könnten die Gegensätze kaum sein. Nach vier Jahrzehnten Erfahrung mit sozialer Marktwirtschaft und sozialer Partnerschaft haben Organisationen wie die IG Metall oder auch die IG Druck noch immer nicht ihren Frieden mit dieser Ordnung geschlossen.

Das gilt auch für einen ganz anderen Bereich der Gesellschaft. Bei Künstlern und Schriftstellern, Schauspielern und Musikern hat das Geld zwar immer eine große Rolle gespielt, die »Wirtschaft« dagegen noch nie allzu viele Freunde gehabt. Bei vielen der sogenannten Intellektuellen hat der »Kapitalismus« – wie die moderne Marktwirtschaft immer noch ebenso falsch wie abfällig bezeichnet wird – stets weit weniger Anklang gefunden als die verschiedenen Spielarten des Sozialismus. Den Unterschied zwischen einer Herrschaft des Kapitals und einer sozialen Marktwirtschaft, in der die kapitalistischen Kräfte durch die Regeln des Wettbewerbs gebändigt und durch starke soziale Elemente ergänzt werden, haben viele bis heute nicht begreifen wollen. Vor allem aber fällt es vielen immer noch schwer zu verstehen, daß eine marktwirtschaftliche Ordnung viel humaner, menschengerechter und vor allem auch einer freiheitlichen Demokratie angemessener ist als jede Spielart der Planwirtschaft. Ausgerechnet diejenigen, die so leidenschaftlich für die Freiheit des Geistes kämpfen, wollen da keine Liberalität, wo die große Mehrzahl der Menschen tätig ist.

Doch überall, wo sie verlorengegangen ist, erweist sich, daß wirtschaftliche Freiheit ebenso wertvoll ist wie politische und künstlerische Freiheit – und daß keine auf die Dauer ohne die andere existieren kann. Sowohl der Faschismus als auch der Kommunismus haben Freiheit in jedem Lebensbereich unterdrückt. Wenn sie erst einmal im Bereich der Kultur verlorengegangen ist, dann war sie auch im politischen und wirtschaftlichen Bereich gefährdet – und umgekehrt. Wie absurd die Vorstellung ist, in der Marktwirtschaft könne sich Kultur weniger entfalten als in einer sozialistischen Gesellschaft, zeigt auch in diesem Fall der Vergleich zwischen der Bundesrepublik und der DDR. Da, wo ein Parteiapparat alle Macht in den Händen hält, bestimmen Spießer und Bonzen, was Kultur ist. Zudem braucht Kultur nicht nur Freiheit, sondern – so profan das für manche auch klingen mag – Geld, viel Geld. Und das ist nun einmal in einer gut funktionierenden Wirtschaft reichlicher vorhanden.

Alle bisherige Erfahrung lehrt zudem, daß kein noch so ausgeklügelter und von modernen Computern unterstützter bürokratischer Apparat die Wirtschaft auch nur annähernd so gut steuern kann, wie es die angeblich anonymen Kräfte des Marktes tun. Und noch eines haben die Jahrzehnte sozialistischen Experimentierens mit und am Menschen bewiesen: Marktwirtschaftliches Verhalten läßt sich nicht einmal da ganz unterdrücken, wo brutale Gewalt und rigorose Kontrollen angewendet werden. Es ist einfach zu tief in den Menschen verwurzelt und bricht sich deshalb immer wieder eine Bahn.

Das soll nicht heißen, daß diese Ordnung perfekt ist und ein funktionierender Wettbewerb alle Konflikte und Interessengegensätze lösen kann. Die Marktwirtschaft braucht nicht nur das von der Politik hinzuzufügende soziale Element. Auch die Ökologie kommt zunächst zu kurz. Sie wird erst dann »marktfähig«, wenn die Verbraucher bei zunehmender Sättigung ihrer materiellen Bedürfnisse den Wert einer intakten Natur zu begreifen beginnen. Doch da die Nutzung von Umwelt – beispielsweise in Form von Luft und Wasser – zunächst keinen in Geldwert ausgedrückten Preis hat, muß der Staat für Ersatz in Form von Vorschriften, Abgaben und Gebühren sorgen. Erst in einer späteren Phase können dann aufgeklärte Verbraucher und andere über den Markt wirkende Mechanismen etwas ausrichten.

Im Gegensatz zu einer marktwirtschaftlichen Ordnung, in der marktwirtschaftliches Verhalten und Gewinnstreben als Motor genutzt und in den Dienst des Gemeinwohls gestellt wird, haben alle planwirtschaftlichen Experimente nicht nur zu gigantischen Fehlsteuerungen von Rohstoffen, Energie und Produktionsmitteln sowie zu brutaler Ausbeutung und Zerstörung der Umwelt geführt, auch humane Energien wurden vergeudet oder zum Schaden der Allgemeinheit fehlgeleitet – zum Beispiel in die schwarzen Märkte, die Wirtschaft im Untergrund oder kriminelle Aktivitäten.

Um das verständlich zu machen, muß man sich dem Problem vielleicht einmal von einer ganz ungewohnten Seite nähern:

Was haben Sex und Markt miteinander gemeinsam? Zugegeben, diese Frage ist ungewöhnlich und klingt zunächst auch recht merkwürdig. Die folgende Behauptung hört sich deshalb ebenfalls erst einmal reichlich gewagt an: Zwischen der menschlichen Sexualität und dem ökonomischen Verhalten gibt es zahlreiche Parallelen. Dazu zunächst einige Thesen:

● Marktwirtschaftliches Verhalten ist dem Menschen ebenso angeboren wie seine Sexualität.

• In Geschichte und Gegenwart wurde und wird immer wieder versucht, sexuelles ebenso wie marktwirtschaftliches Verhalten aus politischen, ideologischen, ethischen und moralischen oder sonstigen Gründen zu unterdrücken, autoritär in bestimmte Richtungen zu lenken, mit Tabus oder Strafen zu belegen.

• Da, wo dies nicht obrigkeitlich – staatlich oder kirchlich – geschieht, gibt es dennoch in beiden Fällen immer wieder sektiererische Bewegungen, die bestimmte Verhaltensweisen zu diskriminieren oder als unmoralisch darzustellen versuchen.

• Erfolge in dem einen oder anderen Bereich verursachen deshalb auch bei den Beteiligten oft ein schlechtes Gewissen, lassen anderen und ihnen selbst (Lust-)Gewinne als moralisch fragwürdig erscheinen.

• Unterdrückung, die aus politischen, religiösen oder ideologischen Gründen praktiziert wird, führt in beiden Fällen zu Heimlichkeiten, »doppelter Moral« und in vielen Fällen zu Perversionen.

• Dennoch: Letzten Endes erweisen sich Versuche der Unterdrückung immer wieder als vergeblich – oder zumindest nicht als dauerhaft wirksam.

• Überall, wo Menschen um ihre Freiheit kämpfen, geht es – keineswegs nur, aber immer auch – um die Befreiung von Fesseln, die dem wirtschaftlichen und sexuellen Verhalten des Individuums von den Mächtigen und den von ihnen unterstützten Ideologien angelegt wurden.

• Menschliches Glück herrscht deshalb auf die Dauer nur da, wo in beiden Bereichen ein ausreichendes Maß an Freiheit erkämpft wird.

• Gesellschaftlich anerkannte Spielregeln und ein vom Staat gesetzter Ordnungsrahmen sind allerdings in beiden Fällen notwendig, damit die Freiheit des einzelnen nicht zur Unterdrückung oder Ausbeutung anderer führt, individuelle Freiheit immer auch Freiheit der anderen bedeutet.

Betrachten wir nun wirtschaftliches Verhalten von Menschen unter diesem Aspekt, dann zeigt sich sehr rasch, daß Marktwirtschaft mehr als nur ein Schlagwort ist. Denn marktwirtschaftliches Verhalten ist zutiefst im menschlichen Wesen verankert. Unter den Bedingungen fast aller Kulturen, die wir kennen, lassen sich zumindest Ansätze dazu erkennen – auch wenn oft über Jahrhunderte politische oder religiöse Fesseln das Entstehen einer hochentwickelten Marktwirtschaft verhindert haben. Das war erst mit Beginn der Industrialisierung möglich – beziehungsweise die Industrialisierung war im vorigen Jahrhundert nur da mit Erfolg möglich, wo die Wirtschaft von den überkommenen Fesseln befreit wurde.

Daß sich die Marktwirtschaft auf der Basis einer natürlichen oder angeborenen ökonomischen Verhaltensweise des Menschen entwikkelt hat, kann man überall da beobachten, wo das »Wirtschaften« spontan entsteht oder – historisch gesehen – über die reine Selbstversorgung des Jägers, Sammlers oder Ackerbauers hinausgeht. Sobald Produkte über den Familien- oder Stammesverband hinaus getauscht werden, Formen der Arbeitsteilung entstehen, bilden sich – im direktesten Sinne des Wortes – Märkte. Das wissen wir aus der Geschichte; und das können wir auch heute noch an vielen Orten der Welt beobachten: Die Menschen wissen nicht nur ohne Aufklärungsbücher, wie sie für Nachwuchs zu sorgen haben; sie brauchen auch in den entlegensten Ecken Afrikas, Lateinamerikas oder Asiens nicht auf den Rat eines Professors für Volkswirtschaft zu warten, um Märkte zu organisieren. Selbst in solchen Regionen der Erde, wo die Wirtschaft bis heute auf einer sehr niedrigen Entwicklungsstufe steht – oder nach der Zerstörung einer Hochkultur wieder in primitive Formen zurückgefallen ist –, existieren Märkte für den Güteraustausch.

Wie stark der »marktwirtschaftliche Trieb« ist, läßt sich aber auch in jeder gelenkten Wirtschaft beobachten. Marktwirtschaftliches Verhalten kann nur innerhalb – meist sehr kleiner und strenger – politischer oder religiöser Gemeinschaften, beziehungsweise unter großem politischem Druck in einer Befehlswirtschaft oder in bestimmten Ausnahmesituationen verhindert und durch andere Formen des wirtschaftlichen Leistungsaustauschs ersetzt werden.

Allerdings gelingt es auch dann nur in Ausnahmefällen, den Markt gänzlich auszuschalten. Das ist nur möglich, wenn von der Obrigkeit nicht nur festgelegt wird, welche Güter und Dienste wann und wo produziert werden, sondern die so erzeugten Produkte auch ohne Tauschmöglichkeit fest zugeteilt werden. In der Praxis finden sich derart strenge Regulierungen heute nur noch in Klöstern oder militärischen Versorgungssystemen: In der Armee werden (uniforme) Kleidung, Nahrung und Waffen nach einem präzisen Schema verteilt.

Im zivilen Bereich ist diese rigorose Form der Verteilung selbst in sozialistischen Staaten aber nur in besonderen Notsituationen denkbar. Sobald der Staat und seine Organe auch nur die geringsten Freiheiten im ökonomischen Bereich zulassen, zeigen sich sehr rasch marktwirtschaftliche Regungen.

Selbst im Gefängnis beginnt ein reger Tauschhandel, sobald die Wärter ein Auge zudrücken. Welchen Wert die im Gefängnis oder einem Gefangenenlager gehandelten Waren haben, hängt dann – wie in jeder Marktwirtschaft – ausschließlich von Angebot und Nachfrage ab. Da meist kein Geld vorhanden ist, übernehmen Zigaretten oder andere knappe und begehrte Güter die Rolle des Wertmaßstabes. Nicht anders war es in Deutschland kurz vor und nach Ende des Krieges: Die Zuteilungswirtschaft wurde trotz aller polizeilichen Gegenmaßnahmen von schwarzen Märkten begleitet und unterlaufen, auf denen die Zigarette die Währungsfunktion übernahm.

In Staaten, in denen die Planungsbürokratie auch in Friedenszeiten bestimmt, welche Produkte und Dienstleistungen den Menschen zur Verfügung gestellt werden, ist eine Seite der Marktwirtschaft, nämlich die Freiheit des Angebots, zwar ausgeschaltet, aber die Freiheit der Nachfrage bleibt bestehen – es sei denn, daß nackte Not die Verbraucher zwingt, jede vorhandene Ware zu akzeptieren. Die Menschen setzen damit das einzige marktwirtschaftliche Instrument ein, das ihnen geblieben ist. Sie verweigern den Kauf, wenn die Qualität, der geforderte Preis oder beides nicht ihren Vorstellungen entsprechen. Riesige Lager unverkäuflicher Ware in fast allen sozialistischen Staaten zeigten in den siebziger und achtziger Jahren deutlich, in welchem Umfang die Menschen trotz der oft unzureichenden Versorgung von der ihnen verbliebenen Freiheit der Konsumwahl Gebrauch machten.

Aber das »marktwirtschaftliche Unkraut« wuchert nicht nur in dieser Nische. Der marktwirtschaftliche Trieb entfaltet sich auch in den (meist sehr eng begrenzten) Bereichen, in denen sich die Bürger von Staatswirtschaften privat betätigen dürfen. Auch wenn ihnen oft über Jahrzehnte hinweg und unter Nutzung aller verfügbaren Medien von ihren Ideologen eingehämmert wurde, wie verwerflich marktwirtschaftliches Verhalten und privates Gewinnstreben seien, fanden sich immer genügend unternehmerisch veranlagte Menschen, um jede

Lücke zu füllen, die die Gesetze und die mächtige Staatswirtschaft ihnen ließen, wenn sie dadurch ihren Lebensstandard ein wenig verbessern konnten. Mit welcher Vehemenz und Effizienz dies geschah, läßt sich daran erkennen, was in diesen Nischen und Lücken geleistet wurde.

So wurde beispielsweise in der Sowjetunion auf den winzigen Flekken Ackerland, die nach den brutal erzwungenen Kollektivierungen noch privat genutzt werden durften, stets ein weit höherer Ertrag erzielt als auf den staatlich oder genossenschaftlich bewirtschafteten Flächen. Bei vielen Obst-, Gemüse- oder Fleischsorten wird in den kleinen Gärtchen sogar mengenmäßig mehr erzeugt als von den riesigen kollektivierten Agrarbetrieben. Per Flugzeug und Bahn legen die Kleinbauern oft Hunderte und manchmal sogar Tausende von Meilen zurück, um im fernen Moskau und anderen unzureichend versorgten Ballungszentren einen Koffer voller Zwiebeln, Tomaten, Gurken, Eier oder Blumen auf den freien Märkten anzubieten. Die Konsumenten finden dort vieles, was sie in den staatlichen Läden oft monatelang vergeblich gesucht haben. Und die Bauern kehren mit fetten Gewinnen in ihre oft ferne Heimat zurück, denn auf den freien Märkten der sowjetischen Städte gilt – aller Ideologie zum Trotz – das Gesetz von Angebot und Nachfrage. Das kann bedeuten, daß eine einzige Tomate zu bestimmten Jahreszeiten für umgerechnet zehn Mark den Besitzer wechselt.

Da sich die staatliche Planung und Lenkung selbst im Zeitalter der Computer und Telekommunikation als unfähig erwies, Produktion und Verteilung der Güter so zu lenken, daß die Bevölkerung ausreichend versorgt ist, wurde in fast allen sozialistischen Ländern in den vergangenen Jahren der Spielraum für privatwirtschaftliche (und das heißt immer auch marktwirtschaftliche) Aktivitäten erweitert, um die von der Planungsbürokratie erzeugten Defizite, die Diskrepanzen zwischen Angebot und Nachfrage etwas zu mildern.

Da, wo dies aus ideologischen Gründen verweigert wurde, suchte sich die Marktwirtschaft ein anderes Ventil: die schwarzen Märkte. Auch sie lassen sich in allen geplanten Volkswirtschaften finden. Je ärger es die Planbürokraten treiben, je enger die wirtschaftlichen Fesseln werden und je schmerzlicher die Folgen für die Bürger sind, um so bunter und hemmungsloser geht es dann meist in der Untergrundwirtschaft zu. Da wird im großen wie im kleinen Staatseigentum verschoben und gestohlen, um es auf dem schwarzen Markt gegen andere knappe Güter einzutauschen. Da wird heimlich produziert und die begehrte Ware oftmals nur gegen ausländische Zahlungsmittel abgegeben. In den Ostblockländern hat sich in den siebziger und achtziger Jahren neben der eigenen Währung längst ein paralleles Zahlungssystem entwickelt, das auf D-Mark, Dollar oder Franken beruht. Wenn es in der DDR in einer Anzeige hieß »Suche Kupferrohr, biete blaue Kacheln«, dann wußte jeder, was mit den »Blauen« gemeint war: DM – Hundertmarkscheine. Wenn in den Restaurants angeblich kein Platz frei war, dann genügte meist ein kleiner Hinweis darauf, daß die Rechnung mit Devisen bezahlt würde, damit der Kellner den Gast an der langen Schlange der Wartenden vorbei zu einem der Tische führte, die dafür vorsorglich freigehalten wurden. Gegen »West« wurden auch am Sonntag Autos repariert, standen selbst am sonst geheiligten Ruhetag die wenigen besseren Restaurants für eine private Feier zur Verfügung. Und die Behörden spielten dabei oft noch mit, weil ihnen jedes Mittel recht war, um frei konvertierbare Währungen ins Land zu holen. In einigen Bereichen wurde nicht einmal mehr der Schein gewahrt. Um »Valuta« zu kassieren, wurden in allen Ostblockstaaten in Spezialgeschäften Waren an Besucher aus dem Westen verkauft, von denen die eigenen Bürger nur träumen konnten. Doppelte Moral im doppelten Sinne: Auch die offiziell nicht existierende Prostitution wurde fast überall im Sozialismus geduldet – und oft sogar gefördert – wo sie half, Ausländer um Devisen zu erleichtern.

Wenn durch Schwarzmarktoperationen wenigstens die schlimmsten Mängel der geplanten und gelenkten Wirtschaft soweit gelindert wurden, daß die Bevölkerung nicht rebellierte, drückten die Behörden ebenfalls oft beide Augen zu. In Polen hat aber selbst dies nicht mehr geholfen. Obwohl jahrelang in geradezu obszöner Weise gegen die heiligsten Grundsätze des Sozialismus verstoßen wurde, indem Schwarzmarkt- und Devisengeschäfte nicht nur geduldet, sondern sogar noch unterstützt wurden, reichte dies alles nicht aus, um das eklatante Versagen des offiziellen Sektors der Wirtschaft zu übertünchen. In ihrer Not wagte die Bevölkerung immer wieder den Aufstand.

In anderen sozialistischen Staaten war die Diskrepanz zwischen Ideologie und sozialistischer Moral auf der einen Seite und der unmoralischen Praxis auf der anderen Seite fast ebenso eklatant. Der schwarze Handel mit Devisen hätte vor dem Umsturz in der Tschechoslowakei nicht so reibungslos und in so großem Umfang abgewikkelt werden können, wenn der Staat diese permanenten Verstöße gegen seine Gesetze nicht mit einem gewissen Wohlwollen beobachtet und dem freien Spiel von Angebot und Nachfrage seinen Lauf gelassen hätte.

Die Reihe der Beispiele aus den unterschiedlichsten Epochen der Geschichte, aus den verschiedensten Staaten und Gesellschaftssystemen ließe sich noch lange fortsetzen. Daß der Mensch sich überall da marktwirtschaftlich verhält, wo man ihm auch nur die geringste Freiheit dazu läßt, muß zwar nicht unbedingt bedeuten, daß damit schon die Frage entschieden ist; ob es nicht noch bessere Regelwerke für das »Wirtschaften«, die Produktion und den Austausch von Gütern und Dienstleistungen oder Kapital in Form von Ersparnissen geben kann als eine auf marktwirtschaftliche Verhaltensweisen aufgebaute Ordnung. Schließlich galt das Reisen mit einer Kutsche auch nur so lange als die optimale Lösung, bis Eisenbahn, Auto und Flugzeug ihre Überlegenheit bewiesen hatten.

Doch bisher gibt es dafür keinen Beweis. Auch in unserer so aufgeklärten, fortschrittlichen und mit einer Fülle wissenschaftlicher und technischer Hilfsmittel ausgerüsteten Zeit ist es bis auf den heutigen Tag nicht gelungen, eine Wirtschaftsordnung zu ersinnen, die so unterschiedliche Ziele wie Freiheit, Wohlstand, Lebensqualität, gerechte Einkommensverteilung, soziale Sicherheit, ökonomischen Umgang mit den Ressourcen der Welt und Umweltschutz effizienter und sinnvoller zu erreichen und miteinander in Einklang zu bringen vermag als die Marktwirtschaft – trotz aller Unvollkommenheiten und Probleme, die gar nicht geleugnet werden sollen.

In der Sowjetunion zum Beispiel hat man es mehr als siebzig Jahre lang versucht, nicht dem Markt, sondern der Bürokratie die Lenkung zu übertragen – und steht vor einem Scherbenhaufen. Daß dieser Versuch in einem Land gescheitert ist, das es nicht nur geschafft hat, Menschen in den Weltraum zu befördern, sondern das auch auf vielen anderen Gebieten von Wissenschaft und Technik Spitzenleistungen vorweisen kann, beweist nicht etwa das Gegenteil, sondern unterstreicht nur noch die Dramatik und das Ausmaß dieses Fehlversuchs.

Denn es darf nicht nur unterstellt werden, daß in den sieben Jahrzehnten seit der Gründung des Sowjetstaates alles versucht wurde, um den Beweis für die Überlegenheit des Sozialismus und der Planwirtschaft anzutreten. Es ist auch evident, daß dieser Versuch von einem Staat unternommen wurde, dem es weder an Größe, an Bodenschätzen noch an den intellektuellen oder technischen Voraussetzungen fehlte. Es fehlte nur ein effizientes System zur Koordinierung all dieser Kräfte.

Die Folge ist, daß die Menschen in der Sowjetunion – und allen anderen Staaten mit einer ähnlichen Wirtschaftsordnung – länger und härter arbeiten mußten, mehr Energie und Rohstoffe verbrauchten, die Umwelt stärker belasteten als in vergleichbaren westlichen Ländern – und dennoch weit weniger gut lebten. Daß Reformen und eine Korrektur des bisherigen Kurses unvermeidlich sind, wenn die Sowjetunion nicht von der ökonomischen Dauerkrise in eine Katastrophe hineinschlittern soll, hat nicht nur Michail Gorbatschow erkannt. Er hätte sich niemals durchsetzen können, wenn nicht auch weite Kreise der Partei, des Geheimdienstes und der Armee dies begriffen hätten. Leider gibt es allerdings auch immer Menschen, die von Mißständen profitieren und deshalb alles tun, um Reformen zu verhindern oder zu verzögern, damit sie ihre Privilegien so lange wie möglich erhalten. Das ist einer der Gründe dafür, daß der Umbau des Lenkungsapparates in der UdSSR nur schleppend vorankommt.

Ähnliche Resultate lassen sich auch überall da nachweisen, wo Länder der Dritten Welt unterschiedliche wirtschaftliche Wege gegangen sind: Je weiter sie sich dabei von einem marktwirtschaftlichen Kurs entfernt haben, um so deutlicher haben sie auch das Ziel verfehlt, ihrer Bevölkerung wachsenden Wohlstand, mehr soziale Sicherheit und auch politische Freiheit zu bieten. Bis zum Beweis des Gegenteils muß deshalb für die marktwirtschaftliche Ordnung sinngemäß gelten, was Churchill einst über die Demokratie sagte: Sie hat zahllose Fehler und Probleme, und es gibt viele Gründe, mit ihr oder einzelnen Ergebnissen unzufrieden zu sein – aber es gibt bisher kein besseres Regelwerk, um menschliches Wirtschaften effizient und freiheitlich zugleich zu koordinieren.

Dies ist im Laufe der Geschichte noch nie so eindeutig unter Beweis gestellt worden wie in der zweiten Hälfte unseres Jahrhunderts. Denn

130

noch zu keiner anderen Zeit hat es eine solche Explosion des Wohlstands, so viel Freiheit, soziale Gerechtigkeit und Sicherheit gegeben, wie wir sie nach dem Zweiten Weltkrieg in den westlichen Industriestaaten erlebt haben. Allerdings waren auch noch nie vorher die Voraussetzungen dafür so gut. Denn möglich war dies nur durch eine Kombination von Elementen, wie sie in dieser Form vorher noch nie in so vielen Staaten der westlichen Welt zugleich vorhanden waren: funktionierende Demokratie, rascher technischer Fortschritt, höhere Bildung und Ausbildung für breite Schichten der Bevölkerung, wachsende soziale Sicherheit, starke Gewerkschaften, freier Welthandel – und dies alles durch marktwirtschaftliche Mechanismen zu einer Wirtschaftsordnung von nie zuvor gekannter Leistungsfähigkeit koordiniert. Breite Schichten der Bevölkerung erreichten dadurch in den westlichen Industriestaaten in den vergangenen Jahrzehnten einen Lebensstandard, dessen Prognose noch zu Beginn unseres Jahrhunderts als völlig utopisch erschienen wäre – und wie dies bisher unter den Bedingungen keines anderen politisch-ökonomischen Ordnungssystems erreicht wurde.

Um so merkwürdiger ist es daher, wie sehr sich dennoch diese Marktwirtschaft immer wieder in Frage stellen lassen muß, wie energisch sie immer wieder gegen ihre ideologischen Widersacher, aber auch und gerade gegen ihre Nutznießer verteidigt werden muß. Alle könnten einen noch größeren Wohlstand, mehr soziale Sicherheit oder – wahlweise – auch noch kürzere Arbeitszeit genießen, wenn wir uns nicht immer wieder eklatante Verstöße gegen marktwirtschaftliche Gesetze leisten würden. Viele Beispiele dafür sind bekannt und so oft beklagt worden, daß an dieser Stelle einige Stichworte genügen: Da wird versucht, ganze Wirtschaftszweige wie Landwirtschaft, Werften oder Bergbau mit Hilfe immer höherer Subventionen gegen den Trend am Markt zu schützen; da können Unternehmer der Versuchung nicht widerstehen, sich dem Wettbewerb durch die Bildung von Kartellen, Monopolen oder durch den Zusammenschluß zu immer mächtigeren Konzernen so weit wie möglich zu entziehen; da werden von Parlamenten oder Behörden offen oder heimlich Handelsschranken errichtet, um die heimische Wirtschaft vor überlegener Auslandskonkurrenz zu schützen.

Dies alles geschieht, obwohl in Theorie und Praxis immer wieder nachgewiesen worden ist, daß der Preis für solche Praktiken um so höher wird, je länger versucht wird, sich den Kräften des Marktes zu widersetzen. Dieser Preis besteht letztlich stets in Einbußen an Wohlstand und Freiheit. Die Sünden wider die Marktwirtschaft, die die sozialistischen Staaten im großen begehen, leisten sich auch die westlichen Staaten im kleinen, sobald die notwendigen Anpassungen für größere Wählergruppen schmerzlich zu werden drohen. Die Folgen sind dann auch ähnlich wie in den Staatswirtschaften: Verschwendung von Ressourcen, wirtschaftlicher und technischer Rückstand in den »geschützten« Sektoren, wuchernde Bürokratie, kriminelle Erscheinungen von der Bildung schwarzer Märkte bis hin zur Subventionserschleichung.

Während in diesen Fällen versucht wird, ehemals funktionierende marktwirtschaftliche Mechanismen außer Kraft zu setzen, sobald sie zu Ergebnissen führen, die man entweder aus sozialen oder aus politischen Gründen nicht akzeptieren will oder die den Interessen mächtiger *pressure-groups* zuwiderlaufen, kommt man in anderen Bereichen gar nicht erst auf die Idee, den so oft bewährten Versuch zu wagen, ein Problem auf marktwirtschaftliche Weise zu lösen – nach dem Motto »Das haben wir noch nie so gemacht«. Ein Beispiel dafür ist die Beschäftigungskrise, für die es auch nach über einem Jahrzehnt der Massenarbeitslosigkeit noch nicht einmal einen neuen Lösungsansatz gibt. Dabei handelt es sich doch ganz offenkundig um ein bisher einmaliges Phänomen: Massenarbeitslosigkeit im Massenwohlstand hat es in der bisherigen Wirtschaftsgeschichte noch nicht gegeben. Während der Weltwirtschaftskrise in den dreißiger Jahren und nach dem Zweiten Weltkrieg herrschte noch die herkömmliche Kombination von Massenarmut und Massenarbeitslosigkeit.

Daß diese neue Konstellation bisher so wenig beachtet wird, ist deshalb erstaunlich, weil sich daraus doch ganz andere Verhaltensweisen ergeben müssen als in früheren Perioden hoher Arbeitslosigkeit. (Siehe dazu Kapitel 9).

Wo die marktwirtschaftliche Lösung angestrebt wird, beweist sie immer wieder ihre Überlegenheit; wird Marktwirtschaft aus ideologischen Gründen unterdrückt, setzen sich dennoch immer wieder marktwirtschaftliche Verhaltensweisen durch. Aber selbst da, wo sie sich entfalten konnte und unbestreitbar die Voraussetzung für einen nie zuvor erreichten Massenwohlstand und persönliche Freiheit war, wird sie dennoch immer wieder in Frage gestellt oder von denen im Alltag zu unterlaufen versucht, die sich am Sonntag lauthals zu ihr bekennen. Und ihren Ruf, eine vielleicht erfolgreiche, aber moralisch fragwürdige Einrichtung zu sein, weil sie auf Eigennutz und Gewinnstreben beruht, wird die marktwirtschaftliche Ordnung wohl auch nie ganz loswerden. Warum? Wieder drängen sich Parallelen zur Sexualität auf.

Weil die Menschen den eigenen Bedürfnissen aufgrund religiöser Lehren oder weltanschaulicher Einstellungen oft mit Mißtrauen und moralischen Skrupeln gegenüberstehen, neigen viele dazu, ihre Befriedigung als Sünde aufzufassen. Ein anderer Grund ist, daß Gewinnstreben (»Profite machen«) oft mit Ausbeutung verwechselt wird. Dabei streben wir nicht nur im wirtschaftlichen Bereich, sondern überall im Leben danach, einen Gewinn zu erzielen und Verluste zu vermeiden. Wer ein Buch liest, will dies mit Gewinn (an Wissen, Unterhaltung, Entspannung) tun, und wenn er einen Verlust befürchtet (weil er sich langweilt, seine Zeit damit vergeudet), legt er es aus der Hand. Ähnliches gilt für den Besuch von Konzerten oder Museen, wissenschaftliche Arbeiten, den Sport und die Gesundheitspflege: Solange wir rational handeln, tun wir nichts im Leben, wenn wir dabei eine Einbuße befürchten; wir streben immer nach zusätzlichem Nutzen – sei es für uns, sei es für andere. Wirtschaftliches Gewinnstreben ist also nur eine Variante des allgemeinen Gewinnstrebens.

Weil Eigennutz als moralisch fragwürdiger Trieb gilt, wird auch eine Ordnung, die darauf aufbaut, leicht als anrüchig betrachtet. Dabei besteht doch der »marktwirtschaftliche Trick« gerade darin, den Eigennutz als Mittel zur Erreichung eines möglichst hohen Gemeinnutzens einzusetzen, während er in einer sozialistischen Ordnung ebenso wie in vielen Fällen im sozialen System der westlichen Industriestaaten vor allem dazu verleitet, den eigenen Nutzen auf Kosten der Gemeinschaft zu suchen (siehe Kapitel 10).

Die eklatanten Mißerfolge sozialistischer und planwirtschaftlicher Experimente werden gern damit erklärt, daß der »real existierende Sozialismus« ein Verrat an der reinen Lehre sei, daß Diktatoren wie Josef Stalin oder Nicolae Ceaușescu Unglücksfälle der Geschichte seien, die die große Idee pervertiert hätten. Doch das ist falsch. Da sich überhaupt nicht übersehen läßt, daß marktwirtschaftliches Verhalten offenbar am besten der menschlichen Natur entspricht, fällt es schwer zu glauben, daß die sozialistische und planwirtschaftliche Variante auf irgendeine geheimnisvolle Weise doch noch zu der humaneren Alternative gestaltet werden könnte. Außer in den israelischen Kibbuzim und anderen Kleinst-Gesellschaften hat sich eine sozialistische oder kommunistische Lebensform noch nie lange ohne äußeren Zwang halten können. In Israel liegt die Erklärung für das Überleben dieser Gemeinschaften darin, daß sich jedes Mitglied aus ihr lösen kann, wenn ihm diese Form des Lebens und Wirtschaftens nicht mehr zusagt. Hätte Erich Honecker das auch erlaubt, dann hätte er noch länger als Generalsekretär amtieren können – allerdings nur als Oberhaupt eines kleinen Clubs von Sektierern irgendwo in der Schorfheide. Da sich die große Mehrzahl der Menschen offenbar für den Sozialismus wenig eignet oder sich in ihrer Freiheit und der Entfaltung ihrer Kreativität durch ihn behindert fühlt, sind alle sozialistischen Experimente, die ganze Staaten erfassen, notwendigerweise mit Zwang verbunden. Auch das Argument, daß das Umdenken einige Zeit brauche, sticht nicht. Denn wenn es nach über siebzig Jahren in der UdSSR immer noch nicht gelungen ist, den »neuen Menschen« in ausreichender Zahl zu züchten – wie lange soll der Zwang denn noch ausgeübt und welche Mittel angewandt werden, um das Erziehungsziel zu erreichen?

Politische und geistige Freiheit lassen sich nicht mit der Durchsetzung einer Ideologie verbinden, die den Anspruch erhebt, im alleinigen Besitz der Wahrheit zu sein. Gibt sie diesen Anspruch aber ebenso auf wie das Machtmonopol, dann haben sozialistische Parteien keine Chance mehr, die Gesellschaft zu »ihrem Glück« zu zwingen. Treiben sie es zu arg, bekommen sie entweder nie ausreichende Mehrheiten oder werden abgewählt. Zur offenkundigen Unzweckmäßigkeit im ökonomischen Bereich kommt somit die erwiesene Unmöglichkeit, dogmatischen Sozialismus und Kommunismus mit Demokratie zu verbinden.

Das gleiche gilt allerdings auch für den reinen Kapitalismus. Das zeigt sich in asiatischen Ländern wie Korea oder dem Stadtstaat Singapur, es erweist sich aber auch immer wieder in Südamerika. Auch in Europa wäre eine Synthese von Kapitalismus pur mit echter Demokratie sicher nicht möglich gewesen. Doch im Gegensatz zum Sozialismus hat sich der Kapitalismus als reformfähig erwiesen. In den modernen westlichen Marktwirtschaften sind neben den sozialen zwar auch starke kapitalistische Elemente vorhanden, aber das Geheimnis liegt in der richtigen Mischung und in der Kontrolle beider Elemente durch den Wettbewerb.

Ob es gelingt, auch in Zukunft die richtige Balance zu finden, ist für den gemeinsamen deutschen Weg von ebenso großer Bedeutung wie für die Entwicklung und den Erfolg der Europäischen Gemeinschaft. Was die soziale Marktwirtschaft nach dem Krieg geleistet hat, macht ein längerfristiger Einkommensvergleich deutlich, der zeigt, welche Wohlstandsexplosion stattgefunden hat – und zwar vorwiegend im dritten Viertel unseres Jahrhunderts. Versucht man, das jährliche Volkseinkommen je Kopf der Bevölkerung in den letzten 150 Jahren zu ermitteln und in Geld von heutiger Kaufkraft auszudrücken, so ergibt sich dabei folgende Entwicklung:

● In dem Vierteljahrhundert von 1879 bis zur Jahrhundertwende stieg trotz der gerade in dieser Zeit stürmischen technischen Entwicklung das Einkommen je Einwohner im Deutschen Reich nur von etwa 1800 Mark auf rund 2400 Mark im Jahr, also um ein Drittel.

● In den darauffolgenden 25 Jahren, die vom Ersten Weltkrieg gekennzeichnet waren, wuchs das Durchschnittseinkommen trotz eines Zwischenhochs nur um wenig mehr als fünf Prozent.

● Im zweiten Viertel des Jahrhunderts bis 1950 stieg das Einkommen – trotz der Störungen durch die beiden Katastrophen Weltwirtschaftskrise und Zweiter Weltkrieg – erneut um etwa ein Drittel. Dabei wurden die größten Fortschritte zwischen 1945 und 1950 erzielt. Gemessen daran, daß sich zuvor in Jahrhunderten die materielle Lage der breiten Masse der Bevölkerung kaum verbessert hatte, war dies sicherlich ein gewaltiger Fortschritt.

● Doch er verblaßt vor dem Massenwohlstand im dritten Viertel unseres Jahrhunderts, als die produktive Leistung in allen westlichen Industrieländern wie noch nie zuvor in der Geschichte der Menschheit zunahm. In der Bundesrepublik Deutschland schoß das reale Einkommen je Kopf um über 300 Prozent in die Höhe, obwohl sich die Zahl dieser Köpfe zwischen 1950 und 1975 von knapp 50 auf über 60 Millionen Menschen erhöht hatte. Die gesamtwirtschaftliche Leistung wuchs folglich noch stärker als das Durchschnittseinkommen, nämlich um mehr als das Fünffache. Dementsprechend nahm auch die Menge der Güter zu, die für den privaten Verbrauch zur Verfügung standen, die Einnahmen und Ausgaben des Staates, die Investitionen der Unternehmen, die Aus- und Einfuhren.

• Bis zum Beginn der neunziger Jahre stieg die gesamtwirtschaftliche Leistung seit 1975 real um weitere vierzig Prozent.

Weil exakte statistische Unterlagen aus früheren Jahrhunderten fehlen und ein Vergleich der Realeinkommen wegen der sehr unterschiedlichen Lebensgewohnheiten immer problematisch ist, soll hier die Einkommensexplosion zusätzlich anhand von Daten aus diesem Jahrhundert deutlich gemacht werden. Sie reichen bis ins Jahr 1925 zurück. Damals begann die systematische Erfassung der Lohnentwicklung. Natürlich lassen sich auch diese Zahlen nicht einfach miteinander vergleichen, weil der Wert der Mark durch die in unterschiedlichem Tempo steigenden Preise sich ständig verändert. So hatte zum Beispiel die Reichsmark von 1925 etwa die vierfache Kaufkraft der D-Mark zu Beginn der achtziger Jahre. Um die Löhne vergleichbar zu machen, mußte das Statistische Bundesamt sie deshalb auf Basis der 1982 geltenden Preise umrechnen.

Dabei ergab sich folgendes Bild: Im Jahre 1925 brachte ein Arbeitnehmer im Monat nicht mehr als 498 Mark nach Hause. In dem Vierteljahrhundert bis 1950 erhöhte sich das durchschnittliche Netto-Einkommen um rund zwanzig Prozent auf 595 Mark. Der große Sprung erfolgte in den 25 Jahren danach. Der Monatsverdienst nach Abzug aller Steuern und Sozialabgaben stieg um über zweihundert Prozent und erreichte im Jahr 1975 durchschnittlich 1809 Mark. Im dritten Quartal des Jahrhunderts hat sich das Tempo der Lohnerhöhungen somit gegenüber dem vorangehenden Zeitabschnitt verzehnfacht. Zu Beginn der neunziger Jahre lagen die durchschnittlichen Bruttoeinkommen aller Arbeitnehmer über viertausend D-Mark. 1950 wäre noch jeder verlacht worden, der eine solche Einkommensentwicklung für möglich gehalten hätte.

Um das volle Ausmaß dieser Leistungs- und Wohlstandssteigerung erfassen zu können, muß man sich aber auch noch vor Augen halten, daß dies erreicht wurde, obwohl gleichzeitig die Arbeitszeit drastisch gesenkt wurde. Mußten die Erwerbstätigen vor 150 Jahren im Durchschnitt noch über 4000 Stunden im Jahr für ihr kümmerliches Einkommen schuften – also außer an Sonn- und hohen Feiertagen und ohne Urlaubsanspruch elf bis zwölf Stunden am Tag und 82 Stunden in der Woche –, so reichten für das ungleich komfortablere Leben im Jahre 1975 ganze 1818 Stunden beziehungsweise 40 bis 42 Stunden in der Woche. Zu Beginn der neunziger Jahre waren es knapp 39 Wochenstunden in der Bundesrepublik.

Mit ins Bild gehört auch, daß die Arbeit im vorigen Jahrhundert nicht auf bequemen Bürostühlen erledigt wurde oder vorwiegend aus dem Drücken von Hebeln und Knöpfen bestand, sondern häufig den äußersten körperlichen Einsatz verlangte – ob hinter dem Pflug, in den Wanten eines Segelschiffes, mit dem Pickel im engen Stollen eines Bergwerkes oder mit dem Hammer am glühenden Ofen – und unter widrigen Begleitumständen, wie Zugluft, Hitze, Kälte, Dreck oder Lärm, die heute sofort die Gewerbeaufsicht auf den Plan rufen würden.

Der Erfolg moderner westlicher Industriestaaten beruht auf der Kombination von Demokratie und Marktwirtschaft. Das bedeutet, daß sich die Gewaltenteilung im Staat zwischen Regierung, Parlament und unabhängiger Rechtsprechung in den Bereich der Wirtschaft hinein fortsetzt. Politik und Rechtsprechung können zwar in den Wirtschaftsablauf eingreifen, müssen sich dann aber auch mit den am Markt auftretenden Folgen abfinden. Falsche Entscheidungen führen zu entsprechenden Reaktionen bei Unternehmen, Arbeitnehmern, Verbrauchern und Sparern. »Wir sind das Volk«, riefen die Menschen in der DDR trotzig. In einer Marktwirtschaft könnten sie sagen: »Wir sind die Wirtschaft.«

Weil der Markt sich keinen Befehlen unterwirft, sondern eine zutiefst demokratische Veranstaltung ist, müssen autoritäre Politiker oder Systeme, Bürokratien und Diktaturen ihn als Einschränkung ihrer Macht oder gar als Bedrohung empfinden. Das gilt auch für große Unternehmen, die immer danach streben, sich den Kräften des Marktes durch Konzentration, den Aufkauf von Konkurrenten oder die Bildung von Monopolen zu entziehen. Aufgabe der Wettbewerbspolitik ist es, genau dieses zu verhindern, damit das Volk in seiner Eigenschaft als Verbraucher auch in diesem Bereich der oberste Souverän bleibt. In den ehemals sozialistischen Ländern kann die Rückkehr zu

Formen des Wirtschaftens, die nicht bürokratie-, sondern menschengerecht sind, allerdings nicht völlig schmerzfrei verlaufen. Aber das darf kein Grund sein, auf eine Operation zu verzichten, die allein die Heilung bringen kann.

Fazit

Marktwirtschaft ist alles andere als nur ein Schlagwort. Sie ist nicht nur die erfolgreichste Wirtschaftsordnung, sondern auch diejenige Form des Wirtschaftens, die Menschen immer dann gewählt haben, wenn ihnen nichts anderes aufgezwungen wurde. Aber die Freiheit, die sie gewährt, kann auch unbequem sein für diejenigen, die sich veränderten Wünschen der Nachfrager anpassen müssen. Sie ist auch unbequem für autoritäre Regime. Auf die Dauer können marktwirtschaftliches Verhalten und das Streben nach persönlicher und politischer Freiheit aber ebensowenig unterdrückt werden wie menschliche Sexualität. Einmal freigesetzt, werden diese Kräfte auch dort, wo sie von den SED-Bürokraten so lange unterdrückt wurden, eine Dynamik entfalten, die ein zweites deutsches Wirtschaftswunder möglich macht.

Das neue Deutschland

5
Die Bundesrepublik:
Stark genug für einen historischen Kraftakt?

Die Bundesrepublik steht vor einer Aufgabe, wie sie sich in dieser Form noch keinem Land gestellt hat: der raschen Integration eines Staates, mit dem es zwar viele Gemeinsamkeiten gibt, der sich aber vier Jahrzehnte lang ökonomisch, sozial und gesellschaftspolitisch in eine völlig andere Richtung entwickelt hat. Historische oder gar zeitgenössische Beispiele, an denen man sich bei diesem Kraftakt orientieren könnte, gibt es nicht. Vor einer ähnlichen Herausforderung könnte allenfalls Korea später einmal stehen. Auch die Entwicklung der Europäischen Gemeinschaft bietet wenig Anschauungsmaterial. Denn dabei handelt es sich um die langsame Annäherung souveräner Staaten, die nur schrittweise und auf dem Weg ständiger Kompromisse ihre wirtschaftlichen, sozialen, politischen und rechtlichen Strukturen angleichen, gleichzeitig aber ihre kulturelle Identität und unterschiedlichen Lebensformen bewahren wollen.

Die Bundesdeutschen hatten über lange Zeit viele Gemeinsamkeiten mit ihren westlichen Nachbarn – nämlich Freiheit, Demokratie, Marktwirtschaft, Rechtsstaat und Massenwohlstand –, die sie mit ihren Landsleuten in der DDR nicht teilen konnten. Dennoch sind Nationalität, Sprache, Geschichte und Kultur trotz Mauer und Todesstreifen eine so starke Klammer geblieben, daß – rascher, als manchem lieb ist –»wieder zusammenwächst, was zusammengehört«, wie Willy Brandt sagte. Die von der großen Mehrheit der Menschen in der DDR getragene Formel dafür: »Wir sind ein Volk«. Dieser Satz auf vielen Spruchbändern und ungezählten Trabi-Aufklebern gab eine Richtung vor, der auch die Politik in Berlin und Bonn folgen mußte. Die schwierige politische Doppelaufgabe der neunziger Jahre besteht deshalb darin, beides miteinander zu verbinden: Die Wiederherstellung der nationalen Einheit einerseits und die Überwindung des Nationalstaates alter Art im Rahmen der europäischen Integration andererseits.

Die Deutschen in Ost und West müssen dies zwar gemeinsam bewältigen, es werden ihnen dabei jedoch sehr unterschiedliche Beiträge abgefordert. Bei den Deutschen im Osten geht es neben der Aufbauarbeit vor allem um eine psychische Leistung. Sie müssen nicht nur für sie völlig neue demokratische, marktwirtschaftliche und rechtsstaatliche Strukturen schaffen und den Umgang damit einüben. Ihnen wird überdies ein rascher und zugleich tiefgreifender Wandel der Verhaltensweisen, Denkgewohnheiten und Wertvorstellungen zugemutet, für den die Landsleute im Westen ebenso wie Franzosen, Belgier oder Italiener vier Jahrzehnte Zeit hatten. Offene Grenzen, der gleichberechtigte Umgang mit Menschen anderer Nationalität, nicht nur in den gemeinsamen europäischen Institutionen in Brüssel oder Straßburg, sondern täglich am Arbeitsplatz oder in der Freizeit – daran haben sich auch die Bundesbürger erst gewöhnen müssen. Die Selbstverständlichkeit, mit der Jugendliche aus ganz Europa sich in den Nachbarländern bewegen, am Schüleraustausch teilnehmen, in den Familien der Gastländer leben, sich an Sprachkursen beteiligen oder studieren, sich im Nachbarland einen Job suchen – sie hat sich über Jahre entwickelt. Nationale Gesetze müssen daraufhin überprüft werden, ob sie mit dem europäischen Recht vereinbar sind – auch bundesdeutsche Parlamentarier und Richter haben es erst lernen müssen. Die Deutschen im Osten werden sich in diesem Europa, dessen Mitglieder sie nun sind, sehr viel scheller zurechtzufinden haben als die Bürger anderer Länder, bei denen vor der Vollmitgliedschaft stets lange Verhandlungs- und Übergangsfristen lagen. Ob alte oder neue Bundesbürger, danach wird bald nicht mehr gefragt, wenn es um deutsche EG-Bürger geht.

Den Bundesdeutschen stellen sich andere, aber nicht weniger schwere Aufgaben. Von ihnen wird angesichts ihrer ökonomischen Potenz bei der nationalen Vereinigung ebenso wie bei der europäischen Integration eine herausragende Leistung erwartet. Der wirtschaftliche Riese muß jedoch zugleich politische Aufgaben lösen, bei denen Fingerspitzengefühl gefragt ist. Denn es kommt nicht nur darauf an, bei der Bewältigung des nationalen Integrationsprozesses gegenüber dem schwächeren Teil Takt und Verständnis zu zeigen und den neuen Bundesbürgern den Übertritt in die andere Gesellschaftsordnung »aufrechten Ganges« zu ermöglichen; es dürfen auch bei den Freunden im Westen keine Zweifel und Ängste aufkommen. Niemand wird behaupten können, daß dies seit dem 9. November 1989 immer gelungen ist.

Doch damit nicht genug. Auch in der Bundesrepublik besteht nach wie vor in weiten Bereichen Innovations- und Reformbedarf. Die atlantische Partnerschaft wird weiter gepflegt werden müssen, weil eine alte Freundschaft nicht neuen Freunden geopfert werden sollte. Die Dritte Welt ruft weiterhin nach Hilfe. Die ehemals sozialistischen Staaten haben aus vielerlei Gründen Anspruch auf unsere Solidarität. Die Sowjetunion muß – in unserem eigenen Interesse – selbst dann unterstützt werden, wenn der Reformprozeß viel mühsamer vorankommt als in den anderen Staaten des ehemaligen Ostblocks. Wer mit seiner Hilfeleistung so lange warten will, bis auch in Moskau Demokratie und Marktwirtschaft verwirklicht sind, wird es vielleicht nie erleben.

An Aufgaben für die neunziger Jahre mangelt es also nicht. Die Frage ist nur, ob die Bundesrepublik moralisch, politisch und nicht zuletzt auch wirtschaftlich einer solchen Herausforderung gewachsen ist. Noch vor zehn Jahren wäre sie es wohl kaum gewesen. Denn die in frühen Wunderjahren vorherrschende Fortschrittsgläubigkeit und die – aus heutiger Sicht oft recht naiv erscheinende – Überzeugung, daß durch die Vereinigung von Technik und Vernunft fast alles machbar sei, waren seit den siebziger Jahren einem wachsenden Pessimismus gewichen.

Die mageren Jahre

Unter dem Aspekt der Beschäftigungsmöglichkeiten begannen die mageren Jahre in der Bundesrepublik ohnehin bereits 1974/75. Denn zu jener Zeit gab es erstmals seit den fünfziger Jahren wieder mehr als eine Million Arbeitslose. Nach dieser Art von Zeitrechnung begannen auch in Frankreich, Italien, Großbritannien und den meisten anderen Ländern der Europäischen Gemeinschaft die mageren Jahre schon in der Mitte der siebziger Jahre. Seit 1974 wuchs in der EG die Zahl der Arbeitslosen fast kontinuierlich. Waren es damals insgesamt 2,6 Millionen, so suchten Anfang 1983 schon zwölf Millionen vergeblich nach einer Beschäftigungsmöglichkeit. Mitte der siebziger Jahre begann die bis heute ungelöste Beschäftigungskrise. Wir stehen dabei vor einer völlig neuen Erscheinung: der Kombination von Massenwohlstand und Massenarbeitslosigkeit – ein Widerspruch, der auch zu Beginn der neunziger Jahre nicht aufgelöst war. Im Gegenteil. Eine der großen Fragen des Jahrzehnts wird deshalb sein, welche Lehren aus den Erfahrungen in der Bundesrepublik für den Umbau östlich der Elbe gezogen wurden (Kapitel 8). Denn auch hier wurde das Lehrgeld im Westen schon bezahlt.

Helmut Kohl, der im Herbst 1982 an die Spitze der Bonner Regierung trat, hatte sich zum Ziel gesetzt, ein Kanzler der »Wende« zu sein. Er konnte auch darauf bauen, daß ein großer Teil der Bürger genau dies von ihm erwartete. Ob allerdings alle, die damals einen Kurswechsel in der Wirtschafts-, Finanz- und Sozialpolitik oder gar eine »geistig-moralische Wende« erhofften, die gleiche Vorstellung von der Art dieses Wechsels hatten wie Helmut Kohl, ist eine andere Frage.

Ganz anders stellte sich dies dar, als der langjährige SED-Parteichef und Staatsratsvorsitzende Erich Honecker im Herbst 1989 abtreten mußte. Da erwarteten diejenigen, die dies mit ihrer friedlichen Revolution erreicht hatten, zwar ebenfalls eine »Wende«. Doch sie meinten damit viel mehr als die Bundesbürger sieben Jahre zuvor. Sie wollten eine radikale Umgestaltung der politischen, sozialen und ökonomischen Struktur und – wie die Wahl am 18. März 1990 schließlich zeigte – sogar das Ende dieses Staates. Wenn Deutsche in Ost und West den gleichen Begriff verwenden, meinen sie nicht immer dasselbe.

In der Bundesrepublik wurde die Wende 1982 durch normale demokratische Vorgänge eingeleitet – nämlich zunächst durch einen Wechsel der Mehrheiten im Parlament und dann durch eine Bestätigung dieser Veränderung durch das Wahlvolk. Und im Gegensatz zur Entwicklung in der DDR sollte die Wende in der Bundesrepublik auch nach dem Willen der übergroßen Zahl der Wähler, die sie per Stimmzettel herbeiführten, keineswegs den völligen Bruch mit der

Vergangenheit bringen. Sie sollte lediglich eine der Kurskorrekturen sein, wie sie den Bürgern in allen funktionierenden Demokratien von Zeit zu Zeit notwendig erscheint, wenn nach der mehr oder weniger langen und erfolgreichen Herrschaft einer Partei deren Fähigkeit zur Konflikt- und Problemlösung nachzulassen scheint.

Fit für die größte Herausforderung?

Hat der Wechsel der Mehrheiten tatsächlich die Wende gebracht? Ist der zu Beginn der achtziger Jahre tiefsitzende und weitverbreitete Pessimismus verflogen? Wie gut ist die Bundesrepublik auf die größte Herausforderung – aber auch Chance – ihrer Geschichte vorbereitet? Sind die achtziger Jahre genutzt worden, um genügend Kraft zu sammeln und einige der Schwächen in Wirtschaft und Gesellschaft zu beseitigen, die in den siebziger Jahren offenkundig wurden? Anders als in der DDR ist in der Bundesrepublik zumindest im ökonomischen Bereich nach fast einem Jahrzehnt Kanzlerschaft Kohl bereits ein Urteil darüber möglich, ob die versprochene Wende vollzogen und die Bundesrepublik auf den schweren Endspurt zur Jahrtausendwende gut vorbereitet ist.

Zu den wirtschaftlichen, finanzpolitischen, sozialen und gesellschaftspolitischen Problemen, für deren Lösung die damalige sozialliberale Koalition nach Ansicht vieler Wähler entweder die Kraft oder die Phantasie verloren hatte, gehörten zu Beginn der achtziger Jahre:

- eine hohe und rasch steigende Arbeitslosigkeit,
- eine immer drückendere Steuerlast,
- überbordende soziale Leistungen und dabei vor allem die Kostenexplosion im Gesundheitswesen,
- die ungesicherte Finanzierung der Altersrenten,
- ein mäßiges Wirtschaftswachstum,
- eine als beängstigend empfundene Staatsverschuldung,
- wuchernde Subventionen,
- hohe Preissteigerungsraten.

Dieser Aufgabenkatalog war von beeindruckender Länge. Aber er täuschte auch ein wenig. Denn zwischen allen diesen Schwachpunkten oder Fehlentwicklungen gab es enge Zusammenhänge. Deshalb konnte es auch kaum Lösungen ohne Auswirkungen auf die anderen Problemfelder geben. Und die Folgewirkungen sind für die Steuerzahler oder die Empfänger von Leistungen nicht immer nur angenehm. Dies wurde breiten Kreisen der Bevölkerung und vor allem den Interessengruppen, die ihr Einkommen im Bereich des Gesundheitswesens verdienen, schmerzhaft bewußt, als es an die Reform der sozialen Krankenversicherung ging. Da war auch bei vielen derjenigen, die zuvor mit Nachdruck Reformen gefordert hatten, die Begeisterung rasch vorbei.

Besser als ihr Ruf

Allerdings schrien nicht nur diejenigen auf, deren Einkommen durch die Eingriffe in die wuchernden Kosten tatsächlich geschmälert wurden. Es klagten auch viele von denen, die als Beitragszahler zu den Nutznießern der Reform gehören. Denn bei den beiden wichtigsten Elementen der Wendepolitik, der Gesundheits- und der Steuerreform, enthüllte die Bonner Regierung eine ihrer größten Schwächen: die Unfähigkeit zum überzeugenden »Verkauf« dieser nicht nur notwendigen, sondern unter dem Strich durchaus erfolgreichen Wendemanöver. Daß diese Reformen ständig von Koalitionsgezänk begleitet waren, das sich zudem noch oft an Nebensächlichkeiten entzündete, ist die wichtigste Erklärung dafür, warum die Regierung Kohl sich immer so schwertat, die politische Ernte für die Bewältigung dieser Aufgaben in ihre Scheuern zu fahren. Denn an Mut und Durchsetzungsvermögen hat es dabei vor allem dem Gesundheitsminister Norbert Blüm nicht gefehlt. Ob die mit Blüms einsamem Kampf gegen die Schar der Lobbyisten angestrebten Ziele erreicht werden, konnte bei der Verabschiedung der Gesetze nur erhofft werden. Doch je mehr Zeit vergeht, um so deutlicher wird, daß zumindest Fortschritte bei der Sanierung des Gesundheitswesens zu verzeichnen sind.

Es hieße Übermenschliches zu verlangen, wenn das Urteil über die Einlösung des Wende-Versprechens davon abhängig gemacht würde, ob in allen der obengenannten Bereiche eindeutige Erfolge erzielt werden konnten. Überdies ist die Bewertung immer abhängig vom

Standpunkt des jeweiligen Betrachters. Was beispielsweise in Arbeitgeberkreisen als Erfolg einer bestimmten Politik anerkannt wird, erscheint Gewerkschaftern in vielen Fällen als soziale Fehlentwicklung – und umgekehrt. Ähnlich krasse Unterschiede in der Bewertung finden wir auch bei der Einschätzung der Reform des Gesundheitswesens durch die Vertreter der sozialen Krankenkassen einerseits und der Apotheker, Optiker oder Ärzte andererseits.

Hinzu kommt, daß bei der Bewertung sowohl der Erfolge als auch der Mißerfolge berücksichtigt werden muß, daß es dabei nicht immer nur um ein Versagen oder um Leistungen der Regierung und der sie tragenden Parteien gehen kann.

Viele Köche...

In unserem pluralistischen Staatswesen und in einer Marktwirtschaft tragen auch die Rechtsprechung, die Bundesbank, die Gewerkschaften, die Arbeitgeber und andere mächtige Verbände sowie immer unübersehbarer auch die – zum Teil höchst eigensüchtigen – Bürgerinitiativen ihren Anteil zu Erfolg oder Mißerfolg der Regierungspolitik bei. Zudem darf bei einem Land wie der Bundesrepublik, das Mitglied der Europäischen Gemeinschaft ist und dessen Verflechtungen mit der übrigen Weltwirtschaft so eng sind, nie übersehen werden, wie groß die Einflüsse sind, die von dort zum Beispiel auf Beschäftigung und Preise, Wirtschaftswachstum und Wechselkurs der Mark ausgehen. Hinzu kommen die positiven und negativen Auswirkungen des Zustroms an Aus- und Übersiedlern auf den Arbeits- und Wohnungsmarkt oder auf die Belastung der Sozialsysteme.

Natürlich bemüht sich jeder Politiker auf der Seite der Regierung darum, positive Entwicklungen eigenem segensreichen Tun für das Gemeinwesen zuzuschreiben. Für Mißerfolge sind ebenso regelmäßig andere verantwortlich. Die Opposition sieht dies in der Regel unter genau umgekehrten Vorzeichen. Richtig ist aber, daß eine von allen Zweifeln freie Zuordnung von Verdienst oder Verantwortung in der Wirtschaftspolitik in vielen Fällen kaum möglich ist, weil sich die konkreten Ergebnisse am Markt meist aus dem Spiel vieler Kräfte und Gegenkräfte ergeben. Somit bleibt fast immer viel Raum für Interpretationen. Der Erfolg hat deshalb in diesem Bereich stets besonders viele Väter.

Besonders deutlich wird dies bei der Betrachtung der Erfolge im Kampf gegen die Inflation. Nachdem in den fünfziger und sechziger Jahren die hohen wirtschaftlichen Wachstumsraten mit einer bemerkenswerten Stabilität des Geldwertes verbunden waren – wodurch damals das Fundament für die Stärke der D-Mark gelegt wurde – drohte die Inflation in den siebziger Jahren zeitweise außer Kontrolle zu geraten. Anfang der achtziger Jahre nahm sie erneut bedrohliche Ausmaße an. Nachdem die 1975 erreichte Preissteigerungsrate von 6,1 Prozent zeitweise bis auf 2,5 Prozent gedrückt werden konnte, schnellte sie 1981 wieder auf 6,3 Prozent hoch – für Deutsche, denen bewußt oder unbewußt immer noch der Schrecken der Hyper-Inflation in den zwanziger Jahren in den Knochen steckt, eine beängstigende Entwicklung.

In den ersten Jahren der Regierung Kohl gelang es, die Inflation so weit zurückzudrängen, wie es sich der ehemalige Wirtschaftsminister Karl Schiller einmal erträumt hatte: Die Preissteigerungen wurden schrittweise bis auf Null zurückgeführt. 1986 und 1987 lagen sie einmal knapp unter, einmal knapp über Null. Doch diese von vielen Wirtschaftsexperten lange Zeit nur um den Preis einer schweren Rezession für möglich gehaltene Stabilität des Preisniveaus war nur von kurzer Dauer. Am Ende der achtziger Jahre ist man schon wieder froh, wenn sich die Inflationsraten nur um drei Prozent herum bewegen.

Die Schuld an den Schulden

Sehr viel klarer als beim Kampf gegen die Inflation läßt sich bei der staatlichen Haushaltspolitik überprüfen, ob Helmut Kohl und seine Minister ihre Versprechen eingehalten haben. Denn die Wende sollte nicht zuletzt eine Umkehr auf dem Weg in eine immer rascher steigende Staatsverschuldung bringen. Die Christdemokraten hatten der damaligen Regierung Schmidt stets vorgehalten, daß sie sich hemmungslos verschulde, um ihre sozialen Wohltaten zu finanzieren, die Wähler zu ködern und – zudem noch ohne Erfolg – die hohe Arbeitslosigkeit zu bekämpfen. Im September 1982 hatte die Union sogar Klage vor dem Bundesverfassungsgericht in Karlsruhe erhoben, weil die sozial-liberale Koalition nach ihrer Meinung mit der im Haushalt veranschlagten Netto-Neuverschuldung von 33,8 Milliarden Mark künftige Generationen in unvertretbarer Weise belaste und damit gegen das Grundgesetz verstoße.

Auch wenn das Bundesverfassungsgericht diese Klage im April 1989 zurückgewiesen hat, weil die erhöhte Kreditaufnahme damals der Abwehr einer Störung des gesamtwirtschaftlichen Gleichgewichts gegolten habe, muß sich die Regierung Kohl nun an den Maßstäben messen lassen, die sie dadurch – und durch ihre politische Kampagne gegen die nach ihrer Meinung unsolide Finanzpolitik Helmut Schmidts – selber gesetzt hat.

Daß die staatliche Schuldenmacherei schließlich zu einem Politikum wurde und energische Versuche unternommen werden mußten, die Finanzierung von Wahlgeschenken auf Pump einzudämmen, ist aus heutiger Sicht noch viel wichtiger, als beim Machtwechsel 1982 zu ahnen war. Denn da in den neunziger Jahren eine verstärkte Kreditaufnahme des Staates zur Finanzierung der notwendigen öffentlichen Investitionen in der DDR sowohl unvermeidlich als auch gerechtfertigt ist, kommt es mehr denn je auf eine gesunde Ausgangsbasis an. Ein Staat, der die politischen oder ökonomischen Grenzen der Verschuldung bereits überschritten hat (wie dies bei Bundesländern wie Nordrhein-Westfalen oder dem Saarland seit langem der Fall ist), legt sich selber Fesseln an und ist schließlich kaum noch zu einer soliden Finanzierung von Zukunftsaufgaben in der Lage.

So umstritten es in der Wissenschaft auch ist, wo die Grenzen der Staatsverschuldung und das Tempo ihres Wachstums liegen sollten, so wenig Zweifel können darüber bestehen, daß eine starke Zunahme der öffentlichen Verschuldung zumindest bei deutschen Wählern Ängste auslöst. Deshalb hat noch jede Opposition versucht, daraus eine Waffe im Wahlkampf zu schmieden. Davon machen auch die 1982 selber vor den Kadi gezerrten Sozialdemokraten keine Ausnahme. Kaum hatte ihnen das Verfassungsgericht bescheinigt, daß sie mit ihrer Kreditwirtschaft auf dem Boden des Grundgesetzes geblieben waren, drehten sie den Spieß um. Sie verlangten im Mai 1989 eine detaillierte Auskunft der Bundesregierung über die Entwicklung der

Staatsschuld seit 1982 und prangerten dabei schon einmal vorweg die Haushaltspolitik Kohls an. Trotz sechs Jahren anhaltend guter Konjunktur sei die Verschuldung des Bundes kontinuierlich gestiegen, weil Steuergelder in »unsinnigen Großprojekten verschwendet« würden. Daß drei von der SPD regierte Bundesländer gleichzeitig ganz oben auf der Liste der Schuldenmacher rangieren und das Saarland pro Kopf am dicksten in der Kreide stand, focht sie dabei wenig an.

Wer die Staatsverschuldung betrachtet, darf allerdings nicht übersehen, daß der Bund mit seiner Sozialpolitik und Steuergesetzgebung nicht nur die eigenen Einnahmen und Ausgaben beeinflußt, sondern auch ganz wesentlich in die Finanzwirtschaft von Ländern und Gemeinden hineinwirkt, da er ihnen einerseits zum Teil kostspielige Aufgaben zuweist und andererseits durch steuerpolitische Beschlüsse ihre Geldquellen mehr oder weniger reichlich sprudeln läßt. Einen großen Teil der Bonner Steuerreform müssen die übrigen Gebietskörperschaften mitfinanzieren.

Eine solidere Basis

Auf den ersten Blick sieht es auch so aus, als ob Helmut Kohl und seine Finanzminister ihre Versprechen, in den achtziger Jahren wieder zu einer soliden Finanzpolitik zurückzukehren, gröblich gebrochen hätten. Der Schuldenberg des Staates ist bis zum Beginn der neunziger Jahre auf rund 930 Milliarden Mark gewachsen und hat damit seit 1982 um über dreihundert Milliarden Mark (oder mehr als fünfzig Prozent) zugenommen. Doch damit liegt die Bundesrepublik unter den hochentwickelten westlichen Industrienationen immer noch auf einem sehr guten Platz. In West-Deutschland betrug Ende 1989 die Gesamtverschuldung rund 44 Prozent des im gleichen Jahr erzielten Bruttosozialprodukts. Gemessen an der jeweiligen Wirtschaftskraft ist die Staatsverschuldung nur in Luxemburg (15 Prozent), Großbritannien (40 Prozent) und Frankreich (43 Prozent) niedriger. In den USA dagegen betrug das Verhältnis von Staatsverschuldung zu gesamtwirtschaftlicher Leistung im gleichen Jahr 51 Prozent, in Japan 65 und in Italien 97 Prozent.

Als Erfolg muß auch gewertet werden, daß seit Beginn der achtziger Jahre die Netto-Neuverschuldung von Bund, Ländern und Gemeinden zusammen seit ihrem Höhepunkt im Jahre 1981 tendenziell zurückgegangen ist – trotz der Politik der Steuersenkungen. Vor allem der Bund blieb mit seiner Verschuldung deutlich unter den Beträgen, die sich die Regierung zur Zeit Helmut Schmidts borgte. Je länger der Bundesfinanzminister an dieser Konsolidierungspolitik festzuhalten versuchte, um so größer wurden allerdings auch die Reibungspunkte mit seinen Kollegen und dem Parlament. Deshalb erinnerten sich die Koalitionspolitiker immer wieder gegenseitig an die Devise, unter der sie angetreten waren. Den ständigen Forderungen der CDU-Sozialausschüsse nach zusätzlichen Sozialleistungen hielt beispielsweise Wolfgang Weng, der haushaltspolitische Sprecher der FDP-Bundestagsfraktion, 1989 entgegen, daß »diese Regierung bei der Wende mit dem Hauptziel angetreten ist, die Staatsfinanzen wieder in Ordnung zu bringen«.

Der Finanzminister hätte sich damit wohl auch nicht so lange durchsetzen können, wenn ihm nicht der ungewöhnlich dauerhafte konjunkturelle Aufschwung zu Hilfe gekommen wäre. Er machte es möglich, die Kreditfinanzierung staatlicher Aktivitäten einzuschränken, ohne daß es dadurch zu allzu schmerzlichen Ausgabenkürzungen kommen mußte. Daß die Neuverschuldung im Jahr 1989 sogar noch geringer ausfiel als geplant, war mehr dem konjunkturellen Glück als der Regierungskunst zu verdanken: Weil das Wirtschaftswachstum kräftiger ausfiel und die Preise schneller stiegen, als bei den Steuerschätzungen angenommen worden war, floß auch mehr Geld in die Kassen. Da so die Kreditaufnahme entsprechend geringer gehalten werden konnte, wuchs der Schuldenberg des Bundes nur um 25 auf 495 Milliarden Mark. Hier muß allerdings angemerkt werden, daß der Bund auch deshalb seine eigenen Ausgaben in Grenzen halten konnte, weil Bundesaufgaben auf andere Träger – wie zum Beispiel die Bundesanstalt für Arbeit – abgewälzt worden sind.

Da sich auch die Kassen der Länder und Gemeinden besser als erwartet füllten, das Alarmgeschrei der angeblich verheerenden Folgen der Steuerreform für die Kommunen sich zumindest als verfrüht erwies, die Träger der Sozialversicherungssysteme sogar Überschüsse erwirtschafteten, verminderte sich nach Feststellung der Bundesbank »das Defizit der öffentlichen Haushalte 1989 auf gut 7 Milliarden Mark; dies entsprach 0,3 Prozent des Bruttosozialprodukts. Eine ähnlich niedrige Defizitquote (0,1 Prozent) war zuletzt 1973 zu verzeichnen gewesen.«

Für das Wahl- und Deutschlandjahr 1990 hatte die Regierung Kohl zwar einen Haushalt vorgelegt, bei dem das Loch zwischen Ausgaben und Einnahmen nur mit 26,9 Milliarden Mark beziffert wurde – also mit einem um rund 7 Milliarden Mark gegenüber dem ursprünglichen Entwurf gesenkten Kreditbedarf. Aber nicht nur die Opposition äußerte heftige Zweifel an der Seriosität dieser Rechnung. Denn neben Einnahmeausfällen infolge der Steuerreform und einem erhöhten Finanzierungsbedarf zur Förderung des Wohnungsbaus deutete sich bereits bei Verabschiedung des Bundeshaushaltes an, daß zunächst durch den starken Zustrom an Aus- und Übersiedlern und dann durch den sich rasant beschleunigenden Prozeß der Wiedervereinigung erhebliche finanzielle Lasten auf den Staat zukommen würden. Die notwendigen Hilfen für die DDR waren bei Verabschiedung des Bundeshaushalts im Herbst 1989 noch in keiner Weise zu übersehen.

Es »zeichnet sich ab, daß die Ausweitung des Währungsgebiets der D-Mark auf die DDR und die Umgestaltung der Wirtschaft der DDR nach marktwirtschaftlichen Ordnungsprinzipien die Bundesrepublik, zumindest zunächst, finanziell zusätzlich belasten wird, ohne daß sich hierfür schon Größenordnungen abgreifen ließen«, schrieb die Bundesbank in ihrem Geschäftsbericht 1989. Und sie fügte hinzu: »Erfreulicherweise ist die Ausgangslage der öffentlichen Finanzen gut. Die Entlastung der Steuerzahler durch die Steuerreform 1990 wird nicht zu einer übermäßigen Anspannung der Haushaltslage der Gebietskörperschaften führen. Die vorausgegangenen Stabilisierungsmaßnahmen besonders auf der Ausgabenseite erlauben es, daß die volkswirtschaftliche Steuerquote 1990 etwa auf den niedrigen Stand vom Ende der fünfziger Jahre zurückgehen wird. Auch im Sozialversicherungsbereich sind durch die 1989 gesetzlich beschlossene Reform der Rentenversicherung auf längere Sicht die Weichen für eine gesamtwirtschaftlich verkraftbare Finanzentwicklung gestellt worden... Die Dynamik der privaten Wirtschaft wird durch die von den öffentlichen Finanzen ausgehenden Impulse gestärkt.«

Von der »Eurosklerose« geheilt

Diese Dynamik hatte sich bereits in der zweiten Hälfte der achtziger Jahre bemerkbar gemacht. Nach der Stagnation der gesamtwirtschaftlichen Leistung im Jahr 1981 und der Schrumpfung des Bruttosozialprodukts um ein Prozent im Jahr danach ging es – wenn auch unter Schwankungen – immer weiter aufwärts. Der ungewöhnlich langanhaltende Boom, der durch die Entwicklung im Osten noch weiter in die Zukunft verlängert werden kann, ließ das pessimistische Gerede von der »Eurosklerose« verstummen, dafür aber Hunderttausende von zusätzlichen Arbeitsplätzen und deutlich steigende Einkommen entstehen. Neben den inländischen Wachstumsimpulsen waren es vor allem die Vorbereitungen auf die Vollendung des Gemeinsamen Marktes, die die Unternehmen innerhalb und außerhalb der Europäischen Gemeinschaft in Schwung brachten. Dadurch entstanden überall in Europa neue Arbeitsplätze, und die wachsenden Steuereinnahmen füllten die öffentlichen Kassen.

Um die öffentlichen Finanzen wäre es beim Start in die neunziger Jahre noch besser bestellt gewesen, wenn die christlich-liberale Koalition nicht erhebliche Mittel für familienpolitische Maßnahmen von zweifelhaftem Wert bereitgestellt hätte und nicht die Folgelasten für den Rückzug aus Wackersdorf zu tragen wären. Vor allem rächt es sich, daß auch die Regierung Kohl nicht die Kraft gefunden hat, bei den Subventionen energisch den Rotstift anzusetzen. Zwar kann sie es sich mit Ruhe anhören, wenn die SPD-Finanzexpertin Ingrid Matthäus-Maier die 30 Milliarden Mark staatlicher Unterstützungen für die Wirtschaft anprangert, die Jahr für Jahr den Bundeshaushalt belasten. Denn was den immer wieder angemahnten und versprochenen Subventionsabbau angeht, hat die Opposition in den siebziger Jahren ebenfalls kläglich versagt. Aber mit ihren eigenen vollmundigen Erklärungen zum Thema Schulden- und Subventionsabbau konfrontiert zu werden, muß Kohl und seinen Mannen dafür um so peinlicher sein. Das Ergebnis der mangelnden Konsequenz wird allen künftigen Regierungen noch einiges Kopfzerbrechen bereiten. Das gilt besonders im Hinblick auf die Wiedervereinigung, denn hier warnt die Bundesbank zu Recht: »Ein deutlicher Abbau von Subventionen erscheint um so mehr angezeigt, als sonst unter Umständen unter Hinweis auf Gleichbehandlung mit sehr hohen zusätzlichen Anforderungen von benachteiligten Wirtschaftszweigen in der DDR gerechnet werden muß.«

Doch abgesehen davon, daß alles immer noch besser gemacht werden könnte, muß der Regierung Kohl bescheinigt werden, daß sie – freilich ohne zu ahnen, welchem Zweck dies in den neunziger Jahren schließlich dienen würde – die öffentlichen Finanzen in der Bundesrepublik so weit in Ordnung gebracht hat, daß in diesem Bereich eine günstige Ausgangsbasis für die Bewältigung der europäischen und der nationalen Aufgaben geschaffen wurde.

Operation Mittelstandsbauch

Neben der in der zweiten Hälfte der achtziger Jahre – wenn auch manchmal mühsam – bewahrten Treue zum Ziel einer haushaltspolitischen Wende hat die Regierung Kohl an ihrem Versprechen einer Steuerreform eisern festgehalten. Seit 1986 sind Entlastungen bei den Lohn- und Einkommensteuern im Umfang von rund fünfzig Milliarden Mark pro Jahr wirksam geworden. Damit wurde dem für die arbeitende Bevölkerung demotivierenden und zu wachsender Staatsverdrossenheit und der Suche nach allerlei Ausweichmöglichkeiten führenden Effekt einer immer schärfer zupackenden progressiven Besteuerung entgegengewirkt – und zwar ohne daß der Staat ärmer geworden wäre. Im Gegenteil. Gegenüber dem Vorjahr nahmen die Steuereinnahmen 1989 zu. Die Steigerung um fast zehn Prozent könnte als Beweis für die Richtigkeit der heftig umstrittenen These gelten, daß sinnvoll konzipierte Programme zur Steuerentlastung den Staat nicht ärmer, sondern letztlich reicher machen. Mehr wirtschaftliche Aktivität und geringere Anreize zu Steuerhinterziehung füllen dann seine Kassen rascher, als dies bei einem fiskalischen Würgegriff der Fall ist.

Die Behauptung, daß die Steuerreform vor allem den Großverdienern zugute komme, ist im politischen Straßenkampf zwar oft wirkungsvoll, bedeutet aber entweder billige Effekthascherei oder zeugt von krasser Unkenntnis. Denn wenn durch einen progressiv wirkenden Steuertarif dafür gesorgt werden soll, daß die Bezieher hoher Einkommen stärker zur Finanzierung des Gemeinwesens beitragen als diejenigen, deren Bezüge unter oder gerade eben über dem Durchschnitt liegen, dann folgt daraus mit zwingender Logik, daß bei einer Senkung dieses Tarifs auch diejenigen stärker entlastet werden, die zuvor besonders rigoros geschröpft wurden. Wer wenig oder keine Steuern zahlt, kann auch nur wenig oder gar nicht entlastet werden. Auch wenn es nach den absoluten Beträgen so aussieht, als ob Großverdiener besonders gut wegkämen, werden in Wirklichkeit die Bezieher kleiner und mittlerer Einkommen am stärksten entlastet.

Leider bedeuten auch die Steuerreformen der achtziger Jahre nur, daß die »heimlichen Steuererhöhungen« für eine gewisse Zeit ausgesetzt werden. Wenn es in den neunziger Jahren nicht zu einem kräftigen konjunkturellen Einbruch kommt, sondern im Gegenteil die Modernisierung der DDR für Aufträge, Beschäftigung und zusätzliches Wachstum sorgt, werden sich die Kassen des Staates prall füllen. Selbst eine weitere Senkung der Einkommensteuer und eine Reform der Unternehmensbesteuerung werden Bund, Länder und Gemeinden nicht verarmen lassen – wie die Erfahrungen mit den bisherigen Steuerreformen zeigen. Sie haben die Arbeitnehmer, die Unternehmer und den Staat reicher gemacht und damit wieder einmal gezeigt, daß Marktwirtschaft im Gegensatz zu bloßer Umverteilungswirtschaft dynamische Prozesse auslöst und kein Nullsummenspiel ist, bei dem der eine nur gewinnen kann, was der andere verliert. Das ist eine Lehre, die auch für alle Investitionen in der DDR gilt.

Aufgrund früherer Schätzungen sollte das Steueraufkommen im Zeitraum von 1990 bis 1993 um 17 Prozent wachsen – und damit stärker als die gesamtwirtschaftliche Leistung, bei der eine Zunahme um 14 Prozent veranschlagt wurde. Das bedeutet, daß die gesamtwirtschaftliche Steuerquote 1990 auf einen Tiefstand von 22,4 Prozent sinken, aber dann schon bald wieder auf 23 Prozent steigen würde und der Anteil der Einkommensteuern am gesamten Aufkommen wieder von 47 auf 50 Prozent zunimmt. Doch da diese Zahlen errechnet wurden, als noch kaum jemand daran zu denken wagte, daß Deutschland-Ost und -West so schnell wieder zusammenwachsen würden, konnten die davon ausgehenden Wachstumsimpulse auch nicht berücksichtigt werden. Mit anderen Worten: Die Staatseinnahmen werden in den neunziger Jahren noch schneller steigen. Das bedeutet, daß auch ohne die oft an die Wand gemalten Steuererhöhungen die notwendigen Mittel zur Finanzierung der DDR-Hilfe in die öffentlichen Kassen fließen.

Statt der von notorischen Pessimisten oder Umverteilungsideologen geforderten Schröpfmaßnahmen wäre nach den bisherigen Erfahrungen sogar eine weitere Senkung des öffentlichen Anteils an der gesamtwirtschaftlichen Leistung sinnvoll. Das motiviert die Steuerzahler – und vor allem die für die Wiederbelebung der Wirtschaft im Osten so wichtigen Mittelständler – und läßt den Staat dennoch nicht darben.

Auch unter diesem Gesichtspunkt war deshalb die Korrektur des »Mittelstandsbauches« eine echte Reformleistung der Regierung Kohl. Angeprangert wurde mit diesem Begriff ein Tarifverlauf, der dazu führte, daß bei mittleren Einkommen die Steuerlast sprunghaft stieg. Da von bestimmten Einkommensgrenzen an auch noch allerlei soziale Leistungen entfallen, bedeutete dies, daß in erster Linie junge Familien und soziale Aufsteiger in die Fänge des Fiskus gerieten, sobald sie sich aus den untersten Einkommensgruppen herausgearbeitet hatten. Dieser ökonomisch unsinnige, sozial ungerechte Tarifverlauf, der leistungswillige Berufstätige demotivieren muß, ist über viele Jahre hinweg immer wieder von der Wissenschaft kritisiert und seine Korrektur von Politikern versprochen worden. Aber dabei blieb es für lange Zeit. Erst der damals verantwortliche Finanzminister Gerhard Stoltenberg brachte die Kraft und den Mut auf, den Mittelstandsbauch tatsächlich wegzuoperieren und durch einen linear-progressiven Verlauf zu ersetzen. Eine – wie wir inzwischen wissen – glückliche Fügung. Denn diese »Operation Mittelstandsbauch« stärkt genau die Gruppierung, die für die Sanierung und Beseitigung des von der SED hinterlassenen Desasters besonders wichtig ist.

Wenn es der Koalition dennoch so schwerfiel, dafür bei den Wählern den erhofften Lohn zu kassieren, dann lag das nicht nur daran, daß die komplizierten steuerpolitischen Beschlüsse nur schwer »zu verkaufen« sind. Es lag auch an einem höchst unglücklichen Fahrplan für das Inkrafttreten der verschiedenen Stufen der Steuerreform und der damit verbundenen Be- und Entlastungen. Ganz besonders kontraproduktiv waren die Versuche vieler Koalitionspolitiker, sich jeweils auf Kosten anderer zu profilieren. Dabei gerieten die eigentlichen Ziele der Steuerreform oft völlig in den Hintergrund und wurden durch einen Krach um Nebensächlichkeiten wie die Besteuerung des Flugbenzins oder den polemisch geführten Streit um den Spitzensteuersatz oft bis zur Unkenntlichkeit verzerrt. Wenn diese Hahnenkämpfe und die höchst dilettantische Öffentlichkeitsarbeit im Umkreis der Steuerreform – zu der auch das Gezerre um die Quellensteuer gehört – vergessen sind, wird nur noch die Erinnerung an einen ebenso schwierigen wie notwendigen und schließlich sogar aus dem Blickwinkel der Steuereintreiber erfolgreichen Eingriff in verkrustete Strukturen bleiben.

Blickt man auf die gesamte Regierungszeit Helmut Kohls in den achtziger Jahren zurück, so zeigt sich, daß der Zugriff des Staates auf die gesamtwirtschaftliche Leistung (die Staatsquote) deutlich zurückgegangen ist. In den Jahren des sozial-liberalen Regimes in Bonn war sie kräftig gestiegen – nämlich nach Berechnung der Bundesbank bis auf fast 52 Prozent 1982. Am Ende der achtziger Jahre lag sie dagegen wieder bei 46,5 Prozent. Wäre es nicht gelungen, den Griff des Fiskus wieder etwas zu lockern, hätten die Staatsausgaben 1989 um mehr als hundert Milliarden höher gelegen, als es dann tatsächlich der Fall war.

Die Rückführung der Staatsquote war auch deshalb wichtig, weil in fast allen Ländern, in denen die öffentliche Hand sich in den vergangenen drei Jahrzehnten einen wachsenden Anteil am gesamtwirtschaftlichen Kuchen nahm, die Probleme und Sorgen nicht kleiner, sondern größer geworden sind. Das verdeutlichte der Niedergang der sozialistischen Staaten zwar in besonders krasser Form, läßt sich aber auch im Westen beobachten. Selbst in Schweden verbreitete sich deshalb die Einsicht, daß eine immer härter zupackende Besteuerung den Staat auf die Dauer nicht reicher macht. Wer die Kuh schwächt oder krankmacht, die er melken möchte, geht am Ende leer aus. Trotz aller taktischen Fehler, die dabei begangen wurden, sind die Steuerreformen ein wichtiger Beitrag zur Erhöhung der wirtschaftlichen Leistungskraft und zur Stärkung der internationalen Wettbewerbsfähigkeit der Bundesrepublik – und damit ein wichtiger Teil des Fitneßprogramms für die neunziger Jahre.

Umbau eines Selbstbedienungsladens

Zumindest zweifelhaft ist, ob sich dies dereinst auch von Norbert Blüms Strukturreform des Gesundheitswesens sagen läßt. Die Notwendigkeit einer Korrektur kann zwar ernsthaft nicht bestritten werden. Da das soziale Gesundheitswesen von fast allen daran Beteiligten immer mehr als Selbstbedienungsladen betrachtet wurde, war die unvermeidliche Folge, daß die Beiträge der Versicherten immer rascher stiegen und in wenigen Jahren zu einer kaum noch tragbaren Belastung der Arbeitnehmer und der Wirtschaft zu werden drohten. Unter den gegebenen Umständen ist jedoch kaum ein Eingriff in das bestehende Gesundheitswesen denkbar, bei dem nicht – und zwar oft sehr schmerzlich – die Interessen von Ärzten, Optikern, Apothekern, Krankenhäusern, Pharmaproduzenten und vielen anderen mächtigen Gruppen berührt werden. Deshalb ist in diesem Bereich auch keine ernsthafte Reform zu verwirklichen, die nicht sofort zu massiven Protesten und Abwehrmaßnahmen der davon Betroffenen führt. Ein Politiker, der sich dennoch dieser Aufgabe stellt, riskiert immer den politischen Selbstmord. Über viele Jahre hinweg ist deshalb trotz eines dringlichen Handlungsbedarfs wenig geschehen, wurde allenfalls an Symptomen herumkorrigiert.

Um so mehr Respekt gebührt deshalb der Regierung Kohl und vor allem Arbeitsminister Norbert Blüm, daß er sich dieser Aufgabe gestellt hat und sich dabei die Feindschaft fast aller beteiligten Interessengruppen zuzog. Dazu gehörte ein Mut, von dem viele Beobachter angenommen hatten, daß er in unserem oft als Gefälligkeitsdemokratie bezeichneten Gemeinwesen überhaupt nicht mehr zu finden sei.

Dies festzustellen bedeutet aber noch nicht, das Ergebnis der Reform ebenso zu bewundern wie die dazu erforderliche Courage. Denn statt sich am Erfolg marktwirtschaftlicher Regelungen zu orientieren, wurde zur Eindämmung der überschäumenden Kosten im Gesundheitsbereich vor allem auf die bisher schon nicht sonderlich erfolgreichen bürokratischen Mittel zurückgegriffen: Kontrollen, Eingriffe in den Preismechanismus, Ausgrenzung von Leistungen, Vorschriften.

In einer Zeit, in der im Osten der Glaube an die staatliche Lenkbarkeit sozialer und ökonomischer Prozesse in einem Desaster geendet hat und Norbert Blüm überall im Lande verkündet, der Sozialismus sei für alle Zeiten tot, sucht er selber Zuflucht zu rigorosen dirigistischen Eingriffen in ein Gesundheitssystem, das seit langem vor allem an seinen bürokratischen Strukturen krankt. Das paßt alles wenig zu einer Regierung, die unter dem Motto »mehr Marktwirtschaft« angetreten ist. Deshalb wird dieser enorme Kraftakt allenfalls kurzfristig zu einer Stabilisierung oder gar Senkung der Beitragssätze in der sozialen Krankenversicherung führen. Langfristig aber wird er zu immer weiteren dirigistischen Eingriffen zwingen. Über verschärfte Zulassungsbeschränkungen zum Medizinstudium oder computergestützte Überwachung der Ärzte, Apotheker und Krankenhäuser wird bereits diskutiert. Doch immer mehr Reglementierungen werden nur zu immer neuen Umgehungsversuchen verleiten, aber nicht zu Sparsamkeit aus Einsicht oder Eigennutz.

Kein Mut zu mehr Markt

Zu einer an marktwirtschaftlichen Ordnungsprinzipien orientierten Reform fehlt Beamten meist die Phantasie. Doch ebenso wie in anderen Bereichen der Sozialpolitik wird auch im Gesundheitswesen nur dann eine durchgreifende und dauerhafte Sanierung gelingen, wenn Regelsysteme eingeführt werden, die sich ähnlich wie im Bereich der Marktwirtschaft an menschlichen Verhaltensweisen orientieren, statt gegen sie anzukämpfen (siehe Kapitel 10).

Obwohl durch die Gesundheitsreform 1989 nach Rechnung des verantwortlichen Ministeriums bereits im gleichen Jahr fast 7,7 Milliarden Mark eingespart wurden und erstmals seit vielen Jahren der durchschnittliche Beitragssatz nicht stieg, sondern von 12,9 auf 12,8 Prozent gesenkt wurde, wird den von Blüm durchgesetzten Maßnahmen der dauerhafte ökonomische Erfolg wohl ebenso versagt bleiben wie der politische. Denn daß er die Anbieter im Gesundheitswesen durch seine Eingriffe und Reglementierungen von bisher so bequem und üppig fließenden Einnahmequellen wegzudrängen versuchte, werden sie ihm nie verzeihen. Das könnten er und seine Partei verschmerzen, wenn wenigstens die Beitragszahler und Patienten als Verbündete gewonnen worden wären. Doch ebenso wie bei der Steuerreform ist es auch hier nicht gelungen, die eigentlichen Adressaten der Reform zu erreichen. Die Betroffenen sehen vor allem, was ihnen genommen wurde oder wo sie zusätzlich belastet werden. Daß es bei der Gesundheitsreform vor allem darum ging, die Beiträge nicht bis zur Unerträglichkeit steigen zu lassen, ist bei den Versicherten nicht angekommen.

Kaum bemerkt: Der Arbeitsplatzrekord

Demgegenüber spielt es für die meisten Wähler nur eine untergeordnete Rolle, daß das Problem der Arbeitslosigkeit nach wie vor ungelöst ist und sich in den achtziger Jahren sogar noch verschärft hat. Als Helmut Kohl ins Kanzleramt einzog, lag die Zahl derjenigen, die beim Arbeitsamt als beschäftigungslos registriert waren, mit 1,83 Millionen fast genau wieder auf dem Stand von 1950. Im Jahr danach wurde sogar die Grenze von 2 Millionen durchbrochen und 1985 mit 2,3 Millionen im Jahresdurchschnitt ein wenig erfreulicher Rekord erzielt. Gleichzeitig stieg – von der Öffentlichkeit fast unbemerkt – aber auch die Zahl der Erwerbstätigen kontinuierlich an. In jedem Jahr wurde ein neuer Arbeitsplatz-Rekord aufgestellt.

Mit 27,9 Millionen Menschen hatten zu Beginn der neunziger Jahre mehr Männer und Frauen einen Arbeitsplatz als jemals zuvor in der Geschichte der Bundesrepublik. Deshalb kann keine Rede davon sein, daß die Regierung Kohl in dieser Hinsicht erfolglos war. Es ist sogar gelungen, die Zahl der Arbeitsplätze noch rascher zu steigern als die Zahl derjenigen, die in den letzten Jahren zusätzlich auf den Arbeitsmarkt drängten: Jugendliche, Frauen, Aus- und Übersiedler und Bürger anderer EG-Staaten. Auch in diesem Fall war es aber bisher nicht möglich, dies in der Öffentlichkeit genügend deutlich zu machen. In den Medien wird immer wieder die Zahl derjenigen in den Vordergrund gestellt, die vergeblich nach einem Job suchen. Aber auch diese Zahl war zu Beginn der neunziger Jahre deutlich gesunken.

Es wird auch viel zuwenig beachtet, daß die Zahl der gemeldeten Arbeitslosen nur für den jeweiligen Stichtag gilt. Die überwiegende Zahl der dann Gemeldeten hat schon nach wenigen Tagen oder Wochen eine neue Beschäftigung. Das ist eher ein Beweis für die Flexibilität der Beschäftigten und der Wirtschaft als ein Alarmzeichen. Zu Sorge Anlaß gibt deshalb nur die Gruppe der Dauerarbeitslosen, also rund ein Drittel der am jeweiligen Stichtag registrierten Arbeitslosen. Auch im Bereich der Beschäftigung war die Regierung weit erfolgreicher als ihre Öffentlichkeitsarbeit. Sie könnte noch viel besser dastehen, wenn die Diskussion über die Ursachen der Arbeitslosigkeit und über unkonventionelle Ansätze zur Bekämpfung dieser sozialen Plage nicht immer noch tabuisiert wäre. Dadurch werden neue Ideen zur Bekämpfung der Arbeitslosigkeit blockiert (siehe Kapitel 9). Doch das ist in Frankreich, Dänemark oder den Niederlanden nicht anders. Daß die Kombination von Massenarbeitslosigkeit und Massenwohlstand ein ganz neues Phänomen reifer Industriestaaten ist und deshalb andere Lösungsansätze erfordert als die Bekämpfung der Arbeitslosigkeit in den dreißiger Jahren (als sie mit Massenarmut verbunden war), wird noch immer nicht gesehen.

Mehr Umweltschutz

Berechtigte Sorgen verdecken auch im Umweltschutz oft den Blick auf die in diesem Bereich ebenfalls erzielten Erfolge. Denn ebenso, wie es gelungen ist, das einstmals als unumstößlich geltende Dogma zu widerlegen, daß wirtschaftliches Wachstum immer mit parallel dazu steigendem Energieverbrauch verbunden sein muß, ist es in wichtigen Bereichen gelungen, eine wachsende wirtschaftliche Leistung und die damit verbundene Umweltbelastung zu entkoppeln.

Zwischen 1971 und 1990 wurden allein vom produzierenden Gewerbe insgesamt rund zweihundert Milliarden Mark für den Umweltschutz ausgegeben. Der Lohn für diesen Aufwand war, daß zum

Beispiel trotz wachsender Produktion seit 1982 die Emission von Schwefeldioxid um zwei Drittel, von Stickoxiden um die Hälfte und die Staubemission um ein Drittel gesenkt werden konnten. Im Rhein hat der Sauerstoffgehalt wieder die Sättigungsgrenze erreicht, und seine Belastung mit Schwermetallen wurde erheblich vermindert, teilweise um 90 Prozent. Die zum Teil eindrucksvollen Erfolge werden allerdings immer wieder überschattet, wenn bisher unerkannte Schäden aufgedeckt oder durch neue Erkenntnisse unheilvolle Zusammenhänge sichtbar werden. Beispiele dafür sind einerseits Altlasten durch Giftstoffe, die früher unwissentlich – in der DDR bis zur Wende sogar wissentlich – in Flüsse und Seen abgelassen wurden oder im Boden versickerten. Andererseits sind es chemische Verbindungen wie Kohlendioxid oder der Ozonkiller FCKW, deren Gefahrenpotential zu spät erkannt wurde.

Der Staat war nicht untätig. Er hat ganze Bündel von Gesetzen und Verordnungen zum Schutz der Umwelt erlassen. Vielfach verraten sie allerdings mehr Gschaftlhuberei als ein klares Konzept. Vor allem fehlt ein ordnungspolitischer Ansatz. Ähnlich wie in der Gesundheitspolitik mangelt es bisher auch in der Öko-Politik an Mut und Phantasie, um den Hebel im Bereich der Marktwirtschaft anzusetzen. Denn auch beim Umweltschutz ließe sich an sehr vielen Stellen der Eigennutz in den Dienst des Gemeinwohls stellen. Das hängt auch damit zusammen, daß diejenigen, die sich in besonders engagierter Form für den Schutz der Umwelt einsetzen – und sich dabei ohne Zweifel auch große Verdienste erworben haben –, viel von Ökologie, aber wenig von Ökonomie halten. Die Grünen und der buntgemischte Haufen alternativer Gruppen, die in der Ökologie den Ton angeben, sind ganz überwiegend Leute, die »der« Wirtschaft im allgemeinen und der Marktwirtschaft im besonderen ablehnend oder gar feindlich gegenüberstehen und zu öko-sozialistischen Träumereien neigen. Dabei sind die gedanklichen Vorarbeiten für eine marktwirtschaftliche Ökologie durch Wissenschaftler wie Holger Bonus von der Universität Münster oder Umwelt-Ökonomen in den USA längst geleistet worden. Es fehlt aber auch hier noch ein Politiker vom Typ Ludwig Erhards, um solche Lösungen gegen die allgegenwärtigen Bedenkenträger durchzusetzen.

Deshalb feiert auch in diesem Bereich die Bürokratie Triumphe.

Eine der Folgen ist, daß außer in Schweden nirgendwo sonst auf der Welt Genehmigungsverfahren so umständlich und langwierig sind wie bei uns. Das führt oft dazu, daß selbst Baumaßnahmen, die dem Schutz der Umwelt dienen, viele Monate und manchmal Jahre verzögert werden. Der Bau moderner Schnellbahnen, die den für die Umwelt besonders belastenden Straßenverkehr reduzieren könnten, kommt deshalb nur im Schneckentempo voran. Die Franzosen hatten längst ein ganzes Hochgeschwindigkeitsnetz geschaffen, ehe in der Bundesrepublik der erste Zug auch nur den Probebetrieb aufnahm. Aber auch die dringend notwendige Anlage neuer Müllkippen und viele andere Initiativen zur Bewältigung der Abfallberge scheitern an den Widerständen Betroffener oder solcher, die sich dafür halten. Die Beseitigung der Wohlstandsreste könnte in Zukunft ein fast ebenso großes Problem werden wie die Schaffung von Wohlstand im Osten.

Schlankheitskur für einen Riesen

Bei der Postreform, die ebenfalls notwendig war, um in der Telekommunikation den Anschluß nicht zu verpassen, hatte die Bundesrepublik zwar nicht die Nase vorn. In Frankreich, Großbritannien oder Japan ist früher erkannt worden, daß der Transport von Information heute und erst recht in Zukunft für eine moderne Volkswirtschaft die gleiche Bedeutung hat wie in früheren Zeiten die Entwicklung der Schiffahrt, der Bau von Eisenbahnen und schließlich von Fernstraßen. Aber immerhin wurden mit dem Poststrukturgesetz, das im Juli 1989 in Kraft trat und den schwerfälligen gelben Riesen in die drei Unternehmen Postdienst, Postbank und Telekom zerlegte, die Voraussetzungen für eine umfassende Reform des Post- und Fernmeldewesens geschaffen. Ob sie tatsächlich genutzt werden oder die bürokratischen Kräfte sich auch in den schlankeren Nachfolgeunternehmen durchsetzen, müssen die neunziger Jahre zeigen.

Der Kampf gegen bürokratisches Denken und Besserwisserei der Verwaltung ist auch das Dauerproblem der staatlichen Forschungspolitik. Zumindest was den finanziellen Aufwand (gemessen an der gesamtwirtschaftlichen Leistung) angeht, steht die Bundesrepublik hinter keinem anderen großen Industrieland mehr zurück. Mit einem Anteil von 2,9 Prozent am Bruttosozialprodukt gehört sie weltweit zur Spitze. Ob sich dies auch immer von den Ergebnissen sagen läßt, ist eine andere Frage. Nach wie vor umstritten ist auch, ob die Bonner Forschungspolitik über geeignete Konzepte verfügt, um die deutsche Wirtschaft optimal auf die Herausforderung der neunziger Jahre vorzubereiten. Über Sinn und Nutzen einer staatlich geförderten oder gar vom Staat gelenkten und in jedem Fall aus Steuergeldern subventionierten Forschung wird gestritten, seit es den Begriff Forschungsförderung überhaupt gibt. Daran wird sich auch in Zukunft nichts ändern. Wir müssen uns deshalb auch immer wieder die Frage stellen, ob die deutsche Forschungspolitik und der dazu gehörende bürokratische Apparat nicht so angelegt sind, daß sie zwar als Pumpstation für den Subventionsstrom bestens geeignet sind, aber die notwendige Kreativität eher lähmen als fördern. Zwar waren manche Politiker sehr flink damit, die Verleihung des Nobelpreises für Physik an Georg Bednorz als Beweis dafür zu reklamieren, daß es mit der deutschen Forschung aufwärtsgeht. Aber mit seiner Äußerung, daß er nicht an einer deutschen Universität arbeiten möchte, weil dort die Kreativität im Wust der Bürokratie erstickt werde, haben sie sich wohlweislich bei dieser Gelegenheit nicht auseinandergesetzt.

Die Bundesrepublik gehört hinsichtlich ihres Forschungsaufwandes ohne Zweifel wieder zur Weltspitze. Aber auch in diesem Bereich zählt nach wie vor allein das Ergebnis, nicht der Aufwand. Das wird von einer selbstzufriedenen Bürokratie immer wieder vergessen.

So lächerlich es erscheinen mag – aber zu den Reformen, die im Rückblick auf die achtziger Jahre genannt werden müssen und für den Ausblick auf die letzte Etappe dieses Jahrtausends wichtig sind, gehört auch die Lockerung des Ladenschlusses. Der Eifer, mit dem gekämpft wurde, um entweder den starren Ladenschluß zu erhalten oder ihn wenigstens ein wenig zu lockern, wäre einer wichtigeren Sache würdig gewesen. Für eine Gesellschaft, die sich zu Freiheit und Eigenverantwortung, mehr Lebensqualität und Marktwirtschaft bekennt, die den mündigen Staatsbürger als Leitfigur hat, war es jedenfalls ein entwürdigendes Schauspiel. Obwohl Frankreich, Großbritannien, Italien oder die USA genügend Anschauungsmaterial dafür bieten, daß flexiblere Ladenschlußzeiten zu mehr Freiheit und Lebensqualität für die Verbraucher führen, ohne gleich die Beschäftigten im Einzelhandel, dem Dienstleistungsgewerbe oder in den Freizeiteinrichtungen ins soziale Elend zu stürzen, hat es sehr lange gedauert, bis diese guten Beispiele die schlechten Sitten in der Bundesrepublik veränderten. Grundsätzlich und gründlich, wie die Deutschen nun einmal sind, sollten dann auch gleich wieder alle Geschäfte – ob Tante-Emma-Laden, Boutique oder Warenhaus – zur selben Zeit die Türen öffnen und schließen. Dabei kann es auch in diesem Bereich getrost dem Wettbewerb überlassen bleiben, welche Läden zu bestimmten Tageszeiten öffnen und schließen.

Einige sture Gewerkschafter haben sich selbst mit der minimalen Lockerung, die durch den Dienstleistungsabend erreicht wurde, bis heute nicht abgefunden. Sie nutzen jede sich bietende Möglichkeit, um das bißchen Freiheit scheibchenweise wieder zu reduzieren. Daß inzwischen die große Mehrzahl der Verbraucher – und das heißt zugleich die große Mehrzahl der Arbeitnehmer – den späteren Einkauf und den damit verbundenen Stadtbummel nicht missen möchte, interessiert sie dabei wenig. Da es ums Prinzip geht, kümmert es diese Rechthaber auch wenig, daß viele Einzelhandelsbetriebe neue Mitarbeiter eingestellt haben und große Kaufhäuser im Einvernehmen mit ihren Beschäftigten Lösungen gefunden haben, die zu einer Verbesserung der Arbeitsbedingungen führen. Sie fürchten, daß hier eine Bresche in die starre Ablehnungsfront geschlagen wurde. Zumindest damit dürften sie recht haben. Zudem könnten die Arbeitnehmer im Einzelhandel früher oder später aufgrund ihrer neuen Erfahrungen auch zu der Erkenntnis kommen, daß es bei den jahrelangen Auseinandersetzungen um den Ladenschluß nicht so sehr um ihren Schutz ging, sondern vielmehr um die Interessen der Gewerkschaft. Denn die Funktionäre kämpfen im Handel ebenso wie in vielen Bereichen der Industrie auch deswegen so verbissen gegen eine Flexibilisierung der Arbeitszeiten und gegen mehr Eigenständigkeit der Betriebsräte beim Aushandeln von Arbeitsbedingungen, weil sie fürchten, dadurch an Macht und Einfluß zu verlieren.

Doch zur Bewältigung der Zukunftsaufgaben und zur Verbesserung der Lebensqualität gehören Phantasie und Flexibilität in allen Bereichen von Wirtschaft und Gesellschaft. Daß die Ideologen auf die Dauer immer verlieren, ist deshalb eine tröstliche Erfahrung –

gleichgültig ob es dabei um den Ladenschluß, die Mauer in Berlin oder die Planwirtschaft geht. In allen drei Fällen hat der Kampf um ihre Beseitigung fast gleich lange gedauert. Während es bei der Mauer allerdings ganz schnell ging, nachdem die erste Bresche geschlagen worden war, ist der Kampf um mehr Freiheit für die Käufer und lebendigere Innenstädte noch lange nicht beendet. Auch wenn es für Beobachter in anderen Ländern kaum zu verstehen ist: Die Lockerung des Ladenschlusses war eine ebenso mutige wie notwendige Reform der christlich-liberalen Koaliton. Sie erforderte angesichts der unglaublichen Verhärtung der Fronten mindestens soviel politische Courage wie die Steuerreform.

Alle wollen schöner wohnen

Einen schweren Rückschlag hat die Regierung in der Wohnungsbaupolitik hinnehmen müssen. Sah es Mitte der achtziger Jahre so aus, als sei auch auf dem Wohnungsmarkt der Mangel endlich überwunden und durch eine Liberalisierung könne in diesem sensiblen Bereich ein freies Spiel von Angebot und Nachfrage dafür sorgen, daß es nie wieder zu ernsthaften Engpässen kommt, war es mit dieser Hoffnung zu Beginn der neunziger Jahre schon wieder vorbei. Die Politik geriet erneut in die Zwickmühle, die sich daraus ergibt, daß Wohnraum einerseits für den privaten Haushalt mit Abstand das teuerste Investitionsgut ist und andererseits ein hochrangiges Sozialgut. Die Spannungen, die daraus entstehen, führen immer wieder dazu, daß sich die Wohnungsbaupolitik in den Dirigismus und Subventionismus flüchtet. Denn jeweils bis zur nächsten Wahl läßt sich der Wohnraummangel wegen der langen Planungs- und Genehmigungsfristen sowie der Bauzeit nie beheben. Milliardenschwere Subventionsprogramme und dirigistische Eingriffe in den Markt können dagegen nach ganz kurzer Vorlaufzeit verkündet werden. Das schafft zwar auch nicht über Nacht neue Wohnungen, macht sich aber gut und nimmt der Opposition den Wind aus den Segeln.

Dabei ist der Wohnraummangel in allen hochentwickelten Industriestaaten in erster Linie eine Folge wachsenden Wohlstands und nicht etwa zunehmender Verarmung. In der Bundesrepublik führen die wieder stark wachsenden privaten Einkommen dazu, daß der Anspruch an Wohnraum sowohl hinsichtlich der Größe als auch der Qualität ständig steigt. Im Durchschnitt nimmt so die pro Person beanspruchte Fläche in jedem Jahr um 0,25 Quadratmeter zu. Das erscheint wenig, addiert sich aber zu insgesamt 15 Millionen Quadratmeter Wohnfläche, die Jahr für Jahr selbst dann gebaut werden müssen, wenn die Bevölkerungszahl stagniert oder sogar schrumpft. Doch das ist nicht der Fall: Durch Aus- und Übersiedler sowie durch den Zuzug von Gastarbeitern und EG-Bürgern ist die Bevölkerungszahl entgegen dem langjährigen Trend und vielen Prognosen wieder deutlich gestiegen.

Hinzu kommen die wachsende Zahl von Scheidungen, die vielen Singles und Jugendlichen mit dem Wunsch nach einer eigenen Wohnung und weit mehr Studenten als früher. In fast allen diesen Fällen entsteht zusätzliche Nachfrage nach Wohnraum, während der zuvor genutzte oft leer bleibt. Ein Student aus Hamburg, der an seinem Heimatort trotz Antrag keinen Studienplatz bekommt, weil die zentrale Zulassungsstelle ihn nach ihrem oft unerforschlichen Ratschluß nach Berlin oder München schickt, braucht dort eine Bleibe. Sein Zimmer im elterlichen Haushalt wird aber nur in den seltensten Fällen an einen Studenten aus München oder Berlin vermietet, der gegen seinen Wunsch in Hamburg studieren muß. Denn erstens braucht man das Zimmer für das eigene Kind, wenn es am Wochenende oder in den Semesterferien kommt, und zweitens haben viele Eltern es finanziell auch gar nicht nötig, Fremde in die Wohnung zu nehmen.

So entsteht dirigistisch-bürokratisch herbeigeführte Wohnungsnot. Sie läßt sich noch steigern, wenn durch Mietstopp und hohe Subventionen die Marktsignale verfälscht werden. Künstlich verbilligter Wohnraum führt zu wachsender Nachfrage und sinkendem Angebot. Steigende Grundstückspreise und Mieten sind zwar ein soziales Ärgernis, schrecken aber einerseits eine überzogene Nachfrage ab und verlocken andererseits zu einem zunehmenden Angebot. Ob der Wohnraummangel zum ständigen Ärgernis in den neunziger Jahren wird oder eine Episode bleibt, wird davon abhängen, ob die Politik sich erneut für mehr Dirigismus entscheidet oder den Mut hat, sich auch dann zu marktwirtschaftlichen Lösungen zu bekennen, wenn – wie dies in Deutschland in regelmäßigen Abständen geschieht – mal wieder eine hysterische Welle über das Land hinwegrollt und den Wählern suggeriert wird, bald müsse die halbe Nation unter Brücken nächtigen.

Insofern unterscheidet sich die psychologische Situation in Ost und West nur graduell. Durch fehlenden Mut zur Marktwirtschaft und die Weigerung, kurzfristig auch einmal die weniger angenehmen Seiten des Strukturwandels zu akzeptieren, können hüben wie drüben Chancen verpaßt werden. Der Unterschied ist nur, daß es den Bundesdeutschen dann etwas weniger gut, den Deutschen im Osten aber weiterhin sehr schlechtgeht.

Kraftquelle Europa

Neben dem bereits erreichten hohen Entwicklungsniveau hat die Bundesrepublik nämlich den Vorteil, seit langem voll in den Welthandel integriert zu sein und vor allem an der dynamischen Entwicklung in Westeuropa beteiligt zu sein. Natürlich kann niemand sagen, ob es nicht wieder zu Stockungen auf dem Weg zu einem Europa ohne Grenzen kommt. Aufgrund der Erfahrungen in den achtziger Jahren besteht jedoch aller Anlaß zu der Hoffnung, daß diese Widerstände immer wieder überwunden werden können und daß die deutsch-französische Zusammenarbeit auch in den neunziger Jahren ein Motor für die Entwicklung in Europa bleiben wird. Vor allem der französische Staatspräsident François Mitterrand sowie auf deutscher Seite Außenminister Hans-Dietrich Genscher und Kanzler Helmut Kohl haben es geschafft, der europäischen Integration nach langen Jahren der Stagnation neuen Schwung zu verleihen. Daß zur gleichen Zeit in Brüssel in Gestalt von Jacques Delors zum ersten Mal wieder ein Präsident der Europäischen Kommission die Geschäfte führte, der mit Geschick und Leidenschaft am Aufbau der Gemeinschaft mitwirkte, war ein Glücksfall. Ohne die Intensivierung der europäischen Zusammenarbeit wäre es auch kaum gelungen, nach dem ersten Erschrekken der Nachbarn über die Entwicklung in Deutschland so rasch die Unterstützung der Partner für den schwierigen Prozeß der Vereinigung zu erhalten. Und wenn die Bundesrepublik nicht bereits so tief in dieser Gemeinschaft verwurzelt wäre, dann hätte sie wohl auch kaum die politische und wirtschaftliche Kraft, um diese Aufgabe zu bewältigen.

Unter dem Strich erschien als Folge der positiven Entwicklung in Europa, der Bonner Reform- und Haushaltspolitik sowie moderater Lohnsteigerungen ein höchst erfreuliches Ergebnis, nämlich:»ein kräftiges Wirtschaftswachstum bei mäßigem inneren Preisauftrieb«, wie es die Bundesbank in ihrem Jahresbericht formulierte, steigende Beschäftigung und sinkende Arbeitslosenzahlen, munter sprudelnde Steuereinnahmen und in fast allen Wirtschaftsbereichen gut verdienende Unternehmen. »Die Wirtschaft der Bundesrepublik befindet sich in einer ausgezeichneten Verfassung« und der Konjunkturaufschwung zeige auch im achten Jahr »keinerlei Anzeichen von Ermüdung«, stellte der Bundesverband deutscher Banken wenige Wochen vor dem historischen 1. Juli 1990 fest. Damit sei die Bundesrepublik für die Wirtschafts- und Währungsunion mit der DDR gut gerüstet. Das war eine Meinung, die auch von den wirtschaftswissenschaftlichen Forschungsinstituten und dem Sachverständigenrat zur Begutachtung der gesamtwirtschaftlichen Entwicklung geteilt wurde.

Nicht nur unter politischen, sondern auch unter ökonomischen Gesichtspunkten hätte der Zeitpunkt für den »historischen Kraftakt« deshalb nicht günstiger sein können: Wann, wenn nicht jetzt?

Fazit

Die Bundesrepublik ist – jedenfalls im wirtschaftlichen Bereich – gut vorbereitet für die beiden großen Herausforderungen dieses Jahrzehnts: die europäische Integration und die deutsch-deutsche Vereinigung. In den achtziger Jahren wurden Reformen verabschiedet, von denen viele geglaubt hatten, daß sie in einer oft als Gefälligkeitsdemokratie beschriebenen Gesellschaft nicht mehr durchsetzbar seien. Die Haushaltspolitik der achtziger Jahre hat Spielraum für die Finanzierung der anstehenden Zukunftsinvestitionen geschaffen. Ein langanhaltender Aufschwung führte zur Stärkung der Unternehmen und ließ über eine Million neuer Arbeitsplätze entstehen. Es bleiben aber noch viele Aufgaben zu bewältigen und manche Reform zu vollenden. Denn: Ist der Aufbau einer funktionierenden und Wohlstand produzierenden Wirtschaft im Osten Deutschlands nur möglich, wenn dabei die Regeln des Marktes beachtet werden, dann muß dies auch im Westen gelten und auf die Problembereiche ausgedehnt werden, in denen bisher Dirigismus vorherrschte.

6
Standort Deutschland:
Gerüstet für die Zukunft?

Den Deutschen fällt es schwer, sich selber in Ruhe im Spiegel zu betrachten und ein Problem zu analysieren, ohne gleich in tiefen Pessimismus zu verfallen oder – seltener – von Euphorie ergriffen zu werden. Zumindest gilt dies für die öffentliche Debatte. Wenn über die Gefahren für die Umwelt diskutiert wird, dann überwiegt die Schwarzmalerei. Bei der Atomenergie ist ein Dialog kaum noch möglich, weil die Gegner aus ihrer Ablehnung eine Weltanschauung machen. Das Problem der Arbeitslosigkeit wird von vielen Professoren und Gewerkschaftern schlicht für unlösbar erklärt – es sei denn, man flüchtet sich in die Methoden der Mangelwirtschaft. Wenn es Engpässe am Wohnungsmarkt gibt, wird von manchen Politikern und natürlich von den Mieterverbänden sofort der Notstand ausgerufen und nach rigorosen Eingriffen verlangt.

Allerdings ebben diese Wellen von Hysterie, die von Zeit zu Zeit über das Land gehen, oft genauso schnell ab, wie sie gekommen sind. Ein Beispiel dafür ist die Arbeitslosigkeit, die zeitweise alle anderen Themen an den Rand drängte, nun aber schon seit Jahren kaum noch jemand interessiert – außer den direkt Betroffenen. Ähnlich ist es beim Waldsterben. Monatelang beherrschte dieses Thema die Schlagzeilen von Zeitungen und Zeitschriften sowie die Fernsehprogramme; in Schulen wurde mit ebensoviel Eifer darüber diskutiert wie an Stammtischen. Heute langweilt dieses Problem die meisten Zeitgenossen, obwohl es nichts von seiner Brisanz verloren hat. Abtreibung und gleiche Chancen für die Frau in allen Bereichen des gesellschaftlichen Lebens sind ebenfalls Themen, bei denen Interesse oder Desinteresse die breite Öffentlichkeit wellenförmig überkommen. Ähnlich ist es mit der drohenden Klimakatastrophe, den Gefahren des Rauchens oder der Drogensucht: Das plötzlich aufflammende öffentliche Engagement erlischt nach einiger Zeit unabhängig davon, ob das Problem gelöst wurde oder vielleicht sogar noch größer geworden ist. Daß aus dem in den achtziger Jahren so vehement beklagten Lehrstellenmangel inzwischen ein Mangel an Lehrstellenbewerbern geworden ist, der für die Wirtschaft mindestens so große Schwierigkeiten bringt wie die Bewältigung der Folgen des Babybooms – wer hat dies eigentlich wahrgenommen?

Nur schwer zu verstehen für jeden, der darüber nachdenkt, ist auch die Reaktion der großen Mehrheit auf Entspannung und Abrüstung. Die atomare Bedrohung hat viele Menschen jahrelang geängstigt. Hunderttausende ließen sich mobilisieren, um gegen Raketen, chemische Kampfstoffe und anderes Kriegsmaterial zu protestieren. Daß diese grauenhaften Werkzeuge der Massenvernichtung seit Beginn der neunziger Jahre in immer rascherem Tempo und oft sogar ohne langwierige Verhandlungen und Verträge mit der anderen Seite aus dem Verkehr gezogen und vernichtet werden, interessiert dagegen nur am Rande. Obwohl eigentlich jedesmal, wenn Truppen abgezogen, Panzer verschrottet und Bomben vernichtet werden, Freudenfeste und Massenkundgebungen stattfinden müßten, wird dies kaum registriert. Im Gegenteil: Die Ankündigung, daß Truppen abgebaut, Standorte aufgegeben oder verkleinert werden, wird fast immer nur unter dem Aspekt gesehen, daß dadurch Arbeitsplätze verlorengehen könnten. Dabei handelt es sich bei dieser zunehmenden Bereitschaft zur Abrüstung um eine geradezu sensationelle Entwicklung. Nie zuvor haben sich Generäle ihre Spielzeuge so einfach abnehmen lassen; nie zuvor hat die Rüstungsindustrie, um deren Existenz, Arbeitsplätze und Gewinne es schließlich dabei geht, auch nur kleine Ansätze zu einer solchen Entwicklung hingenommen, ohne mit allen verfügbaren Mitteln dagegen anzugehen. Seit Beginn der neunziger Jahre geschieht es einfach – und kaum jemand scheint wirklich davon begeistert zu sein, daß die Menschheit wider Erwarten beschlossen hat, sich doch nicht selber umzubringen. Als die sowjetische Rüstungsindustrie Anfang 1990 in der Bundesrepublik eine Ausstellung der Produkte zeigte, die sie in Zukunft statt Panzern und Raketen herstellen will, wurde das von Presse und Fernsehen nur am Rande vermerkt. Staubsauger statt Maschinengewehre: eine größere Sensation hätte

172

man sich zu Zeiten Leonid Breschnews und aller seiner Vorgänger kaum vorstellen können.

Stell dir vor, es ist Krieg und keiner geht hin. Stell dir vor, es wird abgerüstet und keiner freut sich wirklich darüber. Warum finden die Pessimisten immer viel leichter ein aufmerksames Publikum als die Optimisten? Warum lassen sich die meisten Menschen lieber von denen einen Schauer über den Rücken jagen, die – wie Wilhelm Nölling, der Präsident der Hamburgischen Landeszentralbank – die Kosten der deutsch-deutschen Vereinigung als »atemberaubend hoch« bezeichnete, statt sich von einem großen Ökonomen wie Karl Schiller faszinieren zu lassen, der auf die enormen Chancen verweist?

Kursbestimmung

Ähnlich ist es mit der Frage nach dem »Standort Bundesrepublik«, die nun in die Frage nach dem »Standort Deutschland« umformuliert werden muß. Solange die Warner und Bedenkenträger Hochkonjunktur hatten, die von einer drohenden »Eurosklerose« sprachen und der Europäischen Gemeinschaft im allgemeinen und der deutschen Wirtschaft im besonderen im Wettbewerb mit den USA und Japan kaum noch eine Chance gaben, war der Niedergang der Alten Welt ein beliebtes Thema für Leitartikler oder Veranstalter von Kongressen und Seminaren. Seit es wieder vorwärtsgeht in Europa, seit die Vollendung des Binnenmarktes mit seinen über dreihundert Millionen Verbrauchern, die europäische Währungsunion und sogar die politische Union endlich in greifbare Nähe rücken und die deutsche Wirtschaft durch ihre Erfolge den ewigen Pessimisten den Wind aus den Segeln genommen hat, verliert das Thema offenbar an Faszination.

Dabei ist es von Zeit zu Zeit immer wieder notwendig, eine Standortbestimmung vorzunehmen, um festzustellen, ob das Schiff noch auf Kurs ist oder sich gefährlichen Klippen nähert. Eine reine Bestandsanalyse der wirtschaftlichen und sozialen Lage, der Leistung von Forschung und Entwicklung oder des Ausbildungsstandes reicht dann allerdings nicht aus. Ähnlich wie eine Blitzlichtaufnahme von einer bewegten Szene kann sie schon kurze Zeit später mit der Wirklichkeit wenig oder nichts mehr zu tun haben. Deshalb waren viele der trübsinnigen Analysen des »Standorts Bundesrepublik« auch nicht falsch. Sie waren nur einseitig und allein auf die unmittelbare Gegenwart bezogen. Hinzu kommt, daß vieles, was den Zeitgenossen als tiefer Einschnitt erscheint, sich später im historischen Zusammenhang oft nur noch als Episode darstellt. Die wirklich wichtigen Weichenstellungen werden dagegen in der Hektik der Tagesaktualität oft nicht erkannt, weil die Richtungsänderung sich sehr langsam vollzieht.

Zu den Faktoren, die in der Bundesrepublik und den meisten europäischen Partnerländern die Entwicklung in Wirtschaft und Gesellschaft auf lange Sicht beeinflussen werden, gehören:

Die Veränderung der Altersstruktur: Die hohe und immer noch wachsende Lebenserwartung und die in fast jeder Wohlstandsgesellschaft abnehmende Zahl der Kinder führen dazu, daß der Anteil der Alten an der Gesellschaft zunimmt. Das ist nicht nur ein deutsches Problem. Auch bei vielen unserer europäischen Nachbarn, in den USA und vor allem in Japan gibt es die Tendenz zur Vergreisung. Das wirkt sich auf die Mentalität, die politische Einstellung, die Mobilität und Lernbereitschaft sowie auf das Konsumverhalten aus. Es löst Strukturverschiebungen am Arbeitsmarkt aus und muß zu einer wachsenden Bedeutung der Frauen in der Wirtschaft führen. Auch die Folgen für die Krankenkassen und die Finanzierung der Altersrenten liegen auf der Hand. Die Perspektiven für die Bundesrepublik haben sich durch die Entwicklung in der DDR zwar etwas verschoben, aber auch für ganz Deutschland gilt, daß die Änderung der Altersstruktur die Gesellschaft vor bisher unbekannte Probleme stellt. Das wirkt sich nicht nur im medizinischen Bereich und in der Altenpflege aus. Es muß auch Konsequenzen für das Bildungswesen haben. Wir können es uns in Zukunft noch weniger als früher leisten, ältere Menschen aus dem Arbeitsprozeß zu verdrängen.

Umschulung und Weiterbildung werden entsprechend wichtiger. Ausbildungsplätze werden in Zukunft immer häufiger an junge Ausländer vergeben werden müssen, wenn die Wirtschaft sich ihren Nachwuchs sichern will. Doch obwohl sich dies schon deutlich abzeichnet, wird immer noch mehr darüber nachgedacht, wie sich der Zuzug von Gastarbeiterkindern begrenzen läßt, als darüber, wie sie in unser Ausbildungssystem integriert werden können. Offenbar sind die Lektionen aus den achtziger Jahren längst vergessen. Damals haben Wirtschaft und Politik viel zu spät erkannt, daß die Babyboom-Generation zum Sturm auf die Ausbildungsstätten ansetzte. Jetzt schließen viele die Augen vor den Folgen des Nachwuchsmangels.

Das Ende des herkömmlichen Wachstums: Obwohl es seit vielen Jahren zu erkennen ist, daß sich wirtschaftliche Wachstumsraten nicht mehr einfach durch die Politik »machen« lassen und der Umschlag von der Quantität in die Qualität längst stattgefunden hat, reagieren Wissenschaft und Politik immer noch nicht darauf. Wie in den fünfziger Jahren wird undifferenziert »Wachstum als solches« angestrebt. Durch die Öffnung der Grenze, die Deutschland zerschnitt, kommt in diesem Jahrzehnt allerdings eine besondere Komplikation hinzu, wie sie in dieser Form in keinem anderen hochentwickelten Industrieland zu finden ist: Während im westlichen Teil Deutschlands die qualitativen Aspekte im Vordergrund stehen müssen, ist im östlichen Teil das Wachstum herkömmlicher Art durchaus noch sinnvoll und notwendig. Denn der große Nachholbedarf zwingt dazu, erst einmal das quantitative Wachstum anzukurbeln – allerdings ohne dabei die Qualität des Prozesses zu vernachlässigen. Die große Chance der Nachzügler der Wohlstandsgesellschaft ist, daß sie nicht nur die Erfolgsrezepte des Westens übernehmen, sondern aus den schlechten Erfahrungen lernen können.

Der Wertewandel: Arbeit steht heute nicht mehr im Zentrum des Lebens. Die Freizeit hat für die meisten Menschen mindestens den gleichen Stellenwert. Selbstverwirklichung findet nicht mehr nur am Arbeitsplatz statt. Wenn die Weichen falsch gestellt werden, verlagert sie sich sogar ganz in die Freizeit – zum Schaden der Unternehmen, die diesen Trend nicht erkennen. Die Arbeit wird dann zum Job, der ohne großes Engagement abgeleistet wird. Begriffe wie Fleiß, Disziplin, Gehorsam verlieren aber auch unabhängig davon ihren früheren Stellenwert. Unter den modernen Produktionsbedingungen können sie zuweilen sogar zu lästigen Relikten der alten industriellen Vergangenheit werden, zu neuen Tugenden dagegen Kreativität, Selbständigkeit, Verantwortungsgefühl und Teamgeist. Am Beispiel eines Piloten oder Fluglotsen, eines Designers oder Showmasters, eines Software-Spezialisten oder der Verantwortlichen in der Leitzentrale eines Kraftwerks wird ebenso deutlich wie an der

175

Arbeit eines Baggerführers, daß die herkömmlichen Tugenden nur noch eine untergeordnete Rolle spielen. Zu den gewandelten Wertvorstellungen, die für die Wirtschaft von großer Bedeutung sind, gehört auch die veränderte Einstellung der Frauen zu Arbeit und Familie, ihr Anspruch, auch an den Führungsaufgaben gleichberechtigt beteiligt zu werden. Daraus kann sich allerdings eine der sonst seltenen Chancen ergeben, daß Wunsch und Wirklichkeit in idealer Form aufeinandertreffen. Wenn die sich verändernde Altersstruktur dazu zwingt, auch bei der Besetzung von Führungspositionen das weibliche Potential besser als früher zu nutzen, dann entspricht dies genau dem – aus ganz anderen Gründen entstandenen – Wunsch vieler Frauen. In vielen Unternehmen wurde allerdings bis heute auf diese Veränderungen nicht angemessen oder gar nicht reagiert – zum eigenen Schaden, wie noch zu zeigen sein wird (Kapitel 8).

Übergang zur Dienstleistungsgesellschaft: Seit 1970 ist der Anteil der Industrie an der Wertschöpfung kontinuierlich von über 48 auf rund 40 Prozent zurückgegangen. Gleichzeitig nahm der Anteil der Dienstleistungen von 35 auf etwa 43 Prozent zu. Rechnet man die Dienstleistungen des Staates und der Organisationen ohne Erwerbscharakter hinzu, dann liegt der Anteil der Dienstleistungen sogar bei 57 Prozent. Die Landwirtschaft trägt nur noch 2,1 Prozent zur Bruttowertschöpfung bei. In der DDR haben Industrie und vor allem Landwirtschaft zwar noch höhere Anteile, aber es kann keinen Zweifel geben, daß diese traditionellen Strukturen sich sehr rasch in die gleiche Richtung verändern werden wie in den hochentwickelten westlichen Industrieländern.

Da die Dienstleistungen in allen modernen Gesellschaften zum wichtigsten Träger des Wachstums geworden sind, wird der Anteil der Industrie noch weiter zurückgehen. Dabei muß beachtet werden, daß in den der Industrie zugerechneten Unternehmen der Anteil der Tätigkeiten, die zu den typischen Dienstleistungen zählen, ebenfalls immer weiter steigt: Verwalten, Verkaufen, Planen, Forschen, Entwickeln, Ausbilden. Das hat nicht nur für die Wirtschaft selber, sondern auch für die Strukturen der Macht im Staat Konsequenzen. Über viele Jahrhunderte war es selbstverständlich, daß die Macht im Staat beim Adel lag. Der stützte sich dabei auf seinen Landbesitz, den bis ins ausgehende Mittelalter wichtigsten ökonomischen Faktor.

Mit Beginn der Industrialisierung wurde der Kapitalbesitz zum wirtschaftlichen Machtfaktor. Konsequenterweise spielte deshalb das Bürgertum eine immer wichtigere Rolle. Inzwischen schieben sich die Dienstleistungen in den Vordergrund und entscheiden über den Rang einer Volkswirtschaft im weltwirtschaftlichen Konzert. Da ist es nur logisch, daß sich das auch in der Form der Machtausübung widerspiegelt. So ist es auch: Wirtschaftliche Macht wird heute von den Managern – also Angehörigen der Dienstleistungsberufe – ausgeübt. Banken und Versicherungen spielen dabei eine besonders wichtige Rolle, während die einst dominierende Schwerindustrie in den Hintergrund getreten ist. Macht wird daber auch von den Verbänden ausgeübt – Gewerkschaften, Unternehmens- und Mieterverbänden, Bauernverband oder Heimatvertriebenen. Deren Vorsitzende und Geschäftsführer verwalten diese Macht als Dienstleistung für ihre Mitglieder. Letztlich sind aber auch die politischen Parteien nichts anderes als Dienstleistungsunternehmen zur Verwaltung von Macht. Dies macht deutlich, daß der Bereich »Dienstleistungen« an die Stelle getreten ist, die früher zunächst der Grund- und später der Kapitalbesitz einnahmen. Insofern besteht ein enger Zusammenhang zwischen der demokratischen Entwicklung und der wachsenden Bedeutung des Dienstleistungssektors.

Das Zeitalter der Erbschaften: Daß reiche Familien ihren Erben beträchtliche Vermögen hinterließen, mit deren Hilfe sie nicht nur ein angenehmes Leben führen, sondern auch Macht und Einfluß ausüben konnten, hat es schon immer gegeben. Die große Mehrzahl der Menschen aber hatte nur das zum Leben, was sie sich selber von Tag zu Tag erarbeitete. Entweder reichte das Einkommen gerade zum Überleben und es blieb kaum Erspartes für die Nachkommen. Oder Kriege, Wirtschaftskrisen und andere Katastrophen vernichteten die ohnehin meist bescheidenen Vermögen. Große Erbschaften waren etwas für Auserwählte. Auch das hat sich gründlich verändert. Mit dem Zeitalter des Massenwohlstands ist – bisher allerdings nur im Westen Deutschlands – auch das Zeitalter der Massen-Erbschaften gekommen. Die in den vergangenen Jahrzehnten kräftig gestiegenen Einkommen haben es Millionen Menschen in den westeuropäischen Industrieländern ermöglicht, Haus- und Grundbesitz zu erwerben, Sparguthaben anzusammeln, Geld in Aktien und Anleihen anzulegen. Da anders als in der ersten Hälfte des Jahrhunderts kein Krieg, keine Inflation oder große Wirtschaftskrisen diese Vermögen wieder vernichtet haben, werden in den nächsten Jahren beträchtliche Summen an die nächste Generation weitergegeben. Nach Berechnung des Basler Prognos-Instituts werden in der Bundesrepublik allein bis 1995 rund 1,75 Millionen Haushalte wegen Tod aufgelöst und dabei 800 Milliarden Mark Geldvermögen vererbt. Danach wird es bis zum Jahr 2000 weitere 1,7 Millionen Erbfälle geben, bei denen 640 Milliarden Mark in jüngere Hände übergehen. Der durchschnittliche Wert dieser Erbschaften wird bei 376000 Mark liegen. Über die wirtschaftlichen, sozialen und politischen Folgen einer solchen bisher noch nie dagewesenen Massenübertragung von Vermögen ist bisher kaum nachgedacht worden. Dabei muß dies Konsequenzen haben für die Einstellung zum Eigentum, für die soziale Sicherheit bei Krankheit, Arbeitslosigkeit oder im Alter, für die politische Einstellung und auch die persönliche Unabhängigkeit. »Haste was, biste was«, lautete einmal ein Werbespruch, der zur Vermögensbildung durch verstärktes Sparen animieren sollte.

Wandel des wirtschaftlichen und politischen Umfeldes: Vom Standort Deutschland aus gesehen, verändert sich die Welt im Westen vor allem durch die Vollendung des Gemeinsamen Marktes und die politische Integration der EG-Länder. Dadurch entsteht für alle Unternehmen in dieser Region ein »Heimatmarkt« ohne Zölle und andere Handelshemmnisse, der größer ist als jeder andere geschlossene Wirtschaftsraum der Welt. Aber nicht nur Güter, sondern auch Menschen, Ideen und Kapital können sich dann in einem nie zuvor erreichten Maß in diesem Raum bewegen, sich jeweils dort niederlassen, wo sie die günstigsten Bedingungen vorfinden. Gleichzeitig verändert sich auch in Osteuropa die Welt in atemberaubendem Tempo. In den neunziger Jahren muß auch mit einem Wiedererstarken der Wirtschaft in den USA gerechnet werden. Neben den Japanern entstehen zudem im pazifischen Raum immer mehr ernst zu nehmende Konkurrenten – aber zugleich auch kaufkräftige Kunden. Schließlich dürfen auch die Entwicklungsländer und ihre Probleme nicht ganz in Vergessenheit geraten. Unter diesen Aspekten muß deshalb immer wieder die Frage nach dem Standort Deutschland gestellt werden, damit Schwachstellen rechtzeitig erkannt werden.

Zweimal Deutschland

Wer allerdings nach Stärken und Schwächen fragt, muß noch für einige Jahre zwischen Deutschland Ost und Deutschland West unterscheiden. Wie sich das Land insgesamt im weltwirtschaftlichen Konzert und innerhalb Europas behauptet, welche Beiträge es zur Weiterentwicklung der EG, zur Schaffung akzeptabler Lebensbedingungen in allen Regionen der Gemeinschaft leisten kann, wird noch auf längere Zeit vor allem von der Leistungsfähigkeit West-Deutschlands abhängen. Deshalb darf die Sanierung des von der SED zugrunde gerichteten Teils auf keinen Fall zu einer Schwächung des gesunden Teils führen.

Bei der Betrachtung der Stärken und Schwächen lassen sich auf der negativen Seite einige gewichtige Posten nicht übersehen:

- die kürzeste Arbeitszeit der Welt, kombiniert mit Löhnen, die zu den höchsten in der Welt zählen;
- hohe Lohnnebenkosten in Form sozialer Abgaben und Zusatzleistungen;
- eine im internationalen Vergleich recht hohe Steuerlast der Unternehmen, die ähnlich wie Arbeitszeit und Löhne viele Firmen nach Standorten jenseits der Grenzen ausschauen läßt;
- häufiges und schwer berechenbares Vorpreschen der Politik beim Umweltschutz, wodurch ebenfalls erhebliche Kostenlasten entstehen;
- bürokratische Hemmnisse bei Investitionen und der Zulassung genehmigungspflichtiger Produkte (wie in der Pharmaindustrie) durch immer längere und kompliziertere Verfahren und mangelnde Entscheidungswilligkeit vieler Ämter;
- Bürgerinitiativen und Aktionsgruppen, die alles und jedes in Frage stellen und den Bau neuer Anlagen, Verkehrswege oder die Herstellung neuwertiger Produkte (vor allem in der Biochemie) oft über Jahre verzögern oder ganz unmöglich machen;
- im Vergleich zu vielen anderen Ländern hohe Energiekosten;
- Subventionen und dirigistische Eingriffe, die in vielen Bereichen der Wirtschaft den Strukturwandel behindern und deren Kosten von anderen Sektoren getragen werden müssen.

Daneben gibt es aber auch unübersehbare Stärken, wie sie in dieser

Form und Kombination an anderen weltwirtschaftlichen Standorten nicht so leicht zu finden sind:

- die hohe Produktivität, die trotz des hohen Lohnniveaus dafür sorgt, daß sich »made in Germany« im internationalen Preiswettbewerb behaupten kann;
- die Qualität des Angebots, die es erlaubt, viele deutsche Produkte auch dann noch erfolgreich zu verkaufen, wenn sie teurer sind als die Angebote der Konkurrenz;
- sozialer Frieden in den Betrieben, der neben einem angenehmen Arbeitsklima auch zu Lieferpünktlichkeit und Qualität beiträgt;
- ein im internationalen Vergleich hohes Bildungsniveau und guter Ausbildungsstand;
- gute Motivation und hohes Qualitätsbewußtsein der Mitarbeiter;
- durch die forcierte Umweltpolitik ein Vorsprung in der Umwelttechnik;
- eine sehr gute Infrastruktur in Form von Schulen, Forschungseinrichtungen, Universitäten, Straßen, Bahnen, Kommunikationsmitteln, kulturellem Umfeld;
- Rechtssicherheit;
- eine funktionierende Verwaltung;
- Marktwirtschaft und eine – von Ausnahmen abgesehen – weltoffene Handelspolitik, wodurch die Unternehmen immer wieder gezwungen werden, sich der Konkurrenz zu stellen, statt hinter protektionistischen Hürden einzuschlafen;
- exportorientierte und weltmarkterfahrene Unternehmer und Manager.

Zutaten für ein Erfolgsrezept

Diesen Faktoren vor allem verdankt es die Bundesrepublik, daß sie innerhalb weniger Jahrzehnte von einem zerstörten und verarmten Land zu einer der führenden Wirtschaftsmächte geworden ist und die Mark zu einer der härtesten und begehrtesten Währungen der Welt. Wenn sie diesen Platz trotz aller Belastungen und Umbrüche behaupten will, dann muß sich die Wirtschaft im Westen immer wieder an die ökonomischen Tugenden erinnern, die zu dem Erfolgsrezept

»made in Germany« gehören – und die Wirtschaft im Osten muß diese Tugenden so rasch wie möglich wieder zu neuem Leben erwecken:
- Qualität der Produkte oder Dienstleistungen,
- Lieferpünktlichkeit und zuverlässiger Service,
- modernste Technik,
- ständige Marktbeobachtung und Flexibilität bei der Reaktion auf Kundenwünsche,
- Bereitschaft, sich auf allen Weltmärkten immer neu zu orientieren.

Allerdings lassen sich diese Zutaten des traditionellen Erfolgsrezepts nicht patentieren. Auch Unternehmen anderer Länder wenden es an. Die Japaner gehören dabei sicher zu den aufmerksamsten Schülern und haben ihre Lehrmeister inzwischen auf vielen Gebieten übertroffen. Zu den Bereichen, in denen sie den Europäern und Amerikanern etwas voraushaben, gehört die »innere Führung« der Betriebe. Japanische Manager sind Weltmeister in der Motivierung der Mitarbeiter. Wer nicht nur auf ehemalige Erfolge zurückblicken, sondern auch die Zukunft meistern will, muß deshalb nach den neuen Bedingungen des Erfolgs fragen – nicht indem die japanischen Methoden nachgeahmt, sondern dadurch, daß Führungsmethoden angewendet werden, die der europäischen Psyche entsprechen. Nach den vielen Jahren der Frustration und des Schlendrians sind Motivierung und Führung der Mitarbeiter die vielleicht wichtigsten Schlüssel zum Erfolg in den Betrieben östlich der Elbe. Zu den Erfolgsfaktoren, die in Zukunft immer mehr an Bedeutung gewinnen und die darüber entscheiden, wer sich in den kommenden Jahren an die Spitze setzen wird, gehören:

- Motivierung durch Menschenführung;
- Beteiligung der Mitarbeiter am Kapital, am Gewinn und an den innerbetrieblichen Entscheidungen;
- Nutzung des immer noch weitgehend unausgeschöpften Begabungspotentials der Frauen;
- Aus- und Fortbildung beziehungsweise rechtzeitige Umschulung;
- Information über die betrieblichen Ziele;
- eine Arbeitszeitgestaltung, die auf die Wünsche der Beschäftigten ebenso Rücksicht nimmt wie auf die Notwendigkeiten des Unternehmens im Wettbewerb;
- Kooperation statt Konfrontation von Arbeitgebern und Gewerkschaften.

Auch wenn es sich simpel anhört: Der Standort Deutschland oder Europa ist so gut oder so schlecht, wie wir ihn gestalten. Die Zeiten, in denen es »natürliche« Standortvorteile oder -nachteile gab, sind lange vorbei. Rohstoffvorkommen, eine große landwirtschaftlich nutzbare Fläche, Energievorräte oder direkter Zugang zum Meer zählen heute kaum noch oder sind sogar Belastungen. Die deutschen, belgischen oder französischen Steinkohlevorkommen sind seit langem eine Hypothek, mit der sich diese Länder herumschlagen. Ein hoher Anteil an landwirtschaftlicher Produktion zeichnet heute vor allem Entwicklungsländer aus, für Industriestaaten bedeutet ein ausgedehnter Agrarsektor vor allem auch einen hohen Subventionsbedarf. Zu den Staaten mit dem höchsten Einkommen pro Kopf zählen in der modernen Welt kleine rohstoffarme Länder wie Österreich, Luxemburg oder die Schweiz und größere, aber ebenfalls an natürlichen Ressourcen arme Länder wie Frankreich, die Bundesrepublik und Japan. Nur die schwach bevölkerten Ölscheichtümer bilden eine Ausnahme von dieser Regel. Daß große Rohstoffvorkommen noch keinen Reichtum bedeuten, wird umgekehrt bei einem Blick auf China, die Sowjetunion oder Brasilien deutlich.

Fazit

Entscheidend für Erfolg oder Mißerfolg einer Volkswirtschaft sind die politische und wirtschaftliche Ordnung eines Landes, das Bildungssystem, sozialer Friede, das Managementwissen und die Motivation der Beschäftigten, das Niveau von Forschung und Wissenschaft, das Steuersystem, die Infrastruktur, die Flexibilität, mit der auf neue Entwicklungen reagiert wird – alles Menschenwerk also. Deshalb ist eine Standortdebatte, die nicht von Angst und Fatalismus geprägt ist, sondern in Form einer »Schwachstellenanalyse« betrieben wird, immer wieder notwendig. Im Westen Deutschlands und Europas liegen diese Schwachstellen heute weniger im Bereich von Wissenschaft und Forschung, es fehlt auch nicht an Kapital oder an einer modernen Infrastruktur. Die Schwächen sind eher im sozialen Bereich zu suchen – als Folge einer unzureichenden Organisation und falscher Signale, wie in den folgenden Kapiteln gezeigt werden soll.

7
Arbeit und Kapital:
Vom Sozialismus zum Volkskapitalismus?

Der real existierende Sozialismus osteuropäischer, sowjetischer, chinesischer oder kubanischer Machart ist so gründlich gescheitert, daß es heute so gut wie niemand mehr gibt, der diese ebenso grausamen wie mißlungenen Experimente verteidigt. Wer es dennoch tut, gibt sich lediglich der Lächerlichkeit preis. Trotzdem dürften sich Politiker wie der deutsche Arbeits- und Sozialminister Norbert Blüm gründlich irren, wenn sie die These vertreten, der Sozialismus sei nun endgültig tot. Wenn Gras über den Gräbern der Opfer gewachsen ist, wenn erst einmal die Auswüchse der sozialistisch-bürokratischen Planwirtschaft und ihre schlimmen Folgen für die Gesellschaft etwas in Vergessenheit geraten sind, werden auch wieder die Apologeten des Sozialismus auftauchen. Sie werden nachweisen, daß alles doch nicht so schlimm war und vor allem die hinter dem System stehenden Ideen doch recht edler Natur gewesen seien. Und von einem anderen, einem sanfteren und besseren Sozialismus träumen oder schwafeln nicht nur die Vertreter der PDS, der Nachfolgeorganisation der SED.

Tagträumer oder Machtmenschen werden die romantischen und idealistischen Vorstellungen, die mit Kommunismus und Sozialismus verbunden werden, schon bald wieder dazu nutzen, um Anhänger zu werben und für ihre Ziele zu begeistern. Und sie werden auch Zulauf finden. Darauf baut auch die PDS, wenn sie in der Bundesrepublik Ortsgruppen gründet. Denn es wird immer Menschen geben, die nach einfachen Mustern zur Erklärung komplizierter gesellschaftlicher, wirtschaftlicher und historischer Zusammenhänge suchen. Und da bieten sich gewisse sozialistische Gedanken geradezu an.

So gibt es für linke Ideologen bis heute nur zwei Klassen von Menschen: Kapitalisten und Lohnabhängige beziehungsweise Ausbeuter und Ausgebeutete. Ein so vereinfachtes Weltbild eignet sich besser als Grundlage politischer Theorien und daraus abgeleiteter Forderungen als die viel komplexere Wirklichkeit. Zudem läßt sich auf der Basis eines so klaren Feindbildes weit leichter agitieren und Emotionen schüren als bei einer differenzierteren Betrachtung der Gesellschaft. Daraus ergibt sich: Dies kann nicht gleichzeitig das Interesse derjenigen sein, die andere – nämlich demokratische und marktwirtschaftliche – Vorstellungen von der gesellschaftlichen Entwicklung haben.

Heimlich eine neue Mehrheit

Zu Lebzeiten von Karl Marx war der krasse Gegensatz zwischen Kapitalbesitzern und denjenigen, die über nichts verfügten als ihre Arbeitskraft, ohne Zweifel das hervorstechendste Charakteristikum der Gesellschaft. Der große Theoretiker war jedoch von seinen eigenen Beobachtungen und Erkenntnissen sowie den daraus abgeleiteten Theorien so fasziniert, daß er sich gar nicht vorzustellen vermochte, daß die Entwicklung der Gesellschaft auch einen ganz anderen Verlauf nehmen könnte als den von ihm vorhergesagten. Karl Marx kam nie der Gedanke, daß der klassische Industriearbeiter in der Gesellschaft der Zukunft an Gewicht verlieren und eine Schicht von hochqualifizierten Medizinern, Technikern, Kaufleuten, Beamten, Designern und anderen Angehörigen der Büroberufe einmal zur »herrschenden Klasse« werden könnte. Das drückt sich nicht nur in ihrer wirtschaftlichen und politischen Bedeutung aus. Das wird auch durch die Zahlen belegt: Zwischen den beiden Volkszählungen von 1970 und 1987 haben in der Bundesrepublik Angestellte und Beamte »klammheimlich« die Mehrheit übernommen. Während die Zahl der Arbeiter um 12 Prozent auf 10,6 Millionen zurückging, nahm die Gruppe der Angestellten um 24 Prozent auf 11 Millionen und die der Beamten um 27 Prozent auf 2,4 Millionen zu.

Die von Marx prophezeite »Diktatur des Proletariats« könnte sich deshalb heute nicht einmal mehr auf die Mehrheit der abhängig Beschäftigten stützen. Das ist in den meisten westeuropäischen Ländern nicht anders, und überall geht der Trend in die gleiche Richtung. Karl Marx war ein von den zum Teil grausamen Realitäten seiner Zeit geprägter Theoretiker und kein Hellseher. Er hat deshalb die Tendenz zur Dienstleistungsgesellschaft ebensowenig erkennen können, wie er die Richtung der Entwicklung von Wissenschaft und Technik und deren Folgen für die Gesellschaft vorhersehen konnte. Und er hat vor allem auch die Reaktion der Politik auf seine eigenen Theorien und die daraus abgeleiteten historischen und sozialen Prognosen nicht bedacht. Seit Bismarcks Zeiten sind viele der großen sozialen Reformen in der Tat aus Angst vor dem sonst vielleicht drohenden Marsch in den Kommunismus eingeleitet worden. Das war zumindest in Westeuropa die Antwort auf die marxistische Herausforderung. Das war notwendig, ist aber durchaus nicht selbstverständlich: In den meisten Staaten Südamerikas zum Beispiel hat die dort herrschende Schicht bis heute noch nicht begriffen, daß es für sie letztlich nur die Alternative »Reform oder Untergang« geben kann.

Aus all dem ist Karl Marx kein Vorwurf zu machen. Im Gegenteil, wir müssen ihm dankbar dafür sein, daß er durch seine Theorien und Schriften den Anstoß zu den notwendigen Reformen gegeben hat. Daß er seine Ideen für zeitlos und unfehlbar hielt und nicht sah, daß sie wie alle sozialwissenschaftlichen Modelle nur so lange Gültigkeit haben, wie die Annahmen stimmen, auf denen sie beruhen, ist eine Schwäche, die er mit vielen anderen Gesellschafts- und Wirtschaftswissenschaftlern teilt. Für die schlimmen Folgen des Marxismus in den Staaten, in denen versucht wurde, eine an den Lehren von Marx, Engels und Lenin orientierte Politik durchzusetzen, sind vor allem die kritiklosen Schüler und Anbeter, aber auch die skrupellosen Machtmenschen schuld, die den Sozialismus zur irdischen Heilslehre erklärt haben – blind für die Wirklichkeit im eigenen Land und blind für die Entwicklung in den von ihnen simplifizierend als »kapitalistisch« bezeichneten westlichen Industrieländern.

Wandel durch Wohlstand

In den westlichen Industrieländern hat in der zweiten Hälfte unseres Jahrhunderts eine wahre Explosion des Wohlstandes stattgefunden. Hier vollzog sich eine Entwicklung, die Karl Marx – zumindest unter den Bedingungen des »Kapitalismus« – nicht einmal im Traum für möglich gehalten hätte. Die erst nach dem Zweiten Weltkrieg in den hochentwickelten Ländern realisierte Kombination von Marktwirtschaft, Sozialstaat, Demokratie und freiem Welthandel hat sich als so erfolgreich erwiesen, daß für breite Schichten der Bevölkerung ein Lebensstandard erreicht wurde wie bisher noch zu keiner anderen Zeit der Geschichte oder unter den Bedingungen eines anderen politisch-ökonomischen Ordnungssystems.

Dadurch wurden immer mehr Menschen in die Lage versetzt, über eine ständig bessere Befriedigung ihrer Lebensbedürfnisse hinaus auch noch Vermögen zu bilden – in Form von Spargeldern, Hausbesitz, Anleihen und – wenn auch immer noch auf einen verhältnismäßig kleinen Teil der Bevölkerung beschränkt – durch den Erwerb von Aktien und anderen Beteiligungswerten. Dadurch hat sich in der Mitte der Gesellschaft heute schon die Grenze zwischen »Kapitalisten« und »Lohnabhängigen« stark verwischt, wird zumindest in dieser Hinsicht eine klare Trennung zwischen den Interessengruppen immer schwerer. Im Zeitalter der Massen-Erbschaften wird sich dieser Prozeß weiter beschleunigen. Ende der achtziger Jahre hatten in der Bundesrepublik Deutschland alle privaten Haushalte zusammen einen Geldvermögensbestand von rund 2,6 Billionen Mark. Die Bundesbürger hatten damit Ersparnisse angesammelt, die höher waren als die wirtschaftliche Leistung (das Bruttosozialprodukt) eines Jahres. Davon waren allein 715 Milliarden (oder 27 Prozent) auf Sparbücher eingezahlt – immer noch die bevorzugte Sparform des sogenannten kleinen Mannes und damit ein wichtiges Indiz für die Vermögensbildung breiter Schichten der Bevölkerung.

Die sozialen Konsequenzen einer solchen Entwicklung und die darin liegenden Möglichkeiten sind allerdings nicht nur Marx und Engels und ihren blinden Gefolgsleuten verborgen geblieben. Selbst heute ist vielen Politikern und erst recht Unternehmern und Managern in Deutschland – aber auch in Frankreich, den Benelux-Ländern oder gar in Großbritannien – immer noch nicht wirklich bewußt, welche gesellschaftspolitischen, aber auch unternehmerischen Chancen darin liegen können, wenn der Prozeß der Vermögensbildung in Arbeitnehmerhand bewußt gefördert und gestaltet wird. Denn dies bedeutet gesamtwirtschaftlich und sozial nichts anderes als die schrittweise Überwindung des alten Gegensatzes zwischen Arbeit und

Kapital. Unternehmenspolitisch gesehen führt eine Gewinn- und Kapitalbeteiligung der Mitarbeiter überdies zu einer besseren Motivation und kann so zu einem wichtigen betrieblichen Führungsinstrument werden. Dennoch werden diese Möglichkeiten von den Unternehmen bisher viel zuwenig genutzt. Die Versöhnung von Arbeit und Kapital gehört deshalb weiterhin zu den großen Zukunftsaufgaben in Europa.

Am Beispiel der Bundesrepublik Deutschland läßt sich dies besonders eindrucksvoll zeigen, weil hier diese Problematik in den vergangenen Jahrzehnten am längsten und intensivsten diskutiert worden ist. Den traditionellen Gegensatz von Kapital und Arbeit zumindest zu mildern, wenn nicht gar aufzuheben, steht schon seit Ende der fünfziger Jahre auf dem politischen Themenkatalog. Als Ludwig Erhard im Wahlkampf des Jahres 1957 »Wohlstand für alle« predigte, dachte er bereits daran, daß nicht nur die Einkommen, sondern auch die Vermögen breiter gestreut werden sollten. Er war sich nämlich durchaus der Tatsache bewußt, daß der rasche Wiederaufbau in der Bundesrepublik auch um den Preis einer Kapitalkonzentration in wenigen Händen erkauft worden war.

Das Sparen wird belohnt

Vermögensbildung breiter Schichten der Bevölkerung wurde deshalb zunächst durch die staatlich begünstigte Bildung von Wohnungseigentum und durch die Sparförderung angeregt. Zunächst waren es 312 Mark jährlich, die auch im Rahmen von Tarifvereinbarungen steuerbegünstigt und durch staatliche Sparprämien aufgestockt pro Jahr vermögenswirksam angelegt werden konnten; später wurde dieser Betrag auf 624 und dann auf 936 Mark erhöht. Inzwischen hat die große Mehrzahl der Arbeitnehmer einen tarifvertraglich abgesicherten Anspruch auf vermögenswirksame Leistungen des Arbeitgebers. Zwischen 1950 und 1985 hat der Staat die deutschen Sparer durch Steuerverzicht und Sparprämien mit insgesamt 130 Milliarden Mark belohnt. Danach wurden diese Hilfsgelder aus dem Steuertopf zwar reduziert, aber – obwohl das pädagogische Ziel längst erreicht war – nicht ganz abgeschafft. Für diese Subvention des Sparwillens wurden weiterhin jährlich über zwei Milliarden Mark in Form von Prämien und weitere drei Milliarden in Gestalt von Einnahmeverzichten des Fiskus aufgewendet – eine zu dieser Zeit schon weitgehend überflüssige Alimentation, da sich das Sparverhalten breiter Bevölkerungskreise unabhängig von der gesamtwirtschaftlichen Entwicklung als ziemlich konstant erwiesen hat.

Seit 1984 bietet der Gesetzgeber zusätzliche Möglichkeiten für die Beteiligung am Produktivvermögen, die durch das Vermögensbeteiligungsgesetz von 1986 noch erweitert wurden. Seither können auch stille Beteiligungen und Genußscheine im Rahmen der steuerlich begünstigten Summen erworben werden. Dadurch wurde deutschen Arbeitnehmern die Möglichkeit gegeben, sich über Fonds und stille Beteiligungen in mittelständischen Unternehmen zu engagieren, die in der Rechtsform einer Gesellschaft mit beschränkter Haftung (GmbH) geführt werden. Dem Mittelstand wurden damit neue Wege geebnet, Mitarbeiter zu beteiligen und sich gleichzeitig auf diesem Weg eine Kapitalquelle zu erschließen. Erst mit dem Steuerreformgesetz von 1990 und dem fünften Vermögensbildungsgesetz wurde mit der Subventionierung des schon lange nicht mehr förderungsbedürftigen Versicherungs- und Kontensparens Schluß gemacht und die Hilfen des Staates allein auf Bausparen und Beteiligungen am Produktivvermögen konzentriert.

In der DDR dagegen wurde bis zur Wende 1989/90 eine genau gegenläufige Politik betrieben. Privateigentum an Produktionsmitteln war des Teufels und wurde in allen seinen Erscheinungsformen bekämpft. Die Vermögenspolitik muß deshalb dort bei Null anfangen – worin allerdings auch eine große Chance liegt. Dabei geht es vor allem darum, das sogenannte Volksvermögen wirklich unter das Volk zu bringen, Eigentum in Arbeitnehmer- statt Funktionärshand daraus zu machen. Gleichzeitig muß die Kapitalbildung gefördert werden, da die zur Sanierung der Wirtschaft notwendigen Mittel nicht ausschließlich von außen kommen können oder kommen sollten. Eigentumsbildung ist nach der gezielten Vernichtung privaten Eigentums im Osten Deutschlands noch wichtiger als im Westen. Deshalb bietet sich neben der Privatisierung von Staatsvermögen zum »Einüben« das im Westen bereits erprobte Instrument der tarifvertraglich vereinbarten vermögenswirksamen Leistungen an. Die Lohnsteigerungen insgesamt können dann von Anfang an etwas höher ausfallen, da ein Teil davon zunächst auf Konten festgelegt wird und der volkswirtschaftlich dringend erforderlichen Kapitalbildung dient. Damit würden zugleich auch Impulse für eine dynamischere Vermögenspolitik im Westen geliefert – und an eine alte Tradition angeknüpft. Denn auf dem Gebiet der späteren DDR wurden schon vor über hundert Jahren die ersten Modelle einer Erfolgs- und Kapitalbeteiligung erprobt. Der Nationalökonom Johann Heinrich von Thünen räumte nämlich bereits 1847 auf seinem Gut in Mecklenburg den Landarbeitern einen Anteil am Ertrag ein. Die Gewinnanteile wurden allerdings auch damals nicht sofort ausgezahlt, sondern arbeiteten weiter im Betrieb und wurden später zur Altersversorgung genutzt – ein auch heute noch sinnvolles Modell. Das gilt im Grundsatz auch für den von Ernst Abbe bei den Zeiss-Werken in Jena 1897 eingeführten flexiblen Lohnzuschlag, der vom Ertrag des Unternehmens abhängig war.

Halber Schritt in die richtige Richtung

Die angestrebte »Vermögensbildung in Arbeitnehmerhand« hat auch im Westen bei weitem noch nicht das erwünschte Ausmaß erreicht. Es kann noch lange keine Rede davon sein, daß die große Mehrzahl der abhängig Beschäftigten über ein ausreichendes finanzielles Polster verfügt, um sich (neben den staatlich organisierten sozialen Absicherungen) gegen die wirtschaftlichen Wechselfälle des Lebens zu schützen. Aber die staatlich geförderte Ersparnisbildung hat dennoch dazu geführt, daß zumindest wichtige Schritte in die richtige Richtung getan wurden. Denn:

- Durch die Sparförderung wird die volkswirtschaftliche Kapitalbildung gefördert;
- das Vermögensbildungsgesetz konzentriert seit Beginn der neunziger Jahre die staatliche Hilfe auf Wohnungs- und Produktivkapital;
- Millionen Beschäftigte haben neben dem Arbeitseinkommen ein zunächst zwar geringes, im Laufe der Zeit aber wachsendes Kapitaleinkommen;
- auch ein bescheidenes Vermögenspolster kann eine Hilfe sein, wenn die Ausbildung der Kinder zu einer stärkeren finanziellen

Belastung führt oder in vorübergehenden Zeiten der Krankheit oder Arbeitslosigkeit der gewohnte Lebensstandard aufrechterhalten werden soll;

- eigene Ersparnisse werden neben staatlichen und betrieblichen Leistungen immer stärker zur dritten Säule der Alterssicherung;
- die Möglichkeit, über persönliches Vermögen zu verfügen, gibt dem einzelnen etwas mehr Unabhängigkeit und Freiheit und damit auch mehr menschliche Würde.

Die staatliche Sparförderung allein kann allerdings wichtige Ziele der Vermögenspolitik nicht erreichen – und das ist auch im Hinblick auf die Situation in der DDR wichtig, nämlich eine bessere Motivation der Mitarbeiter, mehr Kostenbewußtsein und vor allem einen Abbau des oft lähmenden Gegensatzes zwischen Kapital und Arbeit, der bei einem Land wie Großbritannien in den sechziger und siebziger Jahren zu den wesentlichen Ursachen des wirtschaftlichen Abstiegs gehörte und Italien ein Jahrzehnt lang von Krise zu Krise trieb. Die sozial befriedende Wirkung der Vermögenspolitik ist nämlich so lange nicht zu erwarten, wie die Beteiligung anonym bleibt, keinen Bezug zur eigenen Leistung und zu dem Betrieb hat, in dem der Arbeitnehmer beschäftigt wird. Um alle gewünschten Resultate zu erzielen, müssen deshalb die Unternehmen die staatlichen Aktivitäten unterstützen und ergänzen. Nachdem die Ersparnisbildung bereits so weit fortgeschritten ist, fällt ihnen sogar der wichtigere und größere Teil der Aufgabe zu. Denn vom Ziel eines Volkskapitalismus sind wir immer noch weit entfernt. Mit den bisher eingesetzten Mitteln läßt es sich kaum erreichen.

Das wäre – zumindest von der Konstruktion der Beteiligung her – schon eher in Frankreich zu erwarten. Dort hat man im Gegensatz zur Bundesrepublik zwar viel später mit einer Vermögenspolitik zugunsten der Arbeitnehmer begonnen. Dafür wurde aber nicht erst der Einstieg über die Sparförderung versucht, sondern mit de Gaulles »Participation« gleich auf breiter Basis die Gewinnbeteiligung eingeführt. Allerdings hilft auch hier der Staat kräftig mit. Die seit 1967 für alle Unternehmen mit mehr als hundert Beschäftigten zwingend vorgeschriebene Beteiligung an den Gewinnen, die über eine Verzinsung von fünf Prozent der Eigenmittel hinausgehen, ist sowohl von der Körperschaftsteuer als auch von der Einkommensteuer befreit. Zunächst stehen diese Mittel den Unternehmen jedoch fünf Jahre als Reserve zur Verfügung; erst danach kann der Arbeitnehmer die Auszahlung verlangen.

Nach zwanzig Jahren hatten sich fünfzig Milliarden Franc auf den Konten der Beschäftigten angesammelt; die Gewinnauszahlungen erreichten bis Ende der achtziger Jahre etwa sechs Milliarden Franc im Jahr. Das sind je Beschäftigten etwa zweitausend Franc. Das entspricht – auf den Lohn bezogen – einer »Arbeitsdividende« von drei Prozent. Statt Einzahlung auf ein Sparkonto kann der Arbeitnehmer auch für den Erwerb von Belegschaftsaktien optieren. Von dieser Möglichkeit wird allerdings nur wenig Gebrauch gemacht. Auch ein Vierteljahrhundert nach Einführung der Participation hat der Gedanke des Volkskapitalismus in Frankreich noch keine Wurzeln geschlagen. Die jahrelang von einigen der größten Gewerkschaften geschürte Klassenkampfstimmung und die Haltung vieler Patrons, die sich auch bei der Gewinnbeteiligung nur widerwillig dem staatlichen Zwang beugen, aber nicht aus Einsicht handeln, haben Hürden aufgebaut, die nur schwer zu überwinden sind. Dies gilt um so mehr, als in Frankreich das betriebliche Vorschlagswesen, Mitsprache am Arbeitsplatz, Bildung autonomer Gruppen, Einbeziehung der Arbeitnehmer in die betrieblichen Entscheidungsprozesse, Mitdenken und Mitverantwortung und andere Instrumente der Führung und Motivierung von Mitarbeitern noch weniger praktiziert werden als in Deutschland.

Nicht vom Lohn allein

Ganz anders in den USA. Dort ist es seit langem selbstverständlich, daß breite Kreise der Bevölkerung Aktien erwerben. Doch auch Millionen Arbeitnehmer, denen diese Form der Geldanlage persönlich zu heiß ist, sind indirekt am Erfolg der Unternehmen beteiligt. Denn die milliardenschweren Pensionsfonds legen ihre Mittel zu einem großen Teil in Aktien an und haben deshalb ein brennendes Interesse an einer guten Ertragslage. Schon seit langem besitzen die Pensionsfonds der Arbeitnehmer den größten Teil der in den USA gehandelten Aktien. Der amerikanische Ökonom Peter F. Drucker stellte bereits 1976 in seinem Buch »Die unsichtbare Revolution« die Behauptung auf, in den USA mache sich der Sozialismus in Gestalt der Pensionsfonds breit.* Unbemerkt von der Öffentlichkeit würden die Arbeitnehmer nämlich die Kapitalmehrheit und damit die Herrschaft über die amerikanische Wirtschaft an sich bringen. Die These vom »Pension Fund Socialism« hat sich zwar längst als Unfug erwiesen, aber die Idee des Johann Heinrich von Thünen, den Arbeitnehmern aus ihren Gewinnanteilen den Lebensabend zu finanzieren, wird – auch wenn vermutlich keiner der Fonds-Manager je etwas von diesen frühen Versuchen gehört hat – in den USA in großem Maßstab praktiziert.

Dort ist es inzwischen auch selbstverständlich, daß vor allem die jungen, dynamischen Unternehmen, die seit Jahren die eigentlichen Träger des Wirtschaftswachstums sind und denen allein das amerikanische Beschäftigungswunder zu verdanken ist, ihre Mitarbeiter nicht mit dem Lohn allein abspeisen. Mindestens ebenso wichtig ist es, ihnen eine Beteiligung am Kapital und damit an den künftigen Wachstumschancen zu bieten. Das gilt in jedem Fall für Führungskräfte und Spezialisten. Im Bereich der Mikroelektronik und der Biotechnologie, aber auch bei den zahlreichen neuen Dienstleistungsunternehmen achten nicht nur Manager und andere hochqualifizierte Mitarbeiter bei der Wahl des Arbeitgebers oft mehr auf den Aktiensparplan als auf die Höhe des monatlichen Einkommens. Dementsprechend groß ist dann natürlich auch ihr Interesse am wirtschaftlichen Erfolg des Unternehmens. Denn nur wenn der Wert der Aktien steigt, geht die Rechnung auf. Ganz ohne Ideologie und staatliche Vermögenspolitik wurde so in den USA schon weit mehr Volkskapitalismus verwirklicht als in den europäischen Ländern.

Auch in der Bundesrepublik Deutschland hat die Zahl der Unternehmen zugenommen, die nicht nur ihrer tarifvertraglichen Pflicht nachkommen, den investiven Lohnanteil auf die Sparkonten ihrer Mitarbeiter zu überweisen, sondern die sie direkt am wirtschaftlichen Erfolg beteiligen. Auf den ersten Blick erscheinen die Zahlen auch durchaus beeindruckend: Inzwischen 1,7 Millionen Arbeitnehmer in rund 1700 Unternehmen sind am Gewinn (und in den meisten Fällen

* Peter F. Drucker: The Unseen Revolution, London 1976.

auch am Kapital) des Betriebs beteiligt, in dem sie beschäftigt werden. Zudem konnte sich die Arbeitsgemeinschaft zur Förderung der Partnerschaft in der Wirtschaft (AGP), die sich seit vielen Jahren hingebungsvoll der Aufgabe widmet, die Beteiligung der Arbeitnehmer am Produktivkapital und an den betrieblichen Entscheidungsprozessen voranzubringen, in den letzten Jahren stets eines regen Zulaufs neuer Mitglieder erfreuen.

Bei näherem Hinsehen verlieren diese Zahlen allerdings ein wenig von ihrem Glanz. Denn ein Vergleich mit der Gesamtzahl aller Arbeitnehmer zeigt, daß sich bisher kaum mehr als vier Prozent der abhängig Beschäftigten in der Bundesrepublik als Miteigentümer fühlen können. Da es rund 186 000 Betriebe mit mehr als hundert Beschäftigten gibt (Handwerk und Handel zusammen bringen es auf 865 000 Betriebe), ist der Anteil der Unternehmen, die ihre Mitarbeiter finanziell beteiligen, immer noch hauchdünn. Was schließlich die AGP angeht, so liegt die Zahl der ihr angeschlossenen, partnerschaftlich orientierten Unternehmen trotz des erfreulichen prozentualen Zuwachses immer noch bei rund fünfhundert. Darunter sind allerdings auch so gewichtige wie das Medienhaus Bertelsmann, das weltweit zu den Größten dieser Branche zählt.

Fortschritt im Schneckentempo

Das alles ist reichlich mager für ein Land, in dem nun schon seit mehr als zwei Jahrzehnten intensiv über die Notwendigkeit einer breiteren Streuung des Besitzes an Produktivkapital, über Vermögensbildung in Arbeitnehmerhand und die Partnerschaft von Arbeit und Kapital diskutiert wird. Die Lethargie der großen Mehrheit der Unternehmer ist auch deshalb schlecht zu verstehen, weil anhand zahlreicher Beispiele aus der Praxis nachgewiesen werden kann, daß es sich bei der Mitarbeiterbeteiligung nicht nur um ein gesellschaftspolitisch relevantes Ziel handelt. Eine sinnvoll gestaltete Beteiligung der Arbeitnehmer bietet auch für das einzelne Unternehmen vielfältige Vorteile. Aber erkannt und genutzt werden sie bisher nur von einer Minderheit.

Daß der gesellschaftspolitische Fortschritt in diesem Bereich einer

Schnecke gleicht, liegt in der Bundesrepublik Deutschland ebenso wie in den anderen europäischen Ländern sicherlich nicht nur an der geringen Phantasie und sozialen Innovationsbereitschaft der Arbeitgeber, sondern zu einem guten Teil auch am zähen Widerstand der Gewerkschaften. Die Mehrzahl der Funktionäre vermag in einer Teilhabe der Arbeitnehmer am Erfolg ihres Unternehmens via Gewinnbeteiligung immer noch nichts anderes zu erblicken als den Versuch, die Streikbereitschaft der Arbeitnehmer und damit die Macht der Organisation zu schwächen. Auch wenn zu Zeiten des Gewerkschaftschefs Georg Leber die IG Bau zu den Vorreitern eines Investivlohns und anderer sozialer Innovationen gehörte, die zum Abbau der Spannungen zwischen Kapital und Arbeit beitragen sollten, haben andere Gewerkschaften – allen voran die IG Metall und die IG Druck – über Jahrzehnte hinweg jeden Versuch einer Gewinn- und Kapitalbeteiligung der Arbeitnehmer geradezu wütend bekämpft. Daran hat sich bis heute – außer dem Ton, in dem die Auseinandersetzung geführt wird – wenig geändert. Abfinden mochten sich diese Funktionäre nur mit tarifvertraglich ausgehandelten vermögenswirksamen Leistungen. Denn dabei ist der Bezug zum Erfolg des Unternehmens nur gering; der Arbeitnehmer fühlt sich weiterhin als Lohn- und damit als Gewerkschaftsabhängiger. Das Ziel dieser auf Machterhaltung gerichteten Politik hat ein Funktionär der IG Metall einmal so umrissen: »Ins Bewußtsein der Arbeitnehmer darf nur die Barlohnleistung der Gewerkschaft dringen.« Die Gewerkschaften sind in dieser Hinsicht nicht anders als jede andere große Organisation: Zunächst kommt das eigene Interesse; das der einzelnen Mitglieder steht trotz aller vollmundigen Sprüche fast immer nur an zweiter Stelle.

Eine andere Frage ist natürlich, ob sie damit langfristig wirklich den Interessen der Organisation dienen oder sich selber ins Abseits manövrieren. In einer Gesellschaft, in der die traditionelle Basis der Gewerkschaften, die Schicht der einfachen Industriearbeiter, schrumpft und zahlenmäßig durch eine technische und kaufmännische Intelligenz verdrängt wird, muß auch eine Gewerkschaft an Macht und Ansehen verlieren, die diese Entwicklung nicht mitmacht.

Das bedeutet: Die ehemaligen Kampforganisationen der Unterprivilegierten müssen im Zeitalter der Angestellten zu Dienstleistungsunternehmen werden, die für ihre Mitglieder nicht die Schlachten von gestern schlagen, sondern bei ihrer Arbeit auf die gewandelten Bedürfnisse und Wertvorstellungen Rücksicht nehmen. Zu Zeiten von Georg Leber war es vor allem die IG Bau, die sich den veränderten Anforderungen stellte. Heute steht die IG Chemie an der Spitze der Arbeitnehmerorganisationen, die sich den neuen Aufgaben zuwenden. Das zeigt sich neben vielem anderen auch in der Bereitschaft zu partnerschaftlicher Zusammenarbeit mit den Arbeitgebern in der Vermögenspolitik. Das Ergebnis kann sich sehen lassen. In der chemischen Industrie haben die einschlägigen Verbände nicht nur die vom Gesetz gebotenen Möglichkeiten in den Tarifverträgen voll ausgeschöpft, sondern den Unternehmen dieser Branche seit 1973 immer wieder empfohlen, den Arbeitnehmern eine Beteiligung am Produktivvermögen anzubieten. Anfang der neunziger Jahre besaßen rund 250 000 Beschäftigte der chemischen Industrie Anteile am Kapital, überwiegend in Form von Belegschaftsaktien. Der Nennwert der Kapitalanteile betrug eine Milliarde, der Kurswert vier Milliarden Mark.

Eigentlich hätte die Abwehr der meisten Gewerkschaften die Arbeitgeber hellwach werden lassen müssen. Tatsächlich haben führende Verbandsvertreter aus allen Branchen immer für die verschiedenen Formen des Investivlohns, der Gewinn- oder Kapitalbeteiligungen geworben. Doch im Unternehmerlager überwogen weithin Desinteresse und Skepsis. Die Bereitschaft, aus sogenannten Lohnabhängigen schrittweise Miteigentümer zu machen, ist immer noch sehr wenig ausgeprägt. Wer nach einer Erklärung dafür sucht, warum die Beteiligung der Arbeitnehmer am Produktivkapital trotz der vielen erfolgreichen Modelle in allen Branchen und der zahlreichen Lippenbekenntnisse aus dem Lager der Arbeitgeberverbände nicht wie ein Buschfeuer um sich greift, sondern allenfalls im Schneckentempo vorankommt, kann eigentlich nur zu folgendem Ergebnis kommen: Die deutschen Unternehmer und Manager sind in ihrer großen Mehrzahl unpolitisch. Sie unterscheiden sich allerdings in dieser Hinsicht kaum von ihren Kollegen in den westeuropäischen Nachbarländern.

Sie sind zwar nicht unpolitisch in dem Sinne, daß sie sich nicht über die »Sozis«, über gewerkschaftliche Aktivitäten und Forderungen oder die Umtriebe von kommunistisch beeinflußten Gruppen aufregen könnten. Aber sie sind so unpolitisch, daß sie in ihrer großen Mehrheit soziale Innovationen innerhalb des Betriebes immer noch nicht als eine notwendige und zeitgemäße Dimension unternehmerischen Handelns begriffen haben. Doch solange sie die Weiterentwicklung der Gesellschaft und der Arbeitsbeziehungen allein den Parteien, den Gewerkschaften oder irgendwelchen alternativen Bewegungen überlassen und darauf vorwiegend mit Abwehr und Verzögerungsversuchen statt mit eigenen Initiativen antworten, dürfen sie sich über die Folgen ihrer Einfallslosigkeit und Passivität weder wundern noch gar beklagen. Dies gilt nicht nur für die Verteilungspolitik, sondern gleichermaßen auch für Bereiche wie den Umweltschutz, die Mitsprache am Arbeitsplatz, die Arbeitszeitgestaltung und die von vielen Unternehmen immer noch vernachlässigte Fortbildung der Beschäftigten und die Förderung des weiblichen Führungsnachwuchses.

In keinem Bereich tritt jedoch das geringe gesellschaftspolitische Engagement beziehungsweise der Mangel an Phantasie und Innovationswillen im sozialen oder gesellschaftspolitischen Bereich – oder die Unfähigkeit, die Bedeutung des Themas und die darin liegenden Chancen auch nur zu erkennen – so deutlich zutage wie bei der Mitarbeiterbeteiligung. Wenn sie die politische Dimension schon nicht erkennen, sollte man von Führungskräften der Wirtschaft wenigstens erwarten dürfen, daß sie die Möglichkeiten zur Motivierung der Mitarbeiter und zur Finanzierung des Unternehmens erkennen, die eine sachgerecht gestaltete Gewinn- und Kapitalbeteiligung der Arbeitnehmer bieten können. Aber nicht einmal das hat sich bisher so richtig herumgesprochen.

Dabei ist dies schon seit Jahren keine reine Utopie mehr. Denn während die Politiker immer noch zauderten und die Theoretiker einander bekämpfen, erprobte eine kleine Zahl von Unternehmern aus eigenem Antrieb neue soziale Modelle im Betrieb. Obwohl die Ergebnisse nicht erst seit gestern vorliegen, werden sie immer noch nicht ausreichend beachtet.

Auch ohne Hilfe des Gesetzgebers, also im vorhandenen juristischen Rahmen, haben es engagierte Unternehmer in den letzten beiden Jahrzehnten geschafft, Modelle für eine Mitarbeiterbeteiligung zu entwickeln und erfolgreich zu praktizieren. Zwar sind es nicht genügend Beispiele, um die gesellschaftliche und wirtschaftliche Situation schon nachhaltig genug zu verändern. Aber es sind hinreichend viele erfolgreiche Modelle in allen Branchen und Regionen sowie in vielerlei Rechtsformen und auch in Unternehmen der unterschiedlichsten Größen entwickelt und oft schon seit vielen Jahren mit Erfolg praktiziert worden, um damit die These zu untermauern, daß die Auflösung des Gegensatzes zwischen Arbeit und Kapital ohne Zweifel zu den Ideen zählt, denen die Zukunft gehört.

Ein besonders eindrucksvolles Beispiel für eine funktionierende Mitarbeiterbeteiligung ist das Modell der Bertelsmann AG in Gütersloh. Dieser Medienkonzern hat bewiesen, daß eine partnerschaftliche Zusammenarbeit zwischen Arbeit, Kapital und Management selbst in Großunternehmen möglich ist und allen Beteiligten Vorteile bringt. Da das Modell zudem schon seit vielen Jahren praktiziert wird, kann damit auch belegt werden, daß sich derartige soziale Konstruktionen auch in schwierigen Zeiten bewähren. Die Motive für die Einführung einer Mitarbeiterbeteiligung waren ohnehin nicht nur humanitärer und gesellschaftspolitischer Natur. Reinhard Mohn, Herr über die Aktienmehrheit und langjähriger Vorstandsvorsitzender und Aufsichtsratchef der Unternehmensgruppe Bertelsmann, macht daraus durchaus kein Hehl. Er sieht in der Kombination betriebs- und gesellschaftspolitischer Ziele sogar den Schlüssel zum Erfolg.

Während der stürmischen Aufbauphase in den fünfziger Jahren geriet der Verlag immer wieder in Liquiditätsnöte. Mohn erkannte damals, daß die Einführung eines Pensionsfonds und der Gewinnbeteiligung nicht nur dazu dienen konnte, die Mitarbeiter langfristig an das Unternehmen zu binden, sondern auch helfen würde, die Kapitalbasis zu verbreitern: »Durch die Schaffung von Sozialkapital haben wir schließlich die Finanzierungsprobleme der Aufbauphase überwunden. Der Ausbau der Finanzierung erfolgte über eine Pensionsordnung und ein Modell der Gewinnbeteiligung und Vermögensbildung in Arbeitnehmerhand«, erläuterte er seine damaligen Überlegungen beim »Deutschen Betriebswirtschaftstag 1983« den Teilnehmern und fügte hinzu: »Ich höre oft den Einwand, das hätte ich wahrscheinlich billiger lösen können. Ich sage Ihnen darauf: Das war damals die einzige Möglichkeit, an Geld zu kommen. Außerdem wird Sozialkapital zweimal schneller gebildet als Eigenkapital im herkömmlichen Sinne. Gleichzeitig habe ich damit eine gesellschaftspolitische Zielsetzung verfolgt. Ich habe immer beides gesehen – den Vorteil des Unternehmens und die soziale Komponente.«

Bei Bertelsmann wurde das Beteiligungsmodell im Laufe der Jahre aufgrund der Erfahrungen oder wegen veränderter gesetzlicher Bestimmungen zwar immer wieder an die neue Lage angepaßt, blieb dabei aber stets seiner grundlegenden Zielrichtung treu. Ausgangspunkt ist die Überlegung, daß die Grundansprüche der Mitarbeiter und der Kapitaleigentümer durch Lohn und Gehalt beziehungsweise durch den Zins plus einer Risikoprämie abgedeckt werden. Bleibt nach Abzug der dafür notwendigen Summen vom Ertrag des Unternehmens ein Gewinn, so wird er je zur Hälfte auf Mitarbeiter und Kapitaleigner (zu denen inzwischen auch die meisten Mitarbeiter zählen) aufgeteilt. Die Gewinnanteile der Mitarbeiter müssen allerdings als Genußkapital in das Unternehmen eingebracht werden; frei verfügbar ist zunächst nur die darauf gezahlte Dividende (im Durchschnitt vieler Jahre 15 Prozent). Die Aktionäre der Bertelsmann AG unterwerfen sich allerdings der gleichen Pflicht. Nur ein Viertel des ihnen zustehenden Bilanzgewinns dient persönlichen Zwecken, alle anderen Mittel fließen wieder in das Unternehmen zurück. Die Kapitalzufuhr durch Aktionäre und Mitarbeiter ermöglicht dem Unternehmen bei normaler Ertragslage ein jährliches Wachstum um 15 Prozent, ohne daß Kapital von außen aufgenommen werden muß.

Frühestens nach einer vorgeschriebenen Frist können die Mitarbeiter ihre Genußscheine frei an der Börse verkaufen. Bereits Ende 1987 hatten die Kapitaleinlagen der Mitarbeiter einen Nominalwert von 371 Millionen Mark und damit bereits knapp die Hälfte des gesamten Eigenkapitals der Bertelsmann AG. Auf diese Einlage wurden zwischen 1970 und 1987 insgesamt 351 Millionen Mark an Gewinnanteilen ausgezahlt, über die frei verfügt werden konnte.

Vorteile für beide Seiten

Ziele und Ergebnisse der Mitarbeiterbeteiligung, die sich bei Bertelsmann allerdings nicht nur auf materielle Aspekte beschränkt, sondern auch Delegation von Verantwortung, Mitsprache am Arbeitsplatz und andere Formen einer partnerschaftlichen Beziehung einschließen, faßt Reinhard Mohn so zusammen: »Die Kapitaleinlagen unserer Mitarbeiter haben eine erhebliche Bedeutung für die Finanzierung unseres Unternehmens. Diese Form der Ergebnisbeteiligung fördert darüber hinaus bei den Mitarbeitern das Verständnis für die Funktionsweise eines Wirtschaftsbetriebes. Das Interesse am Unternehmensgewinn wurde auf diese Weise ebenso gesteigert wie die Bereitschaft, im Interesse des Erfolgs notwendige betriebliche Umstellungen mitzutragen. Auf diese Weise wurde nicht nur eine Annäherung der Standpunkte von Kapital und Arbeit erreicht. Nach unseren bisherigen Erfahrungen zeichnet sich ab, daß in der Zukunft das Gewinninteresse der Mitarbeiter einen größeren Einfluß auf das Management haben wird als die Einwirkungen der Kapitalvertreter.« An anderer Stelle hat Mohn das Ergebnis eines partnerschaftlichen Verhältnisses von Arbeit, Kapital und Management aus seiner Sicht so umrissen: »Es macht auch für den Unternehmer einfach mehr Spaß, unter diesen Umständen zu arbeiten.« Zum Spaß kam der Erfolg. Reinhard Mohn könne »den Anspruch erheben, Deutschlands erfolgreichster Unternehmer zu sein«, urteilte das Londoner Wirtschaftsmagazin *Economist*.

Dafür, daß das partnerschaftliche Konzept auch unter einem weniger persönlichen Aspekt so falsch nicht sein kann, spricht neben dem seit drei Jahrzehnten zu beobachtenden Aufstieg des Kleinverlages aus Gütersloh zu einem Medienkonzern, der mit rund 12,5 Milliarden Mark Umsatz in die neunziger Jahre startete, auch die Kontinuität dieses Erfolges. In der Bundesrepublik hat es nach dem Krieg zwar zahlreiche Firmen gegeben, die unter der dynamischen Führung herausragender Unternehmerpersönlichkeiten einen rasanten Aufstieg erlebten. Aber die meisten dieser Wunderknaben – ob sie nun Schlieker, Borgward, Neckermann oder Grundig hießen – sind schließlich wieder gescheitert, weil sie entweder an ihrem autoritären Führungsstil festhielten oder es aus anderen Gründen nicht vermochten, den wirtschaftlichen, sozialen und gesellschaftlichen Wandel zu erkennen und ihr Unternehmen darauf vorzubereiten. Die innere Führung und soziale Innovation im Betrieb haben sie nicht als neue unternehmerische Aufgabe in einer »reifen« Industriegesellschaft erkannt. Bertelsmann dagegen hat sich nicht nur den veränderten Marktbedingungen immer wieder geschickt angepaßt. Mindestens ebenso wichtig waren der Wandel der inneren Struktur, die Motivierung der Mitarbeiter, die Entwicklung zeitgemäßer Führungstechniken. In der ehemaligen DDR, die alle diese Entwicklungsstufen viel schneller durcheilen muß, wird sich auch die innere Struktur der Betriebe viel schneller auf die neuen Bedingungen einstellen müssen, wenn die Unternehmen überleben wollen.

Die Bertelsmann AG ist zwar das herausragendste Beispiel für den Erfolg einer richtig verstandenen und zweckentsprechend gestalteten betrieblichen Partnerschaft, aber keineswegs das einzige. Vor allem im Bereich der mittelständischen Industrie gibt es viele erfolgreiche und originell konstruierte Modelle.

Bunte Vielfalt der Ideen

Da es keine gesetzlichen Regeln für die Form der Mitarbeiterbeteiligung gibt (natürlich auch die einschlägigen Bestimmungen des Steuer- und Gesellschaftsrechts usw. zu beachten sind), hat sich eine Fülle unterschiedlicher Regelungen entwickelt. Die meisten Unternehmen orientieren sich zwar an dem einen oder anderen erfolgreichen Modell, passen es aber dann immer den besonderen Bedingungen des jeweiligen Betriebes an. Deshalb gleicht kaum ein Beteiligungsmodell exakt dem anderen. Doch dies ist eher ein Vorzug als ein Nachteil, weil so nicht nur eine Fülle von Erfahrungen mit den unterschiedlichsten wirtschaftlichen und rechtlichen Varianten gesammelt werden kann, sondern weil beim Zuschnitt der Modelle echte Maßarbeit möglich ist.

Obwohl die Zahl von 1700 Unternehmen mit Mitarbeiterbeteiligung angesichts der Gesamtheit westdeutscher Firmen recht bescheiden ist, so ist sie unter einem anderen Gesichtspunkt auch wieder beeindruckend, denn:

- die Einführung der Beteiligungen geschieht von beiden Seiten auf der Basis völliger Freiwilligkeit;
- die Unternehmen müssen trotz aller Bekenntnisse der Politiker zur betrieblichen Gewinn- und Kapitalbeteiligung immer noch zahlreiche rechtliche und steuerliche Barrieren überwinden.

Daß dies – ein entsprechendes Engagement vorausgesetzt – auf vielerlei Weise möglich ist, zeigt die Fülle der zum Teil recht unterschiedlichen Lösungen. Dabei sind zwei Grundformen zu unterscheiden, nämlich einmal die direkte und zum anderen die indirekte Beteiligung der Arbeitnehmer: Die direkte Gewinn- und Kapitalbeteiligung kann über die Ausgabe von Belegschaftsaktien erfolgen (die nach der Zahl der beteiligten Arbeitnehmer bei weitem am stärksten verbreitete Form) oder über GmbH-Anteile, Kommanditanteile und stille Beteiligungen.

Bei der indirekten Beteiligung wird eine Vermögensverwaltungsgesellschaft zwischengeschaltet, deren Anteilseigner die Mitarbeiter sind und deren Vorstand den Kapitalanteil am arbeitgebenden Unternehmen verwaltet und die damit verbundenen Rechte ausübt. Diese Verwaltungsgesellschaft wird in der Regel entweder als GmbH, eingetragener Verein oder Gesellschaft nach bürgerlichem Recht geführt.

Wenn ein Unternehmen Belegschaftsaktien ausgibt, so unterscheiden sich die Mitarbeiter-Aktionäre von dem normalen Anteilseigner in der Regel in zweierlei Hinsicht: Ihre Aktien werden zu einem vom Arbeitgeber verbilligten Kurs ausgegeben (im Rahmen der pro Jahr steuerlich zulässigen Beträge), und die Wertpapiere bleiben für einen gewissen Zeitraum gesperrt. Die Arbeitnehmer sollen sich an das neue Gefühl, Aktionär zu sein, erst einmal gewöhnen und lernen, die darin liegenden Vorteile zu erkennen. Andernfalls wäre die Versuchung für die meisten zu groß, sofort Kasse zu machen. Bei der Privatisierung des sogenannten Volkseigentums und sonstigen Staatsvermögens aus dem Besitz der DDR werden solche Sperrfristen erst recht notwendig sein, da nach einer so langen Entwöhnung der Umgang mit Eigentum an Produktivkapital von der gesamten Bevölkerung erst wieder erlernt werden muß.

Die unter den Beteiligungsfirmen zahlenmäßig besonders stark vertretenen mittelständischen Firmen praktizieren vorwiegend investive Erfolgsbeteiligungen, weil sie dies unter dem Gesichtspunkt von Motivierung und Finanzierung als die effektivste Form betrachten. Dabei wird in der großen Mehrzahl der Fälle nach Abzug eines angemessenen Unternehmerlohns und der Verzinsung des im Betrieb arbeitenden Kapitals der verbleibende Überschuß je zur Hälfte auf Arbeit und Kapital aufgeteilt. Die Schlüssel, die für die Verteilung der auf die Mitarbeiter entfallenden Summen verwendet werden, sind sehr unterschiedlich. In vielen Betrieben wird das Jahreseinkommen als Ausgangsbasis für die Berechnung der Gewinnanteile genommen. Die Begründung ist, daß Lohn und Gehalt nach der individuellen Leistung bemessen werden und somit auch den jeweiligen Beitrag zum Gesamterfolg des Unternehmens am besten widerspiegeln. Deshalb müsse das Einkommen auch bei der Berechnung des Gewinnanteils zugrunde gelegt werden. In anderen Firmen wird eine Verteilung nach Köpfen oder Betriebszugehörigkeit bevorzugt, um einen gewissen sozialen Ausgleich zu schaffen und zum Ausdruck zu bringen, daß ein Unternehmen nur dann erfolgreich sein kann, wenn jeder an seinem Platz und nach seinen Möglichkeiten dazu beiträgt. Vielfach werden aber auch Verteilungsschlüssel angewendet, die sich aus mehreren dieser Elemente zusammensetzen.

Hinsichtlich der Verfügungsmöglichkeit über die Gewinnanteile gibt es ebenfalls zwei Wege beziehungsweise Philosophien. Einige Befürworter der Mitarbeiterbeteiligung vertreten die Ansicht, daß eine Vermögenspolitik nur dann wirklich ihren Sinn erfüllt, wenn die Begünstigten sofort frei über den Gewinnanteil verfügen können und niemand bei der Entscheidung über die investive oder konsumptive Verwendung den Vormund spielt. Schließlich werde dem Unternehmer auch von niemandem vorgeschrieben, wie er über sein Kapitaleinkommen verfügt. Andere sind der Meinung, daß die »Lohnabhängigen« diese Freiheit erst nach einer gewissen Erziehungszeit erhalten sollen. In der Mehrzahl der Fälle wurde in den zwischen Betriebsleitung und Mitarbeitervertretung ausgehandelten Verträgen jedoch ein Mittelweg gefunden: Die Gewinnanteile der Mitarbeiter bleiben zwar für eine bestimmte Zahl von Jahren gesperrt und werden in dieser Zeit investiv angelegt (meist im eigenen Betrieb), aber die während der Sperrzeit darauf anfallenden Zinsen oder Dividenden werden ausgezahlt.

Mehr Erfolg mit Partnerschaft

So unterschiedlich auch die Wege sind, um so klarer sind die Ziele. Die Mitarbeiterbeteiligung soll helfen, den wenig konstruktiven Gegensatz von Arbeit und Kapital abzubauen und damit die Spannungen in der Gesellschaft und den Verteilungskampf zu mildern. Sie soll in einer Zeit, in der die herkömmlichen Systeme der Alterssicherung wegen der zunehmenden Vergreisung in vielen Industrieländern immer stärkeren Belastungen unterworfen werden, dazu beitragen, neben der staatlichen und betrieblichen Versorgung eine dritte Säule – nämlich eigenes Vermögen – aufzubauen, auf der die Versorgung im Alter ruht. Und schließlich soll eine Gewinn- und Kapitalbeteiligung auch dem inneren Frieden im Betrieb dienen und allen Beteiligten klarmachen, daß nur gemeinsame Anstrengungen zum Erfolg führen, nicht aber Klassenkampf am Arbeitsplatz.

Daß Unternehmen, die ihre Mitarbeiter am Ertrag beteiligen, erfolgreicher sind als eine Vergleichsgruppe von Firmen, die nicht mehr tun, als durch Gesetz und Tarifvertrag vorgeschrieben, macht eine Untersuchung des Instituts für Gesellschafts- und Wirtschaftswissenschaften der Universität Bonn deutlich. Dabei zeigte sich, daß sie in ihrer großen Mehrzahl (75 Prozent) rentabler arbeiten als die Betriebe ohne Beteiligungsmodell. Sie waren produktiver und erreichten im Durchschnitt einen wesentlich höheren Umsatz je Beschäftigtem.* Zu ganz ähnlichen Resultaten kam eine umfangreiche Studie, die gemeinsam vom Institut der Deutschen Wirtschaft (IW) und der Gesellschaft für innerbetriebliche Zusammenarbeit (GIZ) vorgelegt

---

* Thomas Held, »Zeitschrift für Betriebswirtschaft« 1982, S. 735 ff.

wurde.* Danach heben sich die untersuchten Beteiligungsunternehmen in vielen wichtigen Bereichen erfolgreich vom Branchendurchschnitt ab: Ihre Eigenkapitalquote liegt im allgemeinen über dem Branchendurchschnitt; das gleiche gilt für die Umsätze pro Kopf und die Renditen. Das Kostenbewußtsein ist ausgeprägter, die Kündigungsrate und Abwesenheitsquote geringer, das betriebliche Vorschlagswesen ergiebiger.

Chance für einen Neubeginn im Osten

Auch auf diesem Gebiet haben die jungen und alten Unternehmen im Osten Deutschlands die große Chance, aus den Erfahrungen in der Bundesrepublik und anderen westeuropäischen Ländern zu lernen und einige der Fehler zu vermeiden, die in der Eigentumspolitik gemacht wurden. Denn trotz aller Diskussionen und trotz der hohen Subventionen, mit denen der Staat die Vermögensbildung breiter Schichten der Bevölkerung subventioniert hat, ist es bisher nicht gelungen, die Arbeitnehmer in großem Stil am Produktivkapital zu beteiligen und sie in ausreichender Zahl für diese Form der Geldanlage und Kapitalbildung zu gewinnen. Einer der Gründe ist ohne Zweifel, daß nach dem Krieg zunächst die alten Eigentumsstrukturen restauriert wurden und die Mehrheit der Gewerkschaftsfunktionäre zwar immer gegen die Vermögenskonzentration in wenigen Händen wetterte, aber nichts tat, um daran etwas zu ändern, sondern im Gegenteil jeden ernsthaften Versuch dazu verbissen bekämpfte. Viele Unternehmen mußten ihre Modelle zur Gewinn- und Kapitalbeteiligung der Mitarbeiter deshalb gegen den oft erbitterten Widerstand der örtlichen Gewerkschaftsvertreter und manchmal auch gegen den von der Zentrale beeinflußten Betriebsrat durchsetzen. Ein besonders eklatantes Beispiel dafür ist der Hamburger Großverlag Gruner + Jahr, dessen Betriebsräte eine entsprechende Betriebsvereinbarung in monatelangen Verhandlungen zu blockieren versuchten und sie mit zum Teil absurden Argumenten ablehnten. Sie gaben erst klein bei, nach-

---

* Hans-Günter Guski, Hans J. Schneider: Betriebliche Vermögensbeteiligung in der Bundesrepublik Deutschland, Köln 1983.

dem eine überwältigende Mehrheit der Mitarbeiter das schließlich jedem individuell vorgelegte Angebot der Geschäftsleitung angenommen hatte.

Im Osten ist die Situation völlig anders. Die alten Eigentumsstrukturen sind weitgehend zerstört. Das gilt insbesondere für die Kombinate und ihre Nachfolgegesellschaften. Die Übergangsregierung Modrow hatte noch ein Gesetz erlassen, das Volkseigentum in Form von Betrieben und den dazu gehörenden Grund und Boden einer Treuhandstelle übertrug. Der Wert dieses Vermögens wurde auf 1,8 Billionen Ost-Mark geschätzt. Dies war sicherlich eine Rechnung mit vielen Unbekannten, die wenig darüber aussagte, wie sich dieser Wert in D-Mark gerechnet angesichts der höchst unterschiedlichen Zukunftsaussichten der verschiedenen Betriebe im Laufe der neunziger Jahre entwickeln wird. Es kann aber keinen Zweifel geben, daß sich die Höhe dieses Vermögens nur in Hunderten von Milliarden Mark beziffern läßt. Wenn erst einmal die vielen unrentablen – und zum Teil unrettbaren – Betriebe aussortiert sind, die sich in diesem Sammelsurium von ehemaligem Volkseigentum befinden, wird der Wert des Treuhandvermögens im Laufe der kommenden Jahre kräftig steigen. Das gilt in jedem Fall für den enormen Grundbesitz. Der Unternehmensberater Otto Gellert, der in der Bundesrepublik Gesellschaften wie Reemtsma oder Tchibo berät, Firmen wie Pelikan erfolgreich saniert hat und auch in der DDR einschlägige Erfahrungen sammeln konnte, rechnet so: »Selbst wenn man Umstrukturierungs- und Währungsverluste im Rahmen der Wirtschafts- und Währungsreform abzieht, bleiben sicherlich mindestens 500 Milliarden D-Mark übrig.«* Allein der steigende Wert des Grundbesitzes wird aber dafür sorgen, daß sich diese Summe in den nächsten Jahren wieder deutlich erhöht.

Wenn dieses Vermögen schrittweise privatisiert würde – wobei ein beträchtlicher Prozentsatz der Anteile ebenso wie bundesdeutsche Belegschaftsaktien zu einem Vorzugspreis an die Arbeitnehmer gehen müßte –, ließen sich mehrere Fliegen mit einer Klappe schlagen: Es käme zu einer breitgestreuten Vermögensbildung; die künftigen Besitzer der Anteile würden von den zu erwartenden Wertsteigerun-

* Otto Gellert in: »Wirtschaftswoche« Nr. 20 vom 11. Mai 1990, S. 30.

gen profitieren und so die Aussicht haben, auch in dieser Form am Aufschwung teilzunehmen. Sie könnten dadurch auch bis zu einem gewissen Grad für die Verluste entschädigt werden, die ihnen durch die ruinöse Politik der SED zugefügt worden sind. Neben der Hoffnung auf rasch steigende Löhne wäre dies eine zusätzliche Motivation für die Arbeitnehmer, beim Aufbau kräftig zuzupacken. Denn eine Sanierung ihrer Betriebe käme ihnen dann in doppelter Form zugute: über steigende Löhne und den wachsenden Wert ihrer Anteile am Kapital.

Gleichzeitig würden dem Staat durch eine schrittweise Privatisierung beträchtliche Mittel zufließen, die zur Modernisierung der Infrastruktur genutzt werden könnten. In der Bundesrepublik mit ihrem bei weitem geringeren staatlichen Unternehmensbesitz hat allein die seit 1984 wieder forcierte Privatisierung dem Staat 6,6 Milliarden Mark eingebracht. In der DDR sind angesichts des viel umfangreicheren »Volkseigentums« erheblich höhere Beträge zu erwarten. Das Treuhandvermögen könnte auch »beliehen« werden, indem zunächst öffentliche Anleihen aufgenommen und später aus den Erlösen der Privatisierung zurückgezahlt werden. Das ist ein weiteres Beispiel dafür, daß bei einer vernünftigen Politik von den Bundesbürgern keine schwindelerregenden Summen aufgebracht werden müssen, um im Osten Straßen, Brücken, Bahnen oder Wohnungen zu finanzieren.

Wenn die Vermögenskonzentration in der Bundesrepublik nicht spiegelbildlich wiederholt werden soll, muß allerdings sorgfältig darauf geachtet werden, daß die Privatisierung nicht in der Form abläuft, daß alle »Perlen« aus dem Vermögen der Treuhandstelle an große Konzerne in der Bundesrepublik oder Interessenten aus Japan, Frankreich oder den USA gehen und dem Staat die wenig dankbare Rolle des Krankenpflegers für den traurigen Rest der Betriebe zufällt. Es dürfen den Beschäftigten oder anderen Kleinanlegern aus Ost oder West nicht nur Anteile an den weniger interessanten oder gar maroden Firmen angeboten werden. Wenn nicht wieder einmal alle Chancen verspielt werden sollen, Kapitalvermögen breit zu streuen, und die unerwartete Möglichkeit genutzt wird, parallel zur Vereinigung der beiden deutschen Staaten einen wesentlichen Beitrag zur Überwindung des unseligen Gegensatzes von Kapital und Arbeit zu leisten, dann müssen die Weichen von vornherein richtig gestellt werden.

Das bedeutet vor allem: Kommen überhaupt große Konzerne zum Zuge, sollten sie nur so viele Kapitalanteile erwerben dürfen, wie zur industriellen Führung und Sanierung unbedingt erforderlich sind; der Rest muß für die Beschäftigten und andere Kleinanleger reserviert werden. Der Preis für die Vorzugskonditionen muß dann allerdings eine längerfristige Verkaufssperre sein. Andernfalls kann sich keine Beziehung zum Vermögen entwickeln und können die Erwerber auch nicht von den späteren Wertsteigerungen profitieren. Vor allem aber würden die Anteile sehr rasch wieder bei Banken und Konzernen, Großspekulanten wie den Flicks oder anderen landen, die schon immer ihr Geld in Form von Risikokapital angelegt haben – und zwar lange bevor es im Zuge des Aufschwungs kräftig an Wert gewinnt. Wenn das vermieden wird, könnte die Überwindung des Sozialismus dazu führen, daß endlich ein großer Schritt zur Verwirklichung des Volkskapitalismus in Deutschland getan wird.

Fazit

Wie auch das japanische Beispiel zeigt, sind motivierte Mitarbeiter auf allen Ebenen der Betriebshierarchie die beste Garantie für den Erfolg – und bittere Erfahrungen in Italien oder Großbritannien lehren, wie verhängnisvoll sich ein permanenter Gegensatz zwischen Arbeit, Kapital und Management für alle Beteiligten im Betrieb und für die gesamte Volkswirtschaft auswirken kann. Es kommt deshalb nicht allein darauf an, neue Produkte und Verfahren zu entwickeln, erfolgreich Marketing zu betreiben und in der Forschung die Nase vorn zu haben. Ohne soziale Innovationen, ohne den Abbau des nicht mehr zeitgemäßen Gegensatzes zwischen Kapital und Arbeit, ist kein dauerhafter Erfolg möglich. Einer der ganz großen Schritte in diese Richtung ist die Gewinn- und Kapitalbeteiligung der Mitarbeiter. Die Unternehmer, die dies früher als andere erkennen und praktizieren, haben deshalb einen entscheidenden Wettbewerbsvorteil. Im Gebiet der DDR bietet sich die einmalige Chance, ganz neue Eigentumsstrukturen zu schaffen, die dann wiederum die Vermögenspolitik im

Westen befruchten könnten. Beides ist wichtig für die Stabilität der Gesellschaft und den Standort Deutschland. Eigentum für alle könnte – angesichts des zu erwartenden Erfolgs – auch für die Europäische Gemeinschaft zum Vorbild werden. Wenn der Sozialismus nie wieder zum Verführer der Massen werden soll, muß eine Eigentumsordnung aufgebaut werden, die von der Mehrheit der Bevölkerung als gerecht empfunden wird und allen eine Chance gibt, von einem »Wachstum ohne Grenzen« zu profitieren.

8
Lohn und Arbeitszeit:
Geteilt auch ohne Mauer?

Weltspitze zu sein, ist nicht immer Grund zu ungeteilter Freude. Die Bundesdeutschen starteten sowohl bei den Arbeitskosten als auch bei der verfügbaren Freizeit als Weltmeister in die neunziger Jahre. Die durchschnittliche Arbeitswoche war nur noch 39 Stunden lang; die tarifvertragliche Arbeitszeit pro Jahr lag bei 1697 Stunden. Unter Berücksichtigung von Urlaub und Feiertagen errechnete sich daraus eine durchschnittliche Arbeitszeit von weniger als 33 Stunden in der Woche. Die Tarifabschlüsse im Bereich der Metall- und Druckindustrie sorgten zudem dafür, daß zumindest in diesen Bereichen der Vorsprung vor dem Rest der Welt auch noch ausgebaut wird: Die IG Metall – wie immer Vorreiter bei der Verkürzung der Arbeitszeit – setzte im Mai 1990 einen Tarifvertrag durch, der in diesem Bereich der bundesdeutschen Wirtschaft bis 1995 die 35-Stunden-Woche bringt – bei vollem Lohnausgleich, versteht sich. Aufs Jahr gerechnet sind das also nochmals 208 Stunden weniger im Vergleich zur 39-Stunden-Woche. Dazu kommen noch zusätzliche Prozente bei den Löhnen. Dennoch – dieser Tarifvertrag könnte das Tor zu einer ganz neuen Welt aufstoßen.

Zunächst aber wird er dazu führen, daß auch bei den Arbeitskosten die deutsche Spitzenstellung erhalten und ausgebaut wird. Die Schweiz, die zwischen 1986 und 1988 im weltweiten Vergleich an erster Stelle stand, räumte diesen Platz zugunsten der Bundesrepublik, gewiß neidlos. Industrieunternehmen der Bundesrepublik zahlten nach Berechnung des Instituts der Deutschen Wirtschaft für eine Arbeiterstunde 19,29 DM sowie weitere 16,45 DM in Form von Sozialabgaben, Urlaubsgeld, Sonderzahlungen und anderen Extras. Das machte zusammen 35,74 DM an Lohn und Lohnzusatzkosten und war bei den zu diesem Zeitpunkt geltenden Wechselkursen weltweit der Spitzenpreis für Industriearbeit.

Für die Arbeitsplatzbesitzer ist das alles ebenso erfreulich wie für die Gewerkschaften, die diese Löhne und einen großen Teil der Extras per Tarifvertrag erkämpft haben. Die Arbeitgeber dagegen beschwören angesichts solcher Statistiken regelmäßig den ökonomischen Niedergang des Standorts Bundesrepublik. Die hohen Arbeitslosenzahlen werden dann gern als Beweis dafür angeführt, daß bei derartig hohen Löhnen und kurzen Arbeitszeiten nicht mehr alle einen Arbeitsplatz finden können.

Nie wieder Arbeitszeitverkürzung?

Angesichts der gewaltigen Überschüsse im Außenhandel und einer Wirtschaft im Dauerboom wirkt das allerdings nicht sehr überzeugend. Wer viel leistet, kann sich auch viel leisten – in Form von Einkommen und Freizeit. Die Frage ist immer nur, wie weit man es treiben darf, ohne den eigenen Arbeitsplatz zu gefährden. Solange die Produktivität mindestens im gleichen Tempo steigt wie die Löhne, solange Qualität, Lieferpünktlichkeit und Service gesichert sind, können auch die Einkommen steigen. Wichtig ist nur, ob die deutschen »Lohnstückkosten« ebenfalls steigen. Doch das war nicht der Fall. »Moderate Lohnsteigerungen... und ein kräftiger Produktivitätszuwachs sorgten dafür, daß die gesamtwirtschaftlichen Lohnstückkosten 1989 nahezu stabil blieben«, stellte die Bundesbank in ihrem Geschäftsbericht fest. Trotz steigender Einkommen wurden die Produktionskosten also nicht höher.

Aber das kann schon bald wieder anders sein. Der Streit darüber, wann die internationale Wettbewerbsfähigkeit ernsthaft gefährdet und der Punkt überschritten wird, wo die Gewerkschaften mit ihren Forderungen Arbeitsplätze vernichten, wird deshalb ein Thema bleiben, das auch nach der Jahrtausendwende die Gemüter noch erhitzt. Beide Seiten werden stets Statistiken und willige Gutachter auf ihrer Seite haben, die »wissenschaftlich« nachweisen, daß die Lohnforderungen entweder zu hoch oder gerade richtig sind, um Arbeitsplätze und Konjunktur zu sichern. Irgendwann nach dem Jahr 1995 könnte aber auch der Streit darüber wieder losgehen, ob eine erneute Senkung der Arbeitszeit die Beschäftigung positiv oder negativ beeinflußt, ob die 30-Stunden-Woche von der Wirtschaft zu verkraften ist oder den Standort Deutschland endgültig in eine industrielle Wüste verwandelt, in der kein rentabler Betrieb mehr gedeihen kann. Dieses Spiel mit verteilten Rollen gehört zum festen Repertoire einer freiheitlich und marktwirtschaftlich orientierten Demokratie.

Vielleicht wird die Frage nach Sinn oder Unsinn einer weiteren Verkürzung der Arbeitswoche aber auch nie wieder gestellt werden. Denn irgendwann in den neunziger Jahren könnte sich die Erkenntnis allgemein durchsetzen, daß eine weitere schematische Senkung der regulären Arbeitszeit überhaupt keinen Sinn mehr hat und deshalb die hohen Opfer nicht lohnt, die jeder Arbeitskampf kostet. In Zukunft wird der Begriff »Arbeitszeitgestaltung« an die Stelle der altmodisch gewordenen Arbeitszeitverkürzung treten müssen.

Vor allem aber wird uns in den nächsten Jahren ein ganz anderes – und bis zur Revolution in der DDR völlig unbekanntes – Problem viel stärker beschäftigen: der krasse Unterschied der Arbeitsbedingungen in Deutschland Ost und Deutschland West. Seit Jahrzehnten waren wir daran gewöhnt, die Löhne und Arbeitszeiten in der Bundesrepublik allein an den Konditionen zu messen, die in Frankreich, Portugal, Spanien, den USA oder Japan gelten. Was jenseits der Mauer geschah, war irrelevant. Daß der Wettbewerb der verschiedenen Standorte innerhalb der EG mit der Vollendung des Gemeinsamen Marktes und der dann geltenden Freizügigkeit von Arbeit und Kapital im gesamten Gebiet der Gemeinschaft noch stärker werden würde, war bekannt. Darauf bereiten sich die Unternehmen in allen Ländern der EG seit vielen Jahren vor. Ganz unerwartet stellte sich dagegen nach der Beseitigung von Mauer und Stacheldraht und der Bildung einer Währungs-, Wirtschafts- und Sozialunion die Frage, ob und wie lange auf deutschem Boden in Ost und West völlig unterschiedliche Arbeitsbedingungen herrschen können. Zwar gab es auch schon bisher innerhalb der Bundesrepublik keine Einheitslöhne. Wer in Ostfriesland oder im Bayerischen Wald lebt, der verdient im allgemeinen deutlich weniger, als für eine vergleichbare Arbeit in Frankfurt, München oder Düsseldorf gezahlt wird. Aber dafür sind in den weniger dynamischen Regionen auch viele Preise niedriger, die Mieten günstiger und ein Häuschen billiger zu haben. Selbst Arbeitslose sind deshalb oft nur schwer dazu zu bewegen, von den ärmeren in die reicheren Regionen der Republik zu ziehen, selbst wenn sich ihnen dort weit bessere Beschäftigungsmöglichkeiten bieten.

Länger arbeiten, weniger verdienen?

Aber das alles ist nicht zu vergleichen mit dem Bild, das sich seit Beginn des Vereinigungsprozesses bei der Betrachtung der Verhältnisse in Ost und West bietet. Denn krasser könnten die Unterschiede kaum sein. In vielen Punkten waren sich Spanien und die Bundesrepublik hinsichtlich der Arbeitsbedingungen zu Beginn der neunziger Jahre ähnlicher als die beiden Teile Deutschlands – von Frankreich, den Niederlanden, Dänemark oder anderen hochentwickelten EG-Ländern ganz zu schweigen. Während in der Bundesrepublik im internationalen Vergleich Spitzenlöhne gezahlt werden, rangierte die DDR unter ferner liefen. Auf der einen Seite der Elbe lag das Durchschnittseinkommen der Arbeitnehmer brutto bei rund 4200 D-Mark, am anderen Ufer erreichte es selbst bei den Industrielöhnen nur 1324 Mark. Ebenso deutliche Unterschiede gab es beim Start in die gemeinsame Zukunft bei der Arbeitszeit. Hatten die Bundesdeutschen die kürzeste Arbeitswoche in der Welt, so zählte die DDR neben Portugal zu den Ländern mit der längsten regulären Arbeitszeit. 42 Stunden pro Woche war die Norm, es gab weniger Feiertage und einen kürzeren Urlaub. Die »Feiertagsunion« wurde allerdings schon vor der Wirtschafts- und Währungsunion vollzogen: die Regierung de Maizière setzte bereits die alten kirchlichen Feiertage wieder in Kraft.

Daß in Lissabon länger gearbeitet wird als in Wolfsburg, daß die Löhne in Barcelona deutlich niedriger sind als in Hamburg, spielt bei den langfristigen Investitionsentscheidungen vieler Unternehmen sicherlich eine Rolle. Das hohe deutsche Einkommensniveau lockt auch manchen Österreicher, Spanier oder Portugiesen nach Deutschland. Die großen Entfernungen, die Unterschiede in der Mentalität und Sprache sowie unterschiedliche Standortvorteile oder Nachteile im Bereich Steuer, Infrastruktur oder Ausbildung sorgen aber dafür, daß aus der – durchaus erwünschten – Wanderung von Arbeit und Kapital im Gebiet der Europäischen Gemeinschaft keine unkontrollierbare Flut wird. Ein gegenseitiger Austausch von menschlichen, technischen und wirtschaftlichen Ressourcen führt bei dieser allmählichen Verschmelzung der Wirtschaftsräume dazu, daß alle Mitgliedstaaten von der zunehmenden Integration profitieren.

Wie aber sieht es aus, wenn innerhalb eines Landes das Gefälle so groß ist – die Entfernungen dagegen so klein sind? Wie lange kann ein Land – ohne Zaun und Mauer – in zwei Zonen mit unterschiedlichen sozialen Bedingungen geteilt bleiben? Werden die Menschen bereit sein – und die Gewerkschaften es zulassen –, daß in Eisenach Woche um Woche 42 Stunden gearbeitet wird, in Eschwege aber nur 37 oder bald 35 Stunden? Wie lange kann es dauern, daß sich die Arbeitnehmer in Magdeburg mit viel weniger Urlaub zufriedengeben als ihre Kollegen im achtzig Kilometer entfernten Wolfsburg? Werden es die Frauen in Zwickau widerspruchslos hinnehmen, daß sie zur Nachtschicht gehen müssen, obwohl dies im Westen gesetzlich verboten ist? Doch wenn auch in diesem Punkt die Arbeitsbedingungen zu rasch angepaßt werden, könnten viele Frauen ihren Job verlieren. Werden sie sich dann als Arbeitslose registrieren oder umschulen lassen – oder sich im Westen nach einer neuen Chance umsehen? Anders als ein Portugiese aus Porto können ein Werftarbeiter aus Rostock oder eine Dreherin aus Schwerin sehr rasch die Koffer packen, wenn unter den Stellenanzeigen in der Tageszeitung ein Angebot aus Hamburg oder Bremen lockt, bei dem neben höherem Lohn auch noch mehr Freizeit winken.

Bremsen für Fleiß und Tatendrang?

Aber was ist, wenn die Deutschen in dem von der SED ruinierten Teil Deutschlands gar nicht kürzer arbeiten wollen? Wenn sie endlich ranklotzen möchten, um ihr Land so rasch wie möglich wieder in eine blühende Region zu verwandeln, die Zerstörung der Umwelt zu stoppen, ihre Städte und Kulturdenkmäler vor dem endgültigen Verfall zu retten, ihre Häuser zu renovieren, um sich richtige Autos und ordentliche Möbel kaufen zu können und endlich genügend Geld für einen Wunsch-Urlaub sparen zu können? Soll ihnen dann vorgeschrieben werden, daß sie gar nicht so zupacken dürfen, weil es in ganz Deutschland einheitliche Arbeitszeitregeln geben muß? Werden die Gewerkschaften dann verlangen, daß Arbeitszeitverkürzungen, die man sich im Westen angesichts der hohen Produktivität und des bereits erreichten Lebensstandards leisten kann, im Osten ebenfalls durchgedrückt werden – ohne Rücksicht auf die ganz anderen Bedürfnisse der Menschen, ohne Rücksicht auf die ohnehin geringe Wettbewerbsfähigkeit der meisten Betriebe? Andererseits wollen sich viele Frauen in Zukunft vielleicht auch wieder mehr um ihre Kinder kümmern, als es ihnen der SED-Staat erlaubt hat – aber ohne gleich die Position in der Arbeitswelt aufzugeben, die sie sich erkämpft haben. Kann man ihnen zumuten, daß sie dann – so wie viele Frauen in der Bundesrepublik – vor der Frage »alles oder nichts« stehen, weil es zuwenig Teilzeit-Arbeitsplätze gibt?

Fast ebenso viele Fragezeichen gibt es aber auch im Westen. Hat die forcierte Arbeitszeitverkürzung zur Entlastung des Arbeitsmarktes beigetragen oder die Beschäftigungsprobleme eher noch verschärft? Bringt eine generelle Kürzung der Wochenarbeitszeit mehr Lebensqualität? Gilt das für Alte und Junge gleichermaßen? Wäre vielen Arbeitnehmern eine kräftigere Lohnerhöhung nicht wichtiger gewesen? Wird nicht Wohlstand verschenkt, wenn teure Maschinen und Anlagen immer weniger genutzt werden? Was nützt mehr freie Zeit, wenn in der Freizeit die Türen von Banken, Behörden, Einzelhandel und anderen Dienstleistungseinrichtungen geschlossen sind? Ist es überhaupt human und mit einer freiheitlich orientierten Gesellschaft vereinbar, wenn obrigkeitlich festgelegt wird, wer wann und wie lange arbeiten darf?

Umverteilung der Arbeit?

Viele Fragen, viele Probleme. Dennoch gibt es darauf eine gemeinsame Antwort: Arbeitszeitgestaltung statt Arbeitszeitverkürzung. Nicht nur im Hinblick auf die Wünsche der Menschen im Westen, sondern erst recht mit Rücksicht auf die ganz anderen Bedingungen im Osten gilt: Die Zukunft kann nicht mehr den schematisierten, bürokratischen Lösungen gehören, sondern den differenzierten, phantasievollen. Diese Zukunft hat schon begonnen und ausgerechnet der von den Arbeitgebern so gefürchtete Einstieg in die 35-Stunden-Woche hat wesentlich dazu beigetragen. Am Anfang stand allerdings der Versuch, dem Arbeitslosenproblem durch Umverteilung der Arbeit beizukommen.

In Frankreich hat Staatspräsident François Mitterrand kurz nach seinem Amtsantritt eine Kürzung der Wochenarbeitszeit auf 39 Stunden verordnet und die Frühpensionierung forciert. In der Bundesrepublik hat der SPD-Vorsitzende Willy Brandt Mitte 1982 den Startschuß für eine Kampagne seiner Partei zugunsten einer Umverteilung der Arbeit gegeben, indem er feststellte: »Die Forderung nach Verkürzung der Arbeitszeit ist eine der ältesten Forderungen der Gewerkschaften und ihrer Vorläufer in der Arbeiterbewegung. Arbeitszeitverkürzung – Stück um Stück erstreikt – war einer der Wege, um Lohnarbeit menschlicher zu machen. Aber der Kampf um sie war über weite Strecken zugleich ein Kampf gegen die Arbeitslosigkeit: Jede erkämpfte Stunde, jeder Tag der Jahresarbeitszeit, jedes Jahr der Lebensarbeitszeit konnte dazu beitragen, Saisonarbeiter und Tagelöhner in ein festeres Arbeitsverhältnis zu bringen.«* Brandt vertrat die Überzeugung, daß »nur eine Umverteilung der Arbeit die drohende Konfrontation zwischen Arbeitsbesitzern und Arbeitslosen verhindern und Arbeit für alle schaffen kann«.

Zumindest einige Anhänger dieser These fanden sich auch auf der Seite des politischen Gegners. Bei der Union traten damals vor allem Arbeitsminister Norbert Blüm und die von ihm geführten Sozialausschüsse für eine kürzere Arbeitszeit ein. Vor der Bundestagswahl am 6. März 1983 konnte Blüm selbst den FDP-Wirtschaftsminister Graf Lambsdorff zu der gemeinsamen Absichtserklärung bewegen, eine Verkürzung der Lebensarbeitszeit unter bestimmten Bedingungen gesetzlich zu erleichtern.

So wie viele ihrer Kollegen in Frankreich, Großbritannien oder Belgien waren auch die deutschen Gewerkschaften immer erklärte Befürworter einer Umverteilung der Arbeit – von der kleinen IG Druck bis zur IG Metall, der mitgliederstärksten Industriegewerk-

---

* Willy Brandt in: Michael Jungblut (Hrsg.): Krise im Wunderland, München 1983, S. 151.

schaft der Welt. Leonhard Mahlein, Chef der Drucker, gab Ende 1982 die Parole aus, die 35-Stunden-Woche müsse »schneller als zuletzt die 40-Stunden-Woche durchgesetzt werden«. Der Berliner Politologe Fritz Vilmar rechnete damals vor, wie viele Menschen bei einer mutigen und entschlossenen Kürzung der Arbeitszeit wieder in den Produktionsprozeß eingegliedert werden könnten: »Durch freiwillige Teilzeitarbeit sechs- bis achthunderttausend; durch Einstieg in die 35-Stunden-Woche dreihunderttausend pro Stunde; durch Vorverlegung des Rentenalters um zwei Jahre drei- bis fünfhunderttausend sowie die gleiche Zahl durch Abbau der Überstunden. Durch verstärkte staatliche Hilfe bei Kurzarbeit schließlich nochmals hunderttausend. Insgesamt also wäre so die Eingliederung von 1,6 bis 2,2 Millionen Arbeitslosen in das Arbeitsleben möglich. Es gibt keine beschäftigungspolitische Strategie, die auch nur annähernd gleich große Wirksamkeit entwickeln könnte.«*

Das war aber zu schön, um wahr zu sein, wie sich inzwischen gezeigt hat. Das ganze Arbeitslosenproblem wäre über Nacht verschwunden, wenn Vilmars Rechnung – die hier nur stellvertretend für viele ähnliche Lösungen des Arbeitslosenproblems mit Hilfe des kleinen Einmaleins steht – ohne Rest aufgegangen wäre. Doch so einfach, daß beispielsweise bei jeder Kürzung der Wochenarbeitszeit um eine Stunde nahezu automatisch ein Vierzigstel oder 2,5 Prozent der Beschäftigten (zumindest aber die Hälfte davon, wie Vilmar unterstellt) durch Arbeitslose ersetzt werden konnten, um die Lücke zu füllen, lagen die Dinge leider nicht. Deswegen hatten die Gegner dieser Strategie auch eine Fülle von Argumenten parat, mit denen sie fast ebenso überzeugend vorrechnen konnten, daß Arbeitszeitverkürzung alles nur noch schlimmer machen würde.

Ein wirksamer Beitrag zur Senkung der Arbeitslosigkeit könne nur durch Lohnzurückhaltung geleistet werden, erklärten die Arbeitgeber und ließen dabei ihren Interessenstandpunkt recht deutlich durchschimmern. Die Verkürzung der Lebensarbeitszeit könne keine nennenswerte Entlastung des Arbeitsmarktes bringen, weil das Ausscheiden älterer Mitarbeiter in aller Regel nur zum Abbau von Personalre-

---

* Fritz Vilmar: Abschied von Illusionen, eine neue konzertierte Aktion gegen die Arbeitslosigkeit, »ZEIT« Nr. 7/83.

serven und lediglich in Ausnahmefällen zur Einstellung neuer Mitarbeiter führe. Ebenso sei die Formel, daß eine Stunde weniger Arbeit pro Woche etwa 640 000 Arbeitslose in Lohn und Brot bringe, reine Theorie, weil es keinen reibungslosen Austausch des durch Kürzung ausfallenden Arbeitsvolumens geben könne. Wie etwa solle der Ausfall von Facharbeitern kompensiert werden, wenn über die Hälfte der Arbeitslosen keine abgeschlossene Berufsausbildung hat? Das ist eine berechtigte Frage, aber kein Grund, die Hände in den Schoß zu legen und abzuwarten. Denn wenn die Arbeitslosen so schlecht ausgebildet sind, daß die Wirtschaft keine Verwendung für sie hat, kann auch Lohnzurückhaltung nicht helfen.

Die Front zwischen Gegnern und Befürwortern einer Umverteilung der Arbeit verlief allerdings weder fein säuberlich zwischen den politischen Parteien noch zwischen den Tarifpartnern. Auch im deutschen oder französischen Unternehmerlager gab es schon damals Anhänger einer durchdachten Arbeitszeitpolitik. Sie äußerten sich aber vorerst noch nicht gern öffentlich, um sich nicht den Zorn der Kollegen zuzuziehen. Die deutschen Gewerkschaften dagegen lehnten Teilzeitarbeit, Job-Sharing und andere weniger schematische Regelungen lange Zeit vehement ab. Nur die kleine Gewerkschaft Nahrung, Gaststätten, Genuß (NGG) mit ihrem denkfreudigen Vorsitzenden Günter Döding zeigte sich schon zu Beginn der achtziger Jahre zu innovativen Lösungen bereit. Mut zu (kleinen) Schritten in eine neue Richtung bewiesen bereits damals schon die Tarifpartner der Chemischen Industrie, die im Rahmen der Lohnrunde '83 eine stundenweise Arbeitszeitverkürzung für ältere Arbeitnehmer vereinbarten – und statt einer weiteren Anhebung der Lehrlingsgehälter eine »nennenswerte« Erhöhung der Zahl an Ausbildungsplätzen. Wobei der große Erfolg dieser Aktion ihnen Recht gab.

Arbeit auf Bezugsschein?

Bei der Auseinandersetzung um die Arbeitszeitverkürzung werden bis heute drei gravierende Fehler gemacht, die es erschweren, zu praktikablen Ergebnissen zu kommen:
• Die Arbeitszeitverkürzung wird oft als eine Art Notstandsmaß-

nahme behandelt. So wie in Krisenzeiten Suppe auf Kosten wohlhabender Spender an die Armen verteilt wird, soll Beschäftigung für Arbeitslose als eine Art Spende an die Ausgestoßenen der Produktionsgemeinschaft organisiert werden. Dieser Umverteilungs-Ansatz ist ebenso falsch wie gefährlich.

- Die Phantasie wird in Fesseln gelegt. Die Interessenverbände sorgen dafür, daß nur über eine sehr beschränkte Zahl von Vorschlägen überhaupt ernsthaft diskutiert wird. Zudem handelt es sich dabei um Vorschläge, an die einerseits viel zu hohe Erwartungen geknüpft werden, während es andererseits gerade gegen diese Modelle einer Arbeitszeitverkürzung in der Tat sehr berechtigte Einwände gibt.

- Wieder einmal wird versucht, autoritär und bürokratisch zu entscheiden. Den Unternehmen und ihren Mitarbeitern soll möglichst präzise vorgeschrieben werden, was sie zu tun und zu lassen haben. Statt Freiheitsräume zu erweitern, Hilfe zur Selbsthilfe zu geben, zu freier Gestaltung von Spielräumen zu ermuntern – also dem Markt, den Betroffenen die Suche nach den besten Lösungen zu überlassen –, wird das Korsett der Arbeitszeitordnung nur mit ein paar neuen Haken und Ösen versehen.

Deshalb ist es zunächst einmal ganz wichtig, sich bei der Auseinandersetzung über Sinn und Gestaltung von Arbeits- und Freizeit von der Vorstellung zu lösen, es ginge nur darum, das knappe Gut »Arbeit« gerecht zu verteilen. Denn das triste Bild einer Zuteilungswirtschaft, wo jeder gegen Bezugsschein seinen bescheidenen Anteil bekommt, paßt in keiner Weise zu den Aufgaben, die es in Ost und West in den neunziger Jahren zu lösen gilt. Wenn Milch oder Butter rationiert und zugeteilt werden müssen, dann ist das deswegen eine so traurige Angelegenheit, weil in einem halbleeren Butter- oder Milchfaß oben nur Luft ist – und damit kann man niemand satt und glücklich machen. Die Alternative zur Arbeitszeit ist dagegen in einer mit materiellen Gütern gesättigten Gesellschaft nicht etwa Mangel an Arbeit, sondern ein wachsender Vorrat an frei verfügbarer Zeit – also etwas Positives. Und damit könnten sehr viele Menschen glücklich gemacht werden, die sich sehnlich mehr Freizeit oder mehr Selbstbestimmung über die Einteilung ihrer Zeit in bezahlte und unbezahlte Tätigkeiten wünschen.

Das Gerede von der Umverteilung der Mangelware Arbeit statt einer erfreuten Diskussion darüber, wie die von den Arbeitslosen einseitig und unfreiwillig konsumierte freie Zeit möglichst sinnvoll genutzt und gerecht verteilt werden kann, führt deshalb in eine ganz falsche Richtung. Dies kann zu verhängnisvollen und später kaum noch korrigierbaren Fehlentscheidungen führen. Denn wer den Wert eines Gutes nicht kennt, neigt dazu, unüberlegt und verschwenderisch damit umzugehen. Bei den Arbeitnehmern muß überdies der ganz unberechtigte Eindruck entstehen, sie würden zu einem Opfer genötigt, wenn sie etwas von ihrer Arbeitszeit abgeben. Und schließlich wird die verfügbare Freizeit bei allgemeinen Arbeitszeitkürzungen auch noch zwangsweise Leuten zugeteilt, die sie gar nicht oder zumindest nicht in der ihnen von irgendwelchen Funktionären vorgeschriebenen Form haben wollen. Andere dagegen gehen leer aus, obwohl sie sogar bereit wären, für mehr verfügbare Zeit einen Preis zu zahlen.

Diese Zwangszuteilung findet bei den Arbeitslosen statt. Sie findet auch bei denen statt, die gegen ihren Willen vorzeitig aufs Altenteil geschickt werden. Umgekehrt bleiben die Wünsche derjenigen meist unerfüllt, die ihre Arbeitszeit gern freiwillig und unter Verzicht auf Einkommen reduzieren möchten, es aber nicht können, weil starre Arbeitszeitregelungen ihnen dazu keine Freiheit lassen. Dies alles geschieht deshalb, weil die Diskussion im wesentlichen auf drei Modelle eingeengt wurde:

- Die Verkürzung der *Wochenarbeitszeit;* damit ist allein eine Senkung der regulären Arbeitszeit auf weniger als 40 Stunden gemeint.
- Die Senkung der *Jahresarbeitszeit;* dabei geht es fast ausschließlich um eine weitere Verlängerung des Urlaubsanspruchs.
- Die Verringerung der *Lebensarbeitszeit;* gemeint ist damit ein immer weiteres Vorziehen des Pensionsalters.

Die Gewerkschaften kümmerten sich dabei lange Zeit herzlich wenig um die Wünsche und Bedürfnisse ihrer Mitglieder oder gar der Arbeitslosen. Sie forderten vielmehr solche Formen der Arbeitszeitverkürzung, die am ehesten zu ihrer eigenen bürokratischen Struktur und Denkweise paßten. Sie wehrten wütend alle Vorschläge ab, die nach ihrer Meinung dazu führen könnten, daß sie die Mitglieder nicht mehr so fest unter Kontrolle haben. Individuelle Gestaltungsmöglichkeiten sind ihnen zuwider, weil offenbar so mancher Funktionär fürchtet, daß Arbeitnehmer mit mehr Selbstbestimmungsrechten über die Einteilung von Arbeits- und Freizeit weniger leicht organisierbar sind. Die Interessen des Machtapparats Gewerkschaft stehen allemal über den Wünschen der einzelnen Mitglieder. Nicht die maßgeschneiderten Formen sind erwünscht, sondern nur der nach den Vorstellungen der Organisation gefertigte Konfektionsanzug für alle. Vor allem Teilzeitarbeit und Job-Sharing sind vielen Funktionären bis heute verdächtig, wie selbst manche – ihnen keineswegs feindlich gesonnene – Wissenschaftler feststellen müssen: »Von den Gewerkschaften kommt in dieser Frage nicht der arbeitsmarktpolitisch notwendige Druck, sondern sogar erheblicher Widerstand«,[*] klagte Professor Fritz W. Scharpf vom Wissenschaftszentrum Berlin.

Kein Almosen der Arbeitsplatzbesitzer

Aus der Diskussion über die Beschäftigungspolitik muß das Vokabular der Bezugsscheinwirtschaft verbannt werden, weil es dem Problem einfach nicht angemessen ist und die Debatte in die falsche Richtung lenkt. Es geht nämlich nicht um die Umverteilung der Mangelware Arbeit oder um eine mehr oder weniger künstliche Beschaffung von Arbeit – denn dann würden wir am besten wie einst Nero ein paar Stadtteile in Brand setzen. Es handelt sich auch nicht um Almosen der Arbeitsbesitzer. Die Aufgabe besteht im Westen Deutschlands vielmehr darin, die Arbeitszeit in einer Wohlstandsgesellschaft so sinnvoll und vorteilhaft wie möglich zu organisieren. So gesehen stehen wir dann auch nicht am Rande einer Katastrophe der Beschäftigungspolitik, sondern befinden uns in einer Situation, um die uns frühere Generationen nur hätten beneiden können: genügend Arbeitskräfte, eine weitgehende Befriedigung vieler materieller Bedürfnisse und ein ziemlich regelmäßiger Fortschritt der Produktivität, der eine Senkung des Arbeitseinsatzes möglich macht.

* Fritz W. Scharpf: Institutionelle Bedingungen der Arbeitsmarkt- und Beschäftigungspolitik, Arbeitspapier des Wissenschaftszentrums Berlin, August 1982, S. 26.

Deshalb kann nun immaterielles Wachstum in Form von mehr freier Zeit und einer individuelleren Gestaltung der Arbeitszeit verteilt werden. Wenn die Möglichkeiten der Arbeitszeitgestaltung von diesem Standpunkt statt von der Klagemauer aus betrachtet werden, dann sind die drei Vorschläge zur Arbeitszeitgestaltung, von denen bisher vor allem die Kürzung der Wochen- und Lebensarbeitszeit die Diskussion beherrschten, nur ein kleiner Ausschnitt aus einem bunten Strauß von Möglichkeiten. Werden sie dem notwendigen Doppeltest – sinnvollere Verteilung der Arbeit und Steigerung der Lebensqualität – unterworfen, erscheinen sie zudem nicht einmal besonders attraktiv. Denn dann bringt die Senkung der wöchentlichen Arbeitsstunden zwar rein rechnerisch den schnellsten und massivsten Effekt. Theoretisch führt jede Stunde weniger zu einem Ausfall von einem Vierzigstel oder 2,5 Prozent der bisherigen Leistung. Um das gleiche Bruttosozialprodukt wie zuvor zu produzieren, müßten bei 28 Millionen Erwerbstätigen also 700 000 Männer und Frauen zusätzlich eingestellt werden. Eine Verkürzung der Arbeitszeit um vier Stunden pro Woche könnte dann ausreichen, um für 2,8 Millionen Menschen genügend Arbeit übrigzulassen. Hokuspokus: Die Massenarbeitslosigkeit ist verschwunden.

In Wirklichkeit kam es nicht einmal zu halb so vielen Neueinstellungen – und die hatten mit der Arbeitszeitverkürzung wenig zu tun. Die neuen Arbeitsplätze entstanden nämlich überwiegend bei kleinen und mittleren Unternehmen und keineswegs in den Branchen, die von den Gewerkschaften zu den Vorreitern auf dem Weg zur 35-Stunden-Woche gemacht worden sind. Kein Wunder, denn unter den 28 Millionen Erwerbstätigen in der Bundesrepublik sind zunächst einmal rund 3,1 Millionen Selbständige und mithelfende Familienangehörige. Denen kann niemand vorschreiben, wie lange sie arbeiten – es sei denn, man würde neben jeden Rechtsanwalt, Arzt, Handwerker, Bauern, freien Photographen oder Gastwirt einen Kontrolleur mit Stoppuhr stellen. Das gleiche gilt für alle, die zwar formell Arbeitnehmer sind, aber als Manager, Abteilungsleiter, Krankenhausärzte, Journalisten oder Erzieher eine Aufgabe zu erfüllen und nicht nur ihre Zeit abzusitzen haben.

Noch wichtiger ist aber, daß eine Senkung der Wochenarbeitszeit zu den weniger attraktiven Möglichkeiten der Arbeitszeitgestaltung

gehört. Sie gibt dem einzelnen Arbeitnehmer keine zusätzlichen Frei-
räume, sondern pfercht ihn nach wie vor in eine starre Arbeitszeitordnung. Eine, zwei oder auch drei Stunden Arbeit weniger pro Woche
– vielleicht sogar aufgeteilt in kaum spürbare Tagesrationen von 12
oder 25 Minuten – bringen keinen wirklich nutzbaren Freizeitgewinn.
Überdies: Der Weg zum Arbeitsplatz wird dadurch nicht kürzer, das
Verhältnis zwischen Arbeits- und Fahrzeit mithin immer ungünstiger.
Alles in allem sind also die Vorzüge einer reduzierten Wochenarbeitszeit keineswegs so groß, wie ihre Befürworter glauben machen wollen: weder für den Arbeitsmarkt noch für die Lebensqualität. Für
viele Unternehmen – besonders die kleinen und mittleren – bringt die
schematische Arbeitszeitverkürzung dagegen große organisatorische
Schwierigkeiten mit sich.

Diese Strategie ist eigentlich nur dazu geeignet, in Branchen mit
starkem Produktivitätsfortschritt weitere Entlassungen zu verhindern. Sie dient deshalb in erster Linie dem Schutz der Arbeitbesitzer.
Das Motiv dafür, daß die Gewerkschaften dennoch ihre Kräfte vor
allem auf den Einstieg in die 35-Stunden-Woche konzentrierten, kann
also nicht so sehr die angebliche Fürsorge für die Arbeitslosen sein.
In Wahrheit geht es um die Absicherung der Arbeitsbesitzer.

Das ist keineswegs verwerflich; aber man sollte es ruhig offen sagen. Hinzu kommt der Organisationsegoismus des Apparates, dessen Funktionäre im Sinne der Machterhaltung die Mitglieder an
möglichst kurzem Zügel führen wollen. Mehr Individualismus und
Selbständigkeit bei der Gestaltung der Arbeitszeit können da nur
stören.

Ungefährlich im Sinne der Funktionäre ist auch eine Verkürzung
der Jahresarbeitzeit – jedenfalls solange es sich dabei nur um eine
Verlängerung der Urlaubsansprüche handelt. Doch diese Strategie
hat zugleich auch unter dem Gesichtspunkt des Wohlfahrtsgewinns
für die Arbeitnehmer ihre Vorzüge. Eine Woche mehr Urlaub dient
der Lebensqualität sicherlich mehr als eine Verkürzung des Arbeits-
tages um Minuten. Rein rechnerisch handelt es sich zwar um etwa den
gleichen Effekt, aber die Wirkung auf den Arbeitsmarkt ist ungleich
größer. Das gilt vor allem dann, wenn nicht ganze Werke einfach für
sechs oder sieben Wochen Betriebsferien stillgelegt werden müssen,
sondern die Beurlaubung der Mitarbeiter einigermaßen gleichzeitig

über das ganze Jahr verteilt wird. Denn wenn mehr oder weniger regelmäßig acht bis zehn Prozent der Belegschaft abwesend sind, gibt es tatsächlich freie Arbeitsplätze. Dem Management bleibt auch kaum etwas anderes übrig, als zusätzliches Personal einzustellen, weil zahlreiche Positionen einfach immer besetzt sein müssen. Ähnlich gute Noten scheint auch die letzte der drei populären Strategien zu verdienen: die Verkürzung der Lebensarbeitszeit – jedenfalls auf den ersten Blick.

Zunächst einmal sind die Gewerkschaften immer dafür. Frühpensionierung verursacht ihnen weder organisatorische noch ideologische Probleme. Während hohe Arbeitslosigkeit sie in ihrer Lohnpolitik behindert und der Vorwurf, daß sie an der Beschäftigungskrise eine Mitschuld tragen, das Gewissen der Funktionäre belastet oder ihnen doch zumindest lästig ist, geht das weitere Schicksal der Alten sie nichts mehr an. Zudem haben Manager und Betriebsräte in diesem Punkt das gleiche Interesse: Überall da, wo Entlassungen sich nicht vermeiden lassen, ist es am einfachsten und bequemsten, die peinliche Angelegenheit soweit wie möglich dadurch aus der Welt zu schaffen, daß ältere Mitarbeiter in den vorgezogenen Ruhestand abgeschoben werden. Wenn es dann auch noch gelingt, die hierdurch entstehenden Kosten der Allgemeinheit aufzubürden, ist diese Lösung aus der Sicht des einzelnen Unternehmens doppelt reizvoll. Das zumindest ist ein Punkt, der in ganz Deutschland gilt.

Eine teure Lösung

Damit wir uns aber nichts vormachen: Auch wenn die Frühpensionäre nicht in der Arbeitslosenstatistik auftauchen, kostet jeder von ihnen die Allgemeinheit mindestens soviel wie ein Arbeitsloser. Sofern ihr Rückzug aus dem Berufsleben nicht wirklich ganz freiwillig ist, handelt es sich überdies um nichts anderes als versteckte Arbeitslosigkeit. Außerdem wird hier »human capital« rücksichtslos verschrottet. Denn mit den Frühpensionären verläßt ein reicher Schatz an Erfahrung vorzeitig die Arbeitswelt.

Selbst wenn der Ältere einem Jüngeren Platz macht, sind große Zweifel angebracht, ob die zweite Bedingung erfüllt wird, Freizeit also zu einem Gewinn an Lebensqualität führt. Zwar kann man es wie Arbeitsminister Norbert Blüm mit der Devise halten: »Lieber zahlen wir dem Opa die Rente als dem Enkel das Arbeitslosengeld.« Aber solche Slogans stammen aus dem Sprachschatz der Verwalter des Mangels und passen im übrigen schlecht zu der Behauptung der Propagandisten einer vorgezogenen Altersgrenze, früher Ruhestand gehöre zur Humanisierung des Arbeitslebens.

Blüm selbst hat über den Zwang in den Ruhestand einmal anders gedacht und die »Fallbeil-Wirkung« des übergangslosen Wechsels von einem erfüllten Berufsleben in die erzwungene Passivität des Ruhestands angeprangert. Zumindest in dieser pauschalen Form ist die Behauptung, Frühpensionierung sei zugleich Humanisierung, eine glatte Irreführung der Öffentlichkeit und vor allem der älteren Arbeitnehmer über die wahren Motive für eine Senkung der Altersgrenze.

Schon früher hatte der übergangslose Wechsel in den Ruhestand in der Tat die Wirkung eines »Fallbeils«, weil er den Betroffenen mit einem Schlag von der gewohnten Umgebung trennte, alle sozialen Kontakte am Arbeitsplatz kappte, den gewohnten Lebensrhythmus abrupt unterbrach. Fortschrittliche Unternehmen hielten es deshalb schon in einer Zeit, in der noch niemand vorzeitig hinauskomplimentiert wurde, für nötig, die Arbeitnehmer langsam auf den dritten Lebensabschnitt vorzubereiten.

Diese Firmen wollen so den Mitarbeitern den gefährlichen Pensionierungsschock ersparen, der sehr viele Ruheständler ereilt, wenn die erste Euphorie über den Dauerurlaub verflogen und plötzlich die große Leere da ist. Psychologen bezeichnen deshalb die Frühpensionierung als ein Danaergeschenk. Auch wenn es zunächst sogar gern akzeptiert wird, stellen ältere Menschen – für die der Beruf oft noch viel stärker Mittelpunkt des Lebens ist als für ihre jüngeren Kollegen – nach kurzer Zeit erschrocken fest, wie sehr ihnen die sozialen Kontakte, die geistige Anregung und die Selbstbestätigung im Beruf fehlen. Doch ist es dann zu spät. Die Tür zur Arbeitswelt ist unwiderruflich hinter dem Frühpensionär zugeschlagen worden.

Als Ausweg Schwarzarbeit

Aber gibt es nicht fast überall auch ein Hintertürchen? Was tun gut ausgebildete, durchaus noch leistungsfähige und nicht immer mit einem üppig bemessenen Einkommen ausgestattete Frühpensionäre in ihrer vielen Freizeit? Da ihnen die Rückkehr ins reguläre Arbeitsleben versperrt ist und es nicht jedermanns Sache ist, resigniert am Gnadenbrot zu knabbern, hat so mancher von ihnen schon kurz nach der »Verrentung« damit begonnen, seine Chancen im Reich der Schattenwirtschaft auszukundschaften. Da die Frührentner ihre Leistungen frei von lästigen Vorschriften, Steuerlasten und sozialen Abgaben anbieten, können sie die offizielle Wirtschaft ohne Schwierigkeiten unterbieten und so vor allem dem Handwerk so manchen Auftrag wegnehmen – und damit dort neue Beschäftigungsprobleme auslösen. Niemand kann genau sagen, in welchem Umfang dies geschieht. Aber die Schattenwirtschaft gedeiht nicht zuletzt wegen dieses Nachschubs an qualifizierten Arbeitskräften prächtig. Wie viele Maurerarbeiten und Autoreparaturen werden von rüstigen und erfahrenen Frühpensionären erledigt? Keine Statistik sagt uns, wie viele Gärten sie pflegen, Wohnungen putzen oder anstreichen. Es gibt allenfalls Vermutungen darüber, wie viele Leitungen sie legen, Bäder und Küchen kacheln oder tropfende Wasserhähne reparieren. Auch so manche kleine Firma ist dankbar, wenn ein erfahrener Fachmann die Buchhaltung zu einem fairen Preis in Ordnung bringt. Die vielen Arbeitskräfte, die täglich über die ehemalige Zonengrenze pendeln, um im Westen zu arbeiten, ohne dafür Steuern und Sozialabgaben zu bezahlen, werden ebenfalls überwiegend von Firmen und nicht von Privatleuten bezahlt. Motto: Besser ein Schwarzarbeiter als gar keiner.

Weder die Kürzung der Wochenarbeitszeit noch die Senkung der Altersgrenze sind also bei näherer Betrachtung die Wunderwaffen im Kampf gegen die Arbeitslosigkeit, als die sie lange Zeit gepriesen wurden. Hinzu kommt, daß das kostbare Gut Freizeit auf diese Art in vielen Fällen ziemlich sinnlos vergeudet wird. Zwar heißt das nicht, daß beide Strategien rundheraus abgelehnt werden müssen. In einzelnen Branchen und Unternehmen können sie durchaus sinnvoll sein. Viele Ältere, die mit ihrem Leben noch etwas anzufangen wissen, werden ein vorzeitiges Ausscheiden aus dem bisher ausgeübten Beruf durchaus als Gewinn an Lebensqualität empfinden. Aber es handelt sich eben nur um zwei von vielen Möglichkeiten der Arbeitszeitgestaltung – die überdies für die Gesellschaft sehr teuer sind.

Im Bereich der ehemaligen DDR dagegen kann sich Frühpensionierung in vielen Fällen als eine humane Lösung von Arbeitsmarktproblemen erweisen. Denn mancher Ältere ist sicherlich überfordert, wenn er sich mit einer ganz neuen Technik vertraut machen, den Arbeitsplatz oder gar den Beruf wechseln soll. Mancher von denen, die fast ihr ganzes Arbeitsleben unter den Bedingungen des real existierenden Sozialismus verbringen mußten, wird dankbar sein, wenn ihm kurz vor der Rente ein so abrupter Wechsel erspart bleibt.

Warum in die Ferne schweifen?

In fast allen Industrieländern zerbrechen sich viele hochbezahlte Experten die Köpfe darüber, wie sie mit allerlei Tricks und Finessen die Finanzierung ihrer Notstandsmaßnahmen am Arbeitsmarkt hinbekommen könnten. Dabei gibt es Millionen Berufstätige, die bereit wären, einen Teil ihrer Arbeitszeit nahezu kostenlos gegen Freizeit einzutauschen, wenn ihnen nur die Möglichkeit dazu geboten würde. Millionen andere könnten noch dafür gewonnen werden, wenn es endlich genügend attraktive Angebote gäbe. Einige neue Formen der Arbeitszeitgestaltung haben sich überdies – trotz der Mißbilligung durch starrsinnige Funktionäre – schon längst am Markt entwickelt und bewährt. Die bedeutendste Form ist sicherlich die Teilzeitarbeit.

In der Bundesrepublik haben sich drei Millionen Männer und Frauen privat schon längst gegen die 40-Stunden-Woche entschieden. Ohne lange Debatte über Lohnausgleich haben sie für mehr Freizeit oder günstige Arbeitszeiten bei entsprechend niedrigerem Einkommen votiert. Nicht die Nachfrage nach kürzerer Arbeitszeit mit entsprechend geringerem Einkommen ist das Problem, sondern der Mangel an geeigneten Angeboten. Dies jedenfalls muß aus den Antworten auf entsprechende Umfragen des Allensbach-Instituts geschlossen werden: »Sind Sie mit der Zahl Ihrer Arbeitsstunden zufrieden, oder würden Sie lieber mehr oder weniger arbeiten, vorausgesetzt, Sie würden dann auch mehr oder weniger verdienen?« Bereits 1982 antworteten 26 Prozent (das entspricht hochgerechnet mehr als fünf Millionen Arbeitnehmern), daß sie »gern weniger arbeiten« würden, und nur acht Prozent wollten länger arbeiten.

Teilzeit als Wunschzeit

Selbst wenn nur zehn Prozent derjenigen, die an teilbaren Plätzen arbeiten, für mehr Freizeit optieren würden, könnte jeder Arbeitslose, der an einem Teilzeit-Job interessiert ist, zwischen fünf Möglichkeiten wählen. Ein so reichhaltiges Angebot hat es in der Bundesrepublik nicht einmal in den Zeiten der Vollbeschäftigung gegeben. Die positive Wirkung auf den Arbeitsmarkt wäre damit nachgewiesen. Was die Lebensqualität angeht, so haben die Teilzeitarbeiter diese Frage bereits selber millionenfach beantwortet: Wenn sie es nicht als persönlichen Gewinn betrachteten, hätten sie diese Variante nicht gewählt und dafür auch noch in Form von freiwilligen Einkommensverzichten einen Preis bezahlt.

Im übrigen liegen die Vorteile vor allem bei Frauen klar auf der Hand: Ihnen bleibt einerseits genügend Zeit für sich und die Familie; sie verlieren andererseits nicht den Anschluß im Beruf, können soziale Kontakte aufrechterhalten, bekommen geistige Anregungen, sind finanziell nicht völlig von ihrem Mann abhängig. Diese Vorteile lassen sich im Einzelfall noch erhöhen, wenn nicht halbe Tage, sondern halbe Wochen oder, im Wechsel mit einem anderen Teilzeitbeschäftigten, nur jede zweite Woche gearbeitet wird – Möglichkeiten, die noch viel zuwenig ausgeschöpft sind. Dadurch kann beispielsweise das Verhältnis von Arbeits- und Fahrtzeit in einer vernünftigen Relation gehalten werden.

Das arbeitsmarktpolitische Instrument »Teilzeitarbeit« sollte vor allem im Gebiet der ehemaligen DDR in den kommenden Jahren besonders phantasievoll eingesetzt werden. Denn dort muß nicht nur jede Möglichkeit genutzt werden, die Übergangsprobleme am Arbeitsmarkt durch freiwillige Vereinbarungen zu mildern; den Frauen muß auch die früher kaum vorhandene Chance geboten werden, Beruf und Familie miteinander zu verbinden. Denn abgesehen davon, daß viele Frauen die Stellung in der Arbeitswelt, die ihnen durch die Verhältnisse zugewachsen ist, nicht einfach wieder aufgeben möchten, werden viele Familien noch für einige Jahre die Möglichkeit eines Doppelverdienstes nutzen wollen, um möglichst rasch »auf einen grünen Zweig zu kommen«, sich Träume zu erfüllen.

Das alles nützt nicht nur dem Arbeitnehmer, sondern auch dem Betrieb. Zwar sind die Verwaltungskosten etwas höher. Doch dem stehen meist eine deutlich höhere Leistung und – wegen der größeren Arbeitszufriedenheit – eine geringere Abwesenheit, weniger Kündigungen und damit eine verläßlichere Planungsgrundlage für das Unternehmen gegenüber.

Eine besondere Variante der Teilzeitarbeit ist das Job-Sharing. Der Unterschied besteht darin, daß meist zwei (gelegentlich auch mehr) Personen nicht nur schlicht einen Arbeitsplatz wechselseitig besetzen und es im übrigen der Personalabteilung des Unternehmens überlassen, wie sie es hinbekommt, daß immer der richtige Mitarbeiter zur richtigen Zeit am richtigen Platz ist. Die Job-Partner übernehmen vielmehr gemeinsam die Verantwortung für die Erledigung einer Aufgabe. Sie »pachten« zusammen eine Einkommensquelle.

Job-Sharing findet man heute in Amerika in fast allen Berufen. Gemeinsame Verantwortung für einen Arbeitsplatz übernehmen Ingenieure ebenso wie Rechtsanwälte, Sekretärinnen, Busfahrer und Monteure. Vereinzelt arbeiten sogar Manager auf dieser Basis. In der Bundesrepublik wird es ohne offiziellen Segen seitens der Verbände und ohne komplizierte Verträge manchmal ganz spontan praktiziert. Ganz offiziell teilen sich dagegen deutsche Pfarrer-Ehepaare die Sorge um die Gemeinde. Weder Mann noch Frau müssen sich in diesem Fall fragen, wozu sie eigentlich das lange Studium auf sich genommen haben. Sie können sich der Sorgen und Nöte einzelner Gemeindemitglieder viel intensiver annehmen, weil ihnen mehr Kraft bleibt. Sie können aus dem gleichen Grund unbeschwerter und fröhlicher mit den Kindern des Kirchenkreises feiern. Und sie haben dennoch mehr Muße für persönliche Interessen.

Privaten Unternehmen, aber auch den öffentlichen Arbeitgebern fehlt die dazu offenbar notwendige Erleuchtung leider immer noch. Zwar hat der als besonders aufgeschlossen geltende Arbeitgeberverband der Chemischen Industrie schon Anfang der achtziger Jahre einen Musterarbeitsvertrag für Job-Sharing entwickelt, aber nicht nur die zuständige Gewerkschaft, sondern auch die meisten Personalchefs konnten sich mit dieser Variante der Arbeitszeitgestaltung nur schwer anfreunden. Es ist bis heute eine exotische Lösung geblieben. Obwohl in weiten Bereichen des öffentlichen Dienstes viel mehr Teilzeitarbeit und Job-Sharing möglich wären, kommt die Entwicklung kaum voran. Dies liegt nicht nur am Perfektionsdrang der Ministerialbürokratie bei der Regelung der juristischen Fragen und an der nicht gerade sprühenden Phantasie der verantwortlichen Politiker, sondern auch am verbissenen Widerstand vieler Gewerkschaften oder des von einem besonders ausgeprägten Besitzstandsdenken beherrschten Deutschen Beamtenbundes.

Der Einstieg in die Zeitsouveränität

Ausgerechnet im Bereich der Metallindustrie, wo die Tarifvertragsparteien sich traditionell besonders schwertun im Umgang miteinander und mit Lösungen, die dem einzelnen Arbeitnehmer mehr Entscheidungsfreiheit über sein Arbeitsangebot geben, wurde im Frühjahr 1990 ein bemerkenswerter Tarifvertrag abgeschlossen. Er könnte einmal zum Schlüssel werden für die Lösung vieler Probleme am Arbeitsmarkt und zudem zu einer wichtigen Hilfe bei der Überwindung der sozialen Mauer zwischen Ost und West.

Dabei hatte alles sehr bedrohlich und kämpferisch angefangen. Die IG Metall hatte es sich zum Ziel gesetzt, bei den Tarifverhandlungen des Jahres 1990 die 35-Stunden-Woche endgültig durchzusetzen. Da sie ihr ganzes Prestige mit dieser Forderung verbunden hatte, war die düstere Ankündigung, beim Streit um die Zeit könne es zum »härtesten Arbeitskampf in der Geschichte der Bundesrepublik« kommen, gewiß nicht als leere Drohung gemeint. Zunächst hatten die Arbeitgeber auch die Absicht, dieser Forderung energischen Widerstand entgegenzusetzen. Doch dann kam alles ganz anders. Die Wirtschaft befand sich auf dem Höhepunkt eines Dauer-Booms, den keine Seite durch einen vielleicht wochenlangen Arbeitskampf, durch Streik und Aussperrung gefährden mochte. Noch wichtiger aber war, daß die Entwicklung in der DDR die Lage gründlich verändert hatte. Wer

konnte es verantworten, angesichts der Perspektiven, die sich da auf-
taten und angesichts der Aufgaben, die zu bewältigen waren, einen
sozialen Konflikt vom Zaun zu brechen, für den außer den direkt Betroffenen niemand Verständnis aufgebracht hätte?

Statt des »härtesten Arbeitskampfes« gab es deshalb nur ein paar
harmlose Warnstreiks und eine Einigungsformel, deren Tragweite am
Tag der Unterschrift wohl nur wenige erkannt haben. Daß die
35-Stunden-Woche bis 1995 schrittweise realisiert werden soll, er-
sparte der Gewerkschaft einen Gesichtsverlust und den Unternehmen einen kostspieligen Arbeitskampf. Die zeitliche Streckung bietet
ihnen zudem genügend Möglichkeiten, sich organisatorisch und technisch darauf vorzubereiten. Der entscheidende Punkt in diesem Tarifvertrag ist aber, daß die 35-Stunden-Woche nicht für alle Unternehmen und Arbeitnehmer zwingend vorgeschrieben wird. Je nach Tarif-
bezirk können sich 13 bis 18 Prozent der Beschäftigten in Absprache
mit dem Management nämlich auch für eine 40-Stunden-Woche entscheiden. Wer dies tut, hat dann zwei Möglichkeiten: Eine Bezahlung
der zusätzlichen Stunden oder eine Zusammenfassung der Differenz
zwischen 35 und 40 Stunden in Freizeitblöcken. Unter Beachtung ge-
wisser Fristen kann diese Entscheidung auch wieder revidiert werden.
Das bedeutet: Rückkehr zur 35-Stunden-Woche oder statt Freizeit
Bezahlung wählen. Diese Möglichkeiten stehen jedem Beschäftigten
der Metallindustrie offen, unabhängig davon, in welcher Lohngruppe
er oder sie arbeitet.

Damit wird erstmals auf breiter Front eine echte Zeitsouveränität
für den einzelnen Arbeitnehmer eingeführt. Er muß sich nicht mehr
kollektiven Abmachungen oder dem Direktionsrecht des Arbeitgebers beugen, sondern kann selber entscheiden, was ihm je nach Alter
oder Lebenssituation am besten gefällt. Das könnte zum Beispiel so
genutzt werden, daß jemand achtzehn Monate lang 40 Stunden pro
Woche arbeitet und dann in Kombination mit seinem Jahresurlaub
vier Monate verreisen oder in dieser Zeit beim Bau seines Einfami-
lienhauses selber Hand anlegen kann. Das »Zeit-Sparbuch« erlaubt
es aber auch, daß nicht nur die Mutter, sondern auch der junge Vater
nach der Geburt eines Kindes bei voller Bezahlung mehrere Monate
zu Hause bleiben darf. Wer es allerdings vorzieht, statt mehr Zeit
mehr Geld zur Verfügung zu haben, kann dafür optieren. Diejenigen

schließlich, denen eine kurze Arbeitswoche das höchste Ziel ist, winkt ab Mitte des Jahrzehnts die 35-Stunden-Woche. Ein Schönheitsfehler dieser Lösung ist allerdings, daß die erstmals in einem wichtigen Tarifvertrag festgeschriebene »Zeitsouveränität« zunächst nur einer Minderheit der Beschäftigten zugute kommen kann. Sollte die neue Freiheit auf großes Interesse stoßen, werden Arbeitgeber und Gewerkschaft allerdings nicht umhin können, allen die neue Freiheit zu gewähren. Für die ersten Jahre mag dieser Einstieg jedoch genügen. Es wird einige Zeit dauern, bis alle Arbeitnehmer und Personalchefs es gelernt haben, mit dem neuen Instrument umzugehen. Das gilt auch für die Gewerkschaft. Im Gegensatz zu IG-Metall-Chef Franz Steinkühler verursacht manchem altgedienten Funktionär die Entlassung der Arbeitnehmer aus dem kollektiven Verhalten und der Beginn der Zeitsouveränität heftiges Bauchgrimmen.

Mehr Flexibilität

Die neue Form der Flexibilität bietet aber nicht nur den Mitarbeitern Vorteile. Die Unternehmen erhalten dadurch die Möglichkeit, knappe Fachkräfte länger einzusetzen und besonders teure Maschinen und Anlagen besser zu nutzen. Sie kommen dadurch auf dem Weg zur Entkopplung von Arbeitszeit und Maschinenlaufzeit ein gutes Stück weiter. Ferner eröffnen sich auch Möglichkeiten, bei variabler Handhabung dieses Instruments der Arbeitszeitgestaltung immer dann länger zu arbeiten, wenn eilige Aufträge erfüllt werden müssen oder wenn in Forschung und Entwicklung ein verstärkter Einsatz der dort beschäftigten Fachkräfte erforderlich ist. Das gleiche gilt für andere wichtige Aufgaben, die unter Termindruck gelöst werden müssen. Warum soll in allen Abteilungen gleich lang gearbeitet werden, obwohl es dafür keinen sachlichen Grund gibt? Die Arbeit kann auch besser jahreszeitlichen Schwankungen angepaßt werden.

Bei guter Koordination und Absprache läßt es sich auch arrangieren, daß die Mitarbeiter dann länger arbeiten, wenn die Auftragsbücher voll sind, und daß sie ihren Langzeiturlaub in eine Zeit verlegen, in der die Konjunktur flau ist. Ein bezahlter Dauerurlaub ist dann für alle Beteiligten besser als eine sonst vielleicht notwendige Kurzarbeit oder Kündigung. Dic größere Flexibilität kommt somit auch den Kunden und der Gesamtwirtschaft zugute. Wenn erst alle Beteiligten gelernt haben, mit der Zeitsouveränität umzugehen und die Möglichkeiten in Zukunft noch erweitert und verfeinert werden, könnte der Tarifvertrag '90 zu einem Meilenstein auf dem Weg zur Überwindung herkömmlicher Vorstellungen im Bereich der Arbeitszeitpolitik werden.

Einheit in Vielfalt: eine Chance für den Osten

Der Metall-Tarifvertrag bietet aber auch einen Ansatz zur Lösung der schwierigen Arbeitszeitprobleme in Deutschland insgesamt. Da es undenkbar ist, daß die Betriebe auf beiden Seiten der Elbe schon bald schematisch die gleichen Regeln übernehmen, kann der Ausweg nur in einer weitgehenden Flexibilisierung liegen. Solange die Unternehmen im Osten noch nicht die gleiche hohe Produktivität erreicht haben, können sie weder so hohe Löhne zahlen noch dem westlichen Weltrekord in Freizeit nacheifern. Aber das liegt vorerst auch nicht im Interesse der großen Mehrheit der Beschäftigten. Denn wenn sie sich in absehbarer Zeit den gleichen Wohlstand erarbeiten wollen wie die Kollegen im Westen, dann müssen sie ebenso wie diese nach 1948 erst einmal ordentlich zupacken. Die Zeit, in der mehr Freizeit an die Spitze der Prioritätenskala rückt, kommt erst später.

Orientiert man sich bei einer künftigen gemeinsamen Regelung der Arbeitszeiten an dem in Baden-Württemberg aus der Taufe gehobenen Modell, dann könnte das bedeuten, daß die Regelarbeitszeiten zwar relativ schnell angenähert werden, die Betriebe und Arbeitnehmer im Osten in den Jahren der Aufholjagd aber die Möglichkeit bekommen, noch großzügiger vom Schema abzuweichen. Um beim Beispiel der Metallindustrie zu bleiben: Der Spielraum für freiwillige Vereinbarungen könnte dann zwischen 35 und 42 Wochenstunden liegen und würde sehr viele Möglichkeiten zu flexibler Gestaltung bieten. Da angesichts des großen Wohlstandsgefälles und Nachholbedarfs die Entscheidung zwischen mehr Lohn oder mehr Freizeit im Osten sicherlich zunächst überwiegend zugunsten des Einkommens ausfällt, kann auf diesem Weg auch das materielle Gefälle zwischen

Ost und West etwas rascher eingeebnet werden. Doch damit erschöpfen sich die positiven Effekte noch nicht.

Die Aussicht, bei einem insgesamt sicherlich noch für einige Zeit niedrigeren Lohnniveau auch die Maschinen etwas länger nutzen zu können, kann Standorte innerhalb der ehemaligen DDR für Investoren aus dem Westen zusätzlich attraktiv machen, dringend benötigtes Kapital und Know-how anlocken. Diese Chance sollte genutzt werden. Ähnlich wie beim Umweltschutz, der betrieblichen Organisation, beim Design der Produkte und in vielen anderen Bereichen können östlich der Elbe auch bei der Gestaltung der Arbeitszeit westliche Erfahrungen genutzt werden, um von vornherein die modernsten Lösungen zu finden. Und mehr noch: Wer ganz neu beginnt, kann – ähnlich wie beim Telefonnetz oder der Kraftwerkstechnik – auch im Bereich der Arbeitsorganisation und Arbeitszeitgestaltung gleich die fortschrittlichsten Modelle auf breiter Front einführen. Die Chancen eines Pionierlandes sollten im Gebiet der früheren DDR genutzt werden, wo immer es möglich ist.

Der Tarifvertrag '90 der Metallindustrie ist dabei nur eine von vielen Möglichkeiten. Je stärker die verschiedenen Varianten der Arbeitszeitgestaltung auf die speziellen Bedürfnisse und Bedingungen des jeweiligen Unternehmens und seiner Mitarbeiter zugeschnitten sind, um so größer ist auch der Beitrag zu Wettbewerbsfähigkeit und Lebensqualität. Das gilt natürlich in Ost und West gleichermaßen. Jeder sollte sich aus der Fülle der Möglichkeiten das heraussuchen, was für ihn am besten geeignet ist.

Laßt tausend Blumen blühen

Das gilt auch für den Langzeiturlaub in seinen verschiedenen Varianten – von denen das jetzt geltende Metall-Modell nur eine ist. Andere Länder sind in dieser Hinsicht schon weiter als die Bundesrepublik. In Schweden gibt es ein »Urlaubssparen«, das dem Arbeitnehmer erlaubt, einen Teil seines Urlaubsanspruchs gutschreiben zu lassen und später bei Bedarf für eine längere Pause, ein zeitraubendes Hobby, ein berufsunabhängiges Zusatzstudium oder eine von langer Hand vorbereitete Reise zu nutzen. Vielleicht würde auch mancher junge

Vater den angesparten Urlaub dazu verwenden wollen, die ersten Monate nach der Geburt eines Kindes ungestört in der Familie zu verbringen. Auch der Mutterschaftsurlaub könnte durch Urlaubssparen auf eine ganz andere Basis als bisher gestellt werden.

Denkbar wäre es auch, die Lohnerhöhung eines Jahres nicht auszuzahlen, sondern einem Konto gutzuschreiben. Nach einer gewissen Zeit kann dann jeder Mitarbeiter individuell entscheiden, wann er den angesparten Betrag in zusätzliche bezahlte Urlaubstage umwandeln möchte. Auch dies wäre zugleich mit einem Vorteil für das Unternehmen verbunden. Denn es entsteht ein finanzielles Polster von Mitarbeiterdarlehen, mit denen das Management zunächst arbeiten kann.

Die Idee des Langzeiturlaubs wird auch unter dem Stichwort *Sabbatical* diskutiert. Ausgehend vom Sabbat – »am siebten Tage sollst du ruhn« – wurde der Gedanke geboren, Mitarbeitern nach beispielsweise sieben Jahren einen längeren Sonderurlaub zu gewähren. Wie sie ihn nutzen, bleibt grundsätzlich ihnen überlassen. Es kann sich um bloßes Ausspannen, aber auch um einen Sprachkursus im Ausland oder andere Fortbildungsmöglichkeiten handeln. Vor allem amerikanische Universitäten gewähren Wissenschaftlern solche Freijahre für bestimmte Forschungsprojekte, denen sie sich im Alltagstrott nicht genügend widmen können.

In Australien dagegen gibt es schon seit mehr als drei Jahrzehnten für Arbeitnehmer mit mindestens fünfzehnjähriger Betriebszugehörigkeit einen *Long service leave* von 13 Wochen bei voller Bezahlung. In den USA haben immerhin einzelne Branchen schon den Langzeiturlaub eingeführt. In der Eisen- und Stahlindustrie zum Beispiel hatten manche Mitarbeitergruppen das Recht, alle fünf Jahre für drei Monate Pause zu machen. Das Nachrichtenmagazin *Time* gestattet seinen Mitarbeitern, sich nach fünfzehnjähriger Tätigkeit sogar für ein ganzes Jahr zu verabschieden. In Kalifornien ermöglicht die Rolm-Corporation, Hersteller von Minicomputern, ihren Angestellten sogar alle sieben Jahre eine voll bezahlte Denkpause von zwölf Monaten.

Da der Langzeiturlaub, ebenso wie jede andere Form vermehrter Freizeit, finanziert werden muß, bietet es sich auch hier an, eine sonst fällige Lohnerhöhung zur Bildung von Rücklagen im Unternehmen zu nutzen. Das geschieht indirekt auch beim 1990 abgeschlossenen Tarifvertrag in der Metallindustrie. Möglich wäre auch die Einzahlung in einen speziellen Fonds, weil dann auch bei einem Wechsel des Arbeitgebers die Ansprüche nicht erlöschen. Wenn aus persönlichen oder beruflichen Gründen schließlich doch kein Langzeiturlaub genommen wird, bestünde immer noch die Möglichkeit, das Guthaben in eine langfristige Kapitaleinlage umzuwandeln.

Bestimmte Formen des Langzeiturlaubs ließen sich auch durch Steuererleichterungen oder staatliche Zuschüsse fördern – beispielsweise, wenn jemand bereit ist, Aufgaben im Rahmen der Entwicklungshilfe zu übernehmen. In Unternehmen tätige Experten, die sonst kaum zu bekommen sind, könnten so für einige Monate als Berater in die Dritte Welt gehen – eine Form des nebenberuflichen Engagements der Mitarbeiter, die schon seit Jahren von dem Schweizer Chemie-Unternehmen Ciba-Geigy ideell und finanziell gefördert wird. Einige große amerikanische Unternehmen ermuntern ihre Mitarbeiter, sich für einige Zeit auf Kosten der Firma im sozialen Bereich zu engagieren, also einen Aktivurlaub besonderer Art zu machen. Das ist gesellschaftspolitisch nützlich, reißt aber auch im Interesse des Unternehmens die Mitarbeiter aus ihrer beruflichen Routine, gibt ihnen die Möglichkeit, nach der Rückkehr an den alten Arbeitsplatz manches Problem in einem neuen Licht zu sehen.

Zeit für die Kinder

Eine interessante Variante des Langzeiturlaubs ist der Elternurlaub. Einige große Unternehmen wie die BASF in Ludwigshafen bieten ihren Mitarbeitern seit Jahren die Möglichkeit, bei Geburt eines Kindes das Arbeitsverhältnis maximal sieben Jahre lang ruhen zu lassen, um sich in dieser Zeit ganz dem Nachwuchs widmen zu können. Dabei spielt es keine Rolle, ob der Vater oder die Mutter von diesem Angebot Gebrauch machen. Auch wenn es Männern in solchen Fällen immer noch schwerer fällt, haben sich in diesem Chemiekonzern auch Väter schon dazu entschlossen, Elternurlaub zu nehmen. Einer erklärt ganz offen den Grund: »Meine Frau verdient besser und hat in ihrer Abteilung die größeren Aufstiegschancen. Deshalb ist es für uns die beste Lösung, wenn ich mich für einige Zeit aus dem Berufsleben zurückziehe.« Ob Vater oder Mutter – die BASF garantiert in jedem Fall, daß am Ende des Elternurlaubs ein dem zuvor erreichten Niveau entsprechender Arbeitsplatz geboten wird. Es gibt nur eine Bedingung: die Eltern-Urlauber sollen möglichst einmal im Jahr eine Urlaubsvertretung übernehmen. Das hat Vorteile für beide Seiten. Das Unternehmen kann in der Ferienzeit auf bereits eingearbeitete Aushilfskräfte zurückgreifen; die beurlaubten Mitarbeiter verlieren nicht den Kontakt zu den Kollegen und zur Arbeitswelt. Wenn sie wieder ins Berufsleben zurückkehren, stehen sie den technischen und organisatorischen Veränderungen nicht – wie dies bei Langzeitarbeitslosen oft der Fall ist – überrascht und hilflos gegenüber.

Noch einen Schritt weiter ging IBM mit der im April 1990 abgeschlossenen Betriebsvereinbarung über »Baby-Jahre mit Anspruch auf Weiterbildung«. Bei einem Kind kann der Urlaub bis zu vier Jahren dauern, bei mehreren Kindern bis zu insgesamt achteinhalb Jahren. Im Gegensatz zu den früher in anderen Unternehmen eingeführten Regelungen bleiben Vater oder Mutter während der Erziehungszeit Mitarbeiter des Computer-Unternehmens. Das Arbeitsverhältnis ruht nur. Im Gegensatz zu anderen Firmen garantiert IBM sogar die Rückkehr in die bisherige Hauptabteilung. Vater oder Mutter haben überdies das Recht, sich während des Elternurlaubs auf Kosten des Unternehmens durch Schulungsmaßnahmen weiter zu qualifizieren. Dadurch sollen sie die Möglichkeit haben, in der besonders schnelllebigen Elektronikbranche den Anschluß an die Entwicklung und den Kontakt zu den Kollegen aufrechtzuerhalten. Eltern, die dennoch nicht ganz ausscheiden und versuchen möchten, Beruf und Familie gleichermaßen gerecht zu werden, wird alternativ zum Urlaub die Möglichkeit geboten, die Arbeitszeit bis auf zwanzig Wochenstunden zu reduzieren. Diese Lösung ist vor allem für Alleinerziehende gedacht, die sich finanziell keine totale Arbeitspause leisten können. Diese Betriebsvereinbarung war die praktische Schlußfolgerung aus einer Mitarbeiterbefragung, aus der hervorging, daß sich vor allem junge Eltern möglichst flexible Arbeitszeiten wünschen.

Auch hier ergeben sich interessante Ansatzpunkte für entsprechende Regelungen im Osten Deutschlands. Weil sich dort unter den Bedingungen des SED-Staates eine sehr viel intensivere Beteiligung der Frauen am Berufsleben entwickelt hat und der Anteil der alleinerziehenden Mütter viel höher ist als im Westen, ist der Bedarf an elterngerechten Formen der Arbeitszeitgestaltung noch ausgeprägter. Während in der Bundesrepublik zu Beginn der neunziger Jahre nur jede zweite Frau im erwerbsfähigen Alter auch tatsächlich im Berufsleben stand, waren es in der DDR fast 86 Prozent (Militär, Polizei und Partei eingeschlossen). Da das SED-Regime den Frauen ebenso wie den Männern Nachtschichten zumutete und ihnen noch viel weniger Teilzeitarbeitsplätze angeboten wurden als in der – im internationalen Vergleich in dieser Hinsicht schon weit zurückliegenden – Bundesrepublik, hatten sie es noch schwerer, Kindererziehung und Beruf miteinander zu verbinden. Denn nur jede vierte Frau in der DDR hatte eine Teilzeitbeschäftigung. Das erklärt auch, warum einige Politiker in der DDR den Kinderkrippen und Kindergärten vor der deutschen Vereinigung noch rasch den Rang eines von der Verfassung geschützten Gutes geben wollten. Solange die wirtschaftlichen Verhältnisse sich nicht grundlegend ändern, ist die Verwahrung der Kinder für viele Frauen in der DDR eine existentielle Frage.

»Verfügungstage« als neue Form der Freizeit

Eine andere Spielart der Arbeitszeitgestaltung könnte es sein, nicht einfach den Jahresurlaub zu verlängern, denn schließlich wird der Nutzen zusätzlicher Urlaubstage für die Arbeitnehmer immer geringer. Statt dessen könnte anstelle einer Lohnerhöhung die Einführung von »Verfügungstagen« vereinbart werden, beispielsweise drei freie Tage pro Quartal, die der Arbeitnehmer nach Belieben (aber natürlich auch unter Berücksichtigung der betrieblichen Notwendigkeiten) innerhalb des jeweiligen Vierteljahres nehmen kann; danach verfallen sie. Jeder Mitarbeiter hätte dann die Wahl, ob er sich einmal im Monat ein besonders langes Wochenende genehmigt oder mitten in der Woche einen wichtigen Behördengang erledigt. Er kann aber auch das Auto zum TÜV bringen, ohne dafür eine »Grippe« nehmen zu müssen. Wenn eine größere Anschaffung fällig wird, kann der Verfügungstag dazu dienen, zusammen mit dem Ehepartner in aller Ruhe die Angebote verschiedener Händler zu studieren. Väter hätten endlich die Möglichkeit, ihre Kinder am ersten Schultag ohne schlechtes Gewissen zu begleiten. Wer ein Wehwehchen oder einen Kater auszukurieren hat, kann dies ebenfalls ohne große Skrupel oder zweifelhafte Atteste eines willigen Arztes tun – Anruf bei der Firma genügt.

Damit ließe sich in der Bundesrepublik endlich auch das leidige Thema »Lohnfortzahlung im Krankheitsfall« aus der Welt schaffen: Die ersten drei Tage einer Krankheit werden nicht bezahlt; dem Arbeitnehmer steht es aber frei, diese Tage zu seinen Verfügungstagen zu erklären. Er hat dann keine finanzielle Einbuße – aber das Unternehmen auch nicht. Zudem verliert »Blaumachen« jeden Reiz. Anhängern der »Millimeter-Gerechtigkeit« wird eine solche Lösung des Problems nicht gefallen, weil alle, die wirklich krank sind, so ihre frei verfügbaren Tage in dem jeweiligen Vierteljahr verlieren. Aber ist es vielleicht gerechter, alle Vorteile denen zuzuschanzen, die sich nicht scheuen, die Lohnfortzahlung im Krankheitsfall immer wieder mißbräuchlich auszunutzen – und zwar auf Kosten ihrer Kollegen, die ehrlich ihre volle Arbeitsleistung erbringen? Im Gebiet der ehemaligen DDR müßten solche Probleme, die immer das Ergebnis falscher sozialer Signale sind, erst gar nicht entstehen, wenn auch hier die Erfahrungen im Westen beachtet werden.

Noch weit mehr Gestaltungsmöglichkeiten – und damit Möglichkeiten zu einer sinnvollen Aufteilung des gesellschaftlich gewünschten Arbeitsvolumens auf alle, die arbeiten wollen – würden entstehen, wenn die in den meisten Betrieben starren und uniformen Arbeitszeitordnungen ebenfalls in Frage gestellt und auf Reformen hin durchdacht werden. Das gilt gleichermaßen für die Tages-, Wochen-, Jahres- und Lebensarbeitszeit. Warum wird eigentlich grundsätzlich im Acht-Stunden-Rhythmus gearbeitet?

Denn wenn es – und das ist angesichts der im Osten besonders stark verbreiteten Schichtarbeit sehr wichtig – innerhalb der 24 Stunden, die insgesamt zur Verfügung stehen, nur die Auswahl zwischen einer, zwei oder drei Acht-Stunden-Schichten gibt, dann lassen sich individuelle Wünsche nach Früh- oder Spätarbeit oder nach einer Arbeitszeit von vier, fünf oder sieben Stunden in den meisten Betrieben nur schwer oder gar nicht berücksichtigen. Dabei wäre es nicht schwierig, aus diesem Schema auszubrechen. Nichts außer alten Gewohnheiten hindert uns daran. Der Christliche Unternehmerverband der Niederlande (NWC) hat einen solchen Ausbruchsversuch aus dem herkömmlichen Denken gewagt, wie ihn noch kein deutscher Arbeitgeberverband bisher riskiert hat.

Die Holländer suchten nach einem »individuellen und firmenorientierten Ansatz zur Verkürzung der Arbeitszeit«. In einem Grundsatzpapier heißt es dazu: »Was wir brauchen, ist eine größere Flexibilität bei den Arbeitsstunden und bei den Betriebsstunden, um uns von der Starre unseres Arbeitszeitsystems zu befreien, nicht nur, um den Firmen zu helfen, mit schwankendem Arbeitsanfall zurechtzukommen, sondern auch für die Arbeitnehmer, so daß Arbeitsstunden variabler werden. Für die Arbeitnehmer bedeutet größere Wahlfreiheit die Möglichkeit, für sich selbst über Einkommen oder Freizeit zu entscheiden, wobei sie ihre finanziellen Verpflichtungen im Auge behalten können.« Als Modell für eine von vielen Möglichkeiten, den Arbeitnehmern eine Zeitwahl à la carte zu ermöglichen, haben die niederländischen Unternehmer einen in vier Zeitblöcke unterteilten Arbeitstag vorgelegt, der zum Beispiel von 8 bis 20 Uhr dauern könnte. Das würde dann so aussehen: 1. Block: 2 Stunden, 15 Minuten Pause; 2. Block: 3 Stunden, 30 Minuten Pause; 3. Block: 3 Stunden, 15 Minuten Pause; 4. Block: 3 Stunden.

Die Mitarbeiter können sich entscheiden, ob sie nur den ersten und zweiten Block belegen wollen. Wer nicht gern früh aufsteht, könnte in Absprache mit der Personalabteilung den zweiten und dritten Arbeitszeitblock wählen. Daraus ergeben sich dann Wochenarbeitszeiten von 25 oder 30 Stunden. Die übliche 40-Stunden-Woche hat, wer die ersten drei Blöcke belegt.

Viele Deutsche im Osten mit ihrem großen Nachholbedarf oder jüngere Berufstätige im Westen, die gerade eine Familie gegründet haben oder sich einen Traumurlaub finanzieren wollen, ein Auto oder gar ein Haus abzuzahlen haben, sind vielleicht daran interessiert, eine Zeitlang »ordentlich Kohle zu machen«, und bewerben sich um Arbeitszeitblöcke, die eine 45-Stunden-Woche ermöglichen. Warum soll das System nicht auch nach oben flexibel sein? Möglich wäre es, daß bei einem Ehepaar der Mann ganz früh anfängt und die Frau erst zur zweiten Schicht kommt, nachdem sie die Kinder zur Schule gebracht hat. Nach dem dritten Block gehen sie dann gemeinsam nach Hause.

Da jedes Unternehmen die Zeitblöcke so zusammenstellen kann, wie es den Bedürfnissen der Belegschaft und den technischen Gegebenheiten der jeweiligen Produktion am besten entspricht, ergeben sich nahezu unbeschränkte Gestaltungsmöglichkeiten. Natürlich setzt dies eine funktionierende Planung für den Personaleinsatz voraus. Aber sollte das die Unternehmen überfordern, die doch daran gewöhnt sind, beim Materialnachschub, der Lagerhaltung und Fertigungsplanung weit schwierigere Aufgaben zu lösen? Darauf ein paar Gedanken zu verwenden, lohnt sich, denn drei Vorteile liegen dabei klar auf der Hand:

- Die Arbeitnehmer können die Zahl der gewünschten Wochenstunden sehr individuell auswählen. Die Arbeitszeit wird Maßarbeit.
- Das Unternehmen kann seine Anlagen besser nutzen als bei einem schlichten Acht-Stunden-Tag. Das senkt die Kosten.
- Es erhalten insgesamt mehr Menschen eine Beschäftigungschance.

Der Beschäftigungseffekt ist dabei sogar ein doppelter, weil einerseits ein Teil der Mitarbeiter freiwillg kürzer arbeiten kann als bei einem herkömmlichen Arbeitszeitschema, und weil andererseits die Werktore nicht nur acht, sondern zwölf Stunden offen sind. Die einzelnen Arbeitsplätze stehen also länger zur Verfügung.

Würden die (west)deutschen Gewerkschaften, die nach vielen Jahrzehnten einer verbissenen Auseinandersetzung endlich erreichte leichte Lockerung des Ladenschlußgesetzes nicht mit einer Verbissenheit bekämpfen, die einer besseren Sache würdig wäre, dann ließe sich in vielen Einzelhandelsbetrieben ein solches Blocksystem in geradezu idealer Weise verwirklichen. Die Kunden hätten mehr Zeit zum Einkaufen; das Personal könnte die Länge der Arbeitszeit zumindest innerhalb der Grenzen des Blocksystems nach eigenem Gutdünken bestimmen; es würden insgesamt mehr Verkäufer eingestellt. Wenn es den Gewerkschaften wirklich nur um den Schutz der Angestellten vor Überforderung und nicht um das »Prinzip« ginge, dann ließe sich per Tarifvertrag leicht eine maximale tägliche, wöchentliche oder monatliche Arbeitszeit festlegen, die vom einzelnen Verkäufer im Regelfall nicht überschritten werden darf, aber dennoch längere Öffnungszeiten – und damit mehr Lebensqualität für Kunden und Verkäufer – ermöglicht.

Auch ohne eine Erweiterung der Ladenöffnungszeiten gibt es Wege, den Mitarbeitern Selbstbestimmung über die Arbeitszeit zu ermöglichen und bei dieser Gelegenheit nicht nur neue Beschäftigungschancen zu schaffen, sondern sogar noch den Personaleinsatz besser an den Bedarf anzupassen. Ein glänzendes Beispiel dafür bietet das Kaufhaus Beck in München. Dort kann seit 1978 jeder Mitarbeiter bestimmen, wie viele Stunden im Monat er arbeiten möchte. Die Untergrenze sind 60 Stunden im Monat. In Stufen von jeweils zehn Stunden kann die Monatsarbeitszeit bis auf die Stunden einer Vollarbeitskraft erhöht werden.

Wichtig dabei ist, daß die Verkäuferinnen nicht jeweils zu starr festgelegten Zeiten kommen. Im Gespräch mit dem Abteilungsleiter wird vielmehr immer für einen Monat im voraus festgelegt, wie die individuellen Arbeitszeitwünsche der Mitarbeiter mit dem je nach Saison und Wetter wechselnden Kundenandrang am besten in Einklang gebracht werden. Dabei kann es durchaus sein, daß statt der vertraglich vereinbarten 90 oder 100 Stunden im Monat nur 70 gearbeitet werden. Das vereinbarte Gehalt wird dennoch voll ausgezahlt. Die geschuldeten Stunden können dann im Laufe des Jahres abgearbeitet werden – entweder in einer Zeit, in der besonders viel zu tun ist, oder wenn es dem Mitarbeiter besser paßt. Umgekehrt kann auch ein Guthaben an Arbeitsstunden entstehen. »Das kommt besonders während des Weihnachtsgeschäfts oft vor«, berichtet der Personalchef des Unternehmens. »Das Zeitguthaben kann dann zum Beispiel für eine Woche Skiurlaub im Januar genutzt werden.«

Eine minutengenaue elektronische Erfassung der Arbeitszeit macht es auch möglich, zwischendurch eine Pause einzulegen oder ein paar Besorgungen zu erledigen, wenn gerade wenig Kunden da sind. Es spielt auch keine Rolle, wenn eine Verkäuferin 15 Minuten zu spät kommt. Kein Abteilungsleiter regt sich auf, es werde dadurch »dem Betrieb Zeit gestohlen« – denn die tatsächliche Arbeitszeit wird exakt erfaßt.

Vor Einführung der »individuellen Arbeitszeit« waren 65 Prozent der rund sechshundert Beschäftigten bei Beck Vollzeitkräfte, und nur 35 Prozent hatten sich für die herkömmliche Teilzeit entschieden.

Nach einigen Jahren hatte sich das Verhältnis genau umgekehrt: 65 Prozent der Beschäftigten haben ihre Arbeitszeit freiwillig mehr oder weniger stark gesenkt. Der Effekt für den Arbeitsmarkt war, daß neue Mitarbeiter eingestellt wurden.

Aber nicht nur für die Mitarbeiter ist die größere Flexibilität ein Gewinn. Auch die Firma hat davon Vorteile. Der wichtigste besteht darin, daß der Personaleinsatz und die im Laufe des Tages und der Saison stark schwankende Kundenfrequenz besser aufeinander abgestimmt werden können. Da die Verkäuferinnen am Umsatz beteiligt sind, haben sie auch selber ein Interesse daran, dann zu kommen, wenn viel zu tun ist. Durch die Umsatzbeteiligung wird übrigens in vielen Fällen die Einkommenseinbuße, die mit der freiwillig gewählten kürzeren Arbeitszeit verknüpft ist, weitgehend ausgeglichen. Dieses Modell könnte auch von Kaufhäusern in Dresden oder Cottbus sofort übernommen werden und würde mancher alleinerziehenden Mutter das Leben erleichtern.

Freizeit auf Kredit; Arbeitszeit aufs Sparbuch. Doch ein so perfektes Zeit-Management ist für die meisten Arbeitnehmer im Westen bis heute ebenso ein Traum, wie für die Werktätigen im Osten. Aber vielleicht können alle zusammen bis zum Jahr 2000 so viel Zeitsouveränität erreichen.

Von Woche zu Woche

Ähnlich positive Effekte für den Arbeitsmarkt und die Lebensqualität der Arbeitnehmer lassen sich erzielen, wenn die Arbeitswoche neu eingeteilt wird – was in manchen Branchen vorteilhafter und praktikabler sein mag als eine individuelle Arbeitszeit nach dem Muster von Beck. Die niederländischen Arbeitgeber nennen als Beispiel dafür eine Fleischfabrik von Unilever: »Nach diesem System arbeiten die Mitarbeiter eine Woche lang und haben dann eine Woche frei (in der die nächste Schicht antritt). Nach Einführung des Systems in der Fleischfabrik sank die Abwesenheitsquote durch Krankheit von fast dreißig Prozent auf etwa zehn Prozent.« Das zeigt, daß die Arbeitszufriedenheit gestiegen oder die gesundheitliche Belastung gesunken ist – Humanisierungseffekt also positiv. Da die Belegschaft bei diesem

System verdoppelt werden muß, ist auch die Wirkung auf den Arbeitsmarkt positiv. Überdies entstehen außer bei der Personalverwaltung keine Kosten; das Unternehmen spart wegen der geringeren Abwesenheit sogar noch Geld. Das schafft finanziell Luft für Investitionen oder Lohnerhöhungen.

Beachtung verdient auch eine von der General Tire & Rubber Company in Illinois erprobte Variante, bei der eine kurze Arbeitswoche und optimale Nutzung der Produktionsanlagen miteinander verbunden werden. In einigen Reifenfabriken wurde neben der ersten Belegschaft, die früher an sechs und jetzt an fünf Tagen in der Woche arbeitet, eine zweite Crew eingestellt, die Samstag und Sonntag je zwölf Stunden lang Reifen herstellt. Diese zweite Mannschaft wird für ihre Wochenendarbeit so bezahlt, als ob sie eine 36-Stunden-Woche hätte. Einige soziale Leistungen, beispielsweise die medizinische Betreuung, werden den Zwei-Tage-Arbeitern ebenso geboten wie der normalen Belegschaft, andere – wie etwa der Urlaubsanspruch – werden auf der Basis von 36 Arbeitsstunden berechnet.

Das Unternehmen erreicht durch diese Regelung eine bessere Nutzung der sehr kostspieligen Anlagen zur Reifenherstellung. Die Mitarbeiter können zwischen zwei sehr verschiedenen Arbeitsangeboten wählen. Wer sich für die Wochenendarbeit entscheidet, kann sich während der Woche nach eigenem Gutdünken beschäftigen: Einer hilft dem Vater auf der Farm, ein anderer hat einen Halbtagsjob in einem Restaurant, andere studieren oder haben Zeit für die Kinder, während die Mutter ihrem Halbtagsjob nachgeht. Viele Reifenhersteller – auch deutsche – haben inzwischen ähnliche Arbeitszeitregelungen.

Um die Zustimmung der Belegschaft für eine 7-Tage-Woche zu erhalten, boten die Rover-Werke in Großbritannien den Mitarbeitern im Werk Longbridge Anfang 1990 eine Arbeitszeit an, die bei vollem Lohnausgleich im Durchschnitt zu einer 31-Stunden-Woche führt. Hinzu kamen zwei lange Wochenenden statt der bisherigen Schichtarbeit und die Schaffung von 1200 zusätzlichen Arbeitsplätzen. Das war – als Preis für mehr Flexibilität – das bis dahin kürzeste Arbeitszeitangebot im Lande.

Natürlich läßt sich die Woche auch in anderer Form aufteilen. Je nach Art des Unternehmens und den Bedürfnissen des lokalen Arbeitsmarktes könnten auch zwei Arbeitsblöcke von drei und vier Tagen gebildet werden. Und nichts hindert Management und Betriebsrat, dies zum Beispiel auch noch mit dem Modell der niederländischen Unternehmer zu kombinieren – außer Gesetzen, die nicht mehr zeitgemäß sind, und Gewerkschaften, die immer erst einmal alles ablehnen, was nicht in bestimmte Schablonen paßt. Außerhalb dieser Schablonen liegt auch die Idee, daß Arbeitnehmer sich nicht zu einer starr festgelegten Tages- oder Wochenarbeitszeit verpflichten, sondern Verträge über eine bestimmte Jahresarbeitszeit abschließen. Das kann dann zweierlei bedeuten:

Entweder hat der Arbeitnehmer ein Interesse daran, zu bestimmten Jahreszeiten möglichst viel zu arbeiten und dafür in anderen Monaten nur kurz oder gar nicht im Betrieb zu erscheinen. Dies ist beispielsweise bei einem Graphiker der Fall, der stark unter Heuschnupfen leidet. Er leistet deshalb im Herbst und Winter als Arbeitnehmer in Hamburg zusätzliche Stunden und zieht sich im Frühjahr und Sommer in die französischen Pyrenäen zurück, wo er selbständig als freier Künstler tätig ist.

Oder das Unternehmen hat ein Interesse daran, daß die Mitarbeiter zu bestimmten Zeiten überdurchschnittlich lange zur Verfügung stehen, während es sie danach monatelang nicht voll beschäftigen kann. Erntezeit, Saisonbetrieb, sehr unregelmäßig eingehende Aufträge können die Ursache sein. Statt einmal Überstunden zu bezahlen und dann wieder Kurzarbeit einzulegen und damit den Mitarbeitern auch starke Einkommensschwankungen zuzumuten, könnte ein Vertrag über eine bestimmte Jahresarbeitszeit abgeschlossen werden. Er garantiert dem Mitarbeiter (ähnlich wie beim Kaufhaus Beck) ein festes Einkommen unabhängig von der schwankenden Beschäftigungslage. Dieser kommt dafür an den Tagen des Hochbetriebs notfalls sechs- bis siebenmal in der Woche und bleibt vielleicht sogar länger als acht Stunden. Dafür kann er später eventuell wochenlang zu Hause bleiben, wenn nichts zu tun ist – und bekommt dennoch seinen Lohn. Das ist nicht nur sinnvoller, sondern auch würdevoller als ein Arbeitstag mit der Uhr in der Hand, gleichgültig, wieviel zu tun ist.

Jahresarbeitsverträge können aber auch eine besondere Form der Teilzeitarbeit sein. Man vereinbart – wie im Falle des Graphikers – von vornherein, in welchen Monaten das Arbeitsverhältnis bestehen soll. Nur diese Monate werden bezahlt – oder das ganze Jahr über ein halbes Gehalt.

Eine andere Form der flexiblen Arbeitszeit, die weniger der gleichmäßigeren Arbeitsverteilung dient als der Humanisierung, weil sie mehr Selbstbestimmung über die Arbeitszeit ermöglicht, ist die Gleitzeit. Sie wird schon von vielen tausend Unternehmen in Europa und Nordamerika praktiziert, ist aber im wesentlichen auf die Büroarbeit beschränkt. Daß dies nicht so sein muß, bewies als erstes Unternehmen die in Böblingen beheimatete Tochtergesellschaft der amerikanischen Hewlett-Packard-Gruppe. Sie überläßt es seit 1967 allen ihren Mitarbeitern, den Beginn und das Ende ihrer täglichen Arbeitszeit selbst zu bestimmen – gleichgültig, ob sie an einem Schreibtisch sitzen, in der Werkhalle elektronisches Gerät montieren, im Lager beschäftigt sind oder in der Entwicklungsabteilung arbeiten. Besonders bemerkenswert daran ist, daß es nicht einmal Kontrollen gibt, wie sie Unternehmen mit Gleitzeit sonst ihren Mitarbeitern zumuten. Doch bei Hewlett-Packard versucht auch ohne Zeiterfassungsuhren niemand, jenes Vertrauen zu mißbrauchen, das in diesem Unternehmen den Mitarbeitern auch in vielen anderen Beziehungen entgegengebracht wird. Niemand kürzt die tägliche Arbeitszeit heimlich und auf eigene Faust.

Schluß mit dem Fallbeil

Mit etwas mehr Phantasie und Engagement kann auch der Übergang älterer Arbeitnehmer in den Ruhestand humaner, billiger und im Sinne der Arbeitsmarktpolitik effizienter gestaltet werden. Statt das Fallbeil immer früher sausen zu lassen, läßt sich nämlich auch ein gleitender Übergang in den Ruhestand organisieren – der durchaus auch über das 65. Lebensjahr hinausgehen kann, wenn dies im Einzelfall sinnvoll und erwünscht ist.

Weil er die Folgen des Pensionierungsschocks immer wieder erlebt hatte, schuf Georg Ludwig Rexroth, damals Mitinhaber und Chef der heute voll zum Mannesmann-Konzern gehörenden Maschinenfabrik Rexroth in Lohr am Main, eine spezielle Altenwerkstatt. Dort kann jeder ehemalige Mitarbeiter täglich einige Stunden arbeiten, kann kommen und gehen, wann er will. »Die Alten verkraften den Wechsel psychisch und gesundheitlich besser, wenn ihnen die Gelegenheit geboten wird, sich schrittweise aus dem Arbeitsleben zu verabschieden«, weiß der Personalchef der Firma aus jahrelanger Erfahrung mit der Werkstatt. Und einer der alten Herren, der sich um einen Platz in der Sonderwerkstatt beworben hat, erklärt seinen Entschluß, in der Alten-Werkstatt mitzuarbeiten, damit: »Da wird man morgens zur gewohnten Zeit wach, bleibt im Bett liegen, weil man nicht weiß, warum man aufstehen soll und wozu man noch lebt. Da fängt man aus lauter Langeweile an, über alle möglichen Beschwerden nachzudenken – und wird dann erst richtig krank.«

Mit solchen und ähnlichen Angeboten ließe sich der Widerstand vieler Arbeitnehmer gegen eine Frühpensionierung abbauen oder einem Pensionierungsschock entgegenarbeiten. Dieses Einüben läßt sich allerdings auch in die letzten Berufsjahre vorverlegen, wie viele Unternehmen beispielhaft gezeigt haben. So startete die Firma S.E.B. in Frankreich schon 1973 ein Programm, das es langjährigen Mitarbeitern erlaubte, ihre wöchentliche Arbeitszeit zwischen dem 61. und 65. Lebensjahr schrittweise um zunächst einen halben und schließlich um zwei Tage zu reduzieren. Auf einem anderen Weg versucht Gilette-France den Ruhestand einzuüben. Das Unternehmen gewährt vom 61. Lebensjahr an zunächst zwei zusätzliche Urlaubswochen, die dann von Jahr zu Jahr verlängert werden, bis schließlich im letzten Arbeitsjahr im Winter vier, im Frühjahr zwei, im Sommer zwölf und im Herbst nochmals zwei Wochen Urlaub auf dem Programm stehen. So sollen sich die Mitarbeiter langsam an ein Leben im Ruhestand gewöhnen.

In manchen britischen Firmen haben sich derartige Urlaubspläne für die Zeit vor dem Rentenalter ebenfalls bewährt. Die Schweden verabschiedeten schon in den siebziger Jahren ein Gesetz, das älteren Arbeitnehmern in den letzten Berufsjahren ein Recht zur Senkung ihrer wöchentlichen Arbeitszeit einräumt. An Erfahrungen mit sanften Methoden besteht also kein Mangel. Um so unbegreiflicher ist es, daß die Regierungen und die meisten Gewerkschaften nicht bereit sind, auf diesen Erfahrungen aufzubauen, und es immer wieder mit der harten – und kostspieligen – Methode der »ungeübten« Pensionierung versuchen. Ein gleitender Ruhestand könnte es auch im Gebiet der

DDR älteren Frauen und Männern erleichtern, den Streß der Umstellung auf die neuen Verhältnisse besser zu ertragen. Denn viele werden nicht gleich ganz aus dem Arbeitsleben ausscheiden wollen – jetzt, wo sie endlich mal richtiges Geld verdienen können.

Kein Verschrotten von Know-how

Seit 1982 bietet auch die Siemens AG langjährigen Firmenangehörigen vom 55. Lebensjahr an die Möglichkeit, auf Teilzeitarbeit überzugehen. Für 20 Wochenstunden werden dann 75 Prozent des früheren Gehalts gezahlt; die wichtigsten sozialen Leistungen bleiben in voller Höhe erhalten. Siemens betrachtet dies als Alternative zur vorzeitigen Pensionierung. Es ist eine vernünftige Alternative: Dem Mitarbeiter bleibt der Pensionierungsschock erspart; er gerät nicht so leicht in Versuchung, sich nach Schwarzarbeit umzusehen; je zwei Ältere, die das Angebot annehmen, machen einen Vollarbeitsplatz frei. »Der finanzielle Aufwand entspricht in etwa dem der vorzeitigen Pensionierung«, heißt es bei Siemens. »Die Kenntnisse und Erfahrungen des Mitarbeiters bleiben bei Teilzeitarbeit dem Unternehmen jedoch erhalten.« Die Allgemeinheit braucht hier im Gegensatz zu anderen Vorschlägen auch nicht einen Teil der finanziellen Lasten zu übernehmen.

IBM bietet seit Anfang 1990 ebenfalls ein Modell zur Flexibilisierung der Lebensarbeitszeit. Ältere Mitarbeiter können »zum Einüben« Teilzeit arbeiten, ehe sie in den Ruhestand gehen. Wer dem Unternehmen mindestens zwanzig Jahre angehört und das 56. Lebensjahr vollendet hat, kann von einer Voll- zur Halbbeschäftigung übergehen. Er bekommt dann die IBM-Betriebsrente und sein bisheriges Gehalt je zur Hälfte; zusammen macht dies brutto etwa 80 Prozent seines bisherigen Vollzeiteinkommens aus – bei halbierter Arbeitszeit. Mit sechzig Jahren können die Mitarbeiter dann ganz in den Ruhestand gehen und erhalten 66 Prozent ihres früheren Gehalts. Das Besondere an der bei IBM ausgetüftelten Regelung: Die halbe Arbeit ist nicht auf halbe Tage beschränkt, sondern kann in unterschiedlichen Formen praktiziert werden – zum Beispiel einen Monat arbeiten, einen Monat frei.

Denkbar wäre auch folgendes Modell: Mit der zuständigen Gewerkschaft, dem Betriebsrat oder einzelnen Mitarbeitern wird vereinbart, daß sich qualifizierte Mitarbeiter etwa vom 55. Lebensjahr an mit einer gewissen finanziellen Unterstützung ihrer Firma ein neues Betätigungsfeld in einem »zweiten Arbeitsmarkt« suchen können. Denn statt mit ihren reichen Erfahrungen untätig zu Hause zu sitzen, könnten sie bei entsprechender Qualifikation an der Umschulung und Fortbildung Arbeitsloser mitwirken, junge Unternehmer beraten, Jugendliche ausbilden, sich um karitative Aufgaben kümmern und viele andere Dienste leisten, die heute kaum noch bezahlbar sind. Erhalten sie aber beispielsweise noch die Hälfte oder ein Drittel ihrer früheren Bezüge vom bisherigen Arbeitgeber, dann könnten sie Leistungen in diesem »zweiten Arbeitsmarkt« zu Preisen anbieten, die noch tragbar sind. Das könnte eine wertvolle Hilfe für Handwerker und andere junge Unternehmer, aber auch für soziale Einrichtungen oder Hochschulen sein, die sich einen Fachmann aus dem Westen zum vollen Preis zunächst nicht leisten können, aber auf das Know-how angewiesen sind.

Für die Unternehmen oder den Staat ist dies billiger als ein vorgezogener Ruhestand mit 70 Prozent der früheren Bezüge; wertvolle Erfahrungen würden nicht einfach stillgelegt wie ein alter Hochofen; manche Dienstleistung, die heute sonst kaum noch erschwinglich ist, wäre wieder bezahlbar – und in den Unternehmen und Verwaltungen würden dennoch Plätze für die Jüngeren frei. Eine solche Lösung bietet sich vor allem für Unternehmen an, die in einer sehr schnellebigen Branche arbeiten und eine junge Mannschaft brauchen. Sie käme auch für Firmen in Frage, die wie Shell oder IBM schon jetzt ihre Führungskräfte aus grundsätzlichen Überlegungen nur bis zum 60. Lebensjahr beschäftigen. Einem Teil der älteren Mitarbeiter wird das vorzeitige Ausscheiden sicherlich viel leichter gemacht, wenn nicht nur die finanziellen Probleme geregelt sind, sondern in einem »zweiten Arbeitsmarkt« eine neue, vielleicht faszinierende Aufgabe auf sie wartet.

Ein interessanter Versuch dieser Art ist der 1982 ins Leben gerufene Senior Expert Service (SES) mit Sitz in Bonn. Bei ihm können sich im Ruhestand lebende Ingenieure, Ärzte, Verkehrsexperten, Wissenschaftler, Erzieher, Agrarfachleute, Bauingenieure und andere Fachleute melden, die ihre in Jahrzehnten erworbenen Erfahrungen vor allem in der Entwicklungshilfe gegen Kostenersatz zur Verfügung stellen wollen – allerdings erst nach der regulären Pensionierung. Sie helfen brasilianischen Genossenschaften in Siedlungsfragen, beraten beim Aufbau eines Stahlwerks in China, unterstützen eine in der Türkei von ehemaligen Gastarbeitern gegründete Glaswarenfabrik mit kaufmännischem Rat.

Bis 1990 hatten die Freiwilligen des SES bei mehr als siebenhundert Einsätzen in rund achtzig Entwicklungsländern vorwiegend kleinen und mittleren Unternehmen geholfen. Zu Beginn der neunziger Jahre waren über zweitausend »junge Alte« bei der dem Deutschen Industrie- und Handelstag (DIHT) angeschlossenen Organisation als Hilfswillige registriert. Zehn Prozent dieser Experten im Unruhestand sind Frauen.

Ähnliche Ziele hat sich die Vereinigung »Rentner helfen Unternehmern« gesetzt, die vor allem Existenzgründer berät und im Gegensatz zu den Senior Experten vorwiegend im Inland tätig ist. Auch hier handelt es sich um berufserfahrene Männer und Frauen, die ihr Wissen gern an junge Unternehmer weitergeben möchten, die sich den Rat von hauptberuflichen Experten in der Startphase noch nicht leisten können.

Beiden Organisationen bietet sich nun im Osten ein wichtiges neues Betätigungsfeld. Denn in dem von der SED so lange isolierten Teil Deutschlands ist guter Rat noch für lange Zeit (zu) teuer. Sowohl bei jungen als auch bei alten Unternehmen, im kaufmännischen wie im technischen Bereich, im Einzelhandel und Handwerk, in den Dienstleistungsbetrieben oder im Gesundheitswesen und bei den Kommunen – überall werden dringend erfahrene Fachleute gesucht, die helfen, die Riesenlöcher im Know-how zu stopfen. Aber fast überall fehlen auch die Mittel, um sich professionelle Unternehmensberater mit ihren großen Stäben und teuren Büros leisten zu können. Dabei geht es nicht nur darum, beim Aufbau des Rechnungswesens zu helfen, auf günstige Bezugsquellen für Maschinen und Zulieferungen hinzuweisen oder beim Marketing Hilfestellung zu geben. Mindestens ebenso wichtig ist es, die noch unerfahrenen Manager und jungen Unternehmer vor unseriösen Angeboten und Scharlatanen zu bewahren, die ihre Unkenntnis skrupellos auszunutzen versuchen.

Die alten Herren der Wirtschaft – noch nie waren sie so wertvoll wie heute.

Warum haben die sonst so emsigen Angebotsökonomen sich bisher immer nur mit dem Angebot an Gütern und Dienstleistungen beschäftigt und sich um das dürftige, phantasielose und den Bedürfnissen der Nachfrager so wenig entsprechende Angebot am Arbeitsmarkt überhaupt nicht gekümmert? Diese Frage müssen sich auch die Unternehmer gefallen lassen, die in dieser Hinsicht bisher viel zuwenig unternommen haben – und sich dann wundern, wenn die Gewerkschaften die Initiative an sich reißen. Schon vor Jahren empörte sich der heutige Bonner Arbeitsminister Norbert Blüm: »Die Alles-oder-nichts-Sozialpolitik verfährt nach dem Motto: Was nicht für alle Arbeitnehmer geht, darf keinem erlaubt sein. Aus Angst oder Neid geschieht nichts. Dabei könnte eine nachindustrielle Gesellschaft auch ihre Zufriedenheit dadurch gewinnen, daß nicht alle nach dem gleichen Schema selig zu werden versuchen.«

Es geht nicht darum, die Arbeitszeit in ganz Deutschland ohne Rücksicht auf die unterschiedliche Ausgangssituation der Betriebe und die differenzierten Wünsche der Beschäftigten schematisch zu senken oder Überstunden in der Attitüde eines Polizeistaates zu verbieten. Die Aufgabe besteht vielmehr darin, durch Rahmengesetze und generelle Absprachen zwischen den Tarifvertragsparteien die Gestaltungsräume zu erweitern. Nicht Uniformität, sondern Vielfalt muß das Ziel sein. Angesichts der großen Unterschiede im Entwicklungsniveau muß jede Branche und jedes Unternehmen die Chance haben, nach maßgeschneiderten Lösungen für die Arbeitszeitgestaltung zu suchen. Und in jedem Betrieb wiederum sollte es soweit wie möglich dem einzelnen Mitarbeiter überlassen bleiben, sich für das Angebot zu entscheiden, das seinen Bedürfnissen am besten entspricht. Im Idealfall kann er sich dann zwischen Teilzeitarbeit, Jahresarbeitsvertrag, *Sabbatical,* Verfügungstagen, gleitendem Ruhestand oder der Übernahme von Aufgaben in einem »zweiten Arbeitsmarkt« entscheiden. Warum auch nicht?

Schließlich bleibt es auch jedem überlassen, was er mit seinem Barlohn anstellt. Das sollte soweit wie möglich auch für den Freizeitlohn gelten. Mancher würde erstaunt sein, wie rasch sich in einem so befreiten Markt viele Probleme von selber lösen. Politikern und Gewerkschaftern in beiden Teilen Deutschlands, die das Heil nicht in mehr Freiheit und Selbstbestimmung, sondern in weiteren Interventionen und Reglementierungen suchen, sei eine Variation des neuen Parkinson-Gesetzes ins Stammbuch geschrieben: Strebe nach Arbeitsplätzen, und du schaffst alles andere als Freiheit und Lebensqualität; strebe nach mehr Lebensqualität und Selbstbestimmung, und du schaffst Beschäftigungschancen für alle.

Fazit

Die krassen Unterschiede bei Lohn und Arbeitszeit werden zu Spannungen zwischen beiden Teilen Deutschlands führen – mögen die Gründe für die Differenz auch noch so offenkundig sein. Hinzu kommt das Beschäftigungsproblem. In der Bundesrepublik haben wir uns weitgehend an die Arbeitslosigkeit gewöhnt. Deshalb wird nur noch wenig Kraft und Phantasie bei der Suche nach Lösungen aufgewendet. Dabei bietet die Arbeitszeitpolitik viele Möglichkeiten, das Angenehme mit dem Nützlichen zu verbinden – nämlich mehr Lebensqualität und weniger Arbeitslosigkeit gleichzeitig anzustreben. Im Osten Deutschlands dagegen stellt eine offene Beschäftigungskrise ein neues Phänomen dar. Der Ruf nach Umverteilung der Arbeit darf daher niemanden überraschen. Aber dadurch würde alles nur noch schlimmer. Um so wichtiger ist es deshalb, daß nicht nur bei der maschinellen Ausstattung der Betriebe die modernsten Modelle genutzt werden, sondern auch bei der Gestaltung der Arbeitszeit. Durch eine flexible Arbeitszeitpolitik, die auf die unterschiedlichen Bedürfnisse Rücksicht nimmt, können Spannungen abgebaut werden, die sonst bei dem zunächst unvermeidlichen Nebeneinander unterschiedlichster Arbeitsbedingungen in beiden Teilen Deutschlands unvermeidlich sind.

9
Arbeitslosigkeit:
Die erste große Gemeinsamkeit?

Der schwierige Prozeß der deutsch-deutschen Vereinigung ist auch eine Stunde der Propheten und Kaffeesatzleser. Neben den beliebten Rechnungen, was die Einheit im Laufe des Jahrzehnts wohl kosten wird, gehören Vorhersagen über die Höhe und Dauer der zu erwartenden Arbeitslosigkeit zu den bevorzugten Zahlenspielereien. Da werden dann zunächst einmal die maroden Betriebe in der DDR ermittelt – über den Daumen, weil niemand das so genau weiß. Mal ist es ein Drittel, mal sind es siebzig Prozent der ehemaligen Kombinate, denen nur noch eine mehr oder weniger kurze Lebenszeit vorhergesagt wird. Nachdem so per Ferndiagnose ihre Wettbewerbsfähigkeit festgestellt worden ist, kann auf dieser Basis der Umfang der angeblich notwendigen Entlassungen abgeleitet werden. Per Addition ergibt sich daraus für einen Zeitpunkt X die Zahl aller Arbeitslosen. Wenn dann das Resultat in die Welt posaunt wird, sind ein paar Schlagzeilen der Dank für die Mühen. Für ein bekanntes Nachrichtenmagazin sprang dabei gleich eine ganze Titelgeschichte mit der ermutigenden Überschrift »Volk in Panik« heraus.

Dabei kann keine Prognose besser sein als die Annahmen, auf denen sie beruht. Und natürlich bleibt es jedem Arbeitsmarkt-Spekulanten überlassen, von welchen Voraussetzungen er bei seinen Rechnungen ausgeht. Doch von den Vermutungen über die künftige Wirtschafts- und Sozialpolitik, von den Annahmen über das Verhalten der Betroffenen und der künftigen in- und ausländischen Investoren hängt es entscheidend ab, zu welchen Resultaten die Arbeitsmarktprognosen führen. Deshalb kann auch jedes gewünschte Ergebnis vorgelegt werden. Man muß sich eben nur ein passendes Szenario zurechtlegen.

Das trifft für den Osten Deutschlands in ganz besonderer Weise zu. Deshalb sollten alle Prognosen mit größter Vorsicht genossen werden. Die Wirtschaftspropheten haben es selbst in der Bundesrepublik mit ihren stabilen und überschaubaren Verhältnissen in den vergangenen Jahren nur sehr selten – und dann eher per Zufall – geschafft, Wirtschaftswachstum, Einkommensentwicklung, Exporte, Beschäftigung und andere Schlüsselgrößen der gesamtwirtschaftlichen Entwicklung auch nur für ein Jahr im voraus einigermaßen zutreffend zu schätzen. Wie soll dies dann für das Gebiet der DDR möglich sein – und noch dazu in einer solchen Zeit des Umbruchs? Die Statistiken made in DDR sind keine tragfähige Basis für Hochrechnungen. Wegen der vielen statistischen Fälschungen der Planbürokraten liegen nicht einmal über die Vergangenheit zuverlässige Daten vor.

Das heißt natürlich nicht, daß es keine Beschäftigungsprobleme geben wird. Sie könnten einige Jahre lang – zumindest vordergründig – noch viel gravierender sein als im Westen. Denn es besteht kein Zweifel: Der notwendige Strukturwandel wird auch am Arbeitsmarkt tiefe Spuren hinterlassen. Das ist gar nicht zu vermeiden und darf auch gar nicht verhindert werden. Denn wer es vermeiden wollte, müßte die völlig unzeitgemäße, vom Autarkiestreben der SED-Planbürokraten geprägte DDR-Wirtschaft zum Naturschutzpark erklären und auf unabsehbare Zeit mit Alimenten in Milliardenhöhe erhalten. Als Folge wären dann allerdings auch keine nennenswerten Einkommensverbesserungen, keine umweltschonendere Produktion, kein Stopp der Energievergeudung und keine Sanierung der Städte möglich. Wer den Fortschritt will, muß sich bewegen; das bedeutet auch: von veralteten zu modernen Arbeitsplätzen.

Deshalb ist die Kurzarbeitsregelung, die es erlaubt, die ehemaligen Beschäftigten auch dann bei voller Bezahlung (aus öffentlichen Mitteln) im Betrieb zu halten, wenn dieser pleite ist und es folglich auch keine Arbeit mehr für sie gibt, eine zweischneidige Waffe im Kampf gegen die Arbeitslosigkeit. Einerseits hilft dies, den schwierigen Übergang von der Kommando- zur Marktwirtschaft sozial abzufedern und gibt den Betroffenen die Chance, sich durch Fortbildung oder Umschulung für einen ordentlichen Arbeitsplatz zu qualifizie-

ren. Andererseits besteht die Gefahr, daß der notwendige Strukturwandel verzögert und in einzelnen Bereichen sogar verhindert wird.
Die von der SED geschaffene Armutswirtschaft wird konserviert und
damit den Menschen die Möglichkeit genommen, an neuen Arbeitsplätzen den Wohlstandsvorsprung im Westen aufzuholen. Die Befri-
stung bis Mitte 1991 war deshalb notwendig und darf nicht aufgehoben werden. Andernfalls wird es auch am Ende des Jahrzehnts in
vielen Bereichen der Wirtschaft noch mumifizierte Reste der alten
Kombinate geben. Je länger die Wanderung von den verrotteten zu
den modernen Betrieben behindert oder verhindert wird, um so teurer wird es für die Steuerzahler und um so weniger werden die Politiker später noch den Mut haben, mit dieser Almosen-Politik Schluß
zu machen. Denn die nächste Landtags- oder Bundestagswahl ist nie
fern.

Eine unbequeme Wanderung in den Wohlstand

Die damit verbundene Sucharbeitslosigkeit ist nicht nur unvermeidlich, sondern sogar dringend notwendig. Hier stellt sich nur die Frage,
wie lange sie dauert, in welcher Form sie sozial abgefedert wird und
wie verhindert werden kann, daß daraus Dauerarbeitslosigkeit wird.
Es mag sich zwar kaltschnäuzig und unsozial anhören, aber: hohe Arbeitslosenzahlen im Gebiet der DDR müssen keineswegs ein Kata-
strophensignal sein. Zunächst einmal sind sie nur ein Zeichen dafür,
daß der Prozeß der Restrukturierung in Gang kommt, daß die Menschen die unproduktiven Arbeitsplätze verlassen, um sich moderne,
zukunftsträchtigere zu suchen. Es ist die nicht immer bequeme Wanderung in den Wohlstand, wie sie genauso auch im Westen stattgefunden hat. Erst wenn immer mehr Männer und Frauen dazu viele
Monate oder gar Jahre brauchen, besteht Grund zur Sorge – und zu
der Frage, was falsch gemacht worden ist.
Wer sich an einer Prognose darüber versucht, wie hoch die durchschnittliche Arbeitslosigkeit östlich der Elbe in den nächsten Jahren
sein wird, darf viel Phantasie investieren. Man muß sich zum Beispiel
Gedanken darüber machen, wie rasch es wohl gelingen wird, einen
neuen Mittelstand zum Leben zu erwecken. Wenn sich innerhalb der

nächsten Jahre im Osten eine ähnliche Wirtschaftsstruktur entwickelt wie im Westen, dann ist mit rund vierhunderttausend kleinen und mittleren Betrieben zu rechnen, bei denen dann bis zu zwei Millionen neue Arbeitsplätze entstehen könnten – genug, um alle zu beschäftigen, die den unheilbar kranken Teil der ehemaligen Kombinate verlassen. Die Dynamik des Arbeitsmarktes hängt aber auch davon ab, ob in der ersten Hälfte der neunziger Jahre ein breiter Strom westlichen Kapitals nach Osten fließt oder ob sich die Interessenten nach einiger Zeit wieder abwenden, weil ihnen zu viele Steine in den Weg gelegt werden. In diesem Zusammenhang wird auch das Verhalten der Gewerkschaften eine entscheidende Rolle spielen. Wird beispielsweise die IG Metall, deren Chef Franz Steinkühler es mit der gewerkschaftlichen Vereinigung nach anfänglichem Zögern schließlich noch eiliger hatte, als der von ihm so oft kritisierte Bundeskanzler Helmut Kohl, und der deshalb die west-östliche Metall-Fusion noch vor der Währungsunion ankündigte, Löhne und Arbeitszeiten mit der gleichen Eile anzupassen versuchen? Werden die vereinten Metaller eine Politik der Konfrontation oder der Kooperation betreiben? Werden sie Augenmaß bewahren oder unter dem Einfluß der Funktionäre aus dem Westen (die Angst vor einer Billiglohnkonkurrenz haben) den Betrieben mehr an Kosten aufbürden, als sie in den Jahren des Neubeginns tragen können?

Lohnforderungen von fünfzig bis zweihundert Prozent, wie sie noch vor Vollzug der Wirtschafts- und Währungsunion unter dem Einfluß bundesdeutscher Gewerkschaften gefordert – und zum Teil auch schon durchgesetzt wurden – ließen den Eindruck aufkommen, daß vielen Gewerkschaftern der Kampf um neue Mitglieder viel wichtiger war, als die Erhaltung von Arbeitsplätzen. ÖTV und DAG scheuten sich dabei nicht einmal, einen von einer konkurrierenden Gewerkschaft kurz zuvor abgeschlossenen Lohnvertrag schon nach wenigen Tagen durch ein noch günstigeres Abkommen zu überbieten. Die IG Metall versuchte gleichzeitig, die Gewerkschaften bereits vorbeugend von jeder Mitverantwortung für die wirtschaftliche Entwicklung freizusprechen. Statt dazu aufzurufen, daß jeder seinen Beitrag zur Sanierung des ehemaligen SED-Staates und zum erfolgreichen Umbau der DDR-Wirtschaft leisten solle, lehnte ihr Vorsitzender Franz Steinkühler wenige Tage vor dem Tag X jede Mitverantwortung ab. Es müsse »unmißverständlich festgehalten werden«, erklärte er vor Funktionären seiner Organisation, daß allein Bundeskanzler Helmut Kohl für die drohende soziale Katastrophe und die Gefährdung der politischen Stabilität verantwortlich sei, da er die Belange der Menschen in der DDR seiner persönlichen Profilierungssucht und parteitaktischen Interessen geopfert habe. Solche und ähnliche Äußerungen geben wenig Anlaß zu der Hoffnung, daß die größte Einzelgewerkschaft der Welt zu einer konstruktiven Zusammenarbeit beim Wiederaufbau im Osten bereit sein könnte.

Eine weitere wichtige Frage ist, wie rasch sich das Management der ehemals sozialistischen Betriebe umstellt, sich auf den neuen Märkten zurechtfindet, die alte Engpaßwirtschaft überwindet. Werden es die zu einem guten Teil noch von der SED auf ihre Sessel gehobenen Führungskräfte schaffen, die Mitarbeiter umzuschulen und zu motivieren? Und wer kann zuverlässig abschätzen, wie lange die Behörden brauchen, ehe sie das alte Denken überwinden und den Prozeß der Umgestaltung fördern, statt behindern?

Die alles entscheidende Frage aber ist, wie sich die Beschäftigten verhalten. Werden sie bereit sein, sich die notwendigen Kenntnisse anzueignen, sich nach zukunftsträchtigen Berufen und Arbeitsplätzen umzusehen? Werden sie nach all den Jahren der Gängelung und des Schlendrians rasch genug umdenken und da zupacken, wo die Arbeit auf sie wartet – oder werden sie sich an die Arbeitsplätze klammern, wo sie früher »eine ruhige Kugel geschoben« haben? Wenn sie viel fordern und wenig arbeiten, haben sie keine Chance, den Vorsprung der Kollegen im Westen in absehbarer Zeit einzuholen.

Wie Scarlet O'Hara?

Schon diese wenigen Beispiele machen deutlich, auf welch wackligen Füßen alle Vorhersagen über die Zahl der Arbeitslosen in den kommenden Jahren stehen. Andere kommen hinzu: Wie viele werden den raschen Wohlstand im Westen suchen, statt sich ihn mühsam im Osten zu erarbeiten? Wie viele Fachkräfte und kreative Köpfe aus dem Westen werden übersiedeln? Was tun Menschen, die so lange um ihre Lebenschancen betrogen wurden? Werden sie so ähnlich wie

Scarlet O'Hara reagieren? In Margaret Mitchells Roman »Vom Winde verweht« liegt die junge Frau gedemütigt in einem Winkel der verwüsteten Plantage. Doch nach all dem Elend, das über sie und ihre Familie gekommen ist, resigniert sie nicht, sondern schwört, daß sie von nun an nur noch danach trachten wird, alles wieder aufzubauen. Sie will zu Wohlstand und Sicherheit kommen und nie wieder arm sein. Oder werden sich die Menschen eher wie das Gesinde dieser Plantage verhalten, klagen und abwarten? Diese Szene könnte ein Schlüssel zum Verständnis dessen sein, was sich in den nächsten Jahren in der ehemaligen DDR abspielt. Wer kann in Prognosen vorwegnehmen, ob sich ein Pioniergeist entwickelt oder eine Subventionsempfänger-Mentalität ausbreitet? Die neuen sozialen Leistungen können für manchen sehr verführerisch sein. Deshalb wäre es auch im Bereich der Sozial- und Arbeitsmarktpolitik notwendig, die Erfahrungen in der Bundesrepublik seit den siebziger Jahren zu beachten – und das heißt in diesem Fall vor allem auch: nicht die gleichen Fehler zu machen.

Andernfalls droht wirklich die Gefahr, daß Massenarbeitslosigkeit die erste große Gemeinsamkeit zwischen Ost und West im vereinigten Deutschland wird. Eine Gemeinsamkeit übrigens, wie sie dann mit vielen anderen Ländern in Europa bestehen würde. Denn auch in Frankreich, den Niederlanden oder Großbritannien hat man bis heute noch nicht das Allheilmittel gegen die Arbeitslosigkeit gefunden – vor allem deshalb nicht, weil die Politiker sich von bestimmten Vorstellungen nicht trennen mögen und einige Tabus nicht zu beseitigen wagen. Im Gegensatz zu den genannten Staaten kann sich die Wirtschaft im Osten Deutschlands diese Haltung jedoch nicht leisten. Denn dort geht es nicht um das neue – und für reiche Länder politisch und finanziell zu verkraftende Phänomen der Massenarbeitslosigkeit im Massenwohlstand, sondern zunächst noch um die seit Jahrhunderten bekannte Kombination von Arbeitslosigkeit und Armut.

Es bedarf keiner Begründung, daß es im Interesse beider Teile Deutschlands liegt, dieses Problem so rasch wie möglich zu lösen. Gelingt das nicht in absehbarer Zeit, dann wird doch noch geschehen, was viele in der Bundesrepublik fürchten: Dann müssen die Menschen im Westen« einen Teil ihres Wohlstands opfern, um die Massenarbeitslosigkeit im Osten zu finanzieren.

Die Beschäftigungskrise könnte sich dann sogar so festfressen, daß sie trotz der vielen Aufgaben, die in dem zugrunde gerichteten Land zu bewältigen sind, zur Dauererscheinung wird. Wer dies verhindern will und vermeiden möchte, daß statt eines zweiten Wirtschaftswunders ein zweites Desaster am Arbeitsmarkt die hervorstechendste Folge der Vereinigung ist, muß bereit sein, aus der bisherigen Entwicklung in der Bundesrepublik die notwendigen Konsequenzen zu ziehen – und zwar nicht nur im Osten, sondern vor allem auch im Westen.

Chronische Krankheit eines Gesunden?

Zu Beginn der neunziger Jahre strotzte die Wirtschaft der Bundesrepublik geradezu vor Gesundheit. Bundeskanzler Kohl konnte zu Recht darauf hinweisen, daß unter konjunkturellen Gesichtspunkten der Zeitpunkt für den Kraftakt, den Osten Deutschlands aus dem Sumpf zu ziehen, gar nicht günstiger sein könnte. Die christlich-liberale Koalition kann auf zahlreiche Erfolge ihrer Wirtschaftspolitik verweisen – wenn auch in einzelnen Punkten immer darüber gestritten werden kann, was Verdienst und Zufall ist. Auf das Ergebnis kommt es an.

Dennoch kann von allgemeiner Zufriedenheit keine Rede sein. Denn ein wichtiger – und für viele der wichtigste – Indikator für eine erfolgreiche Wirtschaftspolitik steht immer noch im Gefahrenfeld: die Arbeitslosigkeit. Trotz des Aufschwungs und der im Vergleich zum Beginn der achtziger Jahre hohen wirtschaftlichen Wachstumsraten ist die Zahl der Arbeitslosen immer noch höher als bei Übernahme der Regierungsgeschäfte durch Kohl. Zwar sind die Zeiten vorbei, in denen immer neue negative Rekordzahlen die Öffentlichkeit schockierten, aber beim Start in die neunziger Jahre wies die Statistik noch immer 2,15 Millionen arbeitslose Männer und Frauen aus. Ein bleischweres Gewicht für die Wirtschaft, wie es schien.

Hinter dieser düsteren Zahl verschwinden im Bewußtsein der Öffentlichkeit alle positiven Daten. Immerhin stieg von 1983 bis 1989 die Zahl der verfügbaren Arbeitsplätze im Jahresdurchschnitt von 26,1 auf 27,6 Millionen. Daß gleichzeitig das Heer der Arbeitslosen nur um 0,22 Millionen zurückging, lag daran, daß nicht nur Aus- und Übersiedler in hellen Scharen in die Bundesrepublik kamen, sondern auch die Babyboom-Generation auf den Arbeitsmarkt drängte und immer mehr Frauen ihren Anspruch auf Teilhabe am Berufsleben anmeldeten. Zusammen waren das seit 1983 rund 1,35 Millionen zusätzliche Arbeitskräfte. Trotz aller Erfolge konnte deshalb das soziale Ziel, jedem, der arbeiten will, auch eine Chance dazu zu geben, nicht erfüllt werden.

Aber wollen auch wirklich alle arbeiten, die sich beim Arbeitsamt melden? Und sind alle von der Statistik erfaßt, die wirklich arbeiten wollen? Derartige Themen werden öffentlich nicht gern erörtert. Dennoch sind die Fragezeichen notwendig – und seit den Veränderungen im Osten mehr denn je.

Der verflixte Stichtag

Kaum jemand sieht es, keiner wagt es zu sagen. Dennoch ist es richtig: Die hohe Zahl der Arbeitslosen allein ist kein soziales Drama. Sozial- und wirtschaftspolitisch bedeutsam ist nur die durchschnittliche Dauer der Arbeitslosigkeit. Es wird leider viel zu wenig beachtet, daß es sich bei den Zahlen, die monatlich von der Bundesanstalt für Arbeit veröffentlicht werden, lediglich um eine Stichtagsmeldung handelt. Was besagt es schon, wenn – wie zum Beispiel im März 1990 – am Ende des Monats genau 2 013 057 Männer und Frauen offiziell als Arbeitssuchende registriert waren? Nichts. Aussagefähig wird diese Zahl erst, wenn sie analysiert wird.

Es macht schließlich einen gewaltigen Unterschied, ob es sich dabei um junge Menschen handelt, die sich erstmals nach einer bezahlten Tätigkeit umsehen oder um Ältere, die ohnehin bald aus dem Berufsleben ausscheiden. Wichtig ist es auch, ob es sich um beruflich hoch qualifizierte Bewerber handelt oder um Handlanger, die nur eine Gelegenheitsarbeit suchen. Ein wichtiger qualitativer Unterschied liegt auch darin, ob Erwerbslose trotz intensiver Bemühungen keine Beschäftigung finden können oder ob sie Angebote nicht annehmen wollen, weil ihnen der Arbeitsplatz oder die Arbeitszeit nicht zusagt. Wenn Halbtagsarbeit gesucht, aber nur ein Vollzeitjob geboten wird oder Angebot und Nachfrage nach Arbeit regional weit auseinanderklaffen, dann sind das strukturelle Probleme aber kein Indiz für eine allgemeine Beschäftigungskrise.

Die wichtigste – merkwürdigerweise aber am wenigsten gestellte – Frage ist, wie lange die Arbeitslosigkeit im allgemeinen dauert. Denn es ist ein fundamentaler Unterschied, ob sich jemand erst drei Tage vor dem Stichtag beim zuständigen Amt gemeldet hat und im nächsten Monat schon gar nicht mehr mitgezählt wird, weil er schon längst wieder eine Beschäftigung gefunden hat oder ob der Betroffene seit einem Jahr und länger arbeitslos ist. Angesichts der versicherten Lohnersatzzahlungen, die den größten Teil des bisherigen Netto-Einkommens absichern, ist eine Arbeitslosigkeit von wenigen Wochen oder Monaten in der Regel kein soziales Drama. Da die Mehrzahl der Haushalte über beträchtliche Ersparnisse verfügt und die meisten Erwerbstätigen keineswegs bereit sind, jede beliebige Tätigkeit anzunehmen, dauert die Zeit der Sucharbeitslosigkeit meist viel länger, als unbedingt nötig. Mancher Arbeitslose empfindet es gar nicht negativ, zwischen zwei Arbeitsverhältnissen für einige Zeit etwas auszuspannen, in Haus und Garten nach dem Rechten zu sehen oder sich vom Arbeitsamt eine »Maßnahme« verschreiben zu lassen, um sich beruflich zu qualifizieren. Allein im ersten Quartal 1990 begannen 136000 Personen auf Kosten der Arbeitsämter mit einer Fortbildung, Umschulung oder betrieblichen Einarbeitung.

Welche Bedeutung dieser Teil der Arbeitslosigkeit hat, wird an den Bewegungen im Arbeitsmarkt deutlich. Durchschnittlich jeder Fünfte wechselt einmal im Jahr den Arbeitgeber. Bei insgesamt fast 28 Millionen Arbeitsplätzen wurden in der Bundesrepublik im Jahr 1990 etwa 6,2 Millionen Beschäftigungsverhältnisse geschlossen beziehungsweise gelöst. Viele dieser Wanderer zwischen den Unternehmen suchen interessantere oder besser bezahlte Tätigkeiten, versprechen sich günstigere Aufstiegsmöglichkeiten. Oft melden sie sich nicht einmal beim Arbeitsamt, aber auch bei den Registrierten ist es ein ständiger Wechsel. Allein 1988 kamen rund 3,7 Millionen Männer und Frauen als Arbeitsuchende neu in die Kartei und 3,8 Millionen konnten nach kürzerer oder längerer Zeit wieder gestrichen werden, weil sie eine Tätigkeit aufgenommen hatten. Je hochtouriger die Wirtschaft läuft, um so rascher sind auch die Bewegungen am Arbeitsmarkt. So verabschiedeten sich zum Beispiel allein im Monat März 1990 fast 430 000 Personen aus der Arbeitslosenstatistik und 290 000 kamen neu hinzu.

Das triste Bild eines in Warteposition verharrenden Arbeitslosenheeres von rund zwei Millionen Menschen ist deshalb nur eine Blitzlichtaufnahme am jeweiligen Stichtag. Viel zutreffender wäre das Bild einer Drehtür, durch die sich ein permanenter Strom von Arbeitsuchenden bewegt. Gäbe es diese Drehtür nicht, dann könnte weder der Wunsch vieler Erwerbstätigen nach einem Wechsel der Beschäftigung noch der sich ständig wandelnde Bedarf der Wirtschaft erfüllt werden. Die Bewegung am Arbeitsmarkt ist deshalb nicht allein die Folge einer Beschäftigungskrise, sondern zugleich ein Indiz für die Dynamik der Wirtschaft und die Flexibilität eines großen Teils der arbeitenden Bevölkerung. Das mag für viele ein überraschender Aspekt bei der Betrachtung der monatlichen Arbeitslosenzahlen sein, aber ohne diese Beweglichkeit wäre die deutsche Wirtschaft bei weitem nicht in einer so guten Verfassung, könnte sie ihre Strukturen nicht so rasch den sich ändernden Bedürfnissen und technischen Veränderungen anpassen.

Diese vielen Bewegungen durch die Drehtür bringen es auch mit sich, daß vielfach die gleichen Personen hindurchgehen. Ein nicht unbeträchtlicher Teil der Arbeitslosen meldet sich nämlich mehrfach im Laufe des Jahres beim Arbeitsamt. Die Gründe dafür sind zahlreich. Es kann daran liegen, daß es sich von vornherein nur um ein kurzfristiges Arbeitsverhältnis gehandelt hat, weil es sich bei dem Unternehmen nur um die Bewältigung einer Beschäftigungsspitze handelte. Vielleicht ist der betreffende Bewerber aber auch nur an Gelegenheitsarbeiten interessiert. Es kann auch sein, daß der neue Kollege mit der Tätigkeit nicht zurechtkam und ihm deshalb nach der Probezeit gekündigt wurde. Vielleicht war er auch selber unzufrieden, weil Zusagen nicht eingehalten wurden. Andere haben Schwierigkeiten, in einem Team zu arbeiten oder leiden unter Alkoholproblemen. Erstaunlicherweise gibt es in einem Land, in dem Hackfrüchte und Hühner ebenso sorgfältig gezählt werden wie die Zahl der Volkshochschulkurse oder die beförderten Tonnen Gips und Bimsstein, keine genauen Angaben über die Mehrfach-Arbeitslosen. Die Statistik weist nur Fälle von Arbeitslosigkeit im Jahresdurchschnitt aus, nicht wie viele Personen tatsächlich in einem Jahr davon betroffen waren. Nach neueren Schätzungen kommen aber auf hundert Arbeitslose 170 Fälle von Arbeitslosigkeit. Das bedeutet, daß ein großer Teil dieser Männer und Frauen sich mehrfach beim Arbeitsamt als unbeschäftigt meldet. Mit anderen Worten: Auch wenn im Laufe eines Jahres rund 3,7 Millionen Fälle von Arbeitslosigkeit registriert werden, haben weit weniger als 3,7 Millionen Menschen persönlich den Verlust des Arbeitsplatzes erlebt.

Deshalb verbietet sich jeder Vergleich der Arbeitslosigkeit von heute mit den Elendsbildern der dreißiger Jahre. Damals gab es weder die starke soziale Absicherung bei einem Verlust des bisherigen Arbeitsplatzes, noch konnte die große Mehrzahl der Gefeuerten hoffen, schon nach kurzer Zeit eine neue (und vielleicht sogar besser bezahlte Stelle) zu finden. Dieser fundamentale Unterschied ist auch die Erklärung dafür, warum die (statistisch) hohe Arbeitslosigkeit anders als in den dreißiger Jahren weder im Straßenbild noch im Wahlverhalten in Erscheinung tritt. Offenbar hat die Bevölkerung dafür ein besseres Gespür als ihre Repräsentanten. In Erinnerung an die damalige Radikalisierung und ihre bösen Folgen hat Helmut Schmidt Anfang der siebziger Jahre erklärt, fünf Prozent Inflation wären ihm lieber als fünf Prozent Arbeitslosigkeit. Noch 1983 warnte er die Teilnehmer am Europäischen Management-Symposium: »Die Arbeitslosigkeit ist zu einer Gefahr für die politische Stabilität vieler Länder geworden.« Aber glücklicherweise traf dies weder für die Bundesrepublik noch für Frankreich und nicht einmal für Großbritannien oder Italien zu, obwohl Mitte der achtziger Jahre dort Arbeitslosenquoten von acht, elf, zwölf und vierzehn Prozent registriert wurden. Massenarbeitslosigkeit im Massenwohlstand hat eben eine völlig andere Qualität als die Beschäftigungskrisen früherer Jahre. Merkwürdig, daß selbst ein »Weltökonom« wie Helmut Schmidt das nicht erkannt hat.

Der harte Kern

Menschlich tragisch, sozial bedenklich und politisch brisant ist nur der harte Kern der Arbeitslosigkeit. Hier geht es um die Gruppe der Dauerarbeitslosen, die schwer oder gar nicht zu vermitteln sind. Viele sind zu alt, gesundheitlich geschädigt, falsch oder gar nicht ausgebildet. Andere wohnen weit ab von den Orten, wo Arbeitskräftemangel herrscht. Die wirklich beunruhigende Entwicklung ist deshalb vor allem, daß der Anteil derjenigen, die ein Jahr und länger keine neue bezahlte Beschäftigung finden, seit 1975 von knapp zehn Prozent auf inzwischen ein rundes Drittel zugenommen hat. Die durchschnittliche Dauer der Arbeitslosigkeit erhöhte sich in dieser Zeit allerdings nur von sechs auf sieben Monate. Das bedeutet: Die große Mehrzahl der Arbeitslosen findet sogar schneller als früher eine neue Beschäftigung. Bei denen, die nur schwer oder gar nicht zu vermitteln sind, kommen oft alle negativen Aspekte der Arbeitslosigkeit zusammen: Finanzielle Sorgen, soziale Isolation, fehlende berufliche Perspektive, Selbstwertzweifel, Flucht in den Alkohol, Zerrüttung der Familie. Allerdings müssen auch hier (wie noch zu zeigen sein wird) einige Abstriche gemacht werden. Nicht jeder Dauerarbeitslose verdient Mitgefühl und finanzielle Unterstützung.

Wenn die Frage gestellt wird, wie eine Massenarbeitslosigkeit im Gebiet der DDR verhindert werden kann, geht es immer nur darum, die Bildung eines solchen harten Kerns zu vermeiden. Dafür gibt es nicht nur menschliche, soziale und politische Gründe, sondern auch ein ganz praktisches Argument: Angesichts der vielen Aufgaben, die in den nächsten Jahren zu bewältigen sind, wäre eine solche Vergeudung von Arbeitskraft im Osten noch weniger zu verantworten als im Westen. Ein erster wichtiger Schritt auf diesem Weg ist die scharfe Unterscheidung zwischen Sucharbeitslosigkeit und Dauerarbeitslosigkeit.

Würde bei der Diskussion über die Arbeitslosigkeit und die richtigen Waffen im Kampf gegen dieses soziale Übel nicht immer nur die Stichtagsarbeitslosigkeit betrachtet, dann wäre nicht nur leichter zu verstehen, warum die Bevölkerung diesen Fragen ganz offensichtlich viel weniger Bedeutung beimißt als die Politiker. Es wäre auch viel einfacher, eine sinnvolle und erfolgversprechende Therapie zu entwickeln. Im Osten Deutschlands wird dies in den neunziger Jahren noch viel wichtiger sein. Denn je schwächer der Patient ist, um so schädlicher muß sich jede Behandlung auswirken, die auf einer Fehldiagnose beruht. Die Fixierung auf die Stichtagsarbeitslosigkeit ist nämlich nicht der einzige Fehler, der bei der Betrachtung der Entwicklung am Arbeitsmarkt gemacht wird. Aber auch hier wie in vielen anderen Bereichen bietet sich immerhin die Chance, aus den im Westen – und zwar nicht nur in der Bundesrepublik gemachten – Fehlern zu lernen.

Die große Ratlosigkeit

Allerdings: Auch in den westeuropäischen Ländern wurden daraus noch keine Konsequenzen gezogen. Dabei kann nach so vielen Jahren der Massenarbeitslosigkeit in der Bundesrepublik und den meisten anderen hochentwickelten Industriestaaten wirklich niemand mehr leugnen, daß es sich hier um mehr als ein vorübergehendes Problem handelt. Das wird inzwischen auch allgemein anerkannt. Dennoch ist man in Parteien und Verbänden – aber weithin auch in der Wissenschaft – immer noch nicht über das Stadium der konventionellen Lösungsversuche hinaus – gleichgültig, ob es sich um »rechte« oder »linke« Rezepte handelt. Dabei geht es doch ganz offenkundig um ein bisher einmaliges Phänomen: Massenarbeitslosigkeit im Massenwohlstand hat es in der bisherigen Wirtschaftsgeschichte noch nicht gegeben. Während der Weltwirtschaftskrise in den dreißiger Jahren und auch nach dem Zweiten Weltkrieg herrschte noch die herkömmliche Kombination von Massenarmut und Massenarbeitslosigkeit.

Daß diese neue Konstellation bisher kaum beachtet wird, ist deshalb so erstaunlich, weil sich daraus auch ganz andere Verhaltensweisen ergeben müssen, als in früheren Perioden hoher Arbeitslosigkeit. Eine trotz aller Mängel im Vergleich zu den dreißiger Jahren sozial gut abgesicherte Beschäftigungskrise führt beispielsweise dazu, daß es neben der »stillen Reserve« heute auch eine – in ihrer tatsächlichen Größe schwer abschätzbare, aber mit Sicherheit nicht unbeträchtliche – Zahl unechter Arbeitsloser gibt, die alle Möglichkeiten des Sozialstaates mit Kennerblick nutzt.

Aber auch echte Arbeitslose nehmen nicht mehr jede Arbeit an, sie sind weniger bereit zur Mobilität, finden häufig in der Kombination von staatlicher Unterstützung und Schwarzarbeit ein besseres Auskommen als bei regulärer Tätigkeit. Andere lehnen eine angebotene Stelle an einem entfernten Ort oder mit stark veränderten Arbeitszeiten mit Rücksicht auf die Berufstätigkeit des Partners ab. Auch wenn dafür in vielen Einzelfällen Verständnis aufgebracht werden kann, müssen diese veränderten Umstände und Verhaltensweisen dazu führen, daß die Betroffenen ganz anders auf wirtschafts- und sozialpolitische Maßnahmen reagieren als in vergangenen Zeiten. Es ist deshalb gar nicht so erstaunlich, daß viele der »bewährten Instrumente« zur Enttäuschung der Politiker und Ökonomen schon lange nicht mehr so greifen wie früher. Immer deutlicher wird deshalb auch werden, daß hohe Arbeitslosigkeit und ein wachsender Mangel an Arbeitskräften ebenfalls zwei nur scheinbar widersprüchliche Erscheinungen sind.

Alte Theorien – neue Wirklichkeit: Weder Smith noch Marx oder Keynes haben ihren Überlegungen das Phänomen einer Massenarbeitslosigkeit im Massenwohlstand zugrunde gelegt. Wie sollten sie auch? Eine solche Kombination lag weit außerhalb ihres Erfahrungsbereichs. Vor derartigen Überraschungen sind die Ökonomen allerdings nie sicher. Bis vor wenigen Jahren hat es schließlich auch keiner für möglich gehalten, daß kräftige Preissteigerungen und wirtschaftliche Stagnation zur gleichen Zeit auftreten könnten. Es galt als gesicherte Erkenntnis, daß das eine Übel das andere ausschließt. Obwohl das neue Phänomen bis heute noch keine von allen Experten akzeptierte Erklärung gefunden hat, bekam es immerhin einen Namen: Stagflation.

Das Zwillingspaar Massenarbeitslosigkeit und Massenwohlstand ist dagegen bis heute namenlos geblieben. Dies liegt nicht zuletzt daran, daß in dem »goldenen Vierteljahrhundert« der Wohlstandsexplosion nach 1950 kaum jemand auf die Idee kam, Massenarbeitslosigkeit könnte in den reichen Industrieländern überhaupt je wieder zu einem ernsthaften Problem werden. Im Vertrauen auf eine hochentwickelte Wirtschaftswissenschaft und unter dem Eindruck einer jahrelangen Voll- oder gar Überbeschäftigung war weitaus die Mehrzahl der Politiker und Ökonomen zu Beginn der siebziger Jahre mit dem damaligen Bundeskanzler Helmut Schmidt der beruhigenden Überzeugung, daß »alle Regierungen der Welt begriffen haben, daß und wie man Rezessionen bekämpfen muß«. Das war richtig und zugleich ein tragischer Irrtum.

Denn alle diese Regierungen vertrauten damals fest auf die Instrumente des Keynesianismus und ahnten nicht, daß sie sich im entscheidenden Moment als stumpf erweisen würden. Ein kleines Wunder hatten sie nämlich, als der damalige Wirtschaftsminister Karl Schiller während der ersten stärkeren Rezession in der Geschichte der Bundesrepublik das keynesianische Instrumentarium einsetzte. Viele Jahre später, zu Beginn der achtziger Jahre, als das Land unter einem weit schwerwiegenderen Einbruch litt, hat Schiller selber die raschen Erfolge der Kur und die Mißerfolge bei ihrer Wiederholung so dargestellt: »Die damals von uns eingesetzten Instrumente waren noch nicht verbraucht. Sie waren zwar nicht in der Theorie, aber in der Praxis neu und hatten einen großen Bonus. Deshalb konnten wir durch staatliche Mehrnachfrage, also durch Konjunkturhaushalte, die mit zweieinhalb und fünf Milliarden nicht einmal besonders hoch waren, die gesamte Nachfrage erhöhen.« Das Vertrauen zu den Ärzten und der Glaube an die Wirksamkeit der Arznei trugen damals stark zur Heilung bei.

Ein abgenutzter Trick

Warum die Medikamente später zur allgemeinen Enttäuschung trotz stärkerer Dosierung nicht mehr so prompt wirkten, glaubt Schiller auch zu wissen: »Wenn ich sage, daß sie damals noch unverbraucht waren, dann liegt darin zugleich eine Kritik an dem übermäßigen Einsatz, am Abusus dieser auf eine Ankurbelung der öffentlichen und privaten Nachfrage gerichteten Politik. In den Jahren des Aufschwungs – von 1978 bis 1979/80 – ist die öffentliche Verschuldung nicht zurückgeführt worden. Die Schuldenaufnahme ging statt dessen weiter. Deshalb gilt heute eine verstärkte Kreditaufnahme auch dann als vertrauensschädlich, wenn sie zur Bekämpfung der Rezession veranstaltet wird. Die Geldillusion, die für einen wirkungsvollen Einsatz der keynesianischen Politik wichtig ist, besteht auch weithin nicht mehr.«*

* Karl Schiller in: Bundesrepublik ratlos? Den Sozialstaat durch die Krise retten, hrsg. von Michael Jungblut, München 1982, S. 50.

Doch darin besteht ja gerade der keynesianische Trick. Unternehmer und Arbeitnehmer müssen glauben, daß sie durch das staatliche *deficit spending* reicher werden, damit sie wieder richtig loslegen mit Investitionen und Konsum. Sobald sie aber fürchten müssen oder erkennen, daß ihnen durch die Inflation doch alles wieder genommen wird und sie zwar einen höheren Geldbetrag, nicht aber mehr Kaufkraft haben, läuft dieses Spiel mit Illusionen nicht mehr. Die Mißerfolge der 16 Ankurbelungsprogramme unterschiedlichster Art, mit denen die Bundesregierungen seit Mitte der siebziger Jahre der Wirtschaft wieder auf die Beine zu helfen versuchten und die im Gegensatz zu Schillers Initialzündung von 1966/67 alle mehr oder weniger verpufft sind, zeigten sehr deutlich, daß der Trick nicht mehr funktioniert – weil er durchschaut wird. Doch weil man dies auch später lange nicht eingestehen wollte, haben sich in fast allen betroffenen Ländern die Politiker und Funktionäre, die Wissenschaftler und Publizisten noch so lange wie möglich geweigert, in der Entwicklung seit 1975 mehr als nur einen Betriebsunfall zu sehen.

Vor allem kamen sie – abgesehen von einigen Außenseitern – nicht auf die Idee, das Wirtschaftswachstum als den Schlüssel zur Lösung aller Probleme in Frage zu stellen. Schlimmer noch: Kaum einer derjenigen, die so eifrig nach Wegen zu neuem Wachstum suchen, kam auf den Gedanken, danach zu fragen, was unter diesem Wachstum eigentlich zu verstehen sei: Angebots- wie Nachfragepolitiker veranstalteten einen Wettlauf zu einem Ziel, über dessen Natur sie sich herzlich wenig Gedanken machten. Das gilt auch für den deutschen Sachverständigenrat zur Begutachtung der gesamtwirtschaftlichen Entwicklung. Die von ihm verfaßten Gutachten füllen zwar inzwischen ein ganzes Bücherbord, und in jedem werden auf hohem wissenschaftlichen Niveau mehrere Wachstumsalternativen analysiert. Dennoch wird dieser Begriff völlig unreflektiert verwendet. Nicht ein einziges Mal hat sich der »Rat der fünf Weisen« bisher der Mühe unterzogen, sich ausführlich mit dem Inhalt des Wachstumsbegriffs zu befassen – vielleicht auch deshalb, weil er ihn danach nie wieder hätte verwenden können. Ähnlich halten es die meisten Politiker und Verbandsfunktionäre. Sie begnügen sich mit der Feststellung so mancher Partei- oder Tagungsredner: »Wir sind zum Wachstum verdammt.«

In den neunziger Jahren kommt noch ein weiteres Problem hinzu. Während das Wachstum herkömmlicher Art, bei dem es vor allem auf die Steigerung der Menge der erzeugten Güter ankam, im Westen Deutschlands allein keinen befriedigenden Beitrag zur Steigerung des Wohlstandes mehr bringt, wird es im Osten noch für einige Zeit ganz anders aussehen. Dort kommt es ebenso wie in der Bundesrepublik nach 1948 zunächst vor allem auf eine quantitative Steigerung der produktiven Leistung an. Im ökonomisch reiferen Teil der Republik dagegen muß die Qualität des Wachstums im Vordergrund stehen. Aber auch hierbei muß und wird es bald zu einer Synthese kommen. Denn neben dem Mengenwachstum muß östlich der Elbe zugleich auch ein qualitatives Niveau angestrebt werden, wie es innerhalb der EG erreicht worden ist. Das bedeutet neben dem Gebrauchswert und der Lebensdauer der Güter vor allem auch Rücksicht auf den Gesundheits- und Umweltschutz, auf das Preis-Leistungsverhältnis und das Design.

Ursachen der Arbeitslosigkeit

Der Blick auf die Besonderheiten der heutigen Form der Arbeitslosigkeit wird auch dadurch verstellt, daß je nach Kenntnisstand oder Interessenlage von Parteien, Verbänden, aber auch Ökonomen die Ursachen der hohen Arbeitslosigkeit sehr einseitig, manchmal monokausal gesehen werden. Während beispielsweise die Gewerkschaften vehement abstreiten, daß die Lohnkosten an der Beschäftigungskrise eine Mitschuld haben könnten, neigen Vertreter der Arbeitgeber dazu, hier die zentrale Ursache zu sehen. Dabei kann gar kein Zweifel bestehen, daß das Übel zahlreiche Wurzeln hat. Die wichtigsten davon sind:

- *Weltwirtschaftliche Einflüsse* wie die Ölpreisschocks, Währungskrisen, Protektionismus, wachsende Verschuldung und Zahlungsbilanzkrisen vieler Entwicklungsländer.
- *Strukturkrisen* als Folge des Nachfragewandels bei einst dominierenden Wirtschaftszweigen wie Kohle, Stahl, Landwirtschaft, Werften, Schuh- oder Textilindustrie. Dieser Punkt hat in der DDR angesichts des notwendigen Umbaus besonderes Gewicht.

- *Neue Wettbewerber am Weltmarkt* wie Japan, Korea oder Taiwan, die den alten Industrieländern die bisherigen Marktanteile streitig machen.

- *Zu hohe Preise* für zahlreiche Produkte und Dienstleistungen als Folge einer durch steigende Produktivität nicht mehr aufzufangenden Kostenbelastung durch Löhne, Steuern, Sozialabgaben oder Umweltschutzauflagen. Die bisherige Nachfrage fällt angesichts der hohen Preise entweder ganz weg oder richtet sich auf günstigere ausländische Angebote. Das kann – wie etwa beim Urlaub – sich sogar auf ausländische Dienstleistungen erstrecken, die im Normalfall schwerer zu importieren sind als Waren.

- *Zunehmende Schwarzarbeit und Eigenarbeit,* die die zu teure reguläre Arbeit in weiten Bereichen be- und sogar verdrängt.

- *Bürokratische Hemmnisse,* die eine rasche Anpassung an eine veränderte wirtschaftliche Umwelt verhindern. Das spielt in einem »Rechtsmittelstaat« wie der Bundesrepublik – und in der DDR wird es bald nicht anders sein – eine wichtige Rolle. Im Osten kommt das Problem hinzu, daß es noch einige Zeit dauern wird, bis alle »Betonköpfe« aus der Ära Honecker verschwunden sind.

- *Bürgerinitiativen* in Form von Verhinderungsinitiativen, die Projekte mit hohen Beschäftigungseffekten (wie Schnellbahnbau, Kraftwerke) blockieren.

- *Mutwillige Arbeitslosigkeit,* die in Wirklichkeit Ausbeutung der Allgemeinheit ist und durch falsche soziale und wirtschaftliche Signale ausgelöst wird.

- Ein *phantasieloses Arbeitszeitangebot,* das den Marktausgleich verhindert (wie bereits in Kapitel 7 dargestellt).

- *Technische Veränderungen,* die zur Entwertung herkömmlicher beruflicher Fähigkeiten führen.

- *Behinderung der technischen Entwicklung* (Heizer auf der E-Lok) aus der Angst heraus, daß Arbeitsplätze verlorengehen könnten. Die Folgen sind nachlassende Wettbewerbsfähigkeit bei Preisen und/oder Qualität und damit nach einer gewissen Zeit noch höhere Arbeitsplatzverluste, als ursprünglich befürchtet wurde.

- *Subventionen* für schlecht geführte Unternehmen oder Branchen, mit der Folge, daß ausländische Wettbewerber nun erst recht einen oft nicht mehr einholbaren Vorsprung gewinnen.

- Eine *Tarifpolitik* der Gewerkschaften, die zum Beispiel einfache Arbeiten so teuer macht, daß dadurch eine beschleunigte Automation ausgelöst wird oder zur Verlagerung von Produktionen in andere EG-Länder mit günstigeren Lohnstrukturen oder längeren Arbeitszeiten veranlaßt.

- Eine sich *verändernde Bevölkerungsstruktur*, die als Folge des Babybooms in den sechziger Jahren zunächst zu einem ungewöhnlich großen Andrang junger Arbeitskräfte führt – und das in einer Zeit, in der vor allem die Angehörigen der durch den Krieg dezimierten Jahrgänge aus dem Arbeitsprozeß ausscheiden. Schon in wenigen Jahren könnte eine konträre Entwicklung – nämlich eine zunehmende »Vergreisung« der Bundesrepublik – neue Probleme am Arbeitsmarkt verursachen, wenn nicht schon bald Vorkehrungen dagegen getroffen werden.

- *Falsche Ausbildung, unzureichende Weiterbildung,* die dazu führen, daß Jugendliche für die Berufe von gestern ausgebildet werden und ältere Arbeitnehmer nicht hinreichend auf technische und wirtschaftliche Veränderungen vorbereitet sind. Das ist ebenfalls ein Punkt, dem in der DDR noch größere Bedeutung zukommt als in der Bundesrepublik.

- Im Gebiet der ehemaligen DDR könnte ein zu langes *Festhalten an Beschäftigungsprogrammen* und vor allem an Zahlungen für Arbeitskräfte, die nur formal beschäftigt werden (»Kurzarbeiter«) dazu führen, daß Untätigkeit auf Staatskosten zu einer speziellen Form des Broterwerbs wird. Eine neue Variante der Strukturkonservierung, durch die Schwarzarbeit geradezu gezüchtet wird.

Bereits wenige Wochen nach Öffnung der Mauer und noch vor Einführung der D-Mark in der DDR gab es deutliche Hinweise darauf, was sich in den neunziger Jahren am Berliner Arbeitsmarkt und entlang der ehemaligen Zonengrenze abspielen kann, wenn die Politik mit dirigistischen statt mit marktwirtschaftlichen Instrumenten die Probleme zu lösen versucht: Bei offiziell 89000 Arbeitslosen in West-Berlin fanden täglich zwischen fünfzig- und achtzigtausend Pendler aus dem Osten der Stadt Jobs, da es an allen Ecken und Enden an Fach- und Hilfskräften fehlte oder zu hohe Tariflöhne bestimmte Arbeiten unrentabel machten.

270

Angesichts dieses Ursachengeflechts braucht die Frage, ob es ein Patentrezept zur Bekämpfung der Arbeitslosigkeit geben kann, wohl nicht mehr gestellt werden. Weder Beschäftigungsprogramme noch Lohnsenkungen und Kürzungen beim Arbeitslosengeld oder gar Protektionismus und Subventionismus können eine angemessene Antwort auf die Herausforderung sein. Selbst ein – durch die deutsche Vereinigung und die Wirtschaftsreformen in den ehemals sozialistischen Staaten sowie die beschleunigte westeuropäische Integration – genährtes Dauerwachstum in den neunziger Jahren wird zu keiner durchschlagenden Besserung am Arbeitsmarkt führen. Die Folge könnte sein, daß weiterhin hoher (statistischer) Arbeitslosigkeit auf der einen Seite ein in Zukunft immer weniger zu befriedigender Bedarf an qualifizierten Arbeitskräften gegenübersteht: Ein neues Paradoxon am Arbeitsmarkt, dessen Konturen sich schon deutlich abzuzeichnen beginnen. Im Gebiet der DDR könnte es sogar dramatische Formen annehmen.

Eine Mehrschritt-Therapie

Mit kurzfristigen Erfolgen im Bereich des chronischen Teils der Arbeitslosigkeit ist weder im Osten noch im Westen zu rechnen. Ein Problem, das sich – wenn auch aus höchst unterschiedlichen Gründen – über Jahre hinweg aufgebaut und so viele höchst unterschiedliche Wurzeln hat, kann weder kurzfristig noch mit Instrumenten gelöst werden, die nur an einer oder wenigen Stellen ansetzen. Aussichtsreich kann allein eine Mehrschritt-Therapie sein, deren einzelne Maßnahmen sorgfältig durchdacht und aufeinander abgestimmt sind.

Dazu müßten auf der einen Seite alle steuerlichen, administrativen und gesetzlichen Maßnahmen abgebaut werden, die alte Strukturen konservieren und damit die Anpassung an die sich wandelnde Nachfrage im In- und Ausland oder an die sich verändernde weltwirtschaftliche Arbeitsteilung erschweren oder verhindern und Investitionen verzögern. Auf der anderen Seite müßte endlich auch für den Arbeitsmarkt eine »Angebotsstrategie« entwickelt werden. Verschwinden aus dem wirtschaftlichen und politischen Vokabular müßte zudem der demagogische Vorwurf einer »Vernichtung von Arbeitsplätzen«.

Dieser Begriff gehört zu der Gruppe der Totschlagargumente, die jede konstruktive Debatte unmöglich machen.

Niemand beseitigt böswillig Arbeitsplätze – wie es dieses dumme Schlagwort unterstellt. Das könnten allenfalls einige der verkappten Anhänger der alten SED tun, die es irgendwie schaffen, ihre Posten zu behalten. Angst war schon immer eines ihrer Instrumente. Abgesehen von den Fällen, in denen menschliches Versagen – also Managementfehler oder eine falsche Lohnpolitik – ungewollt zu Arbeitsplatzverlusten führen, muß es immer als Ziel betrachtet werden, die Produktivität der Arbeit zu steigern – also mit geringerem Arbeitseinsatz ein gleiches oder gar steigendes Produktionsziel zu erreichen. Würde bei vorhandener Technik darauf verzichtet, wäre dies gleichbedeutend mit der Verschwendung von menschlicher Arbeitskraft. Der Mensch hat sich immer bemüht, sich mit Hilfe seines Erfindungsreichtums von gefährlichen, eintönigen oder anstrengenden Arbeiten zu befreien beziehungsweise bei gleichbleibendem Einsatz einen höheren Ertrag zu erwirtschaften. Es kann auch unter den heutigen Umständen nicht als neues und legitimes Ziel gelten, Arbeitskraft zu vergeuden, nur damit mehr Menschen beschäftigt sind.

Legitim ist allerdings die Frage, welche Mechanismen zur sinnvollen Verteilung der verbleibenden Arbeit und vor allem der zusätzlich gewonnenen freien Zeit entwickelt werden müssen. Notwendig ist also ein Gesamtkonzept, das einerseits alle Hindernisse für die Entstehung neuer, zukunftsträchtiger Arbeitsplätze abbaut und verhindert, daß die *underground economy* und die schwarzen Märkte für Arbeit der schließlich letzte dynamische Teil unserer Wirtschaft werden, und das andererseits dazu führt, daß der Arbeitsmarkt die Bezeichnung »Markt« auch wieder verdient.

Herausforderung an die Wirtschafts- und Sozialpolitik

Welche Forderungen im Rahmen eines solchen Gesamtkonzepts an die Wirtschafts- und Sozialpolitik gestellt werden müssen, läßt sich aus der oben aufgeführten Ursachen- und Mängelliste ableiten. Viele der sich daraus ergebenden Aufgaben können nicht im nationalen Alleingang gelöst werden oder müssen – wie etwa Sättigungserscheinungen auf einzelnen Märkten oder die Bevölkerungsstruktur – einfach als Tatsache hingenommen werden. Für die nationale Wirtschaftspolitik bleiben im Kampf gegen die hausgemachten Ursachen der Beschäftigungskrise dennoch große Herausforderungen. Zu einer Beschäftigungspolitik im weiteren Sinn, die sich nicht nur auf den Arbeitsmarkt direkt bezieht, gehören vor allem:

1. Der Überbürokratisierung entschlossen den Kampf anzusagen. Viele unternehmerische Ideen führen bei uns – etwa im Gegensatz zu den USA – nicht zu neuen Produkten und Dienstleistungen und damit zu mehr Wohlstand, Lebensqualität und neuen Arbeitsplätzen, weil sie im Dickicht der Verordnungen und Gesetze steckenbleiben. Das gilt für bereits existierende Unternehmen und erst recht für die Gründung junger Firmen. Vor allem im Gebiet der DDR muß unternehmerischen Einsteigern der Start erleichtert werden.

2. Die Steuerreformen fortführen. Das ist nur möglich, wenn neben der Rückgabe der sogenannten heimlichen Steuererhöhungen sowohl die Ansprüche des Staates an das Bruttosozialprodukt als auch die Leistungen an seine Bürger im Gleichschritt gesenkt werden. Die große Umverteilungsmaschinerie ist in den vergangenen Jahren weitgehend zum Selbstzweck geworden. Da der Staat nur das Geld ausgeben kann, das er zunächst vom Einkommen seiner Bürger für sich abzweigt, wird die Nation per Saldo durch die Umverteilungspolitik nicht reicher. Viele Einzelpersonen und viele Unternehmen könnten bei einer entschlossenen Reduzierung des Staatsanteils die für sie verblüffende Erfahrung machen, daß sie sehr gut ohne soziale Leistungen und Subventionen auskommen, wenn der Fiskus sie nicht zuvor so rigoros schröpft. Gleichzeitig würden Leistungs- und Risikobereitschaft ohne Zweifel steigen, wenn die Leistungen der wirtschaftlich Aktiven nicht mehr so hart mit Steuern bestraft würden. Die bisherigen Erfolge der Steuerreformen sprechen für diese These.

3. Ein entschlossenes Eintreten für eine immer weitere Öffnung der Märkte. Nicht immer mehr Protektionismus und Subventionismus sind die richtige Antwort auf die Arbeitslosigkeit, sondern eine mutige Förderung des freien Welthandels. Auch wenn der Wettbewerb mit anderen Nationen immer wieder zu Strukturanpassungen zwingt, so hat doch stets nur eine gegenseitige Öffnung der Märkte, ein wachsender Welthandel und eine zunehmende internationale Arbeitstei-

lung allen beteiligten Staaten dauerhaft mehr Wohlstand und Arbeitsplätze gebracht.

4. Versöhnung von Markt und Sozialstaat. Solange im sozialen Bereich unserer Wirtschaft die Tendenz besteht, den sozialen Ausbeuter
zu belohnen (siehe Kapitel 10), drohen sie sich gegenseitig zu zerstören, statt zu stützen. Erst wenn der Bürokratisierung der Kampf ange-
sagt, die Überbesteuerung entschlossen zurückgeführt und die Fehlsteuerungen im sozialen Bereich korrigiert werden, besteht auch die
Aussicht, Erfolge im Kampf gegen die *underground economy* und die
wuchernde Schwarz- und Eigenarbeit zu erzielen.

Was mit dem notwendigen Kampf gegen die soziale Ausbeutung
gemeint ist, soll zunächst an einigen Beispielen verdeutlicht werden.
Vorteile auf Kosten der Allgemeinheit verschaffen sich:

● Die in einem vornehmen Hamburger Villenvorort lebende Frau eines Managers hat ihren Beruf aus freien Stücken aufgegeben, dennoch meldete sie sich als Arbeitsuchende, »um das Taschengeld
mitzunehmen« – wohl wissend, daß sie zur Zeit kein Stellenangebot
des Arbeitsamtes zu befürchten braucht. Ähnlich handeln viele
Frauen, die nach der Eheschließung den Beruf zumindest zeitweise
aufgeben wollen und früher schlicht gekündigt hätten. Jetzt melden
sie sich als arbeitslos, weil sie dadurch ein »Übergangsgeld« bekommen und das Arbeitsamt überdies die Beiträge zur Kranken- und
Rentenversicherung weiterzahlt.

● Der Schwarzarbeiter, der viel mehr Bares mit nach Hause nimmt
als bei einer regulären Beschäftigung, weil ihm keine Steuern und Abgaben den Lohn beschneiden. Das Arbeitslosengeld ist für ihn nur ein
Zubrot. Zudem zahlt das Amt auch in seinem Fall die Kranken- und
Sozialversicherung. Nicht immer werkeln diese Schwarzarbeiter auf
eigene Rechnung. So beschäftigen beispielsweise Gartenbaubetriebe
in Norddeutschland oder Winzer an Rhein und Mosel besonders gern
Arbeitslose als Saisonarbeiter, weil es dann keinen Kündigungsschutz
gibt, die Löhne etwas niedriger sind und keine Sozialabgaben fällig
werden. Illegale Baukolonnen haben ebenfalls viele Kollegen in ihren
Reihen, deren Namen beim Arbeitsamt in der Liste der Unterstüt-
zungsempfänger stehen. Auch bei Gebäudereinigungsfirmen drückt
der Chef gerne mal ein Auge zu, wenn es um die Papiere geht. Trotz
verschärfter Kontrollen hat sich da wenig geändert.

274

• Die Sekretärin, die sich entlassen läßt, weil sie ein Jahr lang ungestört an ihrer »Selbstverwirklichung« arbeiten will – auf Kosten der
Arbeitslosenversicherung. Da gute Sekretärinnen immer noch knapp
sind, kann sie ziemlich sicher sein, daß ihr – nach einem Jahr Urlaub
auf Kosten der Versichertengemeinschaft – auch wieder ein neuer Job
winkt.

• Die Frau eines Unternehmers in Friesland, die wegen der Kinder
ihre Stelle als Schulpsychologin gekündigt hat und nun eine Halbtagsarbeit sucht – »weil ich genau weiß, daß es die hier in der Gegend nicht
gibt. Aber so bekomme ich wenigstens einen Teil meiner früher ge-
zahlten Beiträge zur Arbeitslosenversicherung zurück«, wie sie bei einer Party ungeniert erzählt.

• Der junge Journalist, der seinen sicheren Job bei einer kleinen Tageszeitung aufgibt, weil er »noch einmal ein Jahr wie in Studentenzei-
ten leben« möchte, solange er noch nicht zu alt dazu ist.

• Die Frau des Gastwirts oder Pensionsinhabers, die während der
Saison im eigenen Betrieb arbeitet und zu Beginn der stillen Jahres-
zeit von ihrem Mann die Kündigung erhält, damit sie sich Geld beim
Arbeitsamt holen kann. Natürlich arbeitet sie weiter mit, um das
Haus für die nächste Saison vorzubereiten.

• Der Firmenchef, der alten Mitarbeitern kündigt und nur dann neue
Leute einstellt, wenn das Arbeitsamt Eingliederungsbeihilfen oder
Einarbeitungszuschüsse gewährt.

• Der Jugendliche, der immer nur so lange arbeitet, bis er wieder Anspruch auf Arbeitslosengeld hat.

• Der Übersiedler aus der DDR, der seine Unterstützung bezieht
und gleichzeitig in Stuttgart schwarz als Heizungsmonteur arbeitet.
Von den über dreitausend D-Mark, die er dafür bar auf die Hand bekommt, liefert er tausend bei Freundin und Kind in Erfurt ab. Vor
der Währungsumstellung war das besonders lukrativ, da man beim
Wechseln zu Schwarzmarktkursen in den ersten Monaten nach Öffnung der Mauer leicht fünf- bis sechstausend und später immerhin
noch zweitausend Ost-Mark bekam. Davon ließ sich damals nicht nur
gut leben, sondern auch noch viel sparen. Am 1. Juli wurden die bis
dahin für Kind und Mutter auf Konten eingezahlten 20000 Ost-Mark
in 13000 D-Mark umgewandelt. Ein schöner Gewinn angesichts der
sechstausend D-Mark, die der Monteur insgesamt in dieser Zeit in die

alte Heimat geschafft hatte. Auch wenn solche üppigen Umtauschgewinne nur bis zum Tag der Währungsunion möglich waren, die Kombination von Arbeitslosengeld im Osten und Schwarzarbeit im Westen bleibt auch danach für manchen sehr verlockend.

Jeder dieser Fälle ist authentisch. Aber natürlich läßt sich nicht sagen, wie repräsentativ sie sind. Statistiken über echte und unechte Arbeitslose gibt es nicht. Eine Rubrik »Arbeitsvermittlung wird nicht ernsthaft gewünscht« würde ja wohl auch niemand beim Antrag auf Arbeitslosengeld ankreuzen – obwohl es in sogenannten intellektuellen Kreisen erstaunlich viele gibt, die gar kein Hehl daraus machen, daß sie alle Tricks und Kniffe nutzen, um auf diese Art an »Staatsknete« zu kommen. Ebenso wie bestimmte Formen der Steuerhinterziehung wird auch die mehr oder weniger illegitime Inanspruchnahme sozialer Leistungen entweder als Kavaliersdelikt oder als eine Art des Protests gegen das kapitalistische System stilisiert – je nach Standort. So finden einige der in alternativen Betrieben zusammengeschlossenen Gruppen nichts dabei, immer mal den einen oder anderen Genossen pro forma zu entlassen, damit er sich Geld beim Arbeitsamt holen kann. Das ist dann ein willkommener Zuschuß zu den Einnahmen der »Firmen ohne Chef«.

Das bundesdeutsche Sozialrecht bietet eine Fülle von Anreizen, Arbeitslosigkeit vorzutäuschen, um sich finanzielle Vorteile zu erschleichen. Dazu gehören vor allem: Verlängerte Kindergeldzahlungen für arbeitslose Jugendliche, die Möglichkeit, Sozialhilfe zu beantragen (was wegen der damit verbundenen Krankenversicherung auch von Zuhältern gern genutzt wird), Anrechnung von Ausfallzeiten in der Rentenversicherung sowie die Möglichkeit, früher Rente zu beziehen. Nachdem das Problem der Schwarzarbeit viele Jahre lang heruntergespielt wurde, sind die Folgen für die öffentlichen Kassen inzwischen so gravierend, daß die Kontrollen verschärft wurden. Im Jahr 1988 deckte die Bundesanstalt dabei immerhin 177000 Fälle auf, in denen unberechtigt Leistungen bezogen wurden. Ein Jahr später waren es dann schon 290000 Verfahren. Doch Heinrich Franke, der Präsident der Bundesanstalt für Arbeit, mußte bei der Bekanntgabe dieser Zahlen 1990 einräumen, das der dabei für die öffentlichen Kassen ermittelte Schaden von 350 Millionen Mark nur »die Spitze des Eisbergs« sichtbar mache.

Da diese »Arbeitslosen« ihr zweites Einkommen von irgendwoher beziehen müssen, ist es nur logisch, daß auch die Zahl der ertappten Firmen zugenommen hat. Hier ging das Arbeitsamt 190000 Fällen nach, in denen die Hinterziehung von Steuern und Sozialabgaben vermutet wurde – und konnte dies immerhin in 105000 Fällen beweisen und mit Bußgeldern ahnden. Das Verschweigen von Mehrfachbeschäftigung, Lohnsplitting auf mehrere Personen oder schlicht Schwarzarbeit waren hier vor allem die Tatbestände. Wo es einen betrügerischen Arbeitslosen gibt, gibt es immer auch einen betrügerischen Arbeitgeber.

Wenn das alles schon für Bundesbürger so verlockend erscheint, daß sie sich dadurch ohne allzu schlechtes Gewissen zum Sozialbetrug verlocken lassen, wie muß dieser Selbstbedienungsladen ohne ausreichende Kontrollen erst auf Bewohner der DDR wirken, die mit harter Arbeit bisher nicht soviel verdienen konnten, wie im Westen mancher Bezieher von Sozialleistungen?

Obwohl es die Rubrik »unechte Arbeitslose« in der Statistik aus den genannten Gründen nicht geben kann, sind noch weitere Indizien für den Umfang der Betrügereien vorhanden. So zeigte sich bei Haushaltsbefragungen des Statistischen Bundesamtes im Rahmen des Mikrozensus 1987, daß rund 16 Prozent der dabei ermittelten Erwerbslosen wegen Krankheit, Ausbildung oder sonstigen Gründen für eine Vermittlung gar nicht zur Verfügung standen. Dennoch bezog über die Hälfte dieser Personen Arbeitslosenunterstützung oder Arbeitslosenhilfe.

Bei anonymen Umfragen haben immerhin schon rund zehn Prozent der befragten Arbeitslosen eingeräumt, daß sie in Wirklichkeit nicht an einem Job interessiert sind. Von dieser Zahl gehen auch Mitarbeiter des Nürnberger Instituts für Arbeitsmarktforschung aus. Ein Experte, der sich bei Arbeitsvermittlern, also an der Basis der Ämter erkundigte, berichtet sogar: »Übereinstimmend wurde die Zahl der unechten Arbeitslosen auf zwanzig bis dreißig Prozent geschätzt.« Bei arbeitslosen Jungakademikern wird das Interesse an einem Job für noch geringer gehalten.

Selbst wenn man einen Mittelwert aus den Umfrageergebnissen

und der niedrigsten Schätzung der befragten Arbeitsvermittler bildet, würde dies bedeuten, daß etwa 15 Prozent der gemeldeten Arbeitslosen zwar weitgehend legal, aber illegitim Leistungen der Bundesanstalt beziehen. Das ist eine Minderheit. Aber sie kostet die Allgemeinheit viel Geld: 27,3 Milliaren Mark mußte der Staat allein 1989 für die Unterstützung Arbeitsloser aufwenden. Davon waren 16 Milliarden Mark direkte Zahlungen in Form von Arbeitslosengeld und -hilfe, 8,5 Milliarden Sozialversicherungsbeiträge und 2,8 Milliarden Mark Wohngeld und Sozialhilfe. Wenn 15 Prozent der Empfänger sich diese Leistungen erschlichen haben, dann haben sie die Allgemeinheit um über vier Milliarden Mark betrogen. Hinzu kommen die Milliardenbeträge, die der Staat verliert, weil Schwarzarbeiter keine Steuern und Sozialabgaben zahlen.

Über Möglichkeiten zur Verhinderung dieser Mißbräuche des sozialen Netzes ist immer wieder diskutiert worden. Sozialversicherungsausweise und häufigere Kontrollen von Baustellen und Unternehmen, häufigere Meldung beim Arbeitsamt, Mitteilung der Firmen an die Behörde, wenn Arbeitslose beim Vorstellungsgespräch allzu deutlich erkennen lassen, daß sie an einem Arbeitsplatzangebot nicht interessiert sind sowie Leistungskürzungen gehören zu diesen Vorschlägen. Die »Verringerung des Leistungssatzes für Arbeitslosengeld am Anfang der Bezugsdauer... oder Einführung von Karenztagen bei der Zahlung von Arbeitslosengeld« hatte schon Bundeswirtschaftsminister Lambsdorff Ende 1982 in seinem umstrittenen Konzept zur Überwindung der Krise angeregt. Er steht mit solchen Vorschlägen nicht allein.

Doch das ist ein völlig falscher Ansatz. Denn derartige Kürzungen haben keinerlei abschreckende Wirkung auf jene, die das Arbeitslosengeld nur »mitnehmen« wollen – und das gilt gleichermaßen für ähnliche Kürzungen anderer sozialer Leistungen. Dagegen wird die Notlage der echten Arbeitslosen weiter verschärft. Da wäre es doch wohl sinnvoller und gerechter, die schwarzen Schafe aus der Herde zu verjagen und die notwendigen Einsparungen dadurch zu erzielen, daß die Fehllenkung der Mittel eingeschränkt wird. Denn während beispielsweise eine allgemeine Senkung des Arbeitslosengeldes um drei oder fünf Prozentpunkte – mehr wäre aus sozialen Gründen gar nicht zu verantworten – nur zu Einsparungen zwischen 350 und 800

Millionen führt, könnte eine wirksame Bekämpfung der unechten Arbeitslosigkeit bis zu vier Milliarden einbringen – allein auf die Bundesrepublik bezogen. Was eine Verhinderung ähnlicher Entwicklungen in der DDR für die Staatskasse bedeuten würde, läßt sich noch gar nicht abschätzen.

Die gerechtere Lösung wäre also auch die billigere. Sie hat allerdings ihren Preis – nämlich die Bereitschaft, nach innovativen Lösungen zu suchen. Möglichkeiten dazu gibt es. Wie fast alle Teilbereiche unserer sozialen Ordnung ist auch das Arbeitsförderungsgesetz in vieler Hinsicht eine Fehlkonstruktion. Es setzt falsche Signale und verleitet daher dazu, daß soziale Leistungen im Übermaß und oft von den Falschen beansprucht werden.

Ein untrüglicher Test

Die simpelste und narrensicherste Methode, den Arbeitswillen zu testen und damit die echten Arbeitslosen von denjenigen zu trennen, die keinen Job, sondern nur eine Geldquelle suchen, funktioniert leider nur bei Vollbeschäftigung: Solange jedem, der sich als arbeitslos meldet, ausreichend viele Angebote vorgelegt werden können, stellt sich das Problem der unechten Arbeitslosen erst gar nicht. In den Jahren der Vollbeschäftigung waren es daher nur Umschulungs- und Fortbildungsmaßnahmen, die zum Mißbrauch reizen konnten.

Das Phänomen der Schein-Arbeitslosen entstand erst, als für sie die Nachfrage nach Arbeit risikolos geworden war. Wer ganz sichergehen will, meldet zudem noch sehr spezielle Tätigkeits- und Arbeitszeitwünsche an. Da das Arbeitsamt diese Wünsche oft nicht erfüllen kann, muß es zahlen.

Würden durch eine flexiblere Arbeitszeitgestaltung (wie sie im vorangehenden Kapitel entwickelt wurde) mehr Möglichkeiten für Teilzeitarbeit geschaffen, fiele schon für sehr viele der unechten Arbeitslosen ein bequemer Vorwand weg. Aber auch ganz allgemein ließe sich mit etwas politischem Mut und Gestaltungswillen dem Mißbrauch ein Riegel vorschieben. Die Formel dafür lautet: »Keine Leistung der Allgemeinheit ohne grundsätzliche Verpflichtung zu einer sozialen Gegenleistung des Empfängers.«

Bezogen auf die Arbeitslosenunterstützung würde dies konkret bedeuten, daß jeder, der Leistungen des Arbeitsamtes bezieht, der Behörde als Gegenleistung für eine angemessene Zeit zur Verfügung zu stehen hat. Wer 65 Prozent seines früheren Einkommens erhält, müßte dafür auch 65 Prozent seiner früheren Arbeitszeit zur Verfügung stehen – bei 37 Wochenstunden Normalarbeitszeit also 24 Stunden pro Woche.

Je nach Zweckmäßigkeit im Einzelfall könnten die Berufsberater dann entscheiden, ob der Arbeitslose in dieser Zeit an Umschulungs- oder Fortbildungsmaßnahmen teilnimmt. Sie könnten ihn für Aufgaben im sozialen Bereich einsetzen oder im Umweltschutz. Denkbar wäre es auch, den Bezieher von Sozialeinkommen an Veranstaltungen teilnehmen zu lassen, die ihn gesundheitlich fit und dadurch leichter vermittelbar machen. Bei entsprechender Qualifikation könnten geeignete Arbeitslose aber auch gebeten werden, Kurse für Jugendliche ohne Lehrstelle oder für andere Arbeitslose ohne ausreichende Ausbildung abzuhalten.

Zwar wird es bei einem nach Millionen zählenden Heer von Arbeitsuchenden in beiden Teilen Deutschlands nicht möglich sein, für jeden von ihnen eine sinnvolle Beschäftigung in den genannten oder in anderen Bereichen zu finden, aber das ist auch gar nicht unbedingt notwendig. Denn wie wir gesehen haben, konzentriert sich das Problem nur auf einen Teil der Arbeitslosen. Deshalb hätte allein die Existenz eines solchen arbeitsmarktpolitischen Instruments zahlreiche Vorzüge:

● Viele echte Arbeitslose könnten eine sinnvolle Aufgabe übernehmen. Sie brauchten nicht mehr mit dem Gefühl zu leben, nur noch Almosenempfänger zu sein.

● Ein erheblicher zusätzlicher Spareffekt würde sich daraus ergeben, daß das Arbeitsamt nicht mehr mit zusätzlichen finanziellen Anreizen zur Teilnahme an Fortbildungs- und Umschulungskursen animieren müßte.

● Die Arbeitslosen wären, weil sie zur Gegenleistung verpflichtet sind, nicht länger generell dem Verdacht ausgesetzt, Faulenzer und Drückeberger zu sein. Das ist keineswegs nur ein kleiner Nebeneffekt. Bei einer Allensbach-Umfrage im Jahre 1982 zu diesem Thema ergab sich, daß auch bei einer Arbeitslosenzahl von damals annähernd zwei Millionen fast die Hälfte der Gesamtbevölkerung zu der Ansicht neigte: »Viele von den Arbeitslosen wollen gar nicht arbeiten.«

• Am wichtigsten aber: Alle, die in Wirklichkeit nicht arbeiten wollen, würden mit ihrem Antrag auf Arbeitslosengeld das Risiko eingehen, zu Gegenleistungen herangezogen zu werden. Schwarzarbeiter könnten dann nicht mehr ungestört ihrem Haupterwerb nachgehen; die Frauen, die aus privaten Gründen nicht mehr arbeiten wollen, könnten nicht länger vorgeben, ernsthaft eine Beschäftigung zu suchen. »Selbstverwirklichung« müßte auf anderen Wegen als auf Kosten des Arbeitsamtes – beziehungsweise der Beiträge der ehrlichen Arbeitnehmer – angestrebt werden.

Selbstverständlich ließe sich durch derartige Reformen das eigentliche Problem, nämlich die Arbeitslosigkeit, nicht lösen. Mißbrauch sozialer Leistungen aufgrund falsch gesetzter Signale ist auch ein Problem, das keineswegs auf den Arbeitsmarkt begrenzt ist (siehe Kapitel 10). Verhindern ließe sich jedoch, daß sich immer mehr Trittbrettfahrer des Sozialstaates unter die echten Arbeitslosen mischen und damit schließlich alle in Mißkredit bringen. Verhindern ließe sich vor allem aber eine derartige Kostenexplosion, daß die Politiker schließlich nur noch zu Kürzungen mit der Axt greifen können – und dabei dann vorwiegend diejenigen treffen, die einen wirklichen Anspruch auf die Solidarität der Allgemeinheit haben. Ist die Vorstellung nicht unerträglich, daß ein Monteur oder Ingenieur, eine Arbeiterin oder eine Sekretärin, die viele Jahre lang gewissenhaft gearbeitet und Beiträge zur Arbeitslosenversicherung gezahlt haben und nun ohne ihr Verschulden den Arbeitsplatz verlieren, eine Kürzung der ohnehin mageren Unterstützungszahlungen hinnehmen sollen – bloß weil niemand den Mut oder die Phantasie aufbringt, die Trittbrettfahrer der Krise zu verjagen?

Wer nicht will, daß angesichts der großen Probleme bei der Umstrukturierung der Wirtschaft der DDR sich die Fehlentwicklungen potenzieren, muß bald für Reformen sorgen, die auch im Bereich der Arbeitslosenversicherung marktwirtschaftliche Steuerungselemente einführen, die zu einem Verhalten veranlassen, bei dem Eigennutz und Gemeinnutz kein Widerspruch sind. Wäre Arbeitslosigkeit 1948 in der Bundesrepublik für manche so lukrativ gewesen wie heute für die Cleveren, es hätte vielleicht nie die langen Jahre der Vollbeschäftigung gegeben. Die Gefahren der sozialen Fehlsteuerung sind in der gegenwärtigen Situation in Deutschland zwar von besonderem Gewicht. Aber das heißt natürlich nicht, daß die anderen der genannten Faktoren keine Bedeutung mehr hätten.

Aufgaben der Arbeitsmarktpolitik

Der Arbeitsmarktpolitik im engeren Sinn müssen im Rahmen der oben skizzierten Gesamtstrategie gegen die Beschäftigungskrise vor allem folgende Aufgaben gestellt werden:
1. Eine Ausbildungsoffensive, die nicht nur dazu führt, daß alle bildungswilligen und -fähigen Jugendlichen eine zukunftssichere Ausbildung erhalten, sondern auch und gerade die Arbeitslosen (und diejenigen, die es noch werden könnten) einbezieht. Nur so kann verhindert werden, daß Erwerbstätige von neuen technischen Entwicklungen oder Veränderungen der Nachfrage überrollt werden. Und nur so läßt sich vermeiden, daß insbesondere im Gebiet der DDR bald einer hohen Arbeitslosigkeit ein zunehmender Mangel an geeigneten Arbeitskräften gegenübersteht – so wie dies im Westen in vielen Bereichen der Fall ist. Staat und Wirtschaft müssen für diese lebenslange, berufsbegleitende Bildung neue Modelle entwickeln (wie beispielsweise die »Gesellschaft für neue Berufe« in Berlin). Aber auch die Gewerkschaften sind gefordert. Es wäre schon viel gewonnen, wenn neben das bisher bei Tarifverhandlungen als alleinige Alternative betrachtete Gegensatzpaar Arbeit oder Freizeit als drittes Element die Fortbildungszeit treten würde. Die Einbeziehung der permanenten beruflichen Bildung würde es den Tarifvertragsparteien zudem erleichtern, beim Kampf um die Arbeitszeit aus ihren Grabenstellungen herauszukommen und sich auf ein Feld gemeinsamer Interessen zu begeben.
2. Förderung der Mobilität: Viele der Verkrampfungen am Arbeitsmarkt könnten gelöst werden, wenn neben der beruflichen Mobilität auch die räumliche Mobilität der Arbeitskräfte nicht nur gefordert, sondern auch gefördert würde. Das würde unter anderem bedeuten, daß sich die Schulsysteme der einzelnen Bundesländer nicht immer

weiter auseinanderentwickeln dürfen. Sehr hilfreich wäre es zum Beispiel auch, wenn den im Staatsdienst stehenden Lebensgefährten von Arbeitslosen, die in einem anderen Bundesland einen neuen Job finden könnten, der Arbeitsplatzwechsel so leicht wie möglich gemacht würde.

3. Weitere Erleichterungen von Einstellungen und Kündigungen. Es gehört zu den schwer ausrottbaren Vorurteilen, daß ein möglichst wasserdichter Kündigungsschutz Arbeitslosigkeit verhindert. Selbst aus der Sicht der Arbeitsplatzbesitzer ist dies nur zum Teil richtig. Im übrigen gibt es aber keine größere Hürde für Neueinstellungen als die Sorge, bei einer veränderten Beschäftigungslage eine zu große Zahl von Belegschaft nicht rechtzeitig den neuen wirtschaftlichen Umständen anpassen zu können. Auch hier zeigt das amerikanische Beispiel, daß weniger Kündigungsschutz in der Regel mehr Beschäftigung bedeutet.

4. Eine Angebotspolitik am Arbeitsmarkt. Wie bereits in Kapitel 8 ausführlich dargestellt, liegt es in den beiden so unterschiedlich entwickelten Teilen Deutschlands gleichermaßen im Interesse der Arbeitnehmer wie der Unternehmer, die Arbeitszeiten so flexibel wie möglich den jeweiligen Bedürfnissen anzupassen. Viele Umfragen, aber auch praktische Erfahrungen in unkonventionell geführten Betrieben zeigen, daß keineswegs alle Mitarbeiter ein starres Arbeitszeitkorsett bevorzugen. In Firmen, die eine Fülle von Wahlmöglichkeiten hinsichtlich der Gestaltung der täglichen und wöchentlichen Arbeitszeit, der Zahl der Urlaubstage oder der Aufteilung von Lohn und Arbeitszeit bieten, entscheidet sich nach einer gewissen Lern- und Übergangsphase meist nur noch eine kleine Minderheit der Arbeitnehmer für Regelarbeitszeit.

Die Chance der Gemeinsamkeit

Nicht nur wegen des negativen Symbolgehalts, sondern vor allem mit Rücksicht auf das menschliche Leid und die schwerwiegenden sozialen und ökonomischen Folgen darf Massenarbeitslosigkeit als Dauererscheinung nicht zum ersten großen gesamtdeutschen Erlebnis nach dem Super-Volksfest vom 9. November 1989 werden. Und das läßt sich auch durchaus verhindern. Bei einer intelligenten Politik besteht sogar die reale Chance, in den neunziger Jahren wieder eine lange Phase der Vollbeschäftigung einzuleiten. Seit langem waren die Voraussetzungen nicht mehr so günstig. Allerdings muß – wie bei so vielen anderen Fragen auch – die völlig unterschiedliche Lage im Westen und im Osten Deutschlands beachtet werden. Um das gleiche Ziel zu erreichen, müssen deshalb oft ganz verschiedene Instrumente eingesetzt werden.

Im Osten ergibt sich die Chance zu sehr hohen Wachstumsraten und einem raschen Übergang von hoher Sucharbeitslosigkeit zu Vollbeschäftigung zunächst einmal aus der Fülle von Aufgaben, die zu bewältigen sind: im Wohnungs- und Straßenbau, beim Ausbau und der Modernisierung des Kommunikationsnetzes, der Erneuerung der industriellen Produktionsanlagen, durch den immensen Nachhol- und Sanierungsbedarf im Umweltbereich, beim Aufbau eines leistungsfähigen Dienstleistungssektors, als Folge des Konsumhungers der Bevölkerung.

Bedarf allein reicht allerdings nicht aus, um auch Arbeit und Einkommen für alle zu schaffen. Er ist nur eine notwendige, aber keine hinreichende Bedingung. Wenn hoher Bedarf allein schon ausreichend wäre, um die Wirtschaft in Schwung zu bringen, ginge es allen Entwicklungsländern blendend. Hinzu kommen muß eine Wirtschafts- und Sozialpolitik, die die produktiven Kräfte nicht lähmt, sondern ihnen freie Bahn gewährt. Notwendig ist weiterhin eine gut ausgebildete, arbeitswillige Bevölkerung und ein sozialer Konsens, für den vor allem die Tarifvertragsparteien verantwortlich sind. Sind diese Voraussetzungen gegeben, dann fließen auch Kapital und Know-how ins Land – und eine weitere wichtige Bedingung ist damit erfüllt.

Das sieht auf den ersten Blick vielleicht wie der Wunschzettel an den Weihnachtsmann aus. Aber keine dieser Forderungen ist unerfüllbar. Denn hier geht es nicht um die Hoffnung auf einen milden Winter oder auf Entdeckung von Ölquellen und andere Gaben der Natur. Es geht allein um Voraussetzungen, die sich Menschen selber schaffen können. In keinem anderen der ehemals sozialistischen Länder sind die Bedingungen dafür so gut wie im Osten Deutschlands. Denn in diesem Gebiet konnte nicht nur die stabile Währung der Bundesrepublik einfach übernommen werden. Man kann auch unmittelbar auf die positiven und negativen Erfahrungen zurückgreifen, die in vier Jahrzehnten im anderen Teil Deutschlands gesammelt wurden.

Auf den Arbeitsmarkt im Osten bezogen bedeutet dies vor allem: Keine Behinderung der Sucharbeitslosigkeit durch falsche soziale Signale; Verhinderung von Dauerarbeitslosigkeit durch Umschulung und Weiterbildung; Lohn- und Arbeitszeitforderungen immer mit Blick auf die Entwicklung von Produktivität und Wettbewerbsfähigkeit. Noch nie lag ein so großer Teil der Verantwortung bei den Gewerkschaften, wie bei diesem komplizierten Prozeß der Vereinigung einer hochentwickelten westlichen Marktwirtschaft mit einer heruntergekommenen östlichen Planwirtschaft. Wenn die Gewerkschaften – wie schon einmal in den siebziger Jahren – allein dem Staat die Verantwortung für die Beschäftigungspolitik zuschieben, während sie selber mit Maximalforderungen auf Mitgliederfang gehen, wird die Umstrukturierung in der DDR außerordentlich erschwert und über das unvermeidliche Maß hinaus Arbeitslosigkeit erzeugt.

Im Westen ergeben sich die neuen Chancen für einen wirklichen Erfolg der Beschäftigungspolitik zunächst durch zwei kräftige Impulse für die Wirtschaft. Der eine ist die Vollendung des Gemeinsamen Marktes in Europa. Der zweite ist die zusätzliche Nachfrage nach Konsum- und Investitionsgütern, die durch die Restrukturierung und Sanierung des ehemaligen SED-Staates ausgelöst wird. Hinzu kommt der Bedarf der osteuropäischen Länder, die sich ebenfalls bemühen, die katastrophalen Folgen des Sozialismus zu überwinden. Wenn dadurch in den neunziger Jahren das Wirtschaftswachstum um ein oder gar zwei Prozentpunkte über dem sonst zu erwartenden Niveau liegt – wovon die meisten Wirtschaftsforscher ausgehen – dann bedeutet dies, daß im Westen Deutschlands Hunderttausende von Arbeitsplätzen allein durch diese beiden Impulse geschaffen oder erhalten werden. Es gibt Prognosen, in denen sogar von bis zu 2,5 Millionen neuen Arbeitsplätzen als Folge der deutsch-deutschen Vereinigung die Rede ist. Davon werden auch unsere europäischen Nachbarn profitieren. Denn ein großer Teil der Produkte und Dienstleistungen, die aufgrund des höheren Wachstums und der Entwicklung im Osten zusätzlich gebraucht werden, muß von ihnen geliefert werden. Das wird dann auch zum Abbau der seit Jahren übermäßig hohen deutschen

Überschüsse im Außenhandel beitragen. Auch ein Teil der zusätzlich benötigten Fachkräfte wird aus anderen europäischen Ländern kommen müssen. Wie viele das sein werden, hängt nicht zuletzt davon ab, wie viele Langzeitarbeitslose in der Bundesrepublik wieder in den Produktionsprozeß integriert werden können – und wollen.

Für den Arbeitsmarkt im Westen Deutschlands gilt deshalb ebenso wie im Osten: die positiven Anstöße können sich nur dann voll auswirken, wenn die dazu notwendigen Bedingungen geschaffen werden. Nicht nur die Menschen in der DDR können aus den Fehlern im Westen lernen. Auch in der Bundesrepublik sollten endlich die Konsequenzen daraus gezogen werden. Erst dann können beiderseits der Elbe die großen Chancen voll genutzt werden, die sich aus dem Prozeß der deutschen Vereinigung ergeben.

Im Westen wie im Osten bedeutet das: Beachtung der Unterschiede zwischen Such- und Dauerarbeitslosigkeit, Abbau falscher ökonomischer und sozialer Signale. Arbeitszeitgestaltung statt phantasieloser Arbeitszeitverkürzung, Intensivierung von Aus- und Weiterbildung sowie – als Kombination aus beidem – Fortbildungszeit als dritte Variante neben Arbeits- und Freizeit.

Fazit

Die nun schon über ein Jahrzehnt alte Beschäftigungskrise wird erst dann überwunden werden, wenn sich endlich in Politik und Wissenschaft die Erkenntnis durchsetzt, daß Massenarbeitslosigkeit im Zeitalter des Massenwohlstandes ein völlig neues Phänomen ist, dem mit »bewährten« Mitteln nicht mehr beizukommen ist. Erst wenn wir zu innovativem Denken bereit sind und aufhören, je nach politischem Standort und ökonomischer Interessenlage einzelne Ursachen der sozialen Krankheit »Massenarbeitslosigkeit« in den Vordergrund zu schieben und isoliert zu bekämpfen, haben wir Chancen, dieses Problem dauerhaft zu lösen. Dies gilt für Ost und West gleichermaßen. Zum innovativen Denken gehört aber auch, die Arbeitslosen nicht als geschlossenen Block zu betrachten. Das ist mit Blick auf den notwendigen Umbau der Wirtschaft in der DDR von entscheidender Bedeutung. Wenn alle nur auf die monatliche Stichtagszahl starren und nicht die Bewegungen am Arbeitsmarkt betrachten, könnte das zu verhängnisvollen Fehlern führen. Such- und strukturelle Arbeitslosigkeit darf nicht mit Dauerarbeitslosigkeit verwechselt werden. Das würde zu einer völlig falschen Therapie verleiten. Medikamente, die gegen Bluthochdruck helfen, können bei zu niedrigem Blutdruck tödlich sein. Auf die DDR bezogen heißt das: Wenn aus Angst vor steigenden Arbeitslosenzahlen Subventionen oder andere Instrumente zur Erhaltung unrentabler Arbeitsplätze oder umweltschädigender Anlagen eingesetzt werden, wird damit gleichzeitig das sozialistische Armenhaus konserviert. Ähnlich groß wäre der Schaden, wenn im Osten Tendenzen zur sozialen Ausbeutung gefördert würden. Was im Westen falsch ist, sollte im Osten erst gar nicht entstehen. Die Chance zu einem Neubeginn muß auf beiden Seiten der Elbe genutzt werden.

10
Sozialstaat: Zweite Säule der Marktwirtschaft oder Sozialismus durch die Hintertür?

Für viele DDR-Bürger galt die Marktwirtschaft als ein zwar leistungs-fähiges, aber kaltes und brutales System, in dem nur das Recht des Stärkeren gilt. Trotz West-Fernsehen und Radio hatten die meisten Bewohner des SED-Staates vor der Öffnung der Mauer kaum eine Vorstellung davon, wie die Marktwirtschaft funktioniert, was Soziale Marktwirtschaft bedeutet. Noch weniger wußten sie, daß die von der eigenen Propaganda immer gefeierten »sozialen Errungenschaften« sich neben den sozialen Leistungen westlicher Industrieländer wie Schweden, Dänemark oder auch Frankreich mehr als kümmerlich ausnahmen. Bei den wenigen Besuchen in der Bundesrepublik oder nach gelungener Flucht erlebten sie dann voller Staunen, daß im We-sten der Wohlstand nicht nur wenigen Reichen zugute kommt, daß die vollen Geschäfte nicht nur den Großverdienern offen stehen und daß die Arbeitnehmer gegen die sozialen Folgen von Alter und Krankheit weit besser geschützt sind als es die Bewohner sozialisti-scher Staaten jemals waren.

Mißverständnisse über das Verhältnis von Marktwirtschaft und So-zialstaat und den Begriff Soziale Marktwirtschaft gibt es aber nicht nur im Osten. Auch diejenigen, die die Vorteile dieser Ordnung im Westen genießen – oder durch hohe Steuern und Sozialabgaben dafür aufkommen müssen – sind keineswegs immer nur Anhänger des So-zialstaatsprinzips. Nach der Meinung der einen leistet es zuwenig; nach der Ansicht anderer belohnt es den Müßiggang.

Für beide Ansichten lassen sich leicht Belege finden. Doch darauf kommt es gar nicht an. Wichtig ist nur, daß es bis heute nicht gelungen ist, Marktwirtschaft und Sozialwirtschaft auf einen Nenner zu brin-gen, die beiden Ordnungssysteme miteinander zu synchronisieren.

Sie bestehen nebeneinander, stützen sich zwar gegenseitig, behindern sich aber auch. Vor allem aber wohnt dem Sozialstaat die Tendenz inne, sich selber zu zerstören. Dieses Problem existiert zwar schon seit vielen Jahren, aber nur die Symptome wurden bisher bekämpft, die eigentlichen Fehler im Mechanismus dagegen nicht erkannt, geschweige denn beseitigt.

Deshalb hat es zwar viele Versuche gegeben, den Sozialstaat durch immer neue Reparaturversuche im Bereich des Gesundheitswesens, der Arbeitslosenversicherung oder der Altersversorgung zu sanieren. Aber alle Reformen haben immer nur Zeitgewinn gebracht, nicht aber zu einer neuen, in sich stabilen Ordnung geführt. Auch der vielbeachtete, bewunderte aber auch gescholtene, schwedische Wohlfahrtsstaat konnte diesem Schicksal nicht entgehen. Zu Beginn der neunziger Jahre steckte er zwar nicht in der ersten, aber der tiefsten Krise seiner Geschichte. Davor konnte ihn weder der große Reichtum dieses Landes bewahren, das in diesem Jahrhundert im Gegensatz zu vielen anderen europäischen Industrieländern von Krieg und Zerstörung verschont blieb, noch der fast die ganze schwedische Bevölkerung umfassende Konsensus, daß der Wohlfahrtsstaat zu den geheiligten Gütern der Nation gehört. Nur der kleinen Schweiz, die nie etwas von einem Wohlfahrtsstaat wissen wollte und in der Sozialpolitik ganz andere Wege ging als alle ihre Nachbarn, sind derartige Krisen der sozialen Sicherungssysteme erspart geblieben. Dennoch (oder gerade deswegen) genießt die Bevölkerung eine soziale Sicherheit wie in kaum einem anderen Land der Welt.

Pro und Contra Sozialstaat

Es gehört in gewissen Kreisen zum guten Ton, über die Auswüchse des Sozialstaats zu klagen, der die Leistungsbereitschaft untergrabe, zum Mißbrauch führe und ohnehin nicht mehr zu bezahlen sei. Daran schließt sich dann nahezu zwangsläufig die Forderung an, die sozialen Leistungen drastisch zu kürzen. Das Peinliche daran ist, daß derartige Diskussionen fast immer nur von Leuten geführt werden, die selber auf soziale Leistungen nicht angewiesen sind (was aber nicht unbedingt heißt, daß sie nicht nebenbei kassiert werden), sich aber im übrigen nicht im geringsten scheuen, alle Subventionen und Steuervergünstigungen zu nutzen, die der Staat heute so reichlich anbietet.

In anderen Kreisen wird der Sozialstaat mit Zähnen und Klauen verteidigt, jede kritische Äußerung an einzelnen Erscheinungen oder gar Auswüchsen als Versuch der sozialen Demontage und des Klassenkampfes von oben diffamiert. Das Etikett soziale oder gewerkschaftliche Errungenschaft dient dazu, möglichst alle Ausprägungen des Sozialstaatsprinzips unter eine Art Denkmalschutz zu stellen und so dauerhaft vor der Spitzhacke zu schützen. Konservatives Besitzstandsdenken verbündet sich hierbei oft mit sozialistischem Fortschrittsglauben.

Wer sich in diese Debatte einmischt, gerät sofort in die Gefahr, entweder von der einen oder von der anderen Seite vereinnahmt zu werden. Die Liberalen haben es dabei aus zwei Gründen besonders schwer. Einmal, weil es ein liberales Konzept moderner Sozialpolitik nicht gibt – ein Konzept, das die Widersprüche zwischen dem marktwirtschaftlichen und sozialen Bereich unserer Wirtschaft aufhebt. Zum anderen weil sie sich bei der Entwicklung eines solchen Konzepts zwischen Scylla und Charibdis bewegen müssen. Denn die Chance zu echter persönlicher Freiheit besteht nur dann, wenn weder die permanente Gefahr wirtschaftlicher und sozialer Not besteht, noch dem einzelnen weitgehend alle Risiken des Lebens – aber eben auch weitgehend die Verfügung über sein Einkommen – abgenommen werden. Der unmündige Bürger im Volksheim schwedischer Prägung ist in dieser Hinsicht nicht besser dran als der arbeits- und obdachlose Farbige in den USA.

Nicht zuletzt deswegen, weil nicht nur die finanziellen Folgewirkungen, sondern auch die gesellschaftlichen Veränderungen, die sich innerhalb eines immer dichter geknüpften sozialen Netzes vollziehen, in den letzten Jahren deutlicher hervortraten, hat auch der Begriff des »Wohlfahrtsstaates« einen Bedeutungswandel erfahren. War er früher überwiegend positiv besetzt, so hat er heute in weiten Kreisen eine eher negative Bedeutung. Er wird als eine typische Erscheinung der Massendemokratie verstanden, die nach Walter Erbe »mit ihrem Streben nach genormter Gleichförmigkeit schon an sich eine Bedrohung der Freiheit« ist. Der Bedeutungswandel läßt sich auch an der Beurteilung des »schwedischen Modells« erkennen. Galt es zu Beginn der siebziger Jahre noch als ein – oft geradezu idealisiertes – Vorbild, so hatte sich schon gegen Ende des Jahrzehnts eine wesentlich skeptischere Betrachtungsweise durchgesetzt. Das Buch des Briten Roland Huntford »The New Totalitarians« erschien auf deutsch unter dem bezeichnenden Titel »Wohlfahrtsdiktatur«. Wer heute an die schwedische Gesellschaft denkt, dem fallen nicht mehr in erster Linie Schlagworte ein wie soziale Gerechtigkeit oder Gleichheit (im positiven Sinne des Wortes), sondern konfiskatorische Steuern, fiskalische Spitzelei oder die praktische Rechtlosigkeit von Eltern, denen aus oft nichtigem Anlaß von omnipotenten Sozialhelfern die Kinder weggenommen werden, um sie der Obhut des Staates zu übergeben, der am besten weiß, wie sie zu nützlichen Gliedern der Gesellschaft erzogen werden. Auch das kann man unter dem schillernden Begriff »Sozialstaat« verstehen.

Bei dem Wort Wohlfahrtsstaat könnten aber auch Assoziationen an das dänische Modell entstehen, das in der Welt weniger bekannt ist als das schwedische Beispiel, dieses in seiner Perfektion – und den finanziellen Folgen – aber schließlich übertraf. Einer kaum noch zu überbietenden Fürsorge des Staates für seine Bürger in jeder Lebenslage stand allerdings ein erbarmungsloses Steuersystem gegenüber, das schon bei einem Jahreseinkommen von umgerechnet 45 000 Mark von jeder zusätzlich verdienten Krone siebzig Prozent für die Staatskasse reklamierte und dadurch Steuerhinterziehungen nicht nur zu einer Art Volkssport, sondern auch zu einer Art Notwehrreaktion gemacht hat. Doch in einer Demokratie gibt es auch andere und bessere Waffen. Neben einer offenen Diskussion der Probleme gehört vor allem die Wahl einer anderen Regierung dazu. Mit Poul Schlüter hat in Kopenhagen ein Regierungschef die Sozialdemokraten abgelöst, der seither die schlimmsten Auswüchse gestutzt hat.

Angesichts solcher Beispiele dürfte eine Definition des Wohlfahrtsstaates, wie sie sich in »Meyers Handbuch für die Wirtschaft« schon im Jahr 1966 fand – und damals sicher nicht auf allgemeine Zustimmung stieß – heute einer weit verbreiteten Meinung entsprechen: »Der moderne W., auch Versorgungsstaat (nicht nur die totalitären, sondern auch der westl. Rechtsstaaten) sorgt durch umfassende Gesetzgebung und sonstige Maßnahmen, die sich vor allem auf Volksbildung, Verkehrswesen, Wohnungsbau, Sozialversicherung, Schutzgesetzgebung im Arbeitsrecht, Wohlfahrtspflege (speziell Fürsorge) beziehen, für die soziale Sicherheit der Allgemeinheit. Dieser wird der Vorrang vor der persönlichen Freiheit eingeräumt, was die Gefahr in sich birgt, daß der einzelne sich weitgehend von jeder Eigenverantwortlichkeit entbunden fühlt.«

Reformarbeit und Wohlfahrtsstaat

In diesem extremen Sinne und auch gemessen an der Entwicklung in den skandinavischen Ländern, ist die Bundesrepublik sicher nicht zum Wohlfahrtsstaat geworden. Aber nach Übernahme der Regierungsverantwortung durch die erste sozial-liberale Koalition unter Willy Brandt galt ein großer Teil der Reformarbeit der Errichtung eines Wohlfahrtsstaates, der sich sehr stark vor allem am sogenannten schwedischen Modell orientierte. Dabei richtete sich der Blick vor allem auf die Wohltaten, die der Staat dort für seine Bürger bereithielt. Obwohl man es in den skandinavischen Wohlfahrtsstaaten auch damals schon sehr deutlich erkennen konnte, wurde kaum der Versuch gemacht, auch die Folgen für die öffentlichen Finanzen und vor allem für das Verhalten der Menschen mit in die Überlegungen einzubeziehen. Die Folge war, daß sich die Spielregeln im marktwirtschaftlichen und sozialen Bereich unserer Gesellschaftsordnung immer weiter auseinander entwickelten. Den Vätern der sozialen Reformen in der ersten Hälfte der siebziger Jahre kam niemals der Gedanke, daß der von ihnen konstruierte Sozialstaat den Keim der Selbstzerstörung in sich tragen könnte. Daran haben übrigens auch die meisten der bisherigen Reformschritte nach dem Regierungswechsel im Herbst 1982 nichts geändert. Durch bloße Kürzungen, Reglementierungen, Eingriffe in die Preisbildung bei Heil- und Hilfsmitteln lassen sich die finanziellen Lasten des Sozialstaates zwar zeitweise mildern, nicht aber die Konstruktionsfehler beseitigen. Norbert Blüms Gesundheitsreform setzt in erster Linie auf administrative Eingriffe, nicht aber auf marktkonforme Steuerung.

Zumindest denjenigen unter den Sozialdemokraten, die sich den Blick auf die Realitäten nicht von der Ideologie verstellen ließen oder dem Grundsatz huldigten, daß nicht sein kann, was nicht sein darf, war am Ende der sozial-liberalen Ära durchaus bewußt, daß sie sich in eine Sackgasse manövriert hatten. Das galt vor allem für die beiden Politiker, die den besten Überblick über die Kassenlage hatten, nämlich die letzten Finanzminister der Koalition, Matthöfer und Lahnstein. In einem Brief an die SPD-Fraktion schrieb Manfred Lahnstein wenige Tage vor dem Sturz der Regierung Schmidt: »Heute besteht das Risiko, daß die Dynamik der Sozialleistungen die wirtschaftliche Leistungsfähigkeit überfordert.« Und in seiner Abschiedsrede als Bundesfinanzminister erklärte Hans Matthöfer, nachdem er zunächst vor den gefährlichen Nebenwirkungen einer immer drückender werdenden Steuer- und Abgabenlast gewarnt hatte: »Dieser Problematik auf der Einnahmenseite steht auf der Ausgabenseite spiegelbildlich eine ständig angestiegene Quote der Sozialausgaben gegenüber. Diese Entwicklung, die zunächst Ausdruck einer bewußten Politik zugunsten der sozial Schwächeren gewesen sein mag, beginnt nun aber, ganz erhebliche Probleme aufzuwerfen. Die überproportionale Dynamik der Sozialausgaben, die in hohem Maße durch gesetzliche Verpflichtungen abgesichert ist, ist fast vollständig der finanzpolitischen Steuerung entzogen.« Dabei ist auch nach Ansicht Matthöfers »alles andere als sicher, daß entsprechend des höheren Aufwandes auch bessere Ergebnisse erzielt« werden. Denn »eine weithin noch zu wenig betrachtete aber gerade in unserer gegenwärtigen Lage vielleicht fatale Folge von Sozialsystemen, die immer mehr Menschen erfassen, ist, daß sie vielleicht diese Menschen davon abhalten, ihre eigenen Kräfte so zur Entfaltung zu bringen, wie es ihnen eigentlich möglich wäre«. Das ist, mit Blick auf die DDR und die dort zu leistende Aufbauarbeit, eine Mahnung, wie sie aktueller gar nicht sein könnte. Denn nicht nur im Bereich der Arbeitsmarktpolitik, sondern bei allen sozialen Leistungen muß gefragt werden, wie sie das Verhalten der Menschen verändern.

Folgen des Status-quo-Denkens

Der moderne Sozialstaat in den siebziger Jahren noch »Stolz der Nation«, droht sich selbst wieder zu zerstören, weil bei seinem Aufbau die Folgewirkungen für das Verhalten von Zahlern und Empfängern nicht genügend bedacht, sondern das in der Ökonomie so gefährliche (weil völlig unrealistische) Status-quo-Denken praktiziert wurde. Und weil sich dies bis heute nicht geändert hat, wurde er später ebenso unsystematisch wieder zurückgestutzt, wie er vor allem in den ersten Jahren der sozial-liberalen Koalition auf- und ausgebaut wurde. Damals war es der Glaube an ein immerwährendes Wirtschaftswachstum, zwei Jahrzehnte danach die leeren Kassen, die das Handeln bestimmen.

Die Ursprünge des heutigen Sozialstaates liegen in der »Arbeiterfrage« des vorigen Jahrhunderts. In die Fürsorge für die damals sozial Schwächsten wurden zunächst schrittweise immer weitere Berufsgruppen und gesellschaftliche Schichten einbezogen: Angestellte, Handwerker, Landwirte und andere Selbständige. Neben der Sicherung im Alter und bei Notlagen kamen zudem immer weitere Bereiche hinzu: Mieterschutz und sozialer Wohnungsbau, Familienpolitik, Ausbildungshilfe, Sparförderung, Rehabilitation. Aus sozialpolitischen Gründen wurden in der Bundesrepublik und anderen Ländern schließlich ganze Wirtschaftsbereiche wie Landwirtschaft, Stahlindustrie oder Schiffbau der Steuerung durch die Marktkräfte entzogen und oft nach ausschließlich sozialen Gesichtspunkten vom Staat dirigiert – meist mit verheerenden Folgen. Das Prinzip der Subsidiarität, wonach der Staat nur dann eingreift, wenn die Eigenhilfe oder die Möglichkeiten von Selbsthilfeorganisationen überfordert werden, wurde in den letzten Jahrzehnten auch in der Bundesrepublik immer mehr zugunsten einer allumfassenden Staatsfürsorge zurückgedrängt, bei der anonyme Bürokratien aufgrund von Vorschriften eingreifen, die möglichst nichts dem Zufall oder individuellem Ermessen überlassen.

Da soziale Leistungen sehr rasch an Charme verlieren, wenn den Begünstigten bewußt wird, daß sie die Geschenke des Staates immer selber bezahlen müssen (und zwar um so mehr, je stärker schließlich alle in der einen oder anderen Form in das Leistungssystem einbezogen werden), nahm in fast allen westlichen Sozialstaaten die öffentliche Verschuldung in immer schnellerem Tempo zu. Die siebziger Jahre waren deshalb nicht nur Jubeljahre für die Sozialpolitiker, die endlich ihre Träume realisieren konnten, sondern auch Jahre des Wettlaufs in die Verschuldung. Gleichzeitig wurde das Beziehungsnetz des gegenseitigen Nehmens und (erzwungenen) Gebens so kompliziert, daß selbst in Staaten mit einer so hoch entwickelten Statistik wie die der Bundesrepublik der Überblick über das Ausmaß und vor allem die Ströme des Transfers völlig verlorengegangen ist. Eine wissenschaftliche Kommission, die Klarheit schaffen sollte, ist trotz jahrelanger Arbeit und akribischer Untersuchungen letztlich gescheitert.

Wer alimentiert wen?

Außer den direkten Zahlungen in Form von Kindergeld, Rente, Arbeitslosenunterstützung oder Wohngeld gibt es Zahlungen wie die für die Behandlung im Krankheitsfall, deren Höhe den Begünstigten nicht bekannt ist und andere, deren Existenz den Empfängern weitgehend verborgen bleibt. Letzteres gilt für die meisten subventionierten öffentlichen Leistungen – von der nicht kostendeckenden Fahrkarte für öffentliche Verkehrsmittel über die Schwimmbäder bis hin zu den weit unter Kosten verkauften Eintrittskarten für Museen und Theater. Es gilt aber auch für die viele Steuer-Milliarden verschlingende »unsichtbare Miete« bei Sozialwohnungen. Obwohl hier in vielen Fällen die Allgemeinheit mehr als tausend Mark pro Monat zu den vom Mieter getragenen Kosten hinzuschießt, ist sich wohl kaum eine der begünstigten Familien darüber im klaren, wie stark sie von anderen Steuerzahlern alimentiert wird.

Von den öffentlichen Händen wurde 1988 ein Sozialbudget von 660 Milliarden Mark verwaltet und umverteilt. Der größte Teil davon ging als Transferleistung an private Haushalte. Das bedeutet, daß durchschnittlich ein Viertel des verfügbaren privaten Einkommens der deutschen Familien aus staatlichen Zuwendungen stammt. Es sind allerdings in Millionen Fällen die gleichen Einkommen, die zuvor durch Zwangsabgaben stark reduziert wurden.

Dieser Zusammenhang ist so simpel, daß es um so erstaunlicher ist, daß die Väter des modernen Wohlfahrtsstaates die sich daraus ergebenden Konsequenzen und die zu erwartenden Reaktionen von Beitrags- und Steuerzahlern einerseits und Empfängern andererseits nicht bedacht haben, sondern bei den Verhaltensweisen vom Status quo ausgingen. Dabei ist es doch eine jahrhundertealte Erfahrung, daß sich die Menschen immer an ihre jeweilige natürliche, wirtschaftliche, politische und soziale Umwelt anzupassen versuchen. Das gilt gleichermaßen für Eskimos wie für Dschungelbewohner, für das Überleben in Kriegen und Krisen wie für das Verhalten in Plan- und Marktwirtschaften – und eben auch für ein Leben unter den Bedingungen des modernen Sozialstaates. Wer sich besser anpaßt, lebt besser. Und im modernen Wohlfahrtsstaat, der notwendigerweise auch ein Steuerstaat sein muß, wird die wirtschaftliche Umwelt durch zwei Faktoren geprägt, die bei den Betroffenen zu starken – und im Sinne des sozialen Systems – konträren Reaktionen führen:

● Der Staat kann nichts verteilen, was er nicht zuvor seinen Bürgern abgenommen hat. Jede Verbesserung der sozialen Leistungen führt deshalb bei allen oder bei einzelnen Gruppen der Gesellschaft zu einer entsprechend steigenden Abgabenlast. Sobald man diese eine – nicht genau definierbare und im Laufe der Zeit sich auch verschiebende – Grenze überschreitet, kommt es bei den Betroffenen zu immer heftigeren Abwehrreaktionen: Leistungsverweigerung, Steuerumgehung und -vermeidung, Flucht in schwarze Märkte. Weil deshalb die Einnahmeerwartungen des Staates immer häufiger unerfüllt bleiben, versucht er durch immer härteren Zugriff und rigorose Kontrollen seinen Anspruch durchzusetzen. Doch dadurch fühlen sich die Opfer dieser Politik in ihrer Haltung eher bestärkt. Sie betrachten den Staat schließlich nur noch als Wegelagerer, bei dessen Abwehr jedes Mittel moralisch legitimiert erscheint, das Erfolg verspricht.

● Auf der anderen Seite wächst nach anfänglichem, von herkömmlichen Moralvorstellungen verursachtem Zaudern die Bereitschaft, die angebotenen sozialen Leistungen immer stärker zu beanspruchen. Wer einen Anspruch hat, meldet ihn an; wer keinen Anspruch hat, versucht ihn sich auf mehr oder weniger legalen Wegen zu verschaffen. Schließlich machen es alle anderen auch so; wer nicht mitmacht ist der Dumme; wenn man schon so viel einzahlen muß, möchte man auch so viel wie möglich zurückholen. Die unausweichliche Folge ist, daß die geschätzten Kosten sozialer Leistungen in den meisten Fällen weit überschritten werden. Doch mehr als hastiges Kürzen und die Rücknahme gesetzlich zugesagter Leistungen fällt den Politikern meist nicht ein.

Die Zerstörung des Sozialstaates

Aus dem Zusammentreffen dieser beiden konträren Reaktionen hat sich in allen westlichen Industriestaaten, die diesen Weg gegangen sind, eine Konstellation ergeben, die früher oder später mit unerbittlicher Logik zu Finanzkrisen und schließlich zur Selbstzerstörung des Sozialstaates führen muß. Die oft verzweifelten Versuche, dies durch gelegentliche kleine Steuererleichterungen und zum Teil rabiate Kürzungen bei den zugesagten sozialen Leistungen zu verhindern, können diesen Prozeß der Selbstzerstörung nur verzögern, nicht verhindern. Denn zum einen wird erfahrungsgemäß nun ein beträchtlicher Teil der produktiven Energien und der Kreativität der Bürger, die in einem solchen System nach der Maximierung ihres Vorteils trachten, darauf verwendet, dem Zugriff des Fiskus zu entgehen und statt dessen selber die öffentlichen Kassen zu plündern. Zum anderen hat dieser Prozeß auch tiefgreifende Auswirkungen auf die gesamte Wirtschaftsstruktur und verändert das Kalkül, welches Verhalten und welche Produktionen rentabel sind. Da die Flucht vor dem Fiskus oft die Züge einer Psychose annimmt, begünstigt dies aber auch irrationale Entscheidungen. Anders wären die Erfolge obskurer Geschäftemacher nicht zu erklären, denen es trotz zahlreicher Skandale immer wieder gelingt, Ärzten, Rechtsanwälten, kleinen Unternehmern, Schauspielern und anderen Leuten mit überdurchschnittlichen Einkommen Geld für exotische Geldanlagen zu entlocken. Gesamtwirtschaftlich noch wichtiger ist aber das Wachstum der Schattenwirtschaft, das Ausweichen in schwarze Märkte und der an vielen Stellen zu beobachtende Rückfall in die Tauschwirtschaft.

Alle diese Tendenzen, die sich in Schweden, Dänemark und anderen Wohlfahrtsstaaten zum Teil viel früher und stärker gezeigt haben, lassen sich auch im Fall der Bundesrepublik eindeutig diagnostizieren. Deshalb muß sie, unabhängig von der Frage, ob sie ihren Bürgern ebensoviel gibt und nimmt, wie die klassischen Wohlfahrtsstaaten in Nordeuropa, ebenfalls in diese Kategorie eingeordnet werden.

Eine akute Krise des Wohlfahrtsstaates kann zwar von Fall zu Fall dadurch überwunden werden, daß auf der einen Seite Leistungen gekürzt und auf der anderen Seite die Einnahmen des Staates durch eine weitere Erhöhung von Steuern und Abgaben gesteigert werden. Eine dauerhafte Lösung ist davon aber aus drei Gründen nicht zu erwarten, die so klar auf der Hand liegen, daß eigentlich nicht zu erklären ist, warum sie immer noch nicht zum politischen Allgemeingut geworden sind.

Der erste Grund ist, daß die meisten Versuche zur Kürzung unbezahlbar gewordener sozialer Leistungen zu Lasten derjenigen vorgenommen werden, die politisch und sozial am schwächsten sind, während die Gruppen, hinter denen kampfstarke *pressure groups* stehen, ihren Besitzstand in der Regel verteidigen können oder zumindest weit besser davonkommen als die nicht organisierten Empfänger sozialer Leistungen. Das bedeutet in aller Regel aber auch, daß ausgerechnet bei denen gekürzt wird, die in besonders starkem Maße auf die Hilfe der Allgemeinheit angewiesen sind. Bei Norbert Blüms Gesundheitsreform 1989 war das zwar ausnahmsweise nicht der Fall. Er legte sich mit Zahnärzten, Apothekern, Optikern und der mächtigen Pharmaindustrie an. Aber helfen wird es wenig, weil alle diese Gruppen Mittel und Wege finden, einen großen Teil der administrativen Hürden zu umgehen, die ihnen den Zugang zu den sozialen Kassen erschweren sollen.

Der zweite Grund ist, daß die mißbräuchliche Inanspruchnahme von sozialen Leistungen auf diese Art nicht bekämpft werden kann. Denn der Clevere, der einen Weg gefunden hat, wie man ohne wirklichen Grund und eigene Gegenleistung an den Segnungen des Sozialstaates partizipieren kann, profitiert auch dann noch, wenn die Leistungen etwas geringer ausfallen. Umgekehrt trifft es alle ungerechtfertigt und hart, für die die soziale Hilfen eigentlich bestimmt sind. Und das kann ja wohl nicht der Sinn sein. Ein Beispiel: Für einen Arbeitslosen, der ohnehin nicht weiß, wie er alle seine finanziellen Verpflichtungen mit nur 68 Prozent seines früheren Netto-Einkommens erfüllen soll, kann die Kürzung auf 63 Prozent eine persönliche Katastrophe bedeuten. Ein Schwarzarbeiter dagegen, der als unechter Arbeitsloser die sozialen Leistungen des Arbeitsamtes nur so »mitnimmt«, wird durch eine derartige Kürzung kaum getroffen – geschweige denn, von seiner mißbräuchlichen Ausnutzung des sozialen Netzes abgehalten.

Der dritte und wichtigste Grund schließlich ist, daß der Kern des Problems – nämlich die dem Wohlfahrtsstaat innewohnende Tendenz zur Selbstzerstörung – durch unsystematische Kürzungen bei den Leistungen in keiner Weise berührt wird. Diejenigen, die das alles mit ihren Steuern und Abgaben finanzieren sollen, bemühen sich auch weiterhin, ihre Taschen so fest wie nur irgend möglich zuzuhalten; wer dagegen eine Chance sieht, sich aus den öffentlichen Kassen etwas zu holen, wird um so entschlossener zugreifen, je stärker er seinen »Besitzstand« durch Kürzungen bedroht sieht.

Marktwirtschaft und soziales System

Ist die Konsequenz daraus, daß die Entwicklung zum Sozialstaat in eine Sackgasse geführt hat, aus der wir nur dann wieder herauskommen, wenn wir zum Ausgangsort zurückkehren? Das wäre eine sehr voreilige und sehr kurzsichtige Schlußfolgerung. Denn nicht nur der Wohlfahrtsstaat hat eine innewohnende Tendenz zur Selbstzerstörung. Auch eine noch so erfolgreiche Marktwirtschaft, in der es kein Netz für diejenigen gibt, die ihren Anforderungen nicht gewachsen sind oder unverschuldet in Not geraten, in der nicht für Alte, Kranke und Kinder in ausreichendem Maße gesorgt wird, würde wegen der dann entstehenden sozialen und politischen Spannungen an sich selber zugrunde gehen. Abgesehen von allen humanen Gründen, von Fragen der Lebensqualität und vom sozialen Selbstverständnis einer freien Gesellschaft, in der nicht nur der Starke und Erfolgreiche frei sein soll, gebietet allein schon die reine Zweckmäßigkeit, die Marktwirtschaft durch ein ebenso leistungsfähiges soziales System zu ergänzen.

Insofern war der Gedanke einer sozialen Marktwirtschaft durchaus logisch und sinnvoll. Der Fehler lag nur darin, daß nicht genügend darüber nachgedacht worden ist – und bisher ganz offenkundig keine Lösung dafür gefunden wurde –, wie sich eine marktwirtschaftliche und eine soziale Ordnung so miteinander verbinden lassen, daß sie sich gegenseitig ergänzen, stützen und stärken. Statt dessen wurde der in der Bundesrepublik so erfolgreichen Marktwirtschaft eine Art Wohlfahrtsstaat übergestülpt, der sich schon in anderen Ländern als Mißerfolg erwiesen hatte – und dieses Gebilde erhielt dann das irreführende und falsche Etikett »Soziale Marktwirtschaft«. Dieses Etikett ist deshalb falsch, weil es ein in sich geschlossenes, logisches Ordnungssystem vermuten läßt. Doch genau das ist die Soziale Marktwirtschaft bisher nicht.

Der Fehler bestand von Anfang an darin, daß innerhalb einer Wirtschaftsordnung zwei Bereiche geschaffen wurden, in denen höchst unterschiedliche und zum Teil völlig konträre Verhaltensregeln und Anreizsysteme gelten. Auf einen einfachen Nenner gebracht besteht der marktwirtschaftliche Trick nämlich darin, alle zu belohnen, die durch ihren Einfallsreichtum und ihre Arbeit etwas zum allgemeinen Wohlstand beitragen: den Erfinder, der etwas entwickelt, das andere als nützlich für sich betrachten; den Unternehmer, der in dem Bestreben, einen Gewinn zu machen, Arbeitsplätze für andere schafft; den Arbeitnehmer, der in dem Streben nach einem möglichst hohen Lohn Produkte fertigt, nach denen die Käufer suchen. Mit anderen Worten: In einer funktionierenden Marktwirtschaft profitiert im Prinzip derjenige am meisten, der besonders viel für andere leistet. Wie bereits in Kapitel 4 dargestellt, funktioniert der marktwirtschaftliche Trick deshalb so gut, weil der mächtige Antrieb »Eigennutz« in den Dienst des Gemeinnutzes gestellt wird. Beide wirken in die gleiche Richtung.

In unserem sozialen System dagegen hat derjenige den größten Vorteil, der mißbräuchlich und ohne Gegenleistung für die Allgemeinheit die Angebote des Wohlfahrtsstaates für sich in Anspruch nimmt. Die Möglichkeiten dazu sind vielfältig, wie hier nur einige Beispiele belegen sollen: Zu den Ausbeutern des sozialen Systems gehört, wer die Lohnfortzahlung im Krankheitsfall nutzt, um hin und wieder einen Tag zu Hause zu bleiben oder gar schwarz zu arbeiten; wer sich von der Krankenkasse auch Dinge bezahlen läßt, die eigentlich zur privaten Lebensführung gehören; wer Arbeitslosengeld bezieht und die Sozialabgaben vom Arbeitsamt bezahlen läßt, obwohl er eigentlich aus privaten Gründen aus dem Berufsleben ausscheiden will oder obwohl er sein Haupteinkommen aus der Schwarzarbeit bezieht; wer es immer wieder versteht, sich ohne ausreichenden medizinischen Grund einen »Kurlaub« zu verschaffen. Möglichkeiten, soziale Leistungen auch ohne triftigen Grund in Anspruch zu nehmen, bieten die sozialen Leistungsgesetze aller westlichen Industriestaaten in mehr oder weniger reichem Maße. Das ist auch einer der Gründe dafür, warum sie eine so magische Anziehungskraft auf Menschen in ärmeren Ländern ausüben. Viele Asylbewerber aus Osteuropa, Nordafrika oder Asien kommen vor allem deshalb, weil sie in Frankreich, Deutschland oder den Niederlanden als Empfänger sozialer Leistungen weit mehr bekommen, als sie durch Arbeit jemals verdienen könnten. Doch diese Aussicht reizt nicht nur die Ärmsten der Armen, sondern auch viele Deutsche, Franzosen oder Briten. Der Clevere, der wenig Steuern zahlt und viele soziale Leistungen kassiert, gewinnt.

Der Dumme in einem solchen System ist dagegen immer derjenige, der verantwortungsvollen und maßvollen Gebrauch von den sozialen Leistungsangeboten macht. (Wobei hier angemerkt werden muß, daß dies alles sinngemäß auch für die sozialen Leistungen für Unternehmen gilt, nämlich für das Subventionsangebot. Hier finden sich die gleichen Fehlkonstruktionen im Anreizsystem und damit auch ein ähnliches Fehlverhalten bei den Empfängern.) Anders als im marktwirtschaftlichen Bereich wird ein Verhalten, das auch im Sinne des Allgemeinwohls ist, nicht honoriert. Wer auf Kindergeld oder einen Schwerbehindertenausweis verzichtet, weil er dies nicht braucht, wird dafür in keiner Weise belohnt. Eine Ehepaar, bei dem ein Partner den Beruf der Kinder wegen oder schlicht der vermehrten Freizeit wegen aufgibt, ohne zumindest den Versuch zu machen, wenigstens noch ein Jahr lang Arbeitslosengeld zu beziehen, hat außer einem guten Gewissen davon keinen Vorteil – und muß sich in der Regel von Freunden und Kollegen die Frage gefallen lassen, ob denn im Kopf noch alles in Ordnung sei.

Weh dem, der spart

Was hier für das Individuum gilt, wiederholt sich im großen Maßstab bei vielen Institutionen des sozialen Systems. Das unsinnige Kostenerstattungssystem bei Altersheimen oder Krankenhäusern führt dazu, daß kein Anreiz besteht, zu rationalisieren und ähnlich wie im privaten Unternehmen ständig danach zu suchen, wie und wo sich Kosten senken lassen. Schlimmer noch: Da wo dies aus Verantwortungsbewußtsein dennoch geschieht, folgt nicht die Belohnung, sondern die Sanktion auf dem Fuße. Die Antwort auf eine wirtschaftlichere Betriebsführung ist eine Reduzierung der Pflegesätze und eine Streichung vorher gewährter Zuschüsse. Daraus folgt auch, daß die Einführung einer Pflegekostenversicherung in Altersheimen die Finanzierungsprobleme in diesem Bereich nicht lösen, sondern weiter verschärfen muß. Denn je mehr Geld da ist, um so leichter kann man in einem auf Kostenerstattung ausgerichteten System »Kosten machen«. Wo Gewinnerzielung verboten ist, läßt sich nämlich um so besser von den Kosten leben – die ja immer Einkommen für diejenigen sind, die diese Kosten verursachen. Das gilt nicht nur für Krankenhäuser und Altersheime, sondern gleichermaßen für die Rüstungsindustrie. Überall wo das Kostenerstattungsprinzip gilt und Gewinne gar nicht oder nur im Rahmen präzis festgelegter Prozentsätze gemacht werden dürfen, wird es für denjenigen, der zahlen muß – also den Staat –, immer sehr teuer.

Weil merkwürdigerweise immer noch nicht erkannt worden ist, warum das in den vergangenen Jahrzehnten aufgebaute soziale System nicht funktionieren kann und immer noch die naive Vorstellung herrscht, durch die Kürzung einzelner sozialer Leistungen ließe sich alles schon wieder irgendwie ins Lot bringen, muß hier der grundlegende Konstruktionsfehler noch einmal in aller Deutlichkeit formuliert werden: Der Wohlfahrtsstaat in seiner heutigen Form bestraft Leistung und damit positive Beiträge zur allgemeinen Wohlfahrt durch konfiskatorisch hohe Abgaben und Steuern und belohnt die arglose oder gar bewußte Ausbeutung der Allgemeinheit – also den Bezug von im wahrsten Sinne des Wortes »arbeitslosem Einkommen«.

In dieser Hinsicht unterscheidet sich der Wohlfahrtsstaat in seinen Wirkungsmechanismen in keiner Weise von sozialistischen Wirtschaftssystemen. Es ist deshalb kein Wunder, daß beide auch gleichermaßen versagen. Der Unterschied besteht nur darin, daß im Westen eine leistungsfähige Marktwirtschaft als Finanzierungsquelle vorhanden ist.

Je mehr Menschen das Konstruktionsprinzip der Umverteilungsmaschine entdecken, um so weniger kann sie funktionieren. Der Versuch, ein *perpetuum mobile* zu schaffen, kann deshalb auch im sozialen Bereich nicht gelingen. Der in den sechziger und siebziger

Jahren aufgebaute Sozialstaat ist somit eine Fehlkonstruktion von gigantischen Dimensionen, mit deren Hilfe immerhin ein Drittel der gesamtwirtschaftlichen Leistung in der Bundesrepublik umverteilt wird. Sie ruft dabei Erschütterungen und Veränderungen hervor, durch die die Fundamente zerstört werden, auf denen der Sozialstaat ruht.

Das alles war in der Vergangenheit schon schlimm genug. Aber was ist zu erwarten, wenn in Deutschland 16 Millionen Menschen dazukommen, die sehr schnell entdecken werden, wie der Sozialstaat funktioniert? Lange kann das nicht gutgehen.

Eigennutz und Gemeinnutz

Wer den Sozialstaat retten will und eine Soziale Marktwirtschaft anstrebt, die diesen Namen wirklich verdient, muß deshalb den Mechanismus der Selbstzerstörung ausbauen. Dies geht nur, wenn dafür gesorgt wird, daß die Anreizsysteme im marktwirtschaftlichen und sozialen Bereich unserer Wirtschaftsordnung nicht völlig konträr sind, sondern in die gleiche Richtung weisen. Das Ziel heißt deshalb nicht Abbau sozialer Leistungen, sondern Verbesserung des Steuerungsmechanismus. Die Lösung kann also nur darin liegen, marktwirtschaftliche und soziale Prinzipien auf einen Nenner zu bringen, die Signale auch im sozialen Bereich so zu stellen, daß Eigennutz und Gemeinnutz nicht ständig kollidieren. Der Sozialstaat könnte dadurch billiger und leistungsfähiger zugleich werden – und in vielen Fällen auch humaner und würdevoller für die Empfänger sozialer Leistungen.

Dabei würde sich herausstellen, daß sich soziale und ökonomische Maßnahmen oft in idealer Weise ergänzen können. Das wäre dann alles andere als ein Zufall, sondern das Ergebnis einer Politik, die ganz bewußt die Spielregeln im sozialen und marktwirtschaftlichen Bereich einander anzupassen versucht. Das Ziel muß in beiden Fällen sein, diejenigen zu begünstigen, die sich nicht nur im Hinblick auf die eigene Interessenlage richtig verhalten, sondern dabei zugleich auch im Sinne des Gemeinwohls handeln. Nachteile davon hätten nur die bisherigen Ausbeuter des sozialen Netzes. Was dies im konkreten Fall bedeuten würde, sollen einige Beispiele veranschaulichen:

● Wenn Krankenhäusern ein »Gewinnanteil« an Kosteneinsparungen eingeräumt würde, den sie nach eigenem Gutdünken verwenden könnten (z. B. für die Anschaffung moderner Geräte, den Bau komfortablerer Schwesternheime, für Prämien oder eine zusätzliche Alterssicherung der Beschäftigten) würde man sich wundern, wie wirtschaftlich plötzlich in vielen dieser und ähnlicher Anstalten gearbeitet würde. Beispiele dafür gibt es genügend, um diese These zu beweisen; zu wenig, um einen ausreichenden Beitrag zur Senkung der Kosten zu leisten. Da allein die sozialen Kassen rund dreißig Milliarden Mark jährlich für Krankenhausbehandlung ausgeben, würden schon zehn Prozent Kostensenkung viel einbringen.

● Wenn grundsätzlich das Prinzip »keine soziale Leistung ohne entsprechende Gegenleistung des Empfängers« eingeführt würde, ließen sich sowohl bei der Sozialhilfe als auch beim Arbeitslosengeld und vielen anderen Unterstützungszahlungen sehr viel leichter die Schafe von den Böcken trennen. Wenn vom Empfänger soziale Dienstleistungen, der Besuch von Fortbildungs- und Umschulungskursen, die Teilnahme an Selbsthilfegruppen und andere Aktivitäten gefordert werden könnten (oder von den bereits bestehenden gesetzlichen Möglichkeiten konsequenter Gebrauch gemacht würde), dann könnten Schwarzarbeiter und alle anderen, die als Trittbrettfahrer des Sozialstaates nur die finanziellen Leistungen abschöpfen wollen, einfach, wirkungsvoll und unter Verzicht auf fragwürdige und meist wenig wirksame Kontrollen daran gehindert werden.

● Auch wenn niemand die genauen Zahlen kennt, so kann doch kein Zweifel daran bestehen, daß die Lohnfortzahlung im Krankheitsfall mißbräuchlich ausgenutzt wird. Die Kosten gehen in die Milliarden. Rund dreißig Milliarden Mark sind es jährlich im Westen Deutschlands. Im Osten kommen bald entsprechende Beträge dazu. Administrativ läßt sich Mißbrauch kaum verhindern. Ausreichende Kontrollen sind weder möglich noch wären sie eine besonders würdevolle und freiheitliche Lösung des Problems. Die oft geforderte Einführung von drei Karenztagen ohne Lohnzahlung ist ungerecht gegenüber denjenigen, die nach jahrelanger Pflichterfüllung wirklich einmal krank werden und dann für die mißbräuchliche Ausnutzung der Lohnfortzahlung durch andere mitbestraft würden. Wenn aber im Zuge der ohnehin diskutierten Arbeitszeitverkürzung drei »Verfügungstage«

pro Quartal eingeführt würden (siehe Kapitel 8), die jeder Arbeitnehmer nach eigener Wahl als zusätzliche bezahlte Urlaubstage nehmen kann, ließe sich das Problem auf elegante Art lösen. Die ersten drei Tage einer Krankheit könnten nämlich dann auf die Verfügungstage angerechnet werden. »Blaumachen« würde sich nicht mehr lohnen, zugleich würden aber auch diejenigen nicht mitbestraft, die bisher verantwortungsvoll gehandelt haben. Denn da es sich bei den »Verfügungstagen« um eine neue Form handelt, wird kein Besitzstand geschmälert.

● Wer heute eine billige Sozialwohnung hat, räumt sie auch dann nicht, wenn sie nach dem Auszug der Kinder zu groß geworden ist. Die Allgemeinheit subventioniert diese Bewohner auch weiterhin. Bei einer Umstellung auf Marktmieten und an der Einkommenshöhe und der Kopfzahl bemessenen direkten Mietkostenzuschüssen hätten die Mieter dagegen selber ein Interesse daran, sich eine angemessenere Wohnung zu suchen, wenn die Voraussetzungen für die Unterstützung durch die Allgemeinheit weggefallen sind.

Der marktwirtschaftliche Sozialstaat

Würde unser soziales System konsequent daraufhin untersucht, wo überall Regelungen eingeführt werden könnten, durch die Empfänger sozialer Leistungen dazu angehalten werden, sich nicht konträr zum Gemeinwohl zu verhalten, könnte am Ende eine im richtigen Sinne des Wortes Soziale Marktwirtschaft oder – anders ausgedrückt – ein marktwirtschaftlicher Sozialstaat statt des auf Vergeudung und Mißbrauch programmierten Wohlfahrtsstaates stehen. Dieser Umbau hätte dann – was eigentlich das wichtigste Ziel dieser Reform sein sollte – natürlich Auswirkungen auf das Verhalten der Menschen. Da sie zum sinnvollen Gebrauch der sozialen Leistungen im eigenen Interesse angehalten würden, wäre mit einer fühlbaren Kostenreduzierung zu rechnen. Um deutlich zu machen, welche Größenordnungen dies betrifft, soll hier unterstellt werden, daß es zunächst nur gelingen würde, durch Rationalisierungen im sozialen Bereich eine Einsparung von fünf Prozent der im Sozialbudget zusammengefaßten Leistungen von rund 600 Milliarden Mark im Jahr zu erreichen. Das ist angesichts der Konstruktion des sozialen Systems und der großen Vergeudung in vielen seiner Institutionen alles andere als eine übertriebene Annahme. Ähnliche Einsparungen müßten im Bereich der Subventionen durchgesetzt werden. Die Summe von etwa 60 Milliarden Mark, die so frei würde, entspricht in ihrer Größenordnung immerhin fast der Hälfte der gesamten Lohnsteuer und ziemlich genau den Einnahmen des Staates aus der Mehrwertsteuer. Sie ist etwa doppelt so hoch wie das Aufkommen aus der veranlagten Einkommensteuer oder aus der Gewerbesteuer, der Mineralölsteuer beziehungsweise der Kapitalertragsteuer. Und sie entspricht den Beträgen, die in den Anfangsjahren für eine rasche Umgestaltung der DDR als intensive Transferleistung benötigt werden.

Diese Größenvergleiche machen deutlich, um wieviel die Bürger entlastet werden könnten, wenn die gegenseitige Ausbeutung endlich beseitigt würde, zu der der Wohlfahrtsstaat letzten Endes führt. Eine solche Entlastung würde aber auch bedeuten, daß die Fähigkeit des einzelnen, für sich selber zu sorgen, entsprechend gestärkt würde. Daraus ergibt sich wieder – in einer zweiten Runde – die Möglichkeit, noch mehr Verantwortung in den privaten Bereich zurückzuverlagern.

Der einzelne Bürger wird so mehr und mehr in die Lage versetzt, selber zu entscheiden, wie er sich durch eigene Vorsorge und Versicherungen gegen die Risiken des Lebens absichert. Er könnte sich so einen Bereich schaffen, der gegen politische Willkür abgesichert ist. Heute dagegen hat er die soziale Sicherung zwar ebenso zu finanzieren – und die dazu gehörende Bürokratie obendrein – muß aber alle Veränderungen im Rentenrecht oder bei der Krankenversicherung, eine Senkung der Leistungen in der Arbeitslosenversicherung und in vielen anderen Bereichen hinnehmen, weil die Verwendung der Mittel, die er zur Verfügung stellen muß, seiner Kontrolle völlig entzogen sind.

Würde der Staat seine Bürger endlich aus der Vormundschaft entlassen und ihnen schrittweise die Verantwortung für ihre soziale Sicherheit – und die dazu notwendigen Mittel – zurückgeben, könnten viele Arbeitnehmer zu ihrem Erstaunen feststellen, daß sie sich sehr gut selber helfen können. Sie sind zu einem großen Teil bei vorübergehender Arbeitslosigkeit im Alter oder bei einem Krankheitsfall nur deshalb auf öffentliche Hilfe angewiesen, weil der sich als guter Samariter gebärdende Staat sie vorher so geschwächt – nämlich um ihr selbstverdientes Geld gebracht – hat.

All dies läßt sich aber nicht erreichen, wenn immer nur dann, wenn die Kassen leer sind, mehr oder weniger planlos und vorzugsweise bei den politisch schwächsten Gruppen der Hobel angesetzt wird. Es kann nur in einer sinnvoll gestalteten sozialen Ordnung gelingen, in der Soziale Marktwirtschaft und marktwirtschaftlicher Sozialstaat zu den zwei Seiten einer Medaille gehören.

Fazit

Eine dauerhafte Sanierung des sozialen Systems kann nur dann erreicht werden, wenn die Widersprüche zwischen dem marktwirtschaftlichen und sozialen Bereich unserer Wirtschaftsordnung aufgehoben werden. Dann wird sich nämlich ebenso wie am Beispiel der Güterproduktion zeigen, daß liberale Ordnungsprinzipien den sozialistischen weit überlegen sind. Der Wohlfahrtsstaat hat sich als eine Fehlkonstruktion erwiesen. Aber das heißt noch lange nicht, daß auch die humanistischen Motive, die dahinter standen, falsch oder überholt sein müssen. Im Gegenteil. Deshalb besteht die Aufgabe auch nicht schlicht darin, zu streichen und zu kürzen, sondern Marktwirtschaft und Sozialstaat miteinander zu versöhnen. Sie müssen sich gegenseitig stützen, statt sich wechselseitig zu zerstören. Das geht nur, wenn in beiden Bereichen identische statt widersprüchliche Ordnungsprinzipien und Anreizsysteme herrschen. Reformen in dieser Richtung waren schon seit langem überfällig. Seit Öffnung der Mauer sind sie lebensnotwendig. Wenn schon die Bundesbürger immer hemmungsloser in die sozialen Kassen greifen, was werden erst die Bürger im Bereich der ehemaligen DDR angesichts ihrer so viel schlechteren materiellen Lage tun – wenn wir nichts tun?

Das größere Europa

11
Zwischen Staub und Sternen

In den letzten hundert Jahren sei etwas Merkwürdiges im Bewußtsein der Europäer geschehen, behauptet der Bonner Gesellschaftswissenschaftler Meinhard Miegel. Das Geschäft und der ökonomische Erfolg seien in den Vordergrund aller Überlegungen gerückt, hätten privat und öffentlich jedes andere Ziel verdrängt. Die wirtschaftliche Leistungskraft sei zum Kern aller individuellen, kollektiven und nationalen Bestrebungen geworden, zum Stolz der Nation. Im Vergleich dazu zählten kreative Muße, religiöse Meditation, sozialer Friede oder Gerechtigkeit – alles große Ideale der europäischen Geschichte – wenig. Auch für Karl Marx sei die Steigerung der Produktivität der zentrale Punkt seines Denkens gewesen. Für ihn sei die volle Nutzung des technischen Fortschritts nur denkbar gewesen, wenn nicht eine Minorität, sondern die Masse der Arbeiter zum Eigentümer der Produktionsmittel würde. Lenin war von diesem – wie sich schließlich zeigte, falschen – Gedanken so fasziniert, daß er im Jahr 1920 Kommunismus schlicht so definierte: Elektrifizierung plus Sowjetmacht.

Miegel ist der Meinung, daß auch die westlichen Staaten jahrzehntelang nur den ökonomischen Erfolg als Ziel und Maßstab aller Dinge gekannt hätten. Sie seien ohne Zweifel erfolgreicher, hätten dabei aber eine Gesellschaft geschaffen, die um alle anderen Werte weitgehend beraubt wurde.*

Das ist sicher überzogen und berücksichtigt nicht, daß sich in früheren Jahrhunderten immer nur eine kleine Minderheit den Luxus von

---

* Meinhard Miegel: Germany and Europe undivided, Vortrag anläßlich der 40. Königswinter Conference, März 1990 in Cambridge/England.

Muße und Kontemplation, Bildung und sozialer Sicherheit leisten konnte. Alle anderen lebten kaum besser als Tiere. Der materielle Erfolg dagegen hat neben dem Massenwohlstand auch Bildung und Kultur, umfassende Gesundheitsfürsorge und andere früher exklusive Güter demokratisiert. Dennoch ist Miegels Kritik nicht völlig unbegründet. Tatsache ist zudem, daß viele Menschen diese Sicht der Dinge teilen, die starke Ausrichtung auf den ökonomischen Erfolg innerlich ablehnen. Sie genießen den materiellen Wohlstand und wollen ihn trotz aller Kritik im Ernst nicht missen. Aber sie spüren auch die Defizite einer Gesellschaft, in der es wenig oder gar keine gemeinsamen Ideale und von allen akzeptierte Zielvorstellungen mehr gibt.

Kann man ohne Ideale leben? Diese selbstgestellte Frage beantwortete der Publizist Jürgen Eick im Jahre 1970 in der *Frankfurter Allgemeinen Zeitung* so: »Natürlich kann man ohne Ideale leben. Millionen Menschen tun es jedenfalls – Wanderer zwischen Staub und Sternen, denen der Himmel verlorengegangen ist... Wölbt sich kein Firmament mehr über unseren Alltag? Fast scheint es so.« Und obwohl damals die staatliche Einheit der Deutschen in unerreichbarer Ferne zu sein schien, könnte der folgende Gedanke auch für die neunziger Jahre gelten, zumindest eine der Möglichkeiten beschreiben, die vor uns liegen: »Man muß sich ernsthaft fragen, was hält die Deutschen eigentlich noch zusammen, wenn es außer der dürren staatlich-juristischen Klammer nichts gibt, das bindet? Bleibt nur eine Art von wenig geliebtem, vielleicht sogar verachtetem ›Wohlstandsverein auf Gegenseitigkeit‹, bei dem jeder seinen Obolus entrichtet und dafür Prosperität einhandelt? Viele Menschen mögen dies empfinden, spüren das Vakuum, leiden darunter und suchen sich Ersatzideale.«*

Der große Frust

Das war in der Tat, insbesondere in den siebziger Jahren, der Fall. Die traditionellen Organisationen und Institutionen wie Kirchen, Gewerkschaften oder Parteien, die ihrer jeweiligen Klientel den Weg

---

* Jürgen Eick: Als noch Milch und Honig flossen, Erinnerungen an die Marktwirtschaft, Stuttgart 1982, S. 78.

zeigten, ihnen Glaubensinhalte, Kampfziele oder Ideale vermittelten und manchmal die Sterne vom Himmel zu holen versprachen, verloren an Einfluß und Glaubwürdigkeit. Eine wachsende Zahl von Menschen meinte zwar, auch ohne Anleitung von oben durchs Leben zu kommen. Hoher Bildungsstand, soziale Sicherheit, Meinungs- und Informationsfreiheit, Mitbestimmungsrechte in Politik und Gesellschaft ließen die Schar der mündigen Bürger wachsen, die keinen Vormund mehr brauchen. Aber nicht alle Menschen kommen mit soviel Freiheit zurecht, können darauf verzichten, daß ihnen von einer Autorität die Leitlinien für ihr Denken und ihren Lebensweg gezeichnet werden. Sie werden überfordert, wenn zuviel Neues auf sie einstürmt und niemand ihnen sagt, was sie davon zu halten haben. Andere – vor allem junge Menschen – sahen in den siebziger Jahren keine lohnenden Aufgaben mehr, konnten allein im Streben nach stetigem Wirtschaftswachstum, Preisstabilität und regelmäßigen Lohnsteigerungen kein Lebensziel erblicken. Freiheit und Wohlstand waren Selbstverständlichkeiten geworden, für die zu kämpfen es sich nicht mehr zu lohnen schien.

Deshalb hatten und haben Gurus jeder Art regen Zulauf. Da entstanden und wucherten die Jugendsekten, manche von ihnen mit kriminellem Hintergrund. Die Führer dieser meist international tätigen Organisationen schrecken selbst vor Methoden der Gehirnwäsche nicht zurück, um ihre Anhänger zu kritiklosen und leicht steuerbaren Werkzeugen zu machen. Doch auch im Kreis der Erwachsenen finden Heilsbringer, die ihren Anhängern Balsam für die kranke oder suchende Seele versprechen und ihnen dafür oft das Vermögen nehmen, ihre Klientel. Baghwan und andere Ersatzheilige im fernen Indien übten nicht nur auf frustrierte Sekretärinnen, arbeitslos gewordene Königinnen oder orientierungslose Jugendliche eine magische Anziehungskraft aus. Auch sogenannte Erfolgstypen aus der Werbewirtschaft oder den Medien folgten dem Ruf der neuen Weisen aus Indien. Nach dem Motto »warum in die Ferne schweifen, denn der Guru ist so nah« fand aber auch derjenige, der nicht gleich Haus, Familie und Beruf aufgeben mochte, um nach dem Sinn des Lebens zu suchen, in heimischen Gefilden leicht etwas Passendes im breiten Angebot der Ersatzreligionen und Ersatzideale. Die Buchhandlungen füllten sich mit esoterischen Schriften, in den Anzeigenspalten der Zeitungen erschienen immer mehr und immer skurrilere Angebote von Therapeuten, Selbstfindungsgruppen und anderen Seelenchirurgen. Da der emotionale *horror vacui,* die Angst vor dem seelischen Nichts, auch Führungskräften nicht fremd ist, erfreuen sich Zeitgeisterscheinungen wie die New-Age-Bewegung großen Zulaufs aus Managerkreisen. Unternehmensberater, deren Spezialität die Seelenmassage ist, verdienen sich eine goldene Nase, indem sie von Selbstzweifeln geplagte Unternehmer oder Banker innerlich aufrichten, ihnen psychische Hilfe beim Gerangel auf der Karriereleiter versprechen. Wer Managern Erfolg durch neue Formen der Mystik und Meditation in Aussicht stellt, sie durch zeitweilige Askese wieder fit zu machen versucht oder ihnen in entsprechend ausstaffierter Kulisse Sinn-Stiftendes vermittelt, ist selber bald aller materiellen Sorgen enthoben. Denn nicht nur Boris Becker erklärt Mißerfolge gern damit, daß er »mental nicht richtig drauf« gewesen sei.

Nicht nur Balsam für die Seele

Leider sind nicht alle diese Ersatzreligionen und Ideale harmlos oder nur komisch. In einigen westeuropäischen Ländern verfolgen militante politische Bewegungen wie die irische IRA oder die baskische Eta ihre Ziele mit Waffengewalt. Linksradikale Sektierergruppen in Frankreich, Italien und der Bundesrepublik Deutschland erklären der Gesellschaft den Krieg und maßten sich ebenfalls das Recht an, im Namen ihrer Ideale zu töten. Um die nach ihrer Ansicht unterdrückten Massen von den Repräsentanten des »Schweine-Systems« zu befreien, schrecken sie weder vor Raub noch Mord zurück und fanden dennoch eine sie unterstützende Szene von aktiven Helfern und Mitläufern. Selbst die verschiedenen rechtsradikalen Gruppierungen, mit ihren nicht minder wirren Theorien, vagen politischen Zielen und kriminellen Aktionen konnten trotz der grauenvollen Erfahrungen mit dem Faschismus in diesem Jahrhundert in vielen europäischen Ländern Anhänger gewinnen. Aber auch außerhalb des politischen Bereichs verführt der Hang zum Sektierertum oder die Suche nach vermeintlichen Idealen, die sie sonst nirgendwo zu finden glauben, viele Menschen dazu, sich radikalen Gruppierungen anzuschließen, denen zur Durchsetzung ihrer Ziele nahezu jedes Mittel recht ist. Der Anlaß ist dabei oft gar nicht so wichtig und die Motive wechseln. Mal ist es der Kampf gegen die Nutzung der Atomenergie, mal die kompromißlose Ablehnung der Biotechnik oder der Tierschutz, der diesen zur Radikalisierung neigenden Minderheiten die Ersatzideale und die Rechtfertigung liefert. Viele dieser Anliegen sind legitim und brauchen ihre Lobby. Doch im Zeitalter der Ersatzreligionen entarten Interessenvertretungen oft zur Bewegung. Aus dem politischen Dialog wird ein Glaubenskampf; Ideale gerinnen zur Ideologie. Wo Fundamentalisten auftauchen, wird es gefährlich.

Manche dieser Erscheinungen haben die Gemüter erhitzt, zu Unsicherheiten und innenpolitischen Kontroversen geführt, ein Land wie Italien zeitweise an den Rand des Ruins geführt, aber schließlich nirgendwo irreparable Schäden angerichtet. Die verschiedenen politischen »Bewegungen« machen Defizite zwar ebenso deutlich wie die Ersatzreligionen; der Markterfolg der Esoteriker und anderer Produzenten von immateriellen Bedarfsartikeln füllt Lücken; der Zeitgeist weht mal heftig in diese oder jene Richtung – aber einen Flächenbrand konnte er nicht schüren.

Glücklicherweise haben alle westeuropäischen Völker in den siebziger und achtziger Jahren ihre politische Reife und soziale Stabilität bewiesen. Trotz Arbeitslosigkeit und wirtschaftlicher Krisen, trotz des Mangels an Idealen und des Niedergangs mancher alten Institutionen folgten immer nur kleine Gruppen den Radikalen und Propheten, den Ideologen und Verführern. Die Terroristen bleiben ebenso unter sich wie die Anhänger der Hare-Krishna-Sekte oder Baghwans. In ihrer großen Mehrheit blieben die europäischen »Wanderer zwischen Staub und Sternen« schlicht auf dem Boden der Tatsachen. Aber auch wenn sie nach all den bitteren Erfahrungen in der ersten Hälfte des Jahrhunderts den Ideologen nicht mehr in Massen folgen mochten, den Mangel an Zielen, Aufgaben und Inhalten haben viele empfunden. Die Null-Bock-Generation in der Bundesrepublik Deutschland und ähnliche Erscheinungen der Orientierungslosigkeit in vielen anderen Ländern und sogar im Volksheim Schweden waren Symptome einer oft schmerzlich empfundenen Sinnlosigkeit.

Dabei hat es auch in den siebziger Jahren nicht an großen Aufgaben gefehlt. Die Jugend stand keineswegs vor einer Welt, in der es nichts mehr zu tun gab, weil sie ihnen von den Vätern fertig hinterlassen wurde. Hilfe für die Dritte Welt und Umweltschutz zeichneten sich bereits als Jahrhundertaufgabe ab. Doch die ältere Generation und vor allem die Politiker konnten diese Ziele nicht vermitteln. Jürgen Eick sah in einer Zeit, in der für die Mehrzahl der Menschen nur noch die »sogenannten Realitäten des Lebens zählen: Beruf, Ehe, Kinder, ein Auto, Ferienreisen, ein Häuschen« immer noch einen »Lichtblick« in der europäischen Idee: »Nichts hat nach dem Krieg so gezündet wie die politische Forderung nach einer Einigung Europas. Die Begeisterung, mit der damals die Grenzbarrieren niedergelegt wurden, war echt und aufrichtig, besonders bei der Jugend. Aber nun haben sich seit vielen Jahren die Bürokraten der Brüsseler Behörden dieser Idee bemächtigt. Europa präsentiert sich in kleinkarierten Sachdebatten. Aber der europäische Gedanke lebt, und die Einigung macht unentwegt Fortschritte. Im Grunde sind wir mit der europäischen Integration viel weiter, als die ewigen agrarpolitischen Querelen vermuten lassen. Solche Prozesse brauchen freilich Zeit.«*

Geschrieben wurden diese Worte in einer Zeit, in der von der europäischen Idee tatsächlich nicht mehr viel Faszination ausging, als sie in Milchseen zu ertrinken und unter Getreidebergen zu ersticken drohte. Politiker, die mehr verwalteten als führten, die von Europa redeten, aber nichts bewegten und Eurokraten in Brüssel, die über immer perfekteren Marktordnungen das eigentliche Ziel zu vergessen schienen, ließen das Kürzel »EG« in den Augen der Bürger dieser Gemeinschaft immer mehr zu einer Chiffre für Bürokratie, nationale Egoismen, Subventionsbetrug und politische Ideenlosigkeit verkommen.

Doch seit Mitte der achtziger Jahre hat sich das Erscheinungsbild der Europäischen Gemeinschaft wieder gewandelt. Vor allem dem französischen Staatspräsidenten François Mitterrand und dem deutschen Bundeskanzler Helmut Kohl ist es zu verdanken, daß die Euro-

---

* Jürgen Eick, ebenda, S. 79.

päer sich wieder konkrete Ziele setzen, Visionen haben dürfen. Mit dem Kommissionspräsidenten Jacques Delors ist überdies zum erstenmal seit den Gründungstagen wieder ein Politiker und kein Verwalter an der Spitze der Brüsseler Behörde, der unermüdlich vorwärtsdrängt, erkennbar politische Ziele setzt. Die Überwindung des europäischen Nationalstaates, Einheit in Vielfalt und ein Wohlstand ohne Grenzen in Europa sind wieder zu konkreten Utopien geworden. Auch die »deutsche Frage«, die so lange als ungelöstes Problem die Entwicklung in Europa überschattete und von vielen Menschen in den Nachbarländern Deutschlands als Bedrohung ihrer Sicherheit und Risiko für die Stabilität des Kontinents empfunden worden ist, kann in einem Europa ohne Grenzen ihre Antwort finden.

Die Vollendung des Gemeinsamen Marktes ist ein Meilenstein auf dem Weg in die europäische Zukunft. Zwar kann niemand sagen, ob die Politiker nicht doch in letzter Minute den Mut verlieren, ob nicht starke Interessengruppen aus kurzsichtigen Überlegungen wichtige Schritte auf dem Weg zu einem Europa ohne Grenzen blockieren, ob nicht ein neu aufflammender Nationalismus dazu führt, daß kleinbürgerlich-chauvinistisches Denken in dem einen oder anderen Mitgliedsland den großen Wurf verhindert. Die rechtsradikalen Strömungen, die nicht nur in Frankreich und der Bundesrepublik zu beachten sind, finden unter anderem ihren Nährboden darin, daß viele Menschen vom Tempo und von der Dimension des Integrationsprozesses überfordert werden. Sie flüchten sich aus Angst vor dem Neuen in die politische Vorstellungs- und Gefühlswelt von Gestern.

Verständnis für die Nachzügler

Diese Gefahr geht insbesondere auch vom Gebiet des ehemaligen SED-Staates aus und könnte leicht ein Echo in dem einen oder anderen EG-Land finden. Deshalb ist es wichtig, bei den Nachbarn Deutschlands rechtzeitig um Verständnis und ein wenig Geduld zu werben: Die Menschen in der DDR werden seit Beginn der neunziger Jahre einem Streß ausgesetzt, wie ihn kein anderes EG-Land bisher erlebt hat. Die Gründungsmitglieder der EWG konnten sich im Laufe von Jahrzehnten an die – zudem von ihnen selbst entwickelten – Spielregeln der Gemeinschaft gewöhnen. Bei den Ländern, die später beitraten, boten nicht nur die langen Jahre, in denen die Beitrittsbedingungen ausgehandelt wurden, schon reichlich Gelegenheit, sich wirtschaftlich und politisch auf die Integration vorzubereiten. Ihnen wurde immer auch eine angemessene Übergangszeit gewährt.

Der andere Teil Deutschlands wird dagegen praktisch über Nacht Vollmitglied. Menschen, die vier Jahrzehnte lang in Quarantäne gehalten wurden, die ihre ersten Übungen in Demokratie gerade absolviert hatten, als sie das bisher noch nie dagewesene Experiment über sie ergehen lassen mußten, daß ihre Währung, ihr Wirtschaftssystem und ihre Rechtsordnung am 1. Juli 1990 um 24.00 Uhr mit dem Glockenschlag gegen ihnen bis dahin völlig unbekannte Regeln ausgetauscht wurden, sind schon damit mehrfach überfordert. Gleichzeitig müssen sie sich aber auch noch ohne vorheriges Training auf dem europäischen Parkett bewegen. Europäisches Bewußtsein kann jedoch nicht einfach transplantiert werden, sondern muß sich entwickeln. Selbst Länder wie Großbritannien oder Dänemark mit ihrer demokratischen und marktwirtschaftlichen Tradition und ihren schon vor dem Beitritt engen Beziehungen zur Gemeinschaft haben Jahre gebraucht, ehe sich in der Bevölkerung und der Verwaltung ein europäisches Bewußtsein entwickelte. Selbst Bundestagsabgeordnete übersehen heute gelegentlich noch, daß bei jedem Gesetzestext, den sie formulieren, die Vereinbarung mit den europäischen Normen beachtet werden muß.

Es gehört deshalb keine prophetische Gabe zu der Vorhersage, daß der individuelle und kollektive Streß, der mit den notwendigen Anpassungsprozessen im östlichen Teil Deutschlands verbunden ist, immer wieder zu Reaktionen führen wird, die vielen »gelernten Europäern« unverständlich sein und oft wenig gefallen werden. Die Ausbrüche von Ausländerfeindlichkeit im Gebiet der DDR waren nur die ersten Symptome für den schwierigen psychologischen Prozeß. Demonstrationen und Streiks, ein zumindest zeitweiliges Erstarken radikaler politischer Gruppierungen oder auch politische Lethargie breiter Schichten der Bevölkerung könnten folgen. Ob es sich um kleine oder größere Eruptionen handelt, ob sie von kurzer oder langer Dauer sind, wird nicht zuletzt vom Verständnis und vom Verhalten der übrigen EG-Bürger abhängen.

Ein Tor, wer solche Gefahren nicht sieht; ein Narr, wer deshalb gleich die Flinte ins Korn werfen wollte. Können wir alle diese Gefahren bannen und den gegenwärtigen Schwung in Europa nutzen, dann haben wir eine Chance, wie sie einer Generation nur selten vergönnt ist, nämlich Zeuge, Mitgestalter und Nutznießer gleich zweier Prozesse von historischer Dimension zu sein: des Sieges von Demokratie und Marktwirtschaft über Diktatur und Planwirtschaft im Osten Europas; im Westen der Überwindung einer tausendjährigen politischen, kulturellen und wirtschaftlichen Zerstückelung des Kontinents. Und jeder kann daran mitwirken.

Es ist wohl auch die letzte Möglichkeit, vor dem Ende des Jahrhunderts noch ein positives Zeichen zu setzen. Denn was sonst könnte in den Geschichtsbüchern als Leistung dieser Generation für die folgenden stehen? Ob die Menschen später unsere materiellen Erfolge so bewundern werden, wie wir sie genießen, ist sehr fraglich. Denn sie gehen einher mit einem Verbrauch und zum Teil auch einer Vergeudung von Energie und Rohstoffen sowie einer Gefährdung der natürlichen Lebensgrundlagen, wie es sie noch zu keiner anderen Zeit in der Menschheitsgeschichte gab.

Aber was heute auch für künftige Generationen geleistet werden kann, ist die Überwindung des Ost-West-Gegensatzes und der Teilung Europas. Es ist der Aufbau von Demokratie und Marktwirtschaft auch in dem Teil des Kontinents, der bisher davon ausgeschlossen war. Es ist die Umlenkung der gewaltigen Mittel, die bisher zum Schutz gegen eine militärische Bedrohung aufgewendet wurden, in den Schutz der Umwelt. In den neunziger Jahren kann zudem im Westen das Fundament für ein geeintes Europa gelegt werden, das allen seinen Bürgern die Möglichkeit gibt, den kulturellen und materiellen Reichtum dieses Kontinents zu genießen, und das die Kräfte zu entwickeln vermag, die zur Lösung der globalen Umwelt- und Bevölkerungsprobleme erforderlich sind.

Fazit

In den siebziger Jahren mag es – zumindest im Bewußtsein vieler Menschen – ein Defizit an Zielen, Aufgaben, Herausforderungen oder Idealen gegeben haben. In den neunziger Jahren kann davon keine Rede mehr sein. Der wirtschaftliche Erfolg der Europäischen Gemeinschaft ist seit Jahren für jeden spürbar. Die Vollendung des Gemeinsamen Marktes wird uns ökonomisch noch einen großen Schritt weiterbringen. Der politische Erfolg kann aber erst eintreten, wenn neben den Unternehmern und Managern alle Bürger der Europäischen Gemeinschaft die großen Fortschritte erkennen, die bereits erzielt wurden und die Chancen nutzen, die die europäische Integration auch in politischer und kultureller Hinsicht bietet. Europa ist bereits ein großer Markt. Durch die Integration der DDR wird er noch ein wenig größer. Aber Europa ist zugleich auch viel mehr als nur ein großer Markt. Zwischen Staub und Sternen muß auch Platz zum Träumen sein.

12
Nicht nur ein Markt...

Die Geschichte Europas ist auch eine Geschichte der Eroberungen und Teilungen, der Ideologien und Kriege. Viele Völker sind im Lauf der Geschichte in diesen Kontinent eingewandert, haben andere verdrängt und sind zum Teil später selber wieder verdrängt worden. Große Reiche – wie das Römische und Deutsche Kaiserreich – wurden mit Waffengewalt geschaffen und sind wieder auseinandergebrochen. Fürstentümer sind durch Heirat oder Krieg zusammengefügt und wieder zerrissen worden. Der Glaube hat Europa vereint und entzweit. Gemeinsam brachen die Ritter zu Kreuzzügen gegen die angeblich Ungläubigen auf. Später versuchten die Vertreter verschiedener Konfessionen einander im Namen der Religion mit Feuer und Schwert auszurotten. Dann ergriff der Nationalismus die Völker und verführte sie dazu, auf dem Schlachtfeld aufeinander einzuschlagen. Franzosen und Deutsche ließen sich sogar einreden, daß ihre Feindschaft von Generation zu Generation weiter vererbt würde. In unserem Jahrhundert sorgten politische Ideologien zusätzlich für Haß und Krieg. Rechte und Linke versuchten sich in Spanien gegenseitig umzubringen. Der Faschismus hat Europa in die größte Katastrophe seiner Geschichte gestürzt; der Kommunismus hat den Kontinent für Jahrzehnte durch einen eisernen Vorhang getrennt und viele seiner Völker verarmen lassen.

Der Geschichtsunterricht war bis zur Mitte des Jahrhunderts fast ausschließlich Kriegsgeschichte. Er bestand vor allem in einer Aneinanderreihung dynastischer und militärischer Daten und Taten. Wann die Herrscher den Thron bestiegen, welche Kriege sie führten und welche blutigen Schlachten sie schlugen, mußte in der Schule gepaukt werden. Daß es außer der Geschichte des gegenseitigen Massenmords auch noch eine Sozial- und Geistesgeschichte gibt, war den Schülern kaum bewußt. Daß auch Kunst und Wissenschaft eine Historie haben, wurde nur am Rande erwähnt. Kaum ein Lehrer kam auf die Idee, den Krieg als Versagen der Politik oder gar als ein Verbrechen hinzustellen. Nicht künstlerische, wirtschaftliche oder wissenschaftliche Leistungen waren der Stolz der Völker, sondern die immer wieder wach gehaltene Erinnerung an ruhmreiche Schlachten und gewonnene Kriege. Daß einem Erfinder oder Entdecker, der die Menschheit von einer Seuche befreit, mehr Anerkennung gebühren könne als einem General, der Tausende von Menschen im Kampf um einen Hügel oder zur Verteidigung der Fahne in den Tod schickt, kam kaum jemand in den Sinn.

Um so bemerkenswerter ist der Wandel im Denken und Fühlen, der sich seither vollzogen hat. Nach dem schlimmsten aller Kriege ist Krieg als Mittel der Politik in Westeuropa undenkbar geworden. Streitigkeiten werden am Verhandlungstisch ausgetragen und schlimmstenfalls vom Europäischen Gerichtshof entschieden. Niemand würde auch nur im Traum daran denken, seinen Forderungen durch die Entsendung von Kanonenbooten oder gar durch eine Mobilmachung Nachdruck zu verleihen. Wer solche Gedanken laut werden ließe, würde sich allenfalls der Lächerlichkeit aussetzen oder könnte nach seinem Geisteszustand befragt werden. Soweit ist Krieg als Mittel der Politik in Europa schon aus unserem Vorstellungsvermögen verschwunden, daß niemand diesen Wandel auch nur würdigt. Dabei ist es nicht einmal ein halbes Jahrhundert her, daß Waffengewalt bittere Realität in Europa war. Außerhalb der EG ist ein derartiges Denken noch lange keine Selbstverständlichkeit – weder im Nahen Osten, noch in Afrika, Mittel- und Südamerika oder in weiten Teilen Asiens.

So selbstverständlich, daß es niemand bemerkt

Daß Westeuropa nach den jahrhundertelangen Feindschaften, dem Mißtrauen und Kriegen, nach all der religiösen und politischen Intoleranz heute so selbstverständlich und unumkehrbar zu einer Friedenszone geworden ist, gehört sicher zu den größten Errungenschaften der Gemeinschaft und ist noch viel bedeutsamer als alle ihre ökonomischen Erfolge.

Aber auch sonst tut sich jenseits von Angebot und Nachfrage vieles, was noch für unsere Großväter reine Utopie gewesen wäre. Das beginnt mit der Selbstverständlichkeit, mit der junge EG-Bürger heute in jedes Land der Gemeinschaft reisen, dort nicht nur ihre Ferien verbringen, sondern auch studieren und arbeiten können. Ehen zwischen Angehörigen der verschiedenen Nationalitäten sind heute ebenso selbstverständlich wie Investitionen und die Schaffung von Arbeitsplätzen im Nachbarland. Nicht nur Produkte werden ausgetauscht, sondern auch Manager, Künstler und Wissenschaftler. Europäer bauen zusammen den Airbus und schicken gemeinsam Raketen ins All. Sie betreiben seit vielen Jahren gemeinsame Forschungseinrichtungen und begreifen langsam, daß sie auch nur gemeinsam die Umwelt schützen können. Sie bemühen sich bei internationalen Konferenzen um eine einheitliche Haltung. Sie haben den gleichen Paß, in dem der Hinweis, daß es sich um einen Bürger der Gemeinschaft handelt, größer gedruckt ist als die Angaben über die Nationalität des Inhabers. Es wird darüber nachgedacht, ob es nicht sinnvoll sein könnte, in bestimmten Ländern die Botschaften gemeinsam zu betreiben. Bei den Paß- und Zollkontrollen arbeiten Beamte der jeweiligen Grenzländer schon lange unter gemeinsamen Dächern. Jedes Mitgliedsland muß neue Gesetze daraufhin überprüfen, ob sie sich mit dem Recht der Gemeinschaft vereinbaren lassen und alte Vorschriften entsprechend abändern.

Eine große Schranke ist allerdings immer noch geblieben: die Sprachbarriere. Bürger der USA, die vom Atlantik an den Pazifik reisen oder von Alaska nach Texas, haben keine Probleme, sich untereinander zu verständigen. Ob sie sich im eigenen Land oder sonst irgendwo auf der Welt treffen, ob sie im Süden oder Norden ihres Bundesstaates studieren, arbeiten oder den Ruhestand genießen wollen, ob sie telefonieren, Radio hören oder den Fernseher einschalten, Zeitungen oder Bücher lesen – es gibt nie ein Verständigungsproblem. Ganz anders innerhalb der Gemeinschaft. Wenn ein Däne und ein Portugiese, ein Niederländer oder Grieche geschäftlich oder privat zusammentreffen, können sie sich – wenn überhaupt – meist nur in einer dritten Sprache unterhalten. Die Möglichkeiten, im Urlaub nicht nur Landschaft und Klima des Gastlandes zu genießen, sondern auch mit den dort lebenden Menschen in Kontakt zu kommen, sind deshalb meist gering. Der Entschluß, sich in einem anderen Land der Gemeinschaft einen Arbeitsplatz zu suchen, fällt deshalb ebenfalls oft schwer. Die Chance, ihn zu bekommen, ist zudem gering, wenn man die Landessprache nicht beherrscht.

»So oft ist man Mensch«

Die Vielfalt der Sprachen ist ein Ausdruck der Vielfalt der Kulturen. Niemand kann und will daran etwas ändern. Ändern kann man nur etwas an der Sprachlosigkeit. Auch wenn die Erkenntnis des habsburgischen Kaisers Karl V. »soviel Sprachen man spricht, so oft ist man Mensch« nicht zum allgemeinen Leitbild werden kann, weil nicht jeder so sprachbegabt ist, wie es dieser hochgebildete mittelalterliche Monarch war, ein wenig mehr (europäischer) Mensch könnten die EG-Bürger schon werden. Doch ausgerechnet in einer Zeit, in der dies wichtiger wäre als jemals zuvor, wird der Sprachunterricht an den Schulen eher eingeschränkt als intensiviert. Aber selbst ein besserer und nachdrücklicher betriebener Sprachunterricht kann nur die Basis sein. Wer nicht zumindest eine gewisse Zeit in einem der Nachbarländer gelebt und gearbeitet hat, dem wird die Sprache, Kultur und Mentalität der Nachbarn nie ganz vertraut sein. Ein paar Urlaubswochen am Strand helfen da wenig und tragen manchmal sogar dazu bei, Vorurteile auf seiten der Gäste wie der Gastgeber zu verstärken. Touristen *en masse* leisten selten einen Beitrag zur Völkerverständigung.

Wirklich sinnvoll wäre nur ein intensiver Austausch auf allen Stufen der beruflichen Leiter und in allen Bereichen des täglichen Lebens. Je weniger dies in Gruppen und je mehr es auf individueller Basis geschieht, um so besser ist die Wirkung. Schüler sollten nicht nur Klassenreisen machen, sondern im Laufe ihrer Schulzeit wenigstens einmal für ein paar Wochen oder besser Monate im Austausch bei Gastfamilien sein. Kein Lehrer sollte mehr eine feste Anstellung bekommen, wenn er nicht nachweist, daß er zumindest ein Semester in dem Land studiert oder gearbeitet hat, dessen Sprache er unterrichtet. Noch besser wäre es, wenn die Schulbehörden systematisch danach streben würden, etwa ein Drittel der jeweiligen Sprachlehrer mit Festanstellung oder Zeitvertrag aus dem Ausland zu holen. Deutsch-, Französisch-, Englisch- oder Spanischlehrer könnten nicht nur für eine festgelegte Zeit die Stellen tauschen, sondern auch die Wohnungen. Einkommenszuschläge und schnellerer beruflicher Aufstieg könnten davon abhängig gemacht werden und so die Bereitschaft zur Mobilität fördern.

Weit mehr könnte auch auf der Ebene der Universitäten getan werden, um im Austausch Studienplätze und Lehrpersonal zur Verfügung zu stellen. Beispielhaft sind die Fachhochschulen Reutlingen und Münster mit ihren jeweiligen Partnerinstituten in Großbritannien, Frankreich oder Spanien. Sie bieten nicht nur eine auf europäische Bedürfnisse zugeschnittene betriebswirtschaftliche Ausbildung und haben ein Kontingent an Studienplätzen für Bewerber aus anderen Partnerländern. Fester Bestandteil ihres Programms ist neben dem Sprachunterricht auch, daß jeweils die Hälfte der Studienzeit an einer der anderen Hochschulen verbracht wird. Am Ende stehen dann ein doppelter Studienabschluß, der gemeinsam von Lehrern beider Hochschulen festgestellt wird sowie fundierte Sprachkenntnisse, einschließlich der für den Beruf wichtigen Fachsprache. Es überrascht nicht, daß sich keiner der Absolventen Sorgen um einen Arbeitsplatz machen muß. Ein ähnliches Konzept haben die private European Business School im Rheingau sowie die privaten Europäischen Hochschulen in Koblenz und Berlin zusammen mit ihren jeweiligen europäischen Schwesterinstituten. Warum entwickeln staatliche Universitäten und technische Hochschulen nicht ähnlich intensive Programme?

Nicht nur schießen lernen

Es gibt aber keinen Grund, einen solchen europäischen Ringtausch auf Hochschulen zu beschränken. Bei jungen Bankkaufleuten oder Handwerkern könnte ebenso ein Teil der Ausbildung in Partnerländer verlagert werden wie bei Schwesternschülerinnen an Krankenhäusern. Zeitungen und Fernsehanstalten könnten junge Redakteure austauschen, Versicherungen und Industrieunternehmen nicht nur

Führungskräfte, sondern auch junge Arbeiter und Sekretärinnen zu Tochtergesellschaften oder guten Geschäftspartnern schicken. Das würde nicht nur die eigenen Mitarbeiter motivieren; es würde später auch die Kooperation mit dem Kunden oder den Kollegen in der Niederlassung erleichtern. Dies alles gilt in ganz besonderem Maße auch für Deutsche aus der DDR. Wenn ihnen das Einleben in Europa und der Abbau ihrer Defizite an Weltläufigkeit erleichtert werden soll, dann müssen sie nicht nur im Westen Deutschlands studieren und arbeiten, sondern auch voll in den europaweiten Austausch einbezogen werden.

Eine leider bisher kaum genutzte Möglichkeit wäre auch, beim Militärdienst das Unvermeidliche mit dem Nützlichen zu verbinden. Wenn jede Armee es sich zum Ziel setzen würde, daß mindestens zehn Prozent der Rekruten aus anderen Ländern der Gemeinschaft stammen sollten, würde dies für den Abbau der Sprachbarrieren und der immer noch vorhandenen Berührungsängste viel leisten. Manchem jungen Mann könnte so auch das Gefühl vermittelt werden, daß ihm der Wehrdienst doch etwas eingebracht hat. Verlorene Zeit wäre ein einjähriger Wehrdienst im Ausland nach der Grundausbildung im Heimatland gewiß nicht. Das gleiche gilt für junge Beamtinnen und Beamte – gleichgültig, ob sie bei der Polizei, der Post oder der Bahn arbeiten, beim Zoll oder an anderen Stellen der Verwaltung tätig sind. Sprachkenntnisse und Erfahrungen bei einer anderen ausländischen Behörde kämen auch den jeweiligen staatlichen Arbeitgebern zugute.

Was in der kleinen Schweiz möglich ist, muß auch für das größere Europa angestrebt werden: Erhalt der vielfältigen Sprachkultur und gleichzeitig Überwindung der Barrieren, die dadurch entstehen. Die Uneinigkeit und Zerrissenheit Europas hat über Jahrhunderte viel Elend und Leid erzeugt. Aber sie hat auch eine kulturelle Vielfalt möglich gemacht, die heute zu den Reichtümern des Kontinents gehört. Voll erfahren und genießen kann sie aber nur, wer zu Kontakten über die Grenzen fähig ist.

Dreck kennt keine Grenzen

Europäisches Denken muß sich auf alle Gebiete des Lebens erstrekken. Nicht nur die Unternehmen müssen heute in den Dimensionen des Gemeinsamen Marktes denken, sondern auch die Bildungseinrichtungen, die Städte und Gemeinden oder die Verkehrsplaner. Bei Schienenwegen und Straßen muß die zukünftige Entwicklung des Verkehrs in Ost-West-Richtung über die DDR hinaus beachtet werden. Bei der Projektierung von Schnellbahnen darf nicht nur an die Linie Frankfurt–Köln gedacht werden. Auch aus deutscher Sicht viel wichtiger könnte eine Strecke von Berlin über Paris nach Madrid sein sowie eine Schnellverbindung von Kopenhagen nach Rom über München und Mailand.

Ohne ein Denken in europäischen Dimensionen wird auch kein wirkungsvoller Umweltschutz möglich sein. Es hilft wenig, schädliche Produkte und Verfahren in einem Land zu verbieten, wenn in anderen Regionen Europas die Produktion zum Ausgleich erhöht wird. Die Sanierung der Böden und Flüsse in der DDR geht alle Europäer an, weil der Dreck sonst in der Nord- oder Ostsee landet. Und große Anstrengungen in Deutschland reichen nicht aus, solange allein die Schadstoffe aus Polen genügen, um die Ostsee in ein totes Meer zu verwandeln oder die Briten die Nordsee weiter als Müllkippe nutzen.

Der Schutz des noch erhaltenen Waldes in Spanien, Portugal und Italien oder große Aufforstungsprogramme für die Südländer der EG müssen als europäische Aufgabe betrachtet werden, weil die Lebensqualität auf dem gesamten Kontinent davon abhängt. Die Rettung von Adria und Mittelmeer durch das Verbot schädlicher Einleitungen und den Bau moderner Kläranlagen ist ebenso Sache der Deutschen, Dänen oder Niederländer wie der Griechen, Italiener oder Portugiesen. Denn da Millionen Menschen aus dem Norden ihren Urlaub gern unter südlicher Sonne verbringen oder die Fische und Meeresfrüchte dieser Region zu schätzen wissen, sind sie von der Verseuchung des Mittelmeeres nicht nur unmittelbar betroffen; sie sind auch Mitverursacher. Der Tourismus belastet heute angesichts seines Massencharakters und der auch weiterhin hohen Wachstumsraten dieser Branche die Natur mehr als mancher Industriezweig.

Aber selbst bei Umweltproblemen, die auf den ersten Blick nur von lokaler oder regionaler Bedeutung zu sein scheinen, zeigt sich meist, daß sie in Wirklichkeit europäische Dimensionen haben. So haben zum Beispiel selbst die Methoden, mit denen in Italien, Großbritannien oder Deutschland die Müllberge beseitigt werden, vielfach auch Rückwirkungen auf die Partnerländer. Das ist ganz offensichtlich, wenn ein Teil der Abfälle schlicht ins Meer gekippt wird. Aber es trifft auch zu, wenn durch Verbrennung die Luft mit Staub und Giftstoffen belastet wird. Selbst ein Abladen auf Halden kann über die Gewässerbelastung oder die Zerstörung der Landschaft materielle oder ästhetische Schäden anrichten, von denen auch Menschen betroffen sind, die weitab leben. Der Dreck, der ins Meer geschwemmt oder von Schiffen verursacht wird, verdirbt Millionen Touristen den Urlaub, wenn sie die Füße voller Teer haben, in den Dünen zwischen Plastikabfällen und anderen angeschwemmtem Unrat liegen oder beim Schwimmen mit treibenden Einkaufstüten, Kunststoffolien und sonstigem Wohlstandsmüll kämpfen müssen – oder ihnen das Badevergnügen durch eine Algenpest ganz vergällt wird.

Die Fernwirkung von Umweltsünden ist noch gravierender, wenn Schwermetalle und andere giftige Abfallstoffe in Gewässer eingeleitet werden. Denn viele der großen Flüsse Europas fließen durch mehrere Länder und in jedem Fall tragen sie mit ihrer Schmutzfracht zur Verseuchung der Meere bei. Solange die Weichsel nicht nur ein toter, sondern ein todbringender Fluß ist, weil alle Abwässer, Fäkalien und industriell genutztes Wasser der an ihren Ufern liegenden polnischen Städte ungeklärt hineinfließen, ist die Ostsee nicht zu retten. Giftstoffe, die Schweizer, Franzosen und Deutsche in den Rhein einleiten, bedrohen nicht nur in diesen Ländern selbst die Trinkwasserversorgung von Millionen Menschen, die am Ufer dieses Stroms leben. Sie verursachen auch kaum kalkulierbare Schäden in den Niederlanden, wo der giftige Schlamm, der in die Hafenbecken gespült wird, auf Sonderdeponien gelagert und das Wasser für Industrie und Landwirtschaft mit hohem Aufwand gereinigt werden muß. Dem Kampf gegen die drohenden Klimaveränderungen schließlich kann sich überhaupt niemand mit dem Hinweis verschließen, das gehe ihn nichts an oder er sei davon nicht betroffen. Denn die – möglicherweise katastrophalen – Folgen werden nicht nur in ganz Europa, sondern weltweit zu spüren sein.

Je nach dem Grad der Betroffenheit – oder der Einsicht – wird das eine oder andere Partnerland den Vorreiter bei ökologischen Forderungen und der Realisierung konkreter Maßnahmen zum Schutz der natürlichen Lebensgrundlagen spielen. Aber ein isoliertes Vorgehen wird innerhalb der Europäischen Gemeinschaft in Zukunft immer seltener möglich sein. Denn abgesehen davon, daß der Kampf gegen die schädlichen Abgase von Autos, den Ozon-Killer FCKW oder die Flut von Kunststoffabfällen immer nur von beschränktem Nutzen sein kann, wenn er allein von einem Land geführt wird, ist dies auch aus rechtlichen und wirtschaftlichen Gründen auf die Dauer weder möglich noch sinnvoll. Selbst dann, wenn nationale Gesetze, Verbote und Auflagen nicht gegen Gemeinschaftsrecht verstoßen, besteht bei jeder isolierten Maßnahme die Gefahr, daß sie zu Wettbewerbsverzerrungen führt. Die Folge ist dann, daß in einem Markt ohne Grenzen entweder die Hersteller in anderen EG-Ländern die Chance nutzen und die entstandene Marktlücke füllen, oder daß die heimischen Unternehmen die verbotenen oder durch Auflagen verteuerten Produktionen einfach dorthin verlagern, wo die Gesetzgebung lascher ist.

Eine Umweltunion ist angesichts der von Tag zu Tag deutlicher werdenden Gefahren deshalb für die Europäische Gemeinschaft mindestens so wichtig wie die Währungsunion oder die Sozialunion. Es wird sicher noch eine gewisse Zeit dauern, bis die Sorge um Natur und Gesundheit und die Einsicht in die Notwendigkeit einer auch ökologisch orientierten Wirtschaftspolitik in den südlichen Partnerländern ebenso verbreitet ist, wie im Norden. Das hängt nicht nur mit einer traditionell anderen Einstellung zur Natur zusammen, sondern ist – wie fast überall auf der Welt – einfach auch eine Folge des geringeren Wohlstandes. Solange die Sorge um den Lebensunterhalt, um eine angemessene Wohnung, einen Arbeitsplatz und eine ordentliche Ausbildung für die Kinder so dominierend sind, wie vielfach in den südlichen Regionen der Europäischen Gemeinschaft, so lange wird der Schutz der Umwelt nur als zweitrangiges Gut gelten. Die Bewohner der reicheren Länder im Norden müssen deshalb nicht nur fordern und predigen, sondern auch finanzielle Opfer bringen, die – wie bei den Hilfen für die DDR – in Wirklichkeit Investitionen in die eigene Zukunft sind. Solange sie über mehr Geld und vielleicht auch mehr Einsicht verfügen, müssen sie zu Vorleistungen bereit sein.

Zu Vorleistungen im eigenen Interesse: Die Erhaltung oder Steigerung der Lebensqualität wird in Zukunft immer mehr zu einer Frage des Umweltschutzes. Freizeit und Einkommen werden weiter wachsen – aber was fangen wir damit in einer gestörten oder zerstörten Umwelt an? Wer möchte in sterbenden Wäldern wandern? Was tun wir, wenn man im Mittelmeer, der Badewanne Europas, wegen akuter Gesundheitsgefahr nicht mehr schwimmen kann? Werden oder wollen wir uns daran ebenso gewöhnen wie heute schon bei den meisten Flüssen? Was nützt ein reich gedeckter Tisch, wenn alles nicht mehr so recht schmeckt oder man sich bei jedem Bissen fragt, was wohl an Schadstoffen darin enthalten ist? Und was bleibt außer alten Fotos von Schlössern, Burgen und Skulpturen, von Kathedralen und stolzen Patrizierhäusern oder einer Stadt wie Venedig, wenn der saure Regen die Steine zerfrißt, die zuvor Jahrhunderte überdauert haben? Urlaub am Meer oder in den Alpen wird viel von seinem Reiz verlieren, wenn die gewohnte Tier- und Pflanzenwelt verschwindet und die Menschen sich vor den gefährlichen Sonnenstrahlen ständig durch Hüte und Brillen schützen müssen, weil die zerlöcherte Ozonschicht diese Funktion nicht mehr erfüllen kann.

»Erst kommt das Fressen...«

Das ideelle und finanzielle Engagement darf nicht einmal an den Grenzen der Gemeinschaft halt machen. Die EG wird neben der politischen und ökonomischen auch eine ökologische Patenschaft für die Staaten Osteuropas übernehmen müssen. Denn so sehr uns die Zerstörung der Regenwälder beschäftigen und die Ausbreitung der Steppen- und Wüstengebiete in Afrika und Asien mit Sorge erfüllen muß – der Dreck vor der eigenen Haustür darf dabei nicht übersehen werden. Was bereits über die Verseuchung der Flüsse, die Vergiftung von Boden und Grundwasser oder die Schadstoffbelastung der Luft in der DDR gesagt wurde, trifft auf andere Staaten des ehemaligen Ostblocks ebenso zu. Während die DDR in der Bundesrepublik und den übrigen Ländern der Europäischen Gemeinschaft aber starke Partner findet, die Kapital und Know-how für die Sanierung zur Verfügung stellen können, sind Polen oder die Tschechoslowakei mit ihren ebenfalls dramatischen Umweltproblemen zunächst auf sich allein gestellt. Die kommunistischen Diktatoren haben dort jedoch ein ebenso verheerendes Erbe hinterlassen wie die SED. Auch in der Sowjetunion sind weite Teile des Landes durch Monokulturen, Überdüngung und maßlosen Einsatz von Pflanzenschutzgiften, durch Absenkung des Grundwasserspiegels und die Umleitung von Flüssen sowie durch gigantische Industriekombinate bis an die Grenze der Unbewohnbarkeit zerstört.

Die Westeuropäer müssen deshalb im eigenen Interesse auch diesen Ländern nicht nur beim Aufbau von Demokratie und Marktwirtschaft, sondern auch im Umweltschutz mit ihren Erfahrungen und mit ihrer Kapitalkraft helfen. Aus eigener Kraft werden es vor allem die Polen angesichts ihrer zerrütteten Wirtschaft noch für lange Zeit nicht können. Denn Brechts bittere Erkenntnis »erst kommt das Fressen, dann kommt die Moral« gilt auch in diesem Fall: Solange die materielle Not nicht beseitigt ist, hat der Umweltschutz keine Chance. Menschen, die hungern und frieren oder den Verlust des Arbeitsplatzes befürchten, leisten sich keine Kraftwerke mit teurer Technik zur Entstickung und Entschwefelung; erst werden Wohnungen gebaut, später vielleicht einmal Kläranlagen; wer sein erstes Auto kauft, wartet nicht bis er sich ein Modell mit Katalysator leisten kann.

Schwerter zu Kläranlagen

Schon innerhalb der Gemeinschaft werden noch viel Geld und noch mehr Einsicht erforderlich sein, um die Probleme zu meistern; noch mehr Kapital wird für den Umweltschutz in den Staaten Europas gebraucht, die bisher ohne jede Rücksicht die Natur ausgebeutet und zerstört haben. Ist das überhaupt zu schaffen? Haben wir nicht alle genug damit zu tun, im eigenen Land, innerhalb der eigenen Staatengemeinschaft die Probleme in den Griff zu bekommen? Wie können wir die Natur erhalten, ohne den Wohlstand zu zerstören? Woher sollen die gigantischen Mittel kommen, die in Osteuropa zur Finanzierung von Kanalisationen und Kläranlagen, zur Umrüstung veralteter

Kraftwerke, zum Ersatz der vielen hoffnungslos veralteten Industrieanlagen erforderlich sind?

Die Abrüstung in Ost und West kommt auch in dieser Hinsicht gerade zur rechten Zeit. Statt weiter Overkill-Kapazitäten aufzubauen, können nun Überlebensstrategien entwickelt werden. Statt Hunderte von Milliarden in einem sinnlosen Rüstungswettlauf zu vergeuden, könnten nun die frei werdenden Mittel für einen gemeinsamen Kampf um Wohlstand und Umweltschutz eingesetzt werden. Wenn die alten Bündnisse ihren Sinn verlieren, kann ein neuer Pakt zum Schutz der Umwelt an ihre Stelle treten. Für viele der hochqualifizierten Wissenschaftler, Techniker und Monteure, die jahrelang immer raffiniertere Waffensysteme ausgetüftelt und gebaut haben, die Hochtechnologie für den Bau von Panzern, Flugzeugen und Raketen nutzten, müssen ohnehin neue Aufgaben und Arbeitsplätze gefunden werden. Ihnen bietet der Umweltschutz eine neue Front, an der sie sich bewähren können. Statt »Schwerter zu Pflugscharen« muß es dann im Zeitalter der landwirtschaftlichen Überschüsse wohl eher heißen: »Schwerter zu Kläranlagen«.

Fazit

Europa ist mehr als nur ein riesiger Marktplatz. Am Ende eines Jahrtausends der Teilungen und blutiger Kriege hat sich die Europäische Gemeinschaft die große Aufgabe gestellt, den Nationalstaat zu überwinden. Krieg als Mittel der Politik gehört im Westen des Kontinents der Vergangenheit an. In den neunziger Jahren bietet sich die unerwartete Chance, diese Friedenszone nach Osten auszudehnen. Wenn es jemals in der Nachkriegszeit eine Periode gab, in der es an Hoffnungen, interessanten Aufgaben und Idealen mangelte, dann ist sie vorbei. Neben den speziellen Aufgaben, die den Deutschen bei der Vereinigung ihres Landes und seiner Integration in die EG gestellt sind, stehen alle Europäer vor großen Herausforderungen und Möglichkeiten. Der »Export« von Demokratie und Marktwirtschaft und die Schaffung von Wohlstand ohne Zerstörung der Umwelt zählen zu den wichtigsten Aufgaben, die im letzten Jahrzehnt vor der Jahrtausendwende bewältigt werden müssen – und können.

13
...aber ein Markt der Superlative

Das Brüssler Europa ist kein Verein von Krämern – auch wenn 1951 zunächst die Gemeinschaft für Kohle und Stahl (Montanunion), dann 1958 die Europäische Wirtschaftsgemeinschaft (EWG) und schließlich die Europäische Atomgemeinschaft (Euratom) gegründet wurden, aus deren Zusammenlegung 1967 die Europäische Gemeinschaft entstand. Die Gründerväter Robert Schuman, Jean Monnet, Alcide de Gasperi, Paul Henri Spaak und Konrad Adenauer suchten nicht in erster Linie nach Absatzmöglichkeiten für Landwirtschaft und Industrie. Sie wollten einen gangbaren und für ihre Völker in den fünfziger Jahren verständlichen Weg finden, Europa politisch zu einigen. Der erste Satz des EWG-Vertrages drückt dieses Ziel klar aus: »In dem festen Willen, die Grundlagen für einen immer engeren Zusammenschluß der europäischen Völker zu schaffen...«

Damit dies nicht nur eine in solchen Verträgen beliebte hehre Floskel blieb und sich die Gemeinschaft nicht wie viele Institutionen nur zu einem Forum für Ministertreffen und schöne aber unverbindliche Reden entwickelte, gaben die Gründer der EWG eine institutionelle Struktur, die bis dahin auf der Welt ohne Beispiel war.

Zwar war die Zeit noch lange nicht reif für einen Bundesstaat, aber die für eine demokratische Gemeinschaft unverzichtbaren Fundamente wurden damals bereits gelegt. Mit der Europäischen Kommission wurde eine Exekutive geschaffen, die gegenüber den Ministerräten ein beträchtliches Eigengewicht entwickeln konnte. Das Europäische Parlament hat ihr gegenüber – allerdings bei weitem noch nicht ausreichende – Kontrollrechte. Der Gerichtshof schließlich kann von jedermann angerufen werden und Urteile fällen, die auch gegenüber den nationalen Regierungen und Gerichten verbindlich sind.

Der Trick, die Europäer bei der Brieftasche zu packen, erwies sich als äußerst erfolgreich. Denn trotz aller Begeisterung für den europäischen Gedanken, die in den fünfziger Jahren vor allem bei der Jugend zu spüren war und ihren Ausdruck im Niederreißen von Schlagbäumen fand, wären die vielen Widerstände auf dem Weg zur wirtschaftlichen und politischen Integration wohl nie überwunden worden. Für die Mitgliedstaaten stand bei einem Scheitern ökonomisch so viel auf dem Spiel, daß schon bald keine Regierung dieses Risiko mehr eingehen konnte. Andere Staaten – wie Dänemark oder Großbritannien – suchten später ebenfalls zunächst aus wirtschaftlichen Gründen den Anschluß an den Club der Erfolgreichen. Auch in den sechs Kernstaaten war nicht jeder Politiker, der den Gründervätern im Amt folgte, automatisch ein engagierter Europäer. Zwar ging es zwischen 1958 und 1970 im großen und ganzen mit der EG recht zügig vorwärts und das zwölfjährige erste Arbeits- und Aufbauprogramm der Gemeinschaft wurde im wesentlichen erfüllt. Doch dann folgte zwischen 1971 und 1984 eine lange und für viele überzeugte Europäer frustrierende Phase der Stagnation, in der es keine klaren politischen Ziele oder ein neues Tätigkeitsprogramm und nur noch wenig Enthusiasmus gab. Bei der Bevölkerung prägte sich vor allem das Bild von Agrarministern ein, die sich nur mühsam von Kompromiß zu Kompromiß hangelten und dabei das bürokratische System des gemeinsamen Agrarmarktes immer unübersichtlicher, widersprüchlicher und teurer machten.

Erst die Idee der »Vollendung des Gemeinsamen Marktes« bis Ende 1992 sorgte wieder für Engagement und Aufbruchstimmung. Zu verdanken ist dies nicht zuletzt dem Mann, der Anfang 1985 an die Spitze der EG-Kommission trat und schon nach wenigen Tagen deutlich machte, daß er aus der Stagnation ausbrechen und der Gemeinschaft neue Ziele setzen wollte. Acht Tage nach seinem Amtsantritt dachte der frühere französische Wirtschaftsminister Jacques Delors vor dem Europäischen Parlament laut darüber nach, ob der Gedanke denn wirklich vermessen sei, »bis 1992 alle innergemeinschaftlichen Grenzen aufzuheben«? Es blieb nicht bei dieser rhetorischen Frage. Unterstützt vor allem von Kohl und Mitterrand setzte Delors sie rasch in ein konkretes Konzept und in einen exakten Fahrplan um. Seither wurde »EG '92« zu einem magischen Datum.

Schon viel erreicht

Dabei ist schon bis Ende der achtziger Jahre viel erreicht worden, was dem einzelnen Bürger über wachsenden Wohlstand und größere soziale Sicherheit unmittelbar zugute kommt. Neben der bereits erwähnten Bewußtseinsänderung, die im Gegensatz zur vorherrschenden Meinung in der ersten Hälfte unseres Jahrhunderts Krieg als Mittel der Politik völlig ausschließt, und einem größeren Gewicht EG-Europas in der Weltpolitik waren es vor allem:

● Die *Zollunion,* die zur Beseitigung aller Zölle zwischen den Mitgliedsländern und einem einheitlichen Tarif an den Außengrenzen führte.

● Der Aufbau des *Binnenmarktes,* der neben der Senkung aller Zölle auf Null zum Abbau aller anderen Handelsschranken und mengenmäßigen Beschränkungen nicht nur für Güter, sondern auch für Personen, Kapital und Dienstleistungen führte, aber in Teilbereichen erst ab 1993 voll verwirklicht wird.

● Die *gemeinsame Handelspolitik.* Das bedeutet, daß nur noch die EG insgesamt Handelsabkommen mit Drittländern abschließt. Überbleibsel aus der Vergangenheit waren nur die nationalen Einfuhrkontingente Frankreichs, Italiens und Großbritanniens gegenüber Japan sowie das Sonderverhältnis von Bundesrepublik und DDR im innerdeutschen Handel, der den SED-Staat zu einem »heimlichen EG-Land« machte. Durch die deutsche Vereinigung wird dies hinfällig.

● Die *gemeinsame Agrarpolitik.* Trotz aller Querelen und der kostspieligen Folgen des europäischen Protektionismus für die Verbraucher und Steuerzahler war die gemeinschaftliche Landwirtschaftspolitik nicht nur ein Extremtraining in europäischer Integration und Kompromißfähigkeit, sondern verhinderte auch einen Subventionswettlauf und eine Abschottung der Märkte gegen landwirtschaftliche Einfuhren aus anderen EG-Ländern, die sonst unvermeidlich gewesen wären.

● Die *Wettbewerbspolitik,* die auf diesem Feld zu einem besonders ausgeprägten Gemeinschaftsrecht führte. Denn das Wettbewerbsrecht der EG gehört zu den strengsten in der Welt, weil anders gleiche Startchancen für alle Unternehmen nicht zu verwirklichen sind. Abgesehen von bewußten Ausnahmen für Kleinbetriebe oder politisch erwünschten Formen der Zusammenarbeit, sind Kartelle streng verboten. Generell untersagt sind auch Staatssubventionen, wenn sie nicht regionalpolitisch erwünscht sind oder Krisenbranchen gelten. Sie müssen aber auch dann dem Beihilfenkodex entsprechen und von der Kommission genehmigt werden. Verstößt ein Land gegen die Regeln, muß das Unternehmen die zu Unrecht empfangenen Alimente zurückzahlen – so wie dies mit Nachdruck von der Kommission bei den Milliardensubventionen gefordert wird, mit denen die Regierung in Paris den Staatskonzern Renault gepäppelt hat.

● *Freizügigkeit* für Arbeitskräfte aus anderen Ländern der Gemeinschaft. Jeder EG-Bürger darf seit 1968 ohne Einschränkungen in jedem Partnerstaat Arbeit annehmen. Das gilt bisher allerdings nur für Unselbständige. Sie können mit ihren Familien umziehen und Löhne und Sozialleistungen in ihr Heimatland überweisen lassen.

● Bereits weitgehende *Niederlassungsfreiheit* für Unternehmen, Selbständige und Freiberufler im ganzen EG-Raum. Die letzten Schranken fallen allerdings erst mit Beginn des Jahres 1993.

● Die *Steuerpolitik,* die immerhin schon so weit harmonisiert ist, daß alle Mitgliedsländer das Mehrwertssteuersystem eingeführt haben. Einheitliche Steuersätze soll es aber erst mit der Vollendung des Binnenmarktes geben, um so das Schmuggeln uninteressant zu machen. Doch dies wird einer der schwierigsten Schritte auf dem Weg zu »EG '92« werden.

● Der *Finanzausgleich* soll dazu beitragen, wenigstens die größten Unterschiede in der wirtschaftlichen Leistungskraft zu mildern. Der Agrar-, Sozial- und Regionalfonds sowie die Europäische Investitionsbank unterstützen mit Krediten und direkten Beihilfen die ökonomische Entwicklung benachteiligter Regionen. Diese Fonds werden auch für den Aufbau im Osten Deutschlands eine große Bedeutung haben. Wer immer wieder nach einem »Marshall-Plan« für die DDR ruft, übersieht, daß es neben dem Deutschland-Fonds und den ERP-Krediten inzwischen eine Fülle solcher Instrumente gibt. Im Rahmen der Regionalpolitik stellen die EG-Staaten immerhin acht bis zehn Milliarden Dollar im Jahr für die weniger entwickelten Regionen bereit. Dieser Betrag soll bis 1992 verdoppelt werden.

● Die *Forschungs-, Wissenschafts- und Technologiepolitik* hat dazu geführt, daß gemeinsame Ziele für die Förderung aufgestellt werden und die Mitgliedsländer bei besonders kostenträchtigen Vorhaben und großen Zukunftsprojekten wie der Fusionsenergie zusammenarbeiten und weniger Parallelentwicklungen betreiben als früher.

• In der *Umweltpolitik* setzt die EG schon seit 1970 schrittweise gemeinsame Standards fest. Den Umweltschützern gehen sie zwar nie weit genug, und umgekehrt beklagt die Industrie immer, daß sie zu scharf und praxisfern sind. Aber neben ihrem praktischen Nutzen helfen sie, ein »europäisches Umweltbewußtsein« zu schaffen und auch die Bevölkerung der Länder auf die Probleme aufmerksam zu machen, die bisher wenig Interesse oder Verständnis für die Notwendigkeit einer ökologisch verantwortungsvollen Wirtschaftspolitik hatten.

• Die Vorbereitungen für eine gemeinsame *Währungspolitik* laufen auf Hochtouren, seit die Bundesrepublik der DDR die Einführung der D-Mark als Zahlungsmittel angeboten hat. Angesichts der großen Risiken, die damit für die Geldwertstabilität und den Wechselkurs der DM verbunden sind, konnte sich die Bonner Regierung dem Drängen einiger Partner auf eine Europäische Währungsunion nicht länger mit dem Hinweis auf die damit verbundenen Gefahren für die Währungsstabilität entziehen. Allerdings hat bereits das Europäische Währungssystem (EWS) zu einer deutlichen Stabilisierung der Wechselkurse und einer starken Angleichung der Geld- und Währungspolitik in den EG-Staaten geführt, die sich diesem 1979 etablierten System angeschlossen haben. Nach den Niederlanden hat auch Belgien seine Währung 1990 fest an die D-Mark gebunden. Ohne große Worte besteht zwischen den Benelux-Staaten und Deutschland also bereits eine Währungsunion. Die EG ist zu einer Stabilitätsgemeinschaft geworden, in der die meisten Mitgliedsländer von der Vorstellung Abschied genommen haben, ein wenig Inflation fördere das Wirtschaftswachstum und die Vollbeschäftigung.

• Die *Industriepolitik*, die aber noch zu keiner klaren Linie gefunden hat, da es zwischen der Neigung Frankreichs zu dirigistischen Eingriffen und der deutschen Ordnungspolitik trotz einer starken Annäherung der sozialistischen Regierung in Paris an marktwirtschaftliche Steuerungsprinzipien immer noch Differenzen gibt. Aber immerhin arbeitet die Kommission in Brüssel intensiv an einem gemeinsamen Gesellschaftsrecht, an einer Deregulierung in vielen Bereichen und an einem Konzept zur Förderung von Klein- und Mittelbetrieben.

- Der von Brüssel geforderte *Verbraucherschutz* hat neben Etikettierungsvorschriften auch zum Verbot von Hormonen bei der Viehzucht und vor allem zu einer Produkthaftpflicht der Unternehmen geführt, die nicht mehr vom Verschuldungs-, sondern vom Gefährdungsprinzip ausgeht.

- Die *Außenbeziehungen.* Neben der Handels- und Entwicklungspolitik versuchen die EG-Länder auch auf anderen Gebieten, die von den europäischen Verträgen bisher nicht erfaßt sind, eine gemeinsame Haltung zu entwickeln. Das gilt zum Beispiel für den Nahostkonflikt ebenso wie gegenüber der UNO oder der europäischen Sicherheitskonferenz KSZE. Vielfach wurde der Außenminister eines Mitgliedslandes beauftragt, bei internationalen Konferenzen für alle EG-Staaten zu sprechen. Der Kommission-Präsident Delors hat auch viel dazu beigetragen, daß die Mitgliedsländer gegenüber dem Prozeß der deutschen Vereinigung nach anfänglichen Widerständen eine einheitliche und positive Haltung nach innen und außen eingenommen haben.

Die Vision

Größere Fortschritte wurden auf vielen der genannten Gebiete aber erst wieder erzielt, nachdem der Plan zur Vollendung des Binnenmarktes verkündet, vom Europäischen Parlament mit Nachdruck begrüßt und von einigen Regierungen nach Kräften unterstützt wurde. Die »Vollendung des Binnenmarktes« wurde zu einer politischen Zauberformel, durch die die Gemeinschaft aus ihrer langen Lethargie gerissen wurde. Die im Januar 1986 von den zwölf Regierungen unterschriebene und am 1. Juli 1987 in Kraft getretene »Einheitliche Europäische Akte« legte nicht nur das Arbeitsprogramm für die Jahre bis 1993 fest, sondern brachte auch eine ebenso gründliche wie notwendige Revision der früheren EG-Verträge. Sie übertrug weitere Zuständigkeit auf die Organe der Gemeinschaft – wie die Währungs- und Umweltpolitik, die Regional- und Technologiepolitik – und führte vor allem das Mehrheitsprinzip bei Abstimmungen wieder ein. Das gilt besonders für alle Entscheidungen im Zusammenhang mit der Vollendung des Binnenmarktes. Einzelne Mitgliedsländer können seither die Entwicklung nicht mehr bremsen oder ihre Zustimmung von teuren Zugeständnissen der übrigen Partner abhängig machen.

Überdies wurden die bescheidenen Rechte des Parlaments etwas erweitert. Im Hintergrund aller Reformen stand dabei wieder der Wunsch, der die EG von ihrer Geburtsstunde an begleitet hat: daß die Gemeinschaft langfristig zu einem Bundesstaat zusammenwächst. Der von vielen Beobachtern lange Zeit als utopisch betrachtete Übergang zum Mehrheitsrecht zeigt, daß die Mitgliedsländer – beflügelt von der Vision »EG '92« – zu wesentlichen Einschränkungen ihrer Souveränität bereit sind. Auch wenn Mehrheitsbeschlüsse bisher stets nur der letzte Schritt waren und immer erst der Kompromiß gesucht wird, hat die Kommission doch schon mehrfach zu diesem Instrument gegriffen, um eine Verzögerungstaktik einzelner Länder zu unterbinden. Dabei wurden große Länder häufiger überstimmt als kleine.

Mit dem zumindest partiellen Übergang zu Mehrheitsbeschlüssen wurde ein großer Schritt in Richtung Föderalismus getan. Vielleicht reißt die Dynamik des Binnenmarktes auch noch andere Schranken ein, die bisher einen zügigen Marsch in Richtung der Vereinigten Staaten von Europa verhindern.

Vor den Erfolg haben die Götter allerdings auch hier den Schweiß gesetzt – den von Ministerrat und Kommission, die auf dem Weg zur Vollendung des Gemeinsamen Marktes und der Währungsunion noch schwierige und umstrittene Detailfragen lösen müssen; den der nationalen Regierungen und Gesetzgeber, die die Gipfelbeschlüsse umsetzen müssen; den von Unternehmern und Gewerkschaftern, die sich auf die neuen Realitäten einstellen müssen. Den der Bundesdeutschen, die nicht nur ihrer Rolle in Europa gerecht werden, sondern gleichzeitig auch ihre Landsleute aus dem Sumpf ziehen müssen.

Die EG-Kommission hatte zu Beginn der neunziger Jahre bereits einen großen Teil ihrer Schulaufgaben erledigt. Von den 279 Maßnahmen, die sie vorschlagen sollte, um alle Hürden auf dem Weg zum vollendeten Binnenmarkt beiseite zu räumen, hatte sie bereits siebzig Prozent abgehakt. Das Tempo, mit dem der Ministerrat die Vorschläge verabschiedet, hat sich ebenfalls seit 1986 enorm beschleunigt – nicht zuletzt wegen der Möglichkeit, notfalls Mehrheitsbeschlüsse zu fassen. Denn die Verzögerungen entstehen immer nur da, wo Einstimmigkeit nach wie vor erforderlich ist.

Auch bei der Umsetzung der EG-Richtlinien in nationales Recht haben die Parlamente einen Eifer gezeigt, wie seit vielen Jahren zuvor nicht mehr. Wenn schließlich nicht doch noch ein Konflikt bei der schwierigen Harmonisierung der indirekten Steuern oder bei der Abschaffung aller Personenkontrollen an den inneren Grenzen der EG auftritt, kann der Terminplan eingehalten und am 1. Januar 1993 um Null Uhr ein neues Kapitel der europäischen Geschichte aufgeschlagen werden.

Milliarden können gespart werden

Es gibt viele Versuche, die Auswirkungen des Schritts in die europäische Zukunft, der am Jahreswechsel 1992/93 getan werden soll, auf das Wirtschaftswachstum, die Arbeitsplätze, die Preisstabilität, das Warenangebot zu erfassen. In dem im Frühjahr 1988 vorgelegten Cecchini-Bericht werden allein die Einsparungen, die der europäischen Wirtschaft durch die Abschaffung der Grenzkontrollen mit ihrem umfangreichen Papierkrieg und durch die Streichung oder Straffung vieler anderer bürokratischer Maßnahmen und Kontrollen entstehen, je nach dem Umfang der tatsächlichen Deregulierung auf 351 bis 517 Milliarden Mark geschätzt; der britische Abgeordnete Sir Fred Catherwood errechnete Ersparnisse von rund 240 Milliarden Mark; die Außenhandelsvereinigung des Deutschen Einzelhandels kam zu dem Ergebnis, daß eine Abschaffung der bisherigen Prozeduren die Kosten um insgesamt 300 Milliarden Mark senken wird, davon entfallen 30 Milliarden auf deutsche Unternehmen.

Allein durch die Grenzformalitäten entstehen den Unternehmen insgesamt Kosten in Höhe von 16 Milliarden Mark. Wegen der vielen Aufenthalte erreicht ein Lastwagen auf der Strecke von Antwerpen bis Mittelitalien nur eine Durchschnittsgeschwindigkeit von 20 Kilometern pro Stunde; ein Truck in den USA schafft bei gleicher Streckenlänge im Durchschnitt 60 Stundenkilometer.*
Der Italiener Cecchini ermittelte zudem im Auftrag der Kommission, daß Umsätze von jährlich bis 30 Milliarden Mark wegen der Binnen-

* Nach: Castor Report, Hannover 1988.

grenzen erst gar nicht zustande kommen, weil vor allem kleine und mittlere Unternehmen dem Verwaltungsaufwand nicht gewachsen sind, der immer noch mit einem Export in andere EG-Länder verbundenen ist. Insgesamt müssen von den Unternehmen rund zwei Prozent des Umsatzes für die Kosten der Grenzformalitäten aufgewendet werden. Bei Unternehmen mit weniger als 250 Mitarbeitern (und weniger Spezialisten für diese Fragen) liegen die administrativen Kosten für Gesundheits- und Veterinärkontrollen oder die an den Grenzen erforderlichen statistischen Angaben sogar bei rund drei Prozent des Umsatzes. Das macht manches Geschäft so uninteressant, daß es erst gar nicht zustande kommt.

Während eine Studie der in Brüssel ansässigen DRI Data Resources als Folge der Deregulierung ein zusätzliches Wirtschaftswachstum von 0,5 Prozent und die Schaffung von 300 000 neuen Arbeitsplätzen in Europa prognostiziert, rechnet Cecchini nach Wegfall der Hindernisse sogar mit mindestens vier Prozent volkswirtschaftlichem Wachstum und 1,8 Millionen neuen Arbeitsplätzen. Das sind spekulative Rechnungen; wer von den Wirtschaftspropheten schließlich recht behält, ist aber belanglos. Hauptsache, die Richtung stimmt.

Die Vollendung des Gemeinsamen Marktes wird nicht zuletzt der mittelständischen Wirtschaft neue Impulse geben. Die Großunternehmen haben aufgrund ihrer Kapitalkraft und ihres Expertenstabes, der Übernahme von Unternehmen in anderen Staaten der Gemeinschaft oder der Gründung von Niederlassungen die bisher schon vorhandenen Möglichkeiten bereits sehr weitgehend genutzt. Für kleinere und mittlere Unternehmen werden sich dagegen der vereinfachte Zugang zu den Märkten der anderen EG-Mitglieder, der Abbau von Grenzkontrollen und Bürokratie sowie die Freizügigkeit von Dienstleistungen, Menschen und Kapital erst ab 1993 voll auswirken. Auf sie alle wartet dann ein Markt der Superlative: Mit 340 Millionen Einwohnern, die weit über 5000 Milliarden Mark im Jahr allein für Konsumgüter ausgeben, wird die EG dann der größte geschlossene Binnenmarkt der Welt sein.

Doch wo Chancen sind, finden sich fast immer auch Risiken. Aus der Sicht der kleinen und mittleren Unternehmen bestehen sie einerseits darin, daß sich – ähnlich wie in der Bundesrepublik – auch die Unternehmen anderer EG-Staaten verstärkt jenseits der eigenen

Grenzen umschauen. Hinzu kommt die Konzentrationswelle, die derzeit überall in Europa zu beobachten ist und sicher noch an Stärke gewinnen wird. Die Großen werden dadurch noch größer und könnten so für die mittelständische Wirtschaft mehr noch als in der Vergangenheit zu übermächtigen Konkurrenten werden. Aus dieser Sorge muß allerdings nicht immer auch eine tatsächliche Gefahr werden. Wie viele wissenschaftliche Untersuchungen zeigen, gehen die Hoffnungen, die mit Übernahmen und Fusionen verbunden werden, keineswegs immer in Erfüllung. Im Gegenteil: je größer Unternehmenseinheiten werden, um so schwerfälliger, bürokratischer und inflexibler werden sie vielfach auch. Hier haben die kleineren Wettbewerber dann die Chance, ihre spezifischen Fähigkeiten auszuspielen: Marktnähe, kurze Entscheidungswege, bessere Motivation der Mitarbeiter, Risikobereitschaft, Flexibilität in der Erfüllung neuer Kundenwünsche, weniger Bürokratie. Allerdings: Diese Stärken müssen erkannt und dann auch konsequent genutzt werden.

Der Zug ist schon in voller Fahrt

Alle Hochrechnungen und Prognosen über die wirtschaftlichen Folgen der Vollendung des Gemeinsamen Marktes in Europa sind mit den Unsicherheiten behaftet, unter denen jede Vorhersage leiden muß. Denn ob 1993 wirklich alle Schranken fallen und die Minister und nationalen Parlamente auch in der Steuer- und Währungspolitik der Mut nicht verläßt, wird sich erst noch zeigen müssen. Ob es zu einem alle Mitgliedsländer erfassenden Boom kommt, wird auch von der weltwirtschaftlichen Lage in den neunziger Jahren und vor allem von der Entwicklung in den ehemaligen Ostblockstaaten abhängen. Gelingen dort und im Osten Deutschlands die Reformen und kommt ein Aufschwung zustande wie in der Bundesrepublik in den fünfziger Jahren, dann ist mit einer hohen zusätzlichen Nachfrage zu rechnen. Das konnte im Cecchini-Bericht und allen anderen Prognosen noch gar nicht berücksichtigt werden, weil noch niemand an eine Revolution im Osten dachte, als diese Papiere erarbeitet wurden. Alle noch so ausgeklügelten Berechnungen über die Kosteneffekte und Ersparnisse bei Vollendung des Gemeinsamen Marktes können vor allem das vielleicht wichtigste Element dieser Entwicklung nicht erfassen – den Mobilisierungseffekt, der in allen Ländern der Gemeinschaft und sogar außerhalb der EG zu beobachten ist.

Schon lange vor dem 1. Januar 1993 haben in Industrieunternehmen und Banken, im Handel und Handwerk, in der Versicherungswirtschaft, in Verbänden und Forschungsinstituten sowie auf vielen Kongressen und Konferenzen die Vorbereitungen auf den Tag X begonnen. Überall wird diskutiert, geforscht, geplant, investiert. Nicht nur Unternehmen und Behörden, auch Städte und Regionen prüfen ihre Chancen im künftigen Europa und unter Berücksichtigung der neuen Bedingungen in Deutschland. Wie werden sich die Verkehrsstörungen entwickeln? Wie läßt sich die Attraktivität des Standortes sichern oder verbessern? Wie müssen Schulen und Universitäten beschaffen sein, um den Nachwuchs auf die kommenden Herausforderungen vorzubereiten? Was können Theater und Orchester, Museen und Forschungseinrichtungen im Vergleich zu anderen Zentren Europas bieten, um den eigenen Standort interessant zu machen? Welche Einkaufs- und Freizeitmöglichkeiten werden geboten? Wie lassen sich Touristen oder Investoren anlocken, ausreichender Wohnraum für qualifizierte Arbeitskräfte schaffen?

Viele Unternehmen, Wirtschaftsverbände, Industrie- und Handelskammern, Städte und Gemeinden haben Gutachten ausarbeiten lassen. Wissenschaftliche Institute wurden mit Untersuchungen beauftragt über Vor- und Nachteile des Standortes, die Wettbewerbsfähigkeit der Produktpalette oder das Image des kulturellen und sozialen Umfeldes. Die Auftraggeber lassen sich Verbesserungsvorschläge und Entwicklungsprogramme vorlegen. Unternehmen denken über Umschulung und Fortbildung für ihre Mitarbeiter nach oder prüfen Investitionsmöglichkeiten in anderen Regionen der Gemeinschaft. Seit dem Umbruch in der DDR und der raschen Verwirklichung der Währungs- und Wirtschaftsunion der beiden Teile Deutschlands wird in vielen Firmen auch darüber nachgedacht, ob die Kombination zwischen günstigen Grundstückspreisen und zumindest vorläufig niedrigen Löhnen einerseits und gut ausgebildeten Arbeitskräften andererseits östlich der Elbe nicht besonders gute Voraussetzung für Investoren schafft, die sich auf die Chancen und Herausforderungen des Binnenmarktes vorbereiten.

In ihrem »Fünften Bericht zur Vollendung des Binnenmarktes« konnte die Kommission beim Start in die neunziger Jahre feststellen, daß sich die positiven Auswirkungen nicht nur in allen Bereichen des privaten und des Wirtschaftslebens bemerkbar machen, sondern auch im öffentlichen Bereich zu beobachten sind: »Die Mitgliedstaaten treffen in so verschiedenen Bereichen wie Haushalt, Raumordnung und Steuerrecht Maßnahmen, die auf die Vollendung des Binnenmarktes ausgerichtet sind. Die Antizipation trägt seit 1984 zur politischen und wirtschaftlichen Stärkung der Gemeinschaft bei: Zunahme der Industrieproduktion um 20 Prozent, Schaffung von 8,5 Millionen Arbeitsplätzen.« Viel mehr als alle Verordnungen und Gesetze werden diese millionenfachen Akivitäten für Dynamik sorgen. Europa '92 hat schon längst begonnen. Zehntausende von Unternehmen verhalten sich wie Sportler, die ihr Training so rechtzeitig beginnen und es so aufbauen, daß sie in Höchstform an den Start gehen. Wer bis 1993 wartet, wird deshalb nur noch die Schlußlichter eines Zuges sehen, der schon lange vorher in Fahrt gekommen ist.

Fazit

Die Vereinigung der beiden deutschen Staaten, die vierzig Jahre lang gezwungen waren, getrennte Wege zu gehen, findet in einer Zeit statt, in der sich nicht nur die Bundesrepublik in ökonomischer Bestform befindet, sondern die gesamte Europäische Gemeinschaft von neuer Dynamik ergriffen wird. Der zweifache Integrationsprozeß ist zwar einerseits ein politischer und ökonomischer Kraftakt, aber andererseits könnte er zu keinem besseren Zeitpunkt stattfinden: Die wirtschaftlichen Voraussetzungen sind besser als jemals zuvor; die nationale Vereinigung geht einher mit einer historischen Entwicklung, die zur Überwindung der negativen Züge des herkömmlichen Nationalstaates und zu einer neuen Qualität des Zusammenlebens in Europa führt. Die Abrüstung in Ost und West macht zudem die Mittel frei, die zum Wiederaufbau in den ehemals sozialistischen Staaten und zum Kampf gegen eine fortschreitende Zerstörung der Umwelt benötigt werden. Es kommt nur darauf an, die großen Möglichkeiten zu nutzen. Zweimal bietet die Geschichte eine solche Chance nicht.

Das Jahrzehnt der Bewährung

Die neunziger Jahre sind ein Jahrzehnt der Hoffnung. Doch Hoffnung allein genügt nicht. Aus Hoffnungen, Sehnsüchten und Erwartungen muß auch Realität werden. Deshalb sind die neunziger Jahre vor allem auch ein Jahrzehnt der Bewährung.

Es ist eine unzutreffende und gefährliche Behauptung, der »Kapitalismus« habe den »Sozialismus« besiegt. Unzutreffend ist diese Behauptung deshalb, weil sich zum einen weder ein echter Kapitalismus noch ein wirklicher Sozialismus gegenübergestanden haben und weil sich zum anderen – glücklicherweise – kein Kampf zwischen den Systemen in Ost und West abgespielt hat. Beide haben nebeneinander existiert und sich mißtrauisch belauert, aber aus Angst vor der atomaren Selbstvernichtung die direkte wirtschaftliche oder gar militärische Auseinandersetzung vermieden. Statt dessen haben sie – jeder auf seinem eigenen Bauplatz und nach höchst unterschiedlichen Plänen – versucht, die bessere Wirtschafts- und Gesellschaftsordnung aufzubauen. Das westliche Modell war erfolgreicher, weil sein Fundament aus weit mehr besteht, als aus purem Kapitalismus und weil seine politischen und ökonomischen Strukturen sich als ausreichend flexibel erwiesen haben. Daß das sozialistische Gebäude schließlich mit Getöse zusammenbrach, ist nicht Schuld oder Verdienst des Westens, sondern ausschließlich die Folge systembedingter Konstruktionsfehler und erstarrter Strukturen. Der Sozialismus hat sich seine katastrophale Niederlage selbst beigebracht.

Gefährlich ist diese Behauptung deshalb, weil sich utopische Ideen wie Sozialismus oder Kommunismus niemals besiegen lassen. Das liegt im Wesen von politischen Träumen. Mag sich am jeweils »real existierenden Sozialismus« auch noch so oft erweisen, daß er letztlich immer den »Weg zur Knechtschaft« (Hayek) weist, es wird immer Menschen geben, die vom wahren Sozialismus träumen – und Parteien wie die PDS, die daraus Gewinn schlagen. Die Auseinandersetzung um die bessere Gesellschaftsordnung wird weitergehen, solange es Menschen gibt, die frei ihre Meinung äußern dürfen – oder Menschen, die darum kämpfen, daß sie dies dürfen. Es wäre auch fatal, wenn sich die Ansicht verbreiten würde, es gäbe am westlichen Modell nichts mehr zu verbessern.

Nicht übersehen werden darf auch, daß der Sozialismus nach seinem Zusammenbruch zunächst ein Vakuum hinterläßt. Denn für seine Anhänger war er »nicht nur Partei. Er war ein Glaube, eine Kirche, ein Bekenntnis. Sein Zusammenbruch hinterläßt Sinnlehre, Betäubung und Verzweiflung, einen existentiellen Nihilismus, wie ihn der erlebt, dem seine Religion abhanden kommt, wie man ihn in Deutschland zuletzt nach dem Zusammenbruch des NS-Staates erlebt hatte, der soviel guten Glauben verschlissen hatte«, schrieb Hermann Kurzke in der *Frankfurter Allgemeinen Zeitung* bei der Betrachtung von Dissidenten-Literatur aus der DDR. Deshalb muß die Sorge des polnischen Historikers Adam Michnik vor der möglicherweise entstehenden Leere sehr ernst genommen werden. »Denn in diese Leere kriechen nun Dämonen vergangener Epochen: Ideologien tauchen wieder auf, die Chauvinismus und Fremdenfeindlichkeit, Populismus und Intoleranz verkünden.«

Von einem Sieg der westlichen Ideen für Freiheit, Humanismus, Demokratie, Rechtsstaatlichkeit und Marktwirtschaft kann deshalb erst dann gesprochen werden, wenn die »Dämonen vergangener Epochen« keine Chance erhalten, das ideologische Vakuum zu füllen, sondern wenn es statt dessen gelingt, nicht nur in der früheren DDR, sondern in allen ehemals sozialistischen Ländern, die die politische und wirtschaftliche Diktatur überwunden haben, freiheitliche Ordnungen und wachsenden Wohlstand aufzubauen. Das geht nur mit Hilfe des Westens, und wir dürfen vor dieser Aufgabe nicht versagen. Diesmal darf die Revolution nicht wieder ihre Kinder fressen.

Register

Abbe, Ernst 189
Abfallbeseitigung 47, 88, 163
Abrüstung 172
Adenauer, Konrad 333
Aktie 191
Aktiensparplan 192
Allianz-Versicherungen 105
Altenwerkstatt 245 f.
Alterssicherung 109, 190, 203, 289, 294, 304
Altlasten 89
Anschubfinanzierung 72
Arbeitsdividende 191
Arbeitsförderungsgesetz 279
Arbeitsgemeinschaft zur Förderung der Partnerschaft in der Wirtschaft (AGP) 193
Arbeitskampf 211, 229 f.
Arbeitslose 73, 143 f., 210, 213, 215 f., 256
–, unechte 264, 277, 279
Arbeitslosigkeit 15, 58, 145, 160 f., 252, 254, 268 f.
–, versteckte 28, 41
Arbeitsmarkt 15, 41, 174, 214, 248, 258, 272, 277
Arbeitsplätze 32, 75, 103, 160, 210, 259
Arbeitszeitgestaltung 15, 211, 214, 221 f., 226, 233, 237, 242, 245, 250, 279, 286
Arbeitszeitordnung 212, 218, 232, 238
Arbeitszeitsparbuch 242
Arbeitszeitverkürzung 22, 131, 179, 210, 214, 217
Aufforstungsprogramme 327
Ausbeutung 133
Ausverkauf der DDR 57, 74 f., 78 f.
Autarkie 28
Autobahnen 37 f., 66

Baby-Jahr 236
Babyboom 172, 175, 259, 270
Bagwhan 313, 315
BASF 47, 236
Bausparen 105, 188
Bauwirtschaft 34, 36 f.
Beck, Kaufhaus 241 f., 244
Becker, Boris 314
Belegschaftsaktie 191, 201

Berliner Stadtbank 105, 117
Bertelsmann AG 193, 197, 200
Berufsausbildung 217, 282
Beschäftigungswunder 192
Betriebsräte 23, 76, 204, 248
Betriebsverfassungsgesetz 113
Biedenkopf, Kurt 60, 94
Binnenmarkt 173, 335, 338
Biotechnologie 192
Blüm, Norbert 146, 158 f., 183, 215, 224, 249, 292, 298
Bonus, Holger 162
Borgward, Carl 200
Bosch GmbH 76
BP AG 76
Brandt, Willy 112, 141, 215, 292
Braunkohle 46, 49
Brecht, Bertolt 331
Bruttosozialprodukt 110, 150, 152 f., 164, 186, 221, 273
Bucerius, Gerd 61
Buna-Werke 47 f.
Bundesbank 71, 152, 154, 157